Unternehmensnachfolge und Wegzugsbesteuerung

Trierer Studien zum Internationalen Steuerrecht

Herausgegeben von Gabriele Burmester

Band 13

PL ACADEMIC RESEARCH

Stephan Hoyer

Unternehmensnachfolge und Wegzugsbesteuerung

PL ACADEMIC RESEARCH

Bibliografische Information der Deutschen Nationalbibliothek
Die Deutsche Nationalbibliothek verzeichnet diese Publikation in der Deutschen Nationalbibliografie; detaillierte bibliografische Daten sind im Internet über http://dnb.d-nb.de abrufbar.

Zugl.: Trier, Univ., Diss., 2012

Gedruckt auf alterungsbeständigem,
säurefreiem Papier.

D 385
ISSN 1861-695X
ISBN 978-3-631-62545-3

www.peterlang.de

Meinen Eltern

Vorwort

Die vorliegende Arbeit wurde im Sommersemester 2012 vom Fachbereich Rechtswissenschaft der Universität Trier als Dissertation angenommen. Sie gibt den Stand von Gesetzgebung, Rechtsprechung, Verwaltungspraxis und Literatur sowie sämtlicher im Internet abgerufener Quellen bis einschließlich Ende Januar 2012 wieder.

An dieser Stelle möchte ich die Gelegenheit nutzen, all denjenigen, die mich bei der Entstehung dieser Arbeit auf die unterschiedlichste Art und Weise begleitet und unterstützt haben, meinen Dank auszusprechen.

Mein herzlichster Dank gilt meiner Doktormutter, Frau Professor Dr. Gabriele Burmester, die durch ihre anschauliche Vermittlung der komplizierten und nicht selten sperrigen Materie des Steuerrechts mein Interesse für dieses Fach geweckt hat. Sie hat mich bei der Erstellung dieser Arbeit stets vorzüglich durch ihre Anregungen betreut und motiviert.

Danken möchte ich auch Herrn Professor Dr. Dr. h.c. Peter Bülow für die sehr zügige Anfertigung des Zweitgutachtens. Des Weiteren gebührt mein Dank Herrn Professor Dr. Dr. h.c. mult. Hans-Heiner Kühne und Herrn Privatdozent Dr. Pierre Hauck für die Abnahme des Rigorosums.

Mein Bruder Andreas und meine Freunde haben mich während der Entstehung meiner Dissertation durch ihre Ermunterungen und ihre freundschaftliche Verbundenheit unterstützt. Sie sind immer bereit gewesen, sich auch den außerwissenschaftlichen Sorgen eines Doktoranden anzunehmen. Dafür danke ich ihnen sehr herzlich.

Mein besonderer Dank gilt meinen Eltern, die immer für mich da waren und mich in jeder erdenklichen Weise gefördert haben. Ihnen ist diese Arbeit gewidmet.

Berlin, im November 2012 Stephan Hoyer

Inhaltsverzeichnis

Einleitung

Die zunehmende Internationalisierung sämtlicher Lebensbereiche erlaubt es dem Steuerpflichtigen, ohne nennenswerte Schwierigkeiten seinen Lebensmittelpunkt in einen anderen Staat zu verlegen. Dieser Mobilität des einzelnen Steuerpflichtigen steht eine Finanzverwaltung gegenüber, deren Tätigkeitsfeld grundsätzlich auf das Territorium der Bundesrepublik Deutschland beschränkt bleibt. Dementsprechend begrenzt sind auch die Möglichkeiten, den deutschen Steueranspruch gegenüber einem im Ausland ansässigen Steuerpflichtigen durchzusetzen. Hinzu kommt, dass die zunehmende Internationalisierung der Steuersachverhalte und die einhergehende Gefahr der Doppelbesteuerung der Steuerpflichtigen die Bundesrepublik Deutschland zum Abschluss zahlreicher Doppelbesteuerungsabkommen (DBA) veranlasst hat, auf Grund derer ein ausdrücklicher Verzicht auf den Steueranspruch, der sich aus dem nationalen Recht ergibt, folgen kann. Diese Steuerbegünstigung des Steuerpflichtigen birgt wiederum Gestaltungsmöglichkeiten in sich, die es dem Steuerpflichtigen erlauben, die Steuerlast im bisherigen Wohnsitzstaat durch gezieltes Ausnutzen der abkommensrechtlichen Regelungen zu mindern. Dementsprechend war es Steuerpflichtigen möglich, den sich aus § 17 EStG ergebenden Steueranspruch auf den Veräußergewinn aus den Anteilen an Kapitalgesellschaften durch einen Wegzug in einen DBA-Staat zu umgehen, da nach Art. 13 Abs. 5 OECD-MA dem Ansässigkeitsstaat das Besteuerungsrecht an dem Veräußerungsgewinn zusteht.

Vor diesem Hintergrund muss die Wegzugsbesteuerung nach § 6 AStG gesehen werden. Sie ist die Reaktion des Gesetzgebers auf die sich aus dem Abkommensrecht ergebenden Gestaltungsmöglichkeiten, die durch spektakuläre Wegzugsfälle Ende der sechziger Jahre in das Bewusstsein der breiten Öffentlichkeit gerückt sind.[1] Die Wegzugsbesteuerung steht jedoch nicht nur in einem Spannungsverhältnis zum Abkommensrecht, sondern betrifft auf Grund ihrer Merkmale, die stets einen grenzübergreifenden Vorgang voraussetzen, auch das Unionsrecht. Nicht zuletzt die Entscheidung des EuGH in den Rechtssachen *Hughes de Lasteyrie du Saillant*[2] und *N*[3] sowie das von der Kommission gegen die Bundesrepublik Deutschland auf Grund von § 6 AStG angestrengte Vertragsverletzungsverfahren[4] haben den deutschen Gesetzgeber dazu bewogen, die Wegzugsbesteuerung unter Berücksichtigung der unionsrechtlichen Problematik

1 *Kaiser*, BB 1991, S. 2052, 2052.

2 EuGH, Urteil vom 11. 3. 2004, Rs. C-9/02, *Hughes de Lasteyrie du Saillant*, Slg. 2004, S. I-2409.

3 EuGH, Urteil vom 7. 9. 2006, Rs. C-470/04, *N*, Slg. 2006, S. I-7409.

4 Vgl. *Häck*, in : Haase, AStG, § 6 Rn. 180 ; *Vogel/Cortez*, RIW 2011, S. 532, 539.

der Norm im Rahmen des SEStEG[5] neu zu regeln. Der Gesetzgeber beließ es jedoch nicht bei einer Anpassung der Wegzugsbesteuerung an die Vorgaben des EuGH, sondern er erweiterte den Anwendungsbereich der Vorschrift erheblich. Nunmehr erstreckt sich die Wegzugsbesteuerung, die ohnehin unter dem Aspekt der Durchbrechung des Leistungsfähigkeitsprinzips verfassungsrechtlich problematisch ist, auch auf „Erwerbe von Todes wegen" durch nicht unbeschränkt Steuerpflichtige sowie auf sämtliche Fälle, in denen das deutsche Besteuerungsrecht an dem Vermögenszuwachs ausgeschlossen oder beschränkt wird.

Die Erweiterung der Wegzugsbesteuerung auf „Erwerbe von Todes wegen", die jeden Anteilseigner im Sinne des § 17 Abs. 1 Satz 1 EStG bei seiner Nachlassplanung zu einer intensiven Auseinandersetzung mit § 6 AStG zwingt, steht im Mittelpunkt dieser Arbeit. Bevor jedoch eine detaillierte Erarbeitung dieser Problematik erfolgt, soll der verfassungsrechtliche, der unionsrechtliche und der abkommensrechtliche Rahmen der Wegzugsbesteuerung abgesteckt werden, der nicht nur den neuen Ersatztatbestand, sondern die gesamte Norm betrifft.

Nach einer Einführung in die Gesetzesgeschichte und den Zweck der Norm sowie in ihren Aufbau erfolgt anschließend eine Auseinandersetzung mit der Frage, ob die Wegzugsbesteuerung aus verfassungsrechtlichen Gründen um ein ungeschriebenes Merkmal des Ausschlusses oder der Beschränkung des deutschen Besteuerungsrechts ergänzt werden muss. Diese Frage stellt sich nach dem SEStEG umso mehr, da dieses Merkmal in den übrigen Entstrickungstatbeständen des Ertragsteuerrechts das entscheidende Merkmal ist, weshalb neben den verfassungsrechtlichen Bedenken auch systematische Überlegungen in die Betrachtung einbezogen werden müssen. Eine systematische Auslegung der Norm verlangt auf der Rechtsfolgenseite eine Auseinandersetzung mit der Frage, ob die Norm nur zu einer Aufdeckung der stillen Reserven führt oder ob von der Norm auch die Aufdeckung von stillen Lasten umfasst wird.

Durch das SEStEG hat der Gesetzgeber die Vorgaben des EuGH in § 6 AStG weitgehend umgesetzt, so dass § 6 AStG grundsätzlich in allen unionsinternen Sachverhalten eine mit dem Unionsrecht vereinbare Regelung vorsieht.[6] Weiterhin ungeklärt ist jedoch das Verhältnis von § 6 AStG zu Drittstaaten. § 6 AStG fingiert die Veräußerung von Anteilen an Kapitalgesellschaften, womit die Problematik des Kapitalverkehrs und der Kapitalverkehrsfreiheit, die als einzige Grundfreiheit einen Drittstaatenbezug aufweist, angesprochen ist. Deshalb widmet sich die Arbeit in dem dritten Teil der Problematik der Dritt-

---

5 Gesetz über steuerliche Begleitmaßnahmen zur Einführung der Europäischen Gesellschaft und zur Änderung weiterer steuerrechtlicher Vorschriften vom 7. 12. 2006, BStBl. I 2006, S. 2782.

6 *Häck*, in: Haase, AStG, § 6 Rn. 14; *Boller/Euchner/Schmidt*, in: Wöhrle/Schelle/Gross, AStG, § 6 Rn. 78.

staatenfälle und der Implikationen des AUEV hinsichtlich einer unionsrechtskonformen Besteuerung nach § 6 AStG in Bezug auf Drittstaatensachverhalte. Gesondert wird der Drittstaat Schweiz behandelt, da auf Grund des Freizügigkeitsabkommens auch die anderen Grundfreiheiten im Verhältnis zur Schweiz Wirkung entfalten.

Im Anschluss an die unionsrechtliche Diskussion folgt eine Auseinandersetzung mit dem Abkommensrecht, das Auslöser für die Normierung der Wegzugsbesteuerung gewesen ist. Neben der grundsätzlichen Vereinbarkeit der Wegzugsbesteuerung mit dem Abkommensrecht konzentriert sich die Arbeit auf die von der Bundesrepublik Deutschland abgeschlossenen Abkommen, die eine spezielle Wegzugsklausel enthalten.

Der letzte Teil der Arbeit beschäftigt sich mit den Auslegungsproblemen, die sich infolge der Einführung des neuen Ersatztatbestandes von § 6 Abs. 1 Satz 2 Nr. 1 Alt. 2 AStG ergeben. Die Bestimmung des Steuerpflichtigen sowie die Qualifikation der verschiedenen Formen der Rechtsnachfolge als einen „Erwerb von Todes wegen“ oder als die Erfüllung eines anderen Ersatztatbestandes stehen zunächst im Mittelpunkt dieses Teils der Arbeit. Im Anschluss daran erfolgen eine Auseinandersetzung mit den Rechtsfolgen und eine Erarbeitung von adäquaten Lösungen, die die Interessen des Steuerpflichtigen und das Sicherungsbedürfnis der deutschen Steuerverwaltung in gleicher Weise berücksichtigen sollen.

Die Arbeit schließt mit einer Zusammenfassung der Ergebnisse und einem Ausblick hinsichtlich der Gesichtspunkte, die bei der Auslegung der Norm und bei dem Abschluss zukünftiger DBA Beachtung finden sollen.

Kapitel 1: Überblick über die Vorschrift

A. Zweck des § 6 AStG

Das deutsche Besteuerungsrecht an dem Vermögenszuwachs nach § 17 EStG droht auf Grund des Abkommensrecht verloren zu gehen, sobald der Steuerpflichtige in einem anderen Staat als Deutschland nach seinem Wegzug als ansässig anzusehen ist. Gemäß Art. 13 Abs. 5 OECD-MA steht nämlich dem neuen Ansässigkeitsstaat des Anteilseigners das Besteuerungsrecht an dem Veräußerungsgewinn aus den Anteilen zu.

Diesen abkommensrechtlich begründeten Verlust des deutschen Besteuerungsrechts will der deutsche Gesetzgeber durch § 6 AStG zuvor kommen, indem er die Realisierung eines Veräußerungsgewinnes fingiert und diesen fingierten Gewinn besteuert. Auf diese Weise versucht der deutsche Gesetzgeber sein Besteuerungsrecht an dem Vermögenszuwachs zu sichern.[7] In Anbetracht dieses abkommensrechtlichen Zusammenhanges wird § 6 AStG als eine „abkommensbedingte Steuerentstrickung" bezeichnet.[8] Neben der Sicherung des Besteuerungsrechts soll durch § 6 AStG der verfassungsrechtlich in Art. 3 GG verbürgte Grundsatz der Gleichmäßigkeit der Besteuerung gewährleistet werden, indem die Wegzugsbesteuerung Steuergestaltungen entgegenwirkt, die dem Anteilseigner eine Gewinnrealisierung ohne Besteuerung im Inland erlauben.[9]

Im Mittelpunkt der Wegzugsbesteuerung steht daher nicht primär der Kampf gegen außereuropäische Steueroasen, sondern die Sicherung des deutschen Besteuerungsrechts an den stillen Reserven bei jeglicher Form der Entstrickung, indem es zur Besteuerung eines fingierten Veräußerungsgewinns im letzten Moment der unbeschränkten Steuerpflicht kommt.[10] In Abgrenzung zu den anderen Besteuerungstatbeständen des AStG muss daher hinsichtlich § 6 AStG festgehalten werden, dass es sich bei der Wegzugsbesteuerung nach § 6 AStG um keine Steuerfluchtvorschrift handelt, sondern um einen Tatbestand, der den deutschen Steuerzugriff auf dem in den Anteilen entstandenen Vermögenszuwachs sichern soll.[11]

---

7 BT-Drucks. VI/2883, S. 18, Rn. 24-25.

8 *Burmester*, in: Burmester/Endres, FS für Debatin, S. 55, 68.

9 BT-Drucks. VI/2883, S. 18, Rn. 24-25; *Rehfeld*, Die Vereinbarkeit des Außensteuergesetzes mit den Grundfreiheiten des EG-Vertrags, Diss., Bochum 2007, S. 154.

10 *Rehfeld*, Die Vereinbarkeit des Außensteuergesetzes mit den Grundfreiheiten des EG-Vertrags, Diss., Bochum 2007, S. 154-155.

11 *Höhn/Höring*, Das Steuerrecht international agierender Unternehmen, S. 59, § 2 Rn. 180.

B. Geschichte des § 6 AStG

Schon lange vor der Normierung der Wegzugsbesteuerung in § 6 AStG haben Staaten und Gemeinweisen das Ausscheiden eines Steuerpflichtigen aus der Steuerhoheit mit einer Steuer belegt, um den Verlust an Steuersubstrat zu verhindern. Dementsprechend erhob die norwegische Stadt Bergen schon im 17. Jahrhundert eine Geldstrafe bei allen Personen, die die Stadt nur deshalb verließen, um außerhalb ihrer Mauern Bier zu genießen, auf dem nicht die städtische Steuer lastete.[12] In der deutschen Steuergesetzgebung hat § 6 AStG in der Reichsfluchtsteuer, die von 1931 bis 1953 Bestand hatte, seinen Vorläufer.[13] Anhand dieser Steuer wird die Ambivalenz von Sinn und Zweck der Wegzugsbesteuerung deutlich. War die Steuer zunächst als Mittel gedacht, um wohlhabende Bürger am Verlassen des Deutschen Reichs zu hindern, mutierte dieselbe Steuer unter den Nationalsozialisten zu einem willkommenen Mittel, um jüdische Flüchtlinge vor dem von den Nationalsozialisten gewünschten Verlassen des Landes noch einmal steuerlich zu belasten.[14]

Obwohl die Wegzugsbesteuerung wie die Reichsfluchtsteuer an die Beendigung der unbeschränkten Steuerpflicht durch Aufgabe des Wohnsitzes oder gewöhnlichen Aufenthalts als entscheidendes Merkmal anknüpft, ist der Hintergrund von § 6 AStG ein anderer. Während die Reichsfluchtsteuer ein „Kind der Not" war,[15] ist die Wegzugsbesteuerung die gesetzgeberische Reaktion auf die Unzulänglichkeiten des Abkommensrechts.[16]

Die Möglichkeit, die Besteuerung nach § 17 EStG durch die Verlegung seines Wohnsitzes in einen DBA-Staat zu umgehen, nutzte der Kaufhausmillionär Helmut Horten Ende der sechziger Jahre. Die mediale Aufarbeitung dieses Falles trug zum Entstehen von § 6 AStG bei,[17] weshalb § 6 AStG bis heute die populäre Bezeichnung „Lex Horten" anhaftet.[18] In der Folgezeit blieb § 6 AStG bis

---

12 *Fischer*, FR 2004, S. 630, 630; *Libbach*, Die Wegzugsbesteuerung gemäß § 6 AStG, S. 1.

13 Vgl. *Kaiser*, BB 1991, S. 2052, 2053; *Rehfeld*, Die Vereinbarkeit des Außensteuergesetzes mit den Grundfreiheiten des EG-Vertrags, Diss., Bochum 2007, S. 130-131.

14 *Friedenberger*, in: Friedenberger/Gössel/Schönknecht, Die Reichsfinanzverwaltung im Nationalsozialismus, S. 10, 12.

15 *Kaiser*, BB 1991, S. 2052, 2053.

16 *Boller/Euchner/Schmidt*, in: Wöhrle/Schelle/Gross, AStG, § 6 Rn. 11.

17 *Rehfeld*, Die Vereinbarkeit des Außensteuergesetzes mit den Grundfreiheiten des EG-Vertrags, Diss., Bochum 2007, S. 154; zum allgemeinen politischen Hintergrund des AStG vgl. *Ritter*, in: Vogel/Ellis, Steueroasen und Außensteuergesetz, S. 75, 75-76.

18 *Häck*, in: Haase, AStG, § 6 Rn. 7; *Kraft*, in: ders., AStG, § 6 Rn. 1; vgl. auch *Wassermeyer*, in: Flick/Wassermeyer/Baumhoff, AStG, § 6 Rn. 1, der jedoch die Berechtigung dieser Bezeichnung in Zweifel zieht.

zu seiner Neufassung durch das SEStEG weitgehend unverändert. Erst die Rechtsprechung des EuGH in den Rechtssachen *Hughes de Lasteyrie du Saillant*[19] und *N*[20] sowie das von der Kommission eingeleitete Vertragsverletzungsverfahren[21] veranlassten den Gesetzgeber im Jahre 2006 die Wegzugsbesteuerung im Rahmen des SEStEG neu zu fassen. Die wesentlichen Neuerungen, die das SEStEG im Zusammenhang mit § 6 AStG hervorgebracht hat, bestehen in der Erweiterung des Anwendungsbereichs auf Anteile an ausländischen Kapitalgesellschaften,[22] der Einführung neuer Ersatztatbestände und der Ergänzung des § 6 AStG um die Möglichkeit der zinslosen Stundung in den Fällen, die einen EU- oder EWR-Bezug aufweisen.[23]

C. Der Tatbestand der Norm

I. Der Grundtatbestand des § 6 Abs. 1 Satz 1 AStG

Ausgangspunkt der Untersuchung der Neufassung des § 6 AStG ist der Grundtatbestand. Gemäß § 6 Abs. 1 Satz 1 AStG ersetzt die Beendigung der unbeschränkten Steuerpflicht infolge der Aufgabe des Wohnsitzes oder des gewöhnlichen Aufenthaltes durch einen Steuerpflichtigen, der Anteile im Sinne des § 17 Abs. 1 Satz 1 EStG in seinem Privatvermögen hält und zehn Jahre in Deutschland unbeschränkt steuerpflichtig gewesen ist, das Merkmal der Veräußerung in § 17 EStG, so dass es zu einer Besteuerung des Vermögenszuwachses zum Zeitpunkt des Wegzuges kommt.

19 EuGH, Urteil vom 11. 3. 2004, Rs. C-9/02, *Hughes de Lasteyrie du Saillant*, Slg. 2004, S. I-2409.

20 EuGH, Urteil vom 7. 9. 2006, Rs. C-470/04, *N*, Slg. 2006, S. I-7409

21 *Häck*, in : Haase, AStG, § 6 Rn. 180.

22 *Schaumburg*, in: Grundmann/Düren, Jahrbuch der Fachanwälte für Steuerrecht 2006/2007, S. 98, 101; *Wilke*, PISTB 2007, S. 108, 108.

23 Vgl. zur Stundungsmöglichkeit nach § 6 Abs. 5 AStG *Wassermeyer*, IStR 2007, S. 833, 835-836.

1. Natürliche Person

Die Anwendung der Wegzugsbesteuerung ist beschränkt auf natürliche Personen im Sinne der §§ 1f. BGB.[24] Entscheidend für die Erfüllung der persönlichen Voraussetzungen ist allein die Rechtsfähigkeit, so dass es auf die Geschäftsfähigkeit nicht ankommt.[25] § 6 AStG ist unabhängig von der Staatsangehörigkeit des wegziehenden Steuerpflichtigen anzuwenden,[26] worin sich die Wegzugsbesteuerung in grundsätzlicher Weise von der erweiterten beschränkten Steuerpflicht nach §§ 2-5 AStG unterscheidet.[27]

2. Zehnjahresfrist

§ 6 Abs. 1 Satz 1 AStG setzt für die Auslösung des Besteuerungstatbestandes eine zehnjährige unbeschränkte Steuerpflicht des Wegziehenden voraus. Die Zehnjahresfrist des § 6 Abs. 1 Satz 1 AStG ist dabei auf die Zeit der unbeschränkten Steuerpflicht nach § 1 Abs. 1 EStG begrenzt, womit Zeiträume der erweiterten bzw. fiktiven unbeschränkten Steuerpflicht nach §§ 1 Abs. 2, 3 und § 1a EStG nicht in die Zehnjahresfrist von § 6 Abs. 1 Satz 1 AStG einbezogen werden können.[28] Der Hintergrund der Zehnjahresfrist ist der Versuch, die Wegzugsbesteuerung auf Steuerpflichtige zu beschränken, die auf Grund einer längeren Anwesenheit im Inland mit der deutschen Volkswirtschaft nachhaltig, persönlich und wirtschaftlich verbunden sind.[29] Allerdings verlangt § 6 AStG keine ununterbrochen zehnjährige unbeschränkte Steuerpflicht im Inland.[30]

Sofern der Anteilseigner die Anteile durch ein unentgeltliches Rechtsgeschäft erworben hat und selber bis zum Wegzug nicht insgesamt zehn Jahre im

---

24 *Strunk/Kaminski*, in: Strunk/Kaminski/Köhler, AStG, § 6 Rn. 43; *Kraft*, in: ders., AStG, § 6 Rn. 230.

25 *Häck*, in: Haase, AStG, § 6 Rn. 33.

26 *Wassermeyer*, in: Flick/Wassermeyer/Baumhoff, AStG, § 6 Rn. 33.

27 *Strunk/Kaminski*, in: Strunk/Kaminski/Köhler, AStG, § 6 Rn. 45.

28 *Wassermeyer*, in: Flick/Wassermeyer/Baumhoff, AStG, § 6 Rn. 36.

29 *Wassermeyer*, in: Flick/Wassermeyer/Baumhoff, AStG, § 6 Rn. 34; *Häck*, in: Haase, AStG, § 6 Rn. 35; Kraft, in: ders., AStG, § 6 Rn. 240; vgl. *Strunk/Kaminski*, in: Strunk/Kaminski/Köhler, AStG, § 6 Rn. 48; *Gropp*, in: Lademann, AStG, § 6 Rn. 18.

30 *Kraft*, in: ders., AStG, § 6 Rn. 240; kritisch zur Unerheblichkeit der Länge der zwischenzeitlichen Abwesenheit *Strunk/Kaminski*, in: Strunk/Kaminski/Köhler, AStG, § 6 Rn. 51 und *Wassermeyer*, in: Flick/Wassermeyer/Baumhoff, AStG, § 6 Rn. 35, der spiegelbildlich zur Zehnjahresfrist des § 6 Abs. 1 Satz 1 AStG eine „Ausgliederung" aus der deutschen volkswirtschaftlich nach zehnjähriger Abwesenheit erwägt; zur Problematik der Einbeziehung der Zeit der unbeschränkten Steuerpflicht, zu der der Anteilseigner noch minderjährig war vgl. *Arlt*, IStR 2008, S. 216, 217-218.

Inland unbeschränkt steuerpflichtig gewesen ist, muss nach § 6 Abs. 2 AStG die Zeit der unbeschränkten Steuerpflicht des Rechtsvorgängers vor der Übertragung der Anteile bei der Errechnung der Zehnjahresfrist mit einbezogen werden.

3. Beendigung der unbeschränkten Steuerpflicht

§ 6 Abs. 1 Satz 1 AStG setzt die Beendigung der unbeschränkten Steuerpflicht in Deutschland voraus. Ob die unbeschränkte Steuerpflicht im Inland im Sinne des § 1 Abs. 1 EStG beendet ist, kann nur anhand des deutschen Steuerrechts ermittelt werden.[31] Daher sind die Definitionen des Wohnsitzes nach § 8 AO und des gewöhnlichen Aufenthaltes nach § 9 AO für die Ermittlung der Beendigung der unbeschränkten Steuerpflicht maßgebend.[32] Die Beweggründe und Absichten, die den Steuerpflichtigen zum Wegzug veranlasst haben, sind für die Erfüllung des Merkmals der „Beendigung der unbeschränkten Steuerpflicht" ohne Bedeutung.[33] Im Gegensatz zu §§ 2 ff. AStG ist ein Zuzug in ein Niedrigsteuerland für die Auslösung des § 6 AStG nicht erforderlich.[34]

Der Wechsel von der unbeschränkten Steuerpflicht nach § 1 Abs. 1 EStG zu der fiktiven unbeschränkten Steuerpflicht nach § 1 Abs. 3 EStG löst nicht die Wegzugsbesteuerung aus, da die unbeschränkte Steuerpflicht nicht endet, sondern auf Antrag fortbesteht. [35] Dadurch ist ein Anteilseigner nach seinem Wegzug ins benachbarte Ausland und der Stellung des Antrags auf fiktive unbeschränkte Steuerpflicht in der Lage, seine Anteile an ausländischen Kapitalgesellschaften zu veräußern, ohne in Deutschland Gefahr zu laufen, für den aus dem Verkauf resultierenden Erlös besteuert zu werden.[36] Eine Besteuerung dieser Anteile ist nicht auf Grund von § 17 EStG möglich, da § 1 Abs. 3 EStG klarstellt, dass von der fiktiven unbeschränkten Steuerpflicht ausschließlich inländische Einkünfte im Sinne des § 49 EStG erfasst werden. Der Gewinn aus der Veräußerung von Anteilen an Kapitalgesellschaften ist nach § 49 Abs. 1 Nr. 2 Buchst. e EStG nur bezüglich der Anteile an inländischen Kapitalgesell-

31 Vgl. *Wassermeyer*, in Flick/Wassermeyer/Baumhoff, AStG, § 6 Rn. 38; *Menck*, in: Blümich, AStG, § 6 Rn. 26.

32 *Strunk/Kaminski*, in: Strunk/Kaminski/Köhler, AStG, § 6 Rn. 56; *Gropp*, in: Lademann, AStG, § 6 Rn. 34.

33 *Fey*, in: Beck'sches Steuer- und Bilanzrechtslexikon, Wegzugsbesteuerung, Rn. 4 .

34 *Häck*, in: Haase, AStG, § 6 Rn. 63; vgl. *Burmester*, in: Burmester/Endres, FS für Debatin, S. 55, 69.

35 *Wassermeyer*, in Flick/Wassermeyer/Baumhoff, AStG, § 6 Rn. 40; *Häck*, in: Haase, AStG, § 6 Rn. 64; Schaumburg, Internationales Steuerrecht, Rn. 5.363.

36 *Häck*, in: Haase, AStG, § 6 Rn. 64.

schaften steuerpflichtig, weshalb eine Besteuerung der Gewinne aus der Veräußerung von Anteilen an ausländischen Kapitalgesellschaften ausscheidet.

Allerdings muss bei einem Wegzug in einen DBA-Staat § 6 Abs. 1 Satz 2 Nr. 2 AStG Beachtung geschenkt werden, wonach die Begründung eines Wohnsitzes oder des gewöhnlichen Aufenthalts in einem ausländischen Staat die Wegzugsbesteuerung auslöst, wenn der Steuerpflichtige auf Grund dessen nach einem DBA als in diesem Staat als ansässig anzusehen ist.[37] Die Antragsstellung nach § 1 Abs. 3 EStG ändert nichts an der Beurteilung des Falles auf Grund von Abkommensrecht, die autonom von dem nationalen Recht zu erfolgen hat.[38] Sollte der Steuerpflichtige nämlich im Zuzugsstaat den Mittelpunkt seiner Lebensinteressen im Sinne des Art. 4 Abs. 2 OECD-MA begründen, so ist er nach dem Abkommensrecht im Zuzugsstaat als ansässig anzusehen.[39] Damit ist der Wortlaut des § 6 Abs. 1 Satz 2 Nr. 2 AStG erfüllt und die Sicherung des deutschen Besteuerungsrechts erfolgt trotz Antragsstellung nach § 1 Abs. 3 EStG.

Entgegen einer in der Literatur vertretenen Ansicht[40] löst der Wechsel von der fiktiven unbeschränkten Steuerpflicht nach § 1 Abs. 3 EStG zur beschränkten Steuerpflicht nach § 1 Abs. 4 EStG nicht die Wegzugsbesteuerung nach § 6 Abs. 1 Satz 1 AStG aus.[41] Der Tatbestand des § 6 Abs. 1 Satz 1 AStG setzt schließlich das physische Verlassen Deutschlands voraus und kann nicht aus einer fehlenden Antragsstellung konstruiert werden, nur um das Besteuerungsrecht Deutschlands zu sichern. Für die Sicherung des deutschen Besteuerungsrechts und die Verhinderung von Missbrauchsmöglichkeiten hätte es genügt, wenn der Gesetzgeber es bei der Beendigung der unbeschränkten Steuerpflicht als auslösendes Moment der Wegzugsbesteuerung belassen hätte.[42] Der Gesetzgeber hat jedoch die Beendigung der unbeschränkten Steuerpflicht mit der Aufgabe des Wohnsitzes oder des gewöhnlichen Aufenthaltes verknüpft, so dass zunächst der Wortlaut bei der Auslegung des Tatbestandes Beachtung finden muss.[43] Der Gesetzgeber hatte folglich den physischen Wegzug des unbe-

---

37 *Ostertun*, in: Ostertun/Reimer, Wegzugsbesteuerung – Wegzugsberatung, S. 71; *Häck*, in: Haase, AStG, § 6 Rn. 64.

38 Vgl. *Schaumburg*, Internationales Steuerrecht, Rn. 16.49.

39 *Häck*, in: Haase, AStG, § 6 Rn. 64.

40 *Menck*, in: Blümich, AStG, § 6 Rn. 29; *Kraft*, in: ders., AStG, § 6 Rn. 255; so auch *Gropp*, in: Lademann, AStG, § 6 Rn. 37.

41 *Häck*, in: Haase, AStG, § 6 Rn. 64; *Wassermeyer*, in: Flick/Wassermeyer/Baumhoff, AStG, § 6 Rn. 40; *Schaumburg*, Internationales Steuerrecht, Rn. 5.363; *Elicker*, in: *Blümich*, AStG, § 6 Rn. 44, anders aber noch *Menck*, in: Blümich, AStG, § 6 Rn. 29.

42 Vgl. *Wassermeyer*, in: Flick/Wassermeyer/Baumhoff, AStG, § 6 Rn. 41.

43 *Larenz*, Methodenlehre, S. 320; *Wassermeyer*, in: Flick/Wassermeyer/Baumhoff, AStG, § 6 Rn. 41; . *Rüthers/Fischer/Birk*, Rechtstheorie, Rn. 731.

schränkt Steuerpflichtigen aus Deutschland vor Augen,[44] so dass der Wechsel von der fiktiven unbeschränkten Steuerpflicht nach § 1 Abs. 3 EStG zur beschränkten Steuerpflicht nach § 1 Abs. 4 EStG nicht zu einer Besteuerung nach § 6 Abs. 1 Satz 1 AStG führt. Sollte der Anteilseigner in einem DBA-Staat ansässig sein und das deutsche Besteuerungsrecht an dem Vermögenszuwachs beschränkt oder ausgeschlossen werden, erfüllt der Anteilseigner den Auffangtatbestand von § 6 Abs. 1 Satz 2 Nr. 4 AStG. Trotz Ansässigkeit in einem EU- oder EWR-Staat würde die Steuer sofort fällig, da § 6 Abs. 5 AStG für eine Besteuerung auf Grund des Auffangtatbestandes keine Stundungsmöglichkeit vorsieht.[45]

4. Beteiligung an einer Kapitalgesellschaft

§ 6 Abs. 1 Satz 1 AStG verlangt für die Anwendbarkeit der Wegzugsbesteuerung, dass der Wegziehende an einer Kapitalgesellschaft nach § 17 Abs. 1 Satz 1 EStG zu mindestens 1 % beteiligt ist. Für die Ermittlung der Zuordnung der Anteile zu einem Wegziehenden sind die steuerlichen Zuordnungsgrundsätze nach § 39 AO entscheidend.[46]

Im Rahmen des SEStEG wurde der Anwendungsbereich der Wegzugsbesteuerung erweitert, indem nunmehr nicht nur Anteile an inländischen Kapitalgesellschaften von § 6 Abs. 1 Satz 1 AStG erfasst werden, sondern auch Anteile an ausländischen Kapitalgesellschaften.[47] Damit ist der Gesetzgeber verfassungsrechtlichen Bedenken gegen die alte Regelung nachgekommen, die sich auf Grund der Ungleichbehandlung von Anteilseignern an inländischen Kapitalgesellschaften einerseits und Anteilseignern an ausländischen Kapitalgesellschaften andererseits in Bezug auf Art. 3 Abs. 1 GG ergaben.[48] Ob eine ausländische Gesellschaft als Kapitalgesellschaft zu qualifizieren ist, muss anhand eines Typenvergleichs ermittelt werden.[49]

---

44 Vgl. *Häck*, in: Haase, AStG, § 6 Rn. 63.

45 *Elicker*, in: Blümich, AStG, § 6 Rn. 44.

46 *Wassermeyer*, in: Flick/Wassermeyer/Baumhoff, AStG, § 6 Rn. 42.

47 *Häck*, in: Haase, AStG, § 6 Rn. 46; *Strunk/Kaminski*, in: Strunk/Kaminski/Köhler, AStG, § 6 Rn. 75.

48 *Götsche*, Wohnsitzverlagerung natürlicher Personen ins Ausland, S. 68; *Häck*, in: Haase, AStG, § 6 Rn. 46; *Menck*, in: Blümich, AStG, § 6 Rn. 22.

49 RFH, Urteil vom 12. 2. 1930 – VI A 899/27, RFHE 27, S. 73, 78-79; BFH, Urteil vom 17. 7. 1968 – I 121/64, BStBl. II 1968, S. 695, 696; Urteil vom 3. 2. 1988 – I R 134/84, BStBl. II 1988, S. 588, 590; Urteil vom 23. 6. 1992 – IX R 182/87, BStBl. II 1992, S. 972, 974-975; Urteil vom 16. 12. 1992 – I R 32/92, BStBl. II 1993, S. 399, 401; *Schnittker/Lemaitre*, GmbHR 2003, S. 1314, 1315; *Strunk/Kaminski*, in: Strunk/Kaminski/Köhler, AStG, § 6 Rn. 77; *Gropp*, in: Lademann, AStG, § 6 Rn. 24.

Der Wegziehende muss die betreffenden Anteile im Privatvermögen und nicht im Betriebsvermögen zum Zeitpunkt des Wegzuges halten.[50] Des Weiteren ist eine unmittelbare Beteiligung an der Kapitalgesellschaft erforderlich.[51] Für die Errechnung der 1 %-Quote könnten zwar auch mittelbare Beteiligungen hinzugerechnet werden, der Rechtsgrundverweis in § 6 Abs. 1 Satz 1 AStG auf § 17 Abs. 1 Satz 1 EStG belegt jedoch, dass eine unmittelbare Beteiligung für die Auslösung der Wegzugsbesteuerung vorausgesetzt wird.[52] Im Übrigen kommt es auch zu einer Besteuerung nach § 6 AStG bei durch Persongesellschaften gehaltenen Anteilen im Sinne des § 17 EStG, soweit die Anteile weder bei der Personengesellschaft noch bei dem Wegziehenden im Betriebsvermögen gehalten werden.[53] Die Zuordnung der Anteile zu dem Wegziehenden erfolgt in diesem Fall nach § 39 Abs. 2 Nr. 2 AO.[54]

II. Die Ersatztatbestände

Um Steuergestaltungen zu verhindern, die es den Anteilseignern erlauben würden, die Wegzugsbesteuerung zu umgehen, hat der Gesetzgeber den Grundtatbestand durch vier weitere Besteuerungstatbestände in § 6 Abs. 1 Satz 2 AStG erweitert.[55]

1. § 6 Abs. 1 Satz 2 Nr. 1 AStG

In § 6 Abs. 1 Satz 2 Nr. 1 AStG hat der Gesetzgeber den schon zur alten Rechtslage bestehenden Tatbestand der Besteuerung der unentgeltlichen Übertragung der Anteile auf nicht unbeschränkt Steuerpflichtige[56] um einen weiteren Entstrickungstatbestand ergänzt. Nunmehr löst auch der Erwerb der Anteile von Todes wegen durch einen nicht unbeschränkt Steuerpflichtigen eine Besteuerung nach § 6 Abs. 1 AStG aus. Die Erweiterung der Entstrickungsbesteuerung auf Erbfäl-

---

50 BFH, Urteil vom 28. 2. 1974 – VIII R 83/69, BStBl. II 1974, S. 706, 706; *Wassermeyer*, in: Flick/Wassermeyer/Baumhoff, AStG, § 6 Rn. 42; *Elicker*, in: Blümich, AStG, § 6 Rn. 33; *Gropp*, in: Lademann, AStG, § 6 Rn. 26.

51 *Wassermeyer*, in: Flick/Wassermeyer/Baumhoff, AStG, § 6 Rn. 44.

52 BFH, Urteil vom 28. 6. 1978 – I R 90/76, BStBl. II 1978, S. 590, 591; Urteil vom 12. 6. 1980 – IV R 128/77, BStBl. II 1980, S. 646, 647; *Wassermeyer*, in: Flick/Wassermeyer/Baumhoff, AStG, § 6 Rn. 44.

53 *Gropp*, in: Lademann, AStG, § 6 Rn. 26; *Elicker*, in: Blümich, AStG, § 6 Rn. 33.

54 *Wassermeyer*, in: Flick/Wassermeyer/Baumhoff, AStG, § 6 Rn. 46.

55 *Kraft*, in: ders., AStG, § 6 Rn. 340.

56 § 6 Abs. 3 Nr. 1 AStG a. F..

le zählt zu den wesentlichen Neuerungen, die § 6 AStG infolge des SEStEG erfuhr.[57]

2. § 6 Abs. 1 Satz 2 Nr. 2 AStG

Die stillen Reserven in den Anteilen im Sinne des § 17 Abs. 1 Satz 1 EStG werden nach § 6 Abs. 1 Satz 2 Nr. 2 AStG auch aufgedeckt, wenn der Steuerpflichtige auf Grund der Begründung eines Wohnsitzes, des ständigen Aufenthalts oder eines ähnlichen Merkmals als in einem anderen Staat als abkommensrechtlich ansässig anzusehen ist. Das bedeutet, dass eine Person, die sowohl in der Bundesrepublik Deutschland als auch in einem anderen Staat einen Wohnsitz hat, abkommensrechtlich jedoch nach Art. 4 Abs. 2 OECD-MA in dem anderen Staat als ansässig gilt, den Besteuerungstatbestand auch dann erfüllt, wenn nach dem anzuwendenden Abkommen der Bundesrepublik Deutschland das Besteuerungsrecht an den Anteilen verbleibt.[58]

3. § 6 Abs. 1 Satz 2 Nr. 3 AStG

Während § 6 Abs. 1 Satz 2 Nr. 2 AStG mit der Vorgängervorschrift identisch ist, hat § 6 Abs. 1 Satz 2 Nr. 3 AStG nunmehr einen weiteren Anwendungsbereich. Dem Wortlaut der Norm entsprechend bewirkt die Einlage der Anteile in einen Betrieb oder in eine Betriebsstätte des Steuerpflichtigen in einem ausländischen Staat eine Entstrickung, ohne dass es zu einem Ausschluss des deutschen Besteuerungsrecht kommen muss, wie es noch § 6 Abs. 3 Nr. 3 AStG a.F. verlangte.[59] Die Einbringung einer Gesamthandsgemeinschaft als solche durch ihre Beteiligten in einen ausländischen Betrieb oder eine ausländische Betriebsstätte erfüllt den Tatbestand des § 6 Abs. 1 Satz 2 Nr. 3 AStG, wenn es sich bei der einbringenden Gesamthandsgemeinschaft um eine nicht gewerblich tätige Persongesellschaft handelt.[60]

---

57 Siehe dazu Kapitel 6.

58 *Kraft*, in: ders., AStG, § 6 Rn. 364; vgl. zur Problematik des Ausschlusses oder der Beschränkung des deutschen Besteuerungsrechts Kapitel 2 A.-C..

59 *Werner*, Systemgerechte Entstrickung im Steuerrecht, Diss., Bonn 2009, S. 42-43; vgl. zur Problematik des Ausschlusses oder der Beschränkung des deutschen Besteuerungsrechts Kapitel 2 A.-C..

60 *Wassermeyer*, in: Flick/Wassermeyer/Baumhoff, AStG, § 6 Rn. 46.

4. § 6 Abs. 1 Satz 2 Nr. 4 AStG

Der ursprünglich als Grundtatbestand vorgesehene allgemeine Entstrickungstatbestand in § 6 Abs. 1 Satz 1 AStG-E fungiert nach der Überarbeitung des Gesetzesentwurfs als Auffangtatbestand.[61] Danach bewirkt jede Beschränkung oder jeder Ausschluss des Besteuerungsrechts der Bundesrepublik Deutschland am Veräußerungsgewinn eine Besteuerung des Vermögenszuwachses.[62]

III. Rechtsfolge

Die Rechtsfolge des Grundtatbestandes und seiner Ergänzungstatbestände besteht in der Besteuerung des Vermögenszuwachses, der sich in den Anteilen bis zum Zeitpunkt der Verwirklichung einer der Besteuerungstatbestände von § 6 Abs. 1 Satz 1, 2 AStG abgebildet hat. Die Ermittlung des fingierten Veräußerungsgewinns erfolgt durch die Berechnung der Differenz zwischen den historischen Anschaffungskosten und dem gemeinen Wert zum Zeitpunkt der Tatbestandsverwirklichung. Der gemeine Wert bestimmt sich gemäß §§ 9 Abs. 2, 11 Abs. 1, 2 BewG nach dem Preis, der im gewöhnlichen Geschäftsverkehr nach der Beschaffenheit des Wirtschaftsgutes bei einer Veräußerung zu erzielen wäre.

§ 6 AStG verweist allgemein auf § 17 EStG. Deshalb muss bei der Ermittlung des fingierten Veräußerungsgewinns auch die Verstrickungsregelung des § 17 Abs. 2 Satz 3 EStG beachtet werden,[63] wenn der Steuerpflichtige bereits bei der Begründung der unbeschränkten Steuerpflicht an einer Kapitalgesellschaft im Sinne des § 17 Abs. 1 Satz 1 EStG beteiligt gewesen ist und bei seinem Zuzug eine dem § 6 AStG entsprechende Steuer im Wegzugsstaat zu entrichten hatte.[64] Gemäß § 17 Abs. 2 Satz 3 EStG ist zur Vermeidung einer Doppelerfassung des Vermögenszuwachses anstelle der historischen Anschaffungskosten der Wert anzusetzen, den der Wegzugsstaat für die Berechnung der § 6 AStG entsprechenden Steuer angesetzt hat (Wertverknüpfung), höchstens jedoch der gemeine Wert. Auf Grund des allgemeinen Verweises auf § 17 EStG ist auch bei der Besteuerung des Vermögenszuwachses der Freibetrag des § 17 Abs. 3 EStG zu beachten.[65]

---

61 Vgl. zur Abkehr von dem ursprünglichen Gesetzesentwurf BR-Drucks. 542/1/06 S. 10.

62 Vgl. zur Auslegung der Merkmale von § 6 Abs. 1 Satz 2 Nr. 4 AStG Kapitel 2 C..

63 Zur Wertverknüpfung nach § 17 Abs. 2 Satz 3 EStG vgl. *Schmidt/von Busekist/Drescher*, FR 2007, S. 1, 14; *Weber-Grellet*, DB 2009, S. 304, 307; *Weber-Grellet*, in: Schmidt, EStG, § 17 Rn. 181.

64 *Werner*, Systemgerechte Entstrickung im Steuerrecht, Diss., Bonn 2009, S. 44.

65 *Hecht*, in: Mössner/Fuhrmann, AStG, § 6 Rn. 14.

Das Teileinkünfteverfahren nach § 3 Nr. 40 Buchst. c EStG findet auch auf die Besteuerung des Vermögenszuwachses nach § 6 AStG Anwendung.[66] Schließlich verweist § 6 Abs. 1 Satz 1 AStG uneingeschränkt auf § 17 EStG, so dass sämtliche Rechtsfolgen, die eine Besteuerung der Realisierung des Vermögenszuwachses nach § 17 EStG auslöst, auch bei der Besteuerung der fingierten Gewinnrealisierung auf der Rechtsfolgenseite beachtet werden müssen. Im Übrigen wäre ein gegenteiliges Ergebnis unter gleichheitsrechtlichen Gesichtspunkten verfassungsrechtlich nicht zu rechtfertigen. Es sind nämlich keine Gründe ersichtlich, warum ein Anteilseigner, der seine Beteiligung kurz vor dem Wegzug veräußert, in den Genuss des Teileinkünfteverfahrens kommen soll, während ein anderer Anteilseigner, der seine Beteiligung erst nach dem Wegzug veräußert, lediglich hinsichtlich der Differenz zwischen dem realisierten Gewinn und dem bereits beim Wegzug besteuerten Vermögenszuwachs vom Teileinkünfteverfahren profitieren soll.[67]

IV. Das Entfallen der Steuer nach § 6 Abs. 3 AStG

Die Wegzugsteuer entfällt rückwirkend, sobald der Steuerpflichtige den Rückkehrtatbestand des § 6 Abs. 3 AStG erfüllt. Das Entfallen der Wegzugsteuer nach § 6 Abs. 3 AStG trägt damit der Tatsache Rechnung, dass mit der Rückkehr des Steuerpflichtigen in die unbeschränkte Steuerpflicht der Rechtsgrund für die Wegzugsbesteuerung, die Sicherung des deutschen Besteuerungsrechts an den stillen Reserven, weggefallen ist.[68] Nach § 6 Abs. 3 Satz 1 AStG entfällt der Steueranspruch nach § 6 Abs. 1 AStG, wenn die Beendigung der unbeschränkten Steuerpflicht auf einer vorübergehenden Abwesenheit beruht und der Steuerpflichtige innerhalb von fünf Jahren seit Beendigung der unbeschränkten Steuerpflicht wieder unbeschränkt steuerpflichtig wird.[69] Des Weiteren setzt

---

66 *Strunk/Kaminski*, in: Strunk/Kaminski/Köhler, AStG, § 6 Rn. 141; *Hecht*, in: Mössner/Fuhrmann, AStG, § 6 Rn. 16; a.A. *Dötsch/Pung*, DB 2000, Beilage 10, S. 9.

67 *Strunk/Kaminski*, in: Strunk/Kaminski/Köhler, AStG, § 6 Rn. 142.

68 Vgl. *Kraft*, in: ders., AStG, § 6 Rn. 431.

69 Strittig ist, ob für das Vorliegen des Merkmals der vorübergehenden Abwesenheit in § 6 Abs. 3 Satz 1 AStG die Begründung der unbeschränkten Steuerpflicht innerhalb einer bestimmten Zeit genügt (objektive Theorie; vertreten von *Wassermeyer*, in: Flick/Wassermeyer/Baumhoff, AStG, § 6 Rn. 144; *Häck*, in: Haase, AStG, § 6 Rn. 141; *Kraft*, in: ders., AStG, § 6 Rn. 435; *Elicker*, in: Blümich, AStG, § 6 Rn. 73; wohl auch *Hecht*, Mössner/Fuhrmann, AStG, § 6 Rn. 39) oder ob zusätzlich eine Glaubhaftmachung des Rückkehrwillens des Steuerpflichtigen im Zeitpunkt der Beendigung der unbeschränkten Steuerpflicht erforderlich ist (subjektive Theorie; vertreten von BMF vom 14. 5. 2004 – IV B 4 – 1340 –11/04, BStBl. I 2004, Sondernummer 1, Tz.

§ 6 Abs. 3 Satz 1 AStG für das Entfallen des Steueranspruchs voraus, dass die Anteile in der Zwischenzeit nicht veräußert und die Tatbestände des § 6 Abs. 1 Satz 2 Nr. 1 oder 3 AStG nicht erfüllt wurden, sowie der Steuerpflichtige nicht nach einem DBA als in einem ausländischen Staat ansässig gilt. § 6 Abs. 3 Satz 2 AStG erweitert den Zeitraum, in dem der entstandene Steueranspruch nach § 6 Abs. 3 Satz 1 AStG rückwirkend entfallen kann, um weitere fünf Jahre, wenn der Steuerpflichtige glaubhaft macht, dass seine Abwesenheit beruflich bedingt ist und seine Rückkehrabsicht unverändert fortbesteht. Für die Rückkehr des Rechtsnachfolgers des Erblassers sieht § 6 Abs. 3 Satz 3 AStG die entsprechende Anwendung von § 6 Abs. 3 Satz 1 AStG vor. Schließlich lässt § 6 Abs. 3 Satz 4 AStG die zeitliche Begrenzung von § 6 Abs. 1 Satz 1 AStG entfallen, wenn die Steuer nach § 6 Abs. 5 AStG gestundet ist und der Anteilseigner wieder unbeschränkt steuerpflichtig wird oder das Besteuerungsrecht Deutschlands wiederauflebt. Das rückwirkende Entfallen der Steuer hat eine Korrektur des Steuerbescheids nach § 175 Abs. 1 Satz 1 Nr. 2 AO zur Folge.[70]

Nach § 17 Abs. 2 Satz 4 EStG bewirkt das Entfallen der Wegzugsteuer auf Grund von § 6 Abs. 3 AStG, dass es bei dem Zuzug nicht zu einer Wertverknüpfung nach § 17 Abs. 2 Satz 3 EStG kommt, selbst wenn der Steuerpflichtige vor seiner Rückkehr nach Deutschland eine dem § 6 AStG entsprechende Steuer im Wegzugsstaat zu entrichten hatte. Die Verweigerung der Wertverknüpfung im Falle der Rückkehr beruht auf dem Gedanken, dass die vor dem Wegzug in den ausländischen Staat entstandenen stillen Reserven überhaupt nicht besteuert würden, wenn der ausländische Staat bei dem Zuzug des Anteilseigners eine dem § 17 Abs. 2 Satz 3 AStG entsprechende Wertverknüpfung vorgenommen hat.[71] Hat der Wegzugsstaat bei dem Zuzug des Anteilseigners eine Wertverknüpfung unterlassen, droht eine Doppelbesteuerung.[72] Eine solche Doppelbesteuerung lässt sich zumindest hinsichtlich von Anteilen an inländischen Kapi-

6.4.1; *Hellwig*, in: Littmann/Bitz/Meincke, EStG, § 6 AStG, Rn. 8; *Gropp*, in: Lademann, AStG, § 6 Rn. 67). Im Gegensatz zu § 6 Abs. 3 Satz 2 AStG wird die Glaubhaftmachung des Rückkehrwillens in § 6 Abs. 3 Satz 1 AStG nicht ausdrücklich angeordnet, so dass die Begründung der unbeschränkten Steuerpflicht innerhalb von fünf Jahren für die Erfüllung des § 6 Abs. 3 Satz 1 AStG genügt; vgl. zu diesem Umkehrschluss *Häck*, in: Haase, AStG, § 6 Rn. 141; *Elicker*, in: Blümich, AStG, § 6 Rn. 73.

70 *Wassermeyer*, in: Flick/Wassermeyer/Baumhoff, AStG, § 6 Rn. 148.

71 *Werner*, Systemgerechte Entstrickung im Steuerrecht, Diss., Bonn 2009, S. 46.

72 *Töben/Reckwardt*, FR 2007, S. 159, 168; *Eilers/Schmidt*, in: Hermann/Heuer/Raupach, EStG, § 17 Rn. 234.

talgesellschaften durch eine Anrechnung der ausländischen Wegzugsteuer in analoger Anwendung des § 34c Abs. 1 i.V.m. § 34d Nr. 4 EStG vermeiden.[73]

V. Die Stundung der Steuer nach § 6 Abs. 4 AStG

Bei dem Wegzug in einen Staat, der weder ein EU-Mitgliedstaat noch ein EWR-Vertragsstaat ist, sieht § 6 Abs. 4 AStG eine höchstens fünfjährige Stundung gegen Sicherheitsleistung vor. Der gestundete Betrag muss gemäß § 234 AO verzinst werden.[74] Die Möglichkeit der Stundung der Wegzugsteuer wird allerdings nur unter der Bedingung gewährt, dass die Erhebung der Steuer eine erhebliche Härte für den Steuerpflichtigen darstellt. Angesichts der fehlenden Realisierung der stillen Reserven und des dementsprechend fehlenden Liquiditätszuflusses, stellt sich die Frage, ob nicht jede Erhebung der Wegzugsteuer eine erhebliche Härte darstellt.[75] Das Absehen von besonderen persönlichen Voraussetzungen in § 6 Abs. 4 AStG kann als Indiz dafür gewertet werden, dass der Gesetzgeber die auf der Fiktion einer Gewinnrealisierung basierenden Besteuerung indirekt als eine unbillige Härte erachtet.[76] Andererseits hat der Gesetzgeber offensichtlich ganz bewusst die Stundungsmöglichkeit vom Vorliegen einer erheblichen Härte abhängig gemacht, so dass das Merkmal nicht ignoriert werden kann.[77] Daher genügt es für die Annahme einer erheblichen Härte auch nicht, dass dem Anteilseigner im Zeitpunkt der Verwirklichung eines der Besteuerungstatbestände des § 6 Abs. 1 Satz 1, 2 AStG keine liquiden Mittel zur Verfügung stehen, die ihm die Begleichung der Steuerschuld erlauben würden.[78]

Nach § 6 Abs. 4 Satz 2 AStG ist die Stundung zu widerrufen, wenn der Steuerpflichtige die Anteile veräußert, sie verdeckt in eine Gesellschaft im Sinne des § 17 Abs. 1 Satz 1 EStG einlegt oder einen der Besteuerungstatbestände des § 17 Abs. 4 EStG verwirklicht. Schließlich bestimmt § 6 Abs. 4 Satz 3 AStG, dass im Falle einer vorübergehenden Abwesenheit der Zeitraum der Stundung den Fristen des § 6 Abs. 3 Satz 1, 2 AStG entspricht.

73 Für eine Steueranrechnung ebenfalls plädierend *Werner*, Systemgerechte Entstrickung im Steuerrecht, Diss., Bonn 2009, S. 46.

74 BFH, Urteil vom 16. 10. 1991 - I R 145/90, BStBl. II 1992, S. 321.

75 Die Wegzugsteuer als erhebliche Härte ansehend *Wassermeyer*, in: Flick/Wassermeyer/Baumhoff, AStG, § 6 Rn. 190; *Hecht*, in: Mössner/Fuhrmann, AStG, § 6 Rn. 47.

76 *Wassermeyer*, in: Flick/Wassermeyer/Baumhoff, AStG, § 6 Rn. 141.

77 *Werner*, Systemgerechte Entstrickung im Steuerrecht, Diss., Bonn 2009, S. 47; *Strunk/Kaminski*, in: Strunk/Kaminski/Köhler, AStG, § 6 Rn. 220.

78 *Strunk/Kaminski*, in: Strunk/Kaminski/Köhler, AStG, § 6 Rn. 219-220; a.A. *Gropp*, in: Lademann, AStG, § 6 Rn. 71.

VI. Die zinslose Stundung der Steuer nach § 6 Abs. 5 AStG

Die alte Wegzugsbesteuerung begegnete vor allem nach der Entscheidung des EuGH in *Hughes de Lasteyrie du Saillant* erheblichen unionsrechtlichen Zweifeln.[79] Die von § 6 Abs. 5 AStG vorgesehene Stundungsregelung ist das Kernstück der Neufassung der Wegzugsbesteuerung[80] und zugleich die Antwort des Gesetzgebers auf die Rechtsprechung des EuGH in den Rechtssachen *Hughes de Lasteyrie du Saillant*[81] und *N.*[82]

1. Stundungsvoraussetzung

Nach § 6 Abs. 5 Satz 1 AStG ist die nach § 6 Abs. 1 AStG geschuldete Steuer zinslos zu stunden, wenn der Steuerpflichtige im Fall des § 6 Abs. 1 Satz 1 AStG Staatsangehöriger eines Mitgliedstaates der EU oder eines EWR-Staates ist und er nach der Beendigung der unbeschränkten Steuerpflicht in einem dieser Staaten einer der deutschen unbeschränkten Steuerpflicht vergleichbaren Steuerpflicht unterliegt. Hinsichtlich der Staatsangehörigkeit erfüllt sowohl die deutsche Staatsangehörigkeit als auch die Staatsangehörigkeit jedes anderen EU- bzw. EWR-Staates diese Voraussetzung, soweit sie während der gesamten Stundungsdauer Bestand hat.[83] Des Weiteren wird als Voraussetzung für die Stundung die Gewährleistung der Amtshilfe und der Unterstützung bei der Beitreibung des Steueranspruchs zwischen der Bundesrepublik Deutschland und dem Zugzugsstaat nach § 6 Abs. 5 Satz 2 AStG verlangt.

Auf Grund der EG-Amtshilferichtlinie[84] und der EG-Beitreibungsrichtlinie[85] unterstellt der Gesetzgeber, dass in Bezug auf alle Mitgliedstaaten der EU die

79 *Knies*, PISTB 2004, S. 256, 259-260; *Kraft/Müller*, RIW 2004, S. 366, 371; *Kleinheisterkamp*, PISTB 2004, S. 82, 88, 90; *Müller*, ZSteu 2004, S. 78, 83; vgl. *Lausterer*, DStZ 2004, S. 299, 302, 304.

80 *Lausterer*, in: Blumenberg/Schäfer, Das SEStEG, S. 231; *Kraft*, in: ders., AStG, § 6 Rn. 470.

81 *Wassermeyer*, in: Flick/Wassermeyer/Baumhoff, AStG, § 6 Rn. 206; *Strunk/Kaminski*, in: Strunk/Kaminski/Köhler, AStG, § 6 Rn. 236.

82 *Lang/Lüdicke/Reich*, IStR 2008, S. 673, 675.

83 *Häck*, in: Haase, AStG, § 6 Rn. 184; *Strunk/Kaminski*, in: Strunk/Kaminski/Köhler, AStG, § 6 Rn. 246-247.

84 Richtline77/799/EWG des Rates über die gegenseitige Amtshilfe zwischen den zuständigen Behörden der Mitgliedstaaten im Bereich der direkten Steuern.

85 Richtlinie 76/308/EWG des Rates über die gegenseitige Unterstützung bei der Beitreibung von Forderungen in Bezug auf bestimmte Abgaben, Zölle, Steuern und sonstige Maßnahmen; aufgehoben m.W.v. 1. 7. 2008 durch Art. 25 RL vom 26. 5. 2008 (ABl. Nr. L 150 S. 28); vgl. jetzt die Richtlinie 2008/55/EG über die gegenseitige Unterstüt-

Stundungsvoraussetzung des § 6 Abs. 5 Satz 2 AStG erfüllt ist.[86] Etwas anderes gilt in Bezug auf die EWR-Staaten Norwegen, Island und Liechtenstein. Während das DBA-Norwegen eine Amtshilfe und eine Beitreibungsunterstützung vorsieht,[87] besteht im Verhältnis zu Island nur eine große Auskunftsklausel.[88] Liechtenstein wiederum erteilte bislang überhaupt keine Auskünfte, so dass eine Stundung der Wegzugsteuer bei einer Wohnsitznahme in Liechtenstein bislang eigentlich ausgeschlossen sein müsste.[89] Allerdings wurde mit Liechtenstein mittlerweile ein Abkommen über die Zusammenarbeit und den Informationsaustausch in Steuersachen unterzeichnet.[90] Trotz Fehlen einer Beitreibungshilfe im Verhältnis zu Island und Liechtenstein geht die Finanzverwaltung von der Anwendbarkeit der Stundungsregelung auch in diesen Fällen aus.[91]

§ 6 Abs. 5 Satz 3 AStG erweitert schließlich die analoge Anwendung der zinslosen Stundung auf die Ersatztatbestände, wobei jedoch eine zinslose Stundung für den Auffangtatbestand von § 6 Abs. 1 Satz 2 Nr. 4 AStG nicht vorgesehen ist.[92]

2. Widerruf der Stundung

Die Stundung der Steuer ist nicht länger geboten, wenn der Anteilseigner seine Beteiligung tatsächlich veräußert oder auf Grund anderer Vorgänge Deutschland das Besteuerungsrecht an den Anteilen endgültig entzogen wird. Durch den zwingenden Widerruf der Stundung nach § 6 Abs. 5 Satz 4 AStG soll dem endgültigen Verlust des deutschen Besteuerungsrechts Rechnung getragen und ein nicht gerechtfertigter Vorteil des Steuerpflichtigen auf Grund der Stundung

---

zung bei der Beitreibung von Forderungen in Bezug auf bestimmte Abgaben, Zölle, Steuern und sonstige Maßnahmen vom 26. 5. 2008 (ABl. Nr. L 150 S. 28).

86 BT-Drucks. 16/2710, S. 53.

87 Vgl. Art. 26, 27 DBA-Norwegen; *Häck*, in: Haase, AStG, § 6 Rn. 186.

88 Vgl. Art. 26 Abs. 1 DBA-Island; dazu *Müller*, in: Debatin/Wassermeyer, DBA-Island, Art. 26 Rn. 1.

89 Vgl. auch *Kraft*, in: ders., AStG, § 6 Rn. 493; kritisch zur Beschränkung der Kapitalverkehrsfreiheit durch § 15 Abs. 1 Satz 1 AStG im Verhältnis zu Liechtenstein auf Grund fehlender Auskunftspflicht, *Daragan*, IStR 2011, S. 584, 586; vgl. *Schönfeld*, DB 2008, S. 2217, 2219.

90 *Elicker*, in: Blümich, AStG, § 6 Rn. 90.

91 Vgl. OFD Münster vom 31. 10. 2008, BB 2008, S. 2598; *Häck*, IStR 2011, S.

92 *Kraft*, in: ders., AStG, § 6 Rn. 505.

vermieden werden.[93] Verfahrensrechtlich ist im Hinblick auf den Begriff des Widerrufs auf § 131 Abs. 2 Nr. 1 AO zurückzugreifen.[94]

Es ist nicht sachgerecht, die Stundung aufzuheben, wenn die Veräußerung der Anteile unter dem UmwStG als eine steuerneutrale Umwandlung zu behandeln ist, da der Veräußerer die im Zuge des Umwandlungsvorgangs erhaltenen Anteile mit den Anschaffungskosten der hingegebenen Anteile bewerten kann.[95] Daher ordnet § 6 Abs. 5 Satz 5 HS. 1 AStG an, dass der Erwerb der Anteile im Rahmen einer Umwandlung nach § 11, 15 oder 21 UmwStG nicht als Veräußerung zu werten ist, wenn die erhaltenen Anteile nach § 13 Abs. 2 oder § 21 Abs. 2 UmwStG mit den Anschaffungskosten angesetzt werden könnten. Nach § 6 Abs. 5 Satz 5 HS. 2 AStG treten für Zwecke der Anwendung von § 6 Abs. 3, Abs. 5 Satz 4, Abs. 6, 7 AStG die im Rahmen einer Umwandlung nach § 11, 15 oder 21 UmwStG erhaltenen Anteile an die Stelle der Anteile im Sinne des § 6 Abs. 1 AStG.

Eine weitere Begünstigung des Anteilseigners sieht § 6 Abs. 5 Satz 6 AStG vor, indem dem Steuerpflichtigen die Möglichkeit des Verlustabzuges nach § 10d EStG erlaubt wird, auch wenn der Gesamtbetrag der Einkünfte auf Grund der Wegzugsbesteuerung eigentlich positiv wäre.[96] Dementsprechend werden die fingierten Einnahmen in den Fällen von § 6 Abs. 5 Satz 1 oder 3 AStG nicht berücksichtigt, wenn der Gesamtbetrag der Einkünfte ohne Einbeziehung der fingierten Einkünfte negativ wäre. Durch die Bezugnahme auf die Fälle von § 6 Abs. 5 Satz 1 oder 3 AStG beschränkt sich diese Begünstigungsregel ausschließlich auf EU- bzw. EWR-Sachverhalte.[97] Spiegelbildlich dazu sieht § 6 Abs. 5 Satz 7 AStG eine rückwirkende Berücksichtigung der fingierten Einkünfte vor, wenn der Steuerpflichtige einen Tatbestand des § 6 Abs. 5 Satz 4 AStG verwirklicht, der zum Widerruf der zinslosen Stundung führt. Um die spätere Korrektur nach § 6 Abs. 5 Satz 7 AStG zu ermöglichen, müssen schon bei dem Wegzug alle für die Steuererhebung wesentlichen Merkmale ermittelt werden.[98]

93 *Strunk/Kaminski*, in: Strunk/Kaminski/Köhler, AStG, § 6 Rn. 265-266; *Häck*, in: Haase, AStG, § 6 Rn. 202.

94 *Wassermeyer*, in: F/WB, AStG, § 6 Rn. 230; *Strunk/Kaminski*, in: Strunk/Kaminski/Köhler, AStG, § 6 Rn. 267.

95 *Häck*, in: Haase, AStG, § 6 Rn. 206; vgl. *Kraft*, in: ders., AStG, § 6 Rn. 530.

96 *Wassermeyer*, in: Flick/Wassermeyer/Baumhoff, AStG, § 6 Rn. 256.

97 *Strunk/Kaminski*, in: Strunk/Kaminski/Köhler, AStG, § 6 Rn. 288.

98 *Strunk/Kaminski*, in: Strunk/Kaminski/Köhler, AStG, § 6 Rn. 290.

VII. Verlustberücksichtigung nach § 6 Abs. 6 AStG

Die Veräußerung der Beteiligung im Sinne des § 17 EStG bewirkt nach § 6 Abs. 5 Satz 4 Nr. 1 AStG den Widerruf der nach § 6 Abs. 5 Satz 3 Nr. 1 AStG gestundeten Steuer. Die Durchsetzung einer Steuer, die auf einem fingierten Veräußerungsgewinn beruht, erscheint als unbillig, wenn sich der Wert der Anteile bis zur Veräußerung gemindert hat und diese Wertminderung auch realisiert wurde. Schließlich verlangt eine mit dem Unionsrecht vereinbare Ausgestaltung der Wegzugsbesteuerung, dass die sich erst nach dem Wegzug ergebenden Wertminderungen der Anteile durch den Wegzugsstaat berücksichtigt werden müssen, sofern nicht bereits der Zuzugsstaat eine Berücksichtigung der Wertminderungen in seinem Steuerrecht vorsieht.[99] Diesen Anforderungen der Rechtsprechung versucht der Gesetzgeber durch eine Verlustberücksichtigung nach § 6 Abs. 6 AStG zu begegnen, womit eine Überbesteuerung des Steuerpflichtigen verhindert werden soll.[100]

Dementsprechend ist gemäß § 6 Abs. 6 Satz 1 AStG der Steuerbescheid in dem Umfange aufzuheben oder zu ändern, wie der im Falle des § 6 Abs. 5 Satz 4 Nr. 1 AStG nach § 17 Abs. 2 EStG realisierte Veräußerungsgewinn im Zeitpunkt der Beendigung der Stundung niedriger als der Vermögenszuwachs nach § 6 Abs. 1 AStG ist. Eine Berücksichtigung der Wertminderung nach § 6 Abs. 6 Satz 1 AStG ist jedoch ausgeschlossen, wenn der Zuzugsstaat die Wertminderung bereits berücksichtigt hat. Des Weiteren sind nach § 6 Abs. 6 Satz 3 AStG Wertminderungen nur in der Höhe der Anschaffungskosten zu beachten. Schließlich scheidet eine Berücksichtigung der Wertminderung gemäß § 6 Abs. 6 Satz 2 AStG aus, wenn die Wertminderung nicht betrieblich veranlasst ist und auf einer gesellschaftsrechtlichen Maßnahme beruht.[101] In diesem Falle erlaubt jedoch § 6 Abs. 6 Satz 4 AStG eine Anrechnung der Kapitalertragsteuer auf die nach § 6 Abs. 1 AStG geschuldete Steuer.

99 EuGH, Urteil vom 7. 9. 2006, Rs. C-470/04, N, Slg. 2006, S. I-7409, Rn. 54.

100 *Wassermeyer*, in: Flick/Wassermeyer/Baumhoff, AStG, § 6 Rn. 271.

101 Als gesellschaftsrechtliche Maßnahmen kommen z.B. offene und verdeckte Gewinnausschüttungen, Kapitalherabsetzungen mit anschließender Auskehrung des frei werdenden Kapitals an die Gesellschafter oder die Auflösung einer Kapitalrücklage und ihre Auskehrung an die Gesellschafter außerhalb einer Gewinnausschüttung in Betracht, dazu: *Häck*, in: Haase, AStG, § 6 Rn. 239.

VIII. Mitwirkungspflicht nach § 6 Abs. 7 AStG

Eine erhöhte Mitteilungspflicht trifft den Steuerpflichtigen gemäß § 6 Abs. 7 AStG, wenn die Wegzugsteuer nach § 6 Abs. 5 AStG zinslos gestundet worden ist. Demnach ist der Steuerpflichtige verpflichtet, innerhalb eines Monats nach der Verwirklichung eines der Tatbestände des § 6 Abs. 5 Satz 4 AStG diesen Umstand dem nach § 19 AO zuständigen Finanzamt mitzuteilen. Im Übrigen ist er dazu verpflichtet, jährlich das zuständige Finanzamt über seine aktuelle Anschrift zu informieren sowie zu bestätigen, dass sich die Anteile weiterhin in seinem Vermögen befinden. Kommt der Anteilseigner dieser Mitteilungspflicht nicht nach, so ist die Stundung nach § 6 Abs. 7 Satz 5 AStG zu widerrufen.

Kapitel 2: Systematisierung der Vorschrift

Aus systematischer Sicht sind für die Auslegung der gesamten Vorschrift vor allem zwei Aspekte von Bedeutung. Auf der Tatbestandsebene stellt sich die Frage, ob die Besteuerungstatbestände von § 6 Abs. 1 Satz 1, 2 Nr. 1-3 AStG um das ungeschriebene Merkmal des Ausschlusses oder der Beschränkung des deutschen Besteuerungsrechts ergänzt werden muss, um eine systematische und auch verfassungskonforme Anwendung der Vorschrift zu garantieren. Anschließend muss in Bezug auf die Rechtsfolgenseite untersucht werden, ob § 6 AStG nicht nur zu einer Aufdeckung der stillen Reserven, sondern auch zu einer Aufdeckung der stillen Lasten führt.

A. Ergänzung von § 6 Abs. 1 Satz 1, 2 Nr.1-3 AStG um das ungeschriebene Merkmal des Ausschlusses oder der Beschränkung des deutschen Besteuerungsrechts

Deutschland verliert sein Besteuerungsrecht an den stillen Reserven in den Anteilen an inländischen Kapitalgesellschaften nach § 1 Abs. 4 i.V.m. § 49 Abs. 1 Nr. 2 Buchst. e EStG nicht, wenn der Anteilseigner in einen Nicht-DBA-Staat zieht. Aber auch der Wegzug in einen DBA-Staat bedeutet nicht zwangsläufig den Verlust des deutschen Besteuerungsrechts, da das anzuwendende DBA eine von Art. 13 Abs. 5 OECD-MA abweichende Verteilungsregel hinsichtlich der Besteuerungsrechte an den Veräußerungsgewinnen aus den Anteilen enthalten kann.[102] Eine streng am Wortlaut des § 6 AStG orientierte Auslegung hat jedoch zur Folge, dass der Vermögenszuwachs des Anteilseigners bei der Erfüllung eines der Tatbestände von § 6 Abs. 1 Satz 1, 2 Nr. 1-3 AStG stets besteuert wird, auch wenn das Besteuerungsrecht Deutschlands an den stillen Reserven nach dem Wegzug erhalten bleibt. Indem der Wortlaut des § 6 AStG zur Besteuerung des Vermögenszuwachses in Sachverhalten führt, die nach dem eigentlichen

102 Vgl. z.B. die sog. Sitzstaatsklausel in Art. 13 Abs. 3 DBA-Argentinien.

Sinn und Zweck der Vorschrift[103] gar nicht zur Besteuerung vorgesehen sind,[104] geht die Vorschrift über ihre eigentliche Zielsetzung weit hinaus.[105]

Dieser sehr weite Ansatz der Wegzugsbesteuerung erweist sich unter mehreren Gesichtspunkten als äußerst heikel. Zunächst verschärft eine solche Besteuerung den Konflikt mit dem Verfassungsrecht, der ohnehin bei einer Besteuerung eines Vorgangs, der nicht zur Steigerung der Leistungsfähigkeit des Steuerpflichtigen führt, schwelt. Die Erstreckung der Wegzugsbesteuerung über ihren eigentlichen Sinn und Zweck hinaus könnte damit nicht nur ein Verstoß gegen das Realisationsprinzip und das Leistungsfähigkeitsprinzip sein, sondern auch eine Überschreitung der durch das Übermaßverbot gesetzten Grenzen der Besteuerung bedeuten,[106] so dass eine solche Besteuerung im Ergebnis nicht mehr verfassungskonform wäre. Des Weiteren bestehen gegen eine streng am Wortlaut orientierte Auslegung systematische Bedenken. Im Rahmen des SEStEG strebte der Gesetzgeber danach, ein einheitliches Entstrickungssystem im deutschen Ertragsteuerrecht zu schaffen.[107] Angesichts der Tatbestandsmerkmale der übrigen Entstrickungstatbestände, die stets an den Ausschluss oder die Beschränkung des deutschen Besteuerungsrechts anknüpfen,[108] widerspricht der Wortlaut von § 6 Abs. 1 Satz 1, 2 Nr. 1-3 AStG dem Ziel, die Entstrickungstatbestände systematisch zu regeln. In Anbetracht dieser verfassungsrechtlichen und systematischen Gesichtspunkte könnte entgegen der überwiegenden Literatur[109] eine Begrenzung der Wegzugsbesteuerung nach § 6 AStG auf diejenigen Fälle verlangt werden, in denen das deutsche Besteuerungsrecht tatsächlich ausgeschlossen oder beschränkt wird.[110] Es stellt sich daher die Frage, ob die

---

103 Zu Sinn und Zweck der Wegzugsbesteuerung vgl. BT-Drucks. VI/2883, Rn. 25-26.

104 *Pohl*, IStR 2001, S. 460, 462; *Ettinger/Eberl*, GmbHR 2005, S. 152, 153; *Grotherr*, IWB 2007, Fach 3, Gruppe 1, S. 2153, 2155; *Djanani/Brähler*, Internationales Steuerrecht, S. 419; *Krawitz/Kalbitzer*, in: Spindler, FS für Schaumburg, S. 835, 845; *Schaumburg*, Internationales Steuerrecht, Rn. 5.358 .

105 *Kraft/Schmidt*, RIW 2011, S. 758, 758.

106 *Schaumburg*, StuW 2000, S. 369, 374; *ders.*, in: Lang, FS für Tipke, S. 125, 142; *Krawitz/Kalbitzer*, in: Spindler, FS für Schaumburg, S. 835, 845.

107 BR-Drucks. 542/06, S. 39, 85.

108 Vgl. § 4 Abs. 1 Satz 3 EStG, § 12 Abs. 1 KStG.

109 *Grotherr*, IWB 2007, Fach 3, Gruppe 1, S. 2153, 2155; *Elicker*, in: Blümich, AStG, § 6 Rn. 29-30; auf den Widerspruch zwischen § 4 Abs. 1 Satz 3 EStG und dem Wortlaut von § 6 Abs. 1 AStG hinweisend *Wassermeyer*, IStR 2007, 883, 837.

110 *Schaumburg*, StuW 2000, S. 369, 374; *Krawitz/Kalbitzer*, in: Spindler, FS für Schaumburg, S. 835, 845; *Häck*, in: Haase, AStG, § 6 Rn. 5-6, 58-62; *ders.*, IStR 2011, S. 521, 522-523; zu § 6 Abs. 1 Satz 2 Nr. 1 AStG *Hecht*, in: Mössner/Fuhrmann, AStG, § 6 Rn. 21; vgl. zur fehlenden Notwendigkeit der Wegzugsbesteuerung im Nicht-DBA-Fall bereits zu § 6 AStG a.F. *Telkamp*, StuW 1972, S. 97, 107.

Merkmale des Auffangtatbestandes von § 6 Abs. 1 Satz 2 Nr. 4 AStG, der die Auslösung der Wegzugsbesteuerung vorsieht, wenn das deutsche Besteuerungsrecht an dem Vermögenszuwachs ausgeschlossen oder beschränkt wird, in die übrigen Besteuerungstatbestände des § 6 AStG hineingelesen werden müssen.[111]

I. Der Wille des Gesetzgebers

Ausgangspunkt der Überlegung, ob die Tatbestände des § 6 Abs. 1 Satz 1, 2 Nr. 1-3 AStG um das ungeschriebene Merkmal des Ausschlusses oder der Beschränkung des deutschen Besteuerungsrechts ergänzt werden sollten, ist zunächst der Wille des Gesetzgebers. Die Ermittlung des wahren Willens des Gesetzgebers bereitet bei der Auslegung von § 6 Abs. 1 AStG jedoch besondere Schwierigkeiten, da dieser bei der Überarbeitung des § 6 Abs. 1 AStG im Rahmen des SEStEG erheblichen Schwankungen unterlegen hat und daher nicht frei von Widersprüchen ist.[112] Sowohl der Kabinettsentwurf[113] als auch der Referentenentwurf[114] und der Entwurf der Bundesregierung[115] sahen in § 6 Abs. 1 Satz 1 AStG-E einen als allgemeinen Entstrickungstatbestand ausgestalteten Grundtatbestand mit folgendem Wortlaut vor:

> „Bei einer natürlichen Person, die insgesamt mindestens zehn Jahre nach § 1 Abs. 1 des Einkommensteuergesetzes unbeschränkt steuerpflichtig war und Anteile im Sinne des § 17 Abs. 1 Satz 1 des Einkommensteuergesetzes (Anteile) hält, ist § 17 des Einkommensteuergesetzes auch ohne Veräußerung anzuwenden, soweit das Besteuerungsrecht der Bundesrepublik Deutschland hinsichtlich des Gewinns aus der Veräußerung dieser Anteile ausgeschlossen oder beschränkt wird und im Zeitpunkt des Ausschlusses oder der Beschränkung des Besteuerungsrechts im Übrigen die Voraussetzungen dieser Vorschrift erfüllt sind."

Erst die Stellungnahme des Bundesrates scheint ein Umdenken beim Gesetzgeber bewirkt zu haben. In seiner Stellungnahme fordert der Bundesrat eine Überarbeitung des bisherigen Gesetzentwurfes mit dem Ziel, die Beendigung der un-

111 Eine Anpassung des Gesetzeswortlautes an die Systematik der Entstrickungstatbestände durch den Gesetzgeber verlangen *Kraft/Schmidt*, RIW 2011, S. 758, 758-759.

112 *Häck*, in: Haase, AStG, § 6 Rn. 61.

113 Kabinettsentwurf des SEStEG vom 21. 7. 2006, abgedruckt in: Flick/Wassermeyer/Baumhoff, AStG, § 6, Regierungsmaterialien, S. 10, 29.

114 Referentenentwurf des SEStEG vom 21. 4. 2006, abgedruckt in: Flick/Wassermeyer/Baumhoff, AStG, § 6, Regierungsmaterialien, S. 10, 31.

115 BT-Drucks. 16/2710 S. 21.

beschränkten Steuerpflicht als entscheidendes Kriterium für den Grundtatbestand des § 6 AStG beizubehalten.[116] Der bislang im Gesetzentwurf vorgesehene Grundtatbestand sollte hingegen als Auffangtatbestand übernommen werden.[117] Der Vorschlag des Bundesrates wurde im SEStEG schließlich übernommen, so dass es beim bisherigen Grundtatbestand verblieb und der anfänglich für den Grundtatbestand vorgesehene Entstrickungstatbestand lediglich als Auffangtatbestand übernommen wurde (vgl. § 6 Abs. 1 Satz 1, Satz 2 Nr. 4 AStG). Die Bedenken gegen einen allgemeinen Entstrickungstatbestand wurden damit begründet, dass die Wegzugsbesteuerung unterbleiben würde, sofern ein DBA auch nach Beendigung der unbeschränkten Steuerpflicht Deutschland das Besteuerungsrecht zuweist.[118]

Aus dieser Abkehr von dem ursprünglichen Entwurf ergibt sich zunächst, dass das Erfordernis des Ausschlusses oder der Beschränkung des deutschen Besteuerungsrechts dem Willen des Gesetzgebers widerspricht.[119] Des Weiteren lässt sich aus der Neufassung des § 6 Abs. 3 Nr. 3 AStG a.F. in § 6 Abs. 1 Satz 2 Nr. 3 AStG n.F. ebenfalls schließen, dass der Gesetzgeber den Ausschluss oder die Beschränkung des deutschen Steuerrechts für die Anwendung der Wegzugsbesteuerung als unbedeutend erachtet. Während die alte Fassung noch den Ausschluss des deutschen Besteuerungsrechts voraussetzte, verzichtet nämlich die Neufassung auf dieses Merkmal.[120] Gegen eine Erweiterung des § 6 AStG um ein ungeschriebenes Tatbestandsmerkmal könnte auch sprechen, dass bereits der Entwurf der Bundesregierung in § 6 Abs. 8 AStG-E die Anwendung der Wegzugsbesteuerung auch in Fällen vorsah, in denen es lediglich zum Wegfall der unbeschränkten Steuerpflicht kam, ohne dass der Ausschluss oder die Beschränkung des deutschen Besteuerungsrechts notwendig gewesen wäre.[121] Allerdings wurde bereits § 6 Abs. 8 AStG-E als ein Systembruch zum übrigen Enstrickungskonzept des Entwurfes des SEStEG angesehen.[122]

---

116 BR-Drucks. 542/06 S. 11.

117 BR-Drucks. 542/06 S. 11.

118 BT-Drucks. 16/3369, S. 14; *Lausterer*, in: Blumenberg/Schäfer, Das SEStEG, S. 226, Fn. 16.

119 *Häck*, in: Haase, AStG, § 6 Rn. 61; vgl. *Elicker*, in: Blümich, AStG, § 6 Rn. 29.

120 A.A. wohl *Wilke*, PISTB 2007, S. 108, 109, der den Ausschluss oder die Beschränkung des deutschen Steuerrechts im Rahmen des § 6 Abs. 1 Satz 2 Nr. 3 AStG n.F. auf Grund der Grundsystematik des Abs. 1 Satz 1 AStG verlangt; zu § 6 Abs. 1 Nr. 3 AStG n.F. vgl. auch *Grotherr*, IWB 2007, Gruppe 1, Fach 3, S. 2153, 2156-2157;

121 § 6 Abs. 8 Satz 1 AStG-E: „Als Veräußerung von Anteilen gilt auch der Wegfall der unbeschränkten Steuerpflicht durch Begründung des Wohnsitzes oder gewöhnlichen Aufenthalts in einem Staat, mit dem kein Abkommen zur Vermeidung der Doppelbesteuerung besteht.", BT-Drucks. 16/2710, S. 22.

122 *Rödder/Schumacher*, DStR 2006, S. 1481, 1492.

Unter steuersystematischen Gesichtspunkten ist die Begründung des Bundesrates für die geforderte Überarbeitung, an deren Ende der ursprünglich als Grundtatbestand vorgesehene allgemeine Entstrickungstatbestand lediglich zu einem Auffangtatbestand umgewandelt wurde, überraschend. Der Bundesrat verweist in seiner Begründung auf DBA, auf Grund derer das deutsche Besteuerungsrecht fortbesteht, so dass die Wegzugsbesteuerung nach dem Gesetzentwurf der Bundesregierung nicht zur Anwendung kommen würde.[123] Diese Begründung ist insofern erstaunlich, als der Ausschluss des deutschen Besteuerungsrechts nach Art. 13 Abs. 5 OECD-MA der Grund für die Existenz und die Notwendigkeit der Wegzugsbesteuerung nach § 6 AStG ist.[124] Daher dürfte das Fortbestehen des deutschen Besteuerungsrechts in den vom Bundesrat genannten DBA gar kein Argument für ein Festhalten an der „Beendigung der unbeschränkten Steuerpflicht" als entscheidendes Merkmal für die Verwirklichung des Grundtatbestandes der Wegzugsbesteuerung sein. Solange das deutsche Besteuerungsrecht erhalten bleibt, besteht überhaupt gar kein Sicherungsbedürfnis, so dass auch die Wegzugsbesteuerung unter Zugrundelegung ihres Sinns und Zwecks nicht zur Anwendung kommen dürfte.[125]

Etwas anderes könnte jedoch gelten, wenn die Begründung des Bundesrates, die im Bericht des Finanzausschusses[126] übernommen worden ist, eine neue Bestimmung des Gesetzeszweckes der Wegzugsbesteuerung unter Abweichung des ursprünglichen Gesetzeszweckes beinhalten würde. In der Begründung beschränkt sich der Gesetzgeber jedoch lediglich auf die Feststellung, dass es Abkommen gebe, nach denen das deutsche Besteuerungsrecht auch nach dem Wegzug des Steuerpflichtigen erhalten bleibe.[127] Damit wird jedoch nur ein Sonderfall festgestellt, auf Grund dessen der Gesetzgeber von dem ursprünglichen Entwurf[128] abweicht. Ein Abschied von dem ursprünglichen Sinn der Wegzugsbesteuerung, der Sicherung des deutschen Steueraufkommens auf Grund des Ausschlusses des deutschen Besteuerungsrechts, und eine Neuformulierung des Zweckes der Wegzugsbesteuerung kann jedoch darin nicht erblickt werden.

Schließlich muss bei der Ermittlung des Willens des Gesetzgebers auch der ausdrücklich geäußerte Wunsch nach einer systematischen Regelung der Entstrickung Berücksichtigung finden.[129] Den anschließenden Begründungen kann

123 Vgl. BR-Drucks. 542/06 (Beschluss) S. 12.

124 BT-Drucks. VI/2883, Rn. 24-25; *Runge/Ebling/Baranowski*, Die Anwendung des Außensteuergesetzes, S. 27.

125 Vgl. *Kraft/Schmidt*, RIW 2011, S. 758, 758.

126 BT-Drucks. 16/3369, S. 14.

127 BT-Drucks. 16/3369, S. 14.

128 BT-Drucks. 16/2710, S. 21.

129 BR-Drucks. 542/06, S. 39, 85; vgl. *Häck*, in: Haase, AStG, § 6 Rn. 61.

nicht entnommen werden, dass der Gesetzgeber von dem Ziel einer einheitlichen und systematischen Regelung der Entstrickung abgerückt ist. Daher steht die Forderung nach der Ergänzung des § 6 Abs. 1 AStG um das Erfordernis des Ausschlusses oder der Beschränkung des Besteuerungsrechts der Bundesrepublik Deutschland zwar vordergründig im Widerspruch mit dem Willen des Gesetzgebers des SEStEG. Sie entspricht aber dem Zweck und der Zielsetzung, die der Gesetzeber ursprünglich mit der Wegzugsbesteuerung verfolgte, nämlich der Sicherung des deutschen Besteuerungsrechts im Falle seiner Gefährdung durch einen Wegzug. Von dieser eigentlichen Zielsetzung hat der Gesetzgeber auch im Rahmen des SEStEG nicht Abstand genommen.

II. Die verfassungsrechtliche Problematik

1. Art. 3 Abs. 1 GG und seine Ausformung im Steuerrecht

Die verfassungsrechtliche Notwendigkeit der Erweiterung des § 6 AStG um das ungeschriebene Tatbestandsmerkmal des Ausschlusses oder der Beschränkung des deutschen Besteuerungsrechts könnte sich aus der Beachtung des allgemeinen Gleichheitssatzes nach Art. 3 GG ergeben. Das Bundesverfassungsgericht hat den allgemeinen Gleichheitssatz durch seine Rechtsprechung derart ausgestaltet, dass sowohl die Ungleichbehandlung von wesentlich Gleichem als auch die Gleichbehandlung von wesentlich Ungleichem verboten ist.[130] Dieser sehr allgemein gehaltene Gleichheitssatz bedarf jedoch für die jeweiligen Teilbereiche des Rechts einer spezifischen Konkretisierung.[131] Für das Steuerrecht hat der Gleichheitssatz im Leistungsfähigkeitsprinzip seine besondere Ausformung gefunden.[132] Das Leistungsfähigkeitsprinzip, das insbesondere im Einkommensteuerrecht eine große Bedeutung hat,[133] verlangt, die steuerliche Belastung der

---

130 BVerfG, Beschluss vom 15. 7. 1998 – 1 BvR 1554/89, 963/94 und 964/94, BVerfGE 98, S. 365, 385; Beschluss vom 4. 4. 2001 – 2 BvL 7/98, BVerfGE 103, S. 310, 318; Beschluss vom 21. 6. 2006 – 2 BvL 2/99, BVerfGE 116, S. 164, 180; BGH, Beschluss vom 30. 7. 1990 – NotZ 2/90, BGHZ 112, S. 163, 173; BSG, Urteil vom 25. 8. 1999 – Az B 6 KA 14/98 R, BSGE 84, S. 235, 238; *Jarass*, in: Jarass/Pieroth, GG, Art. 3 Rn. 7.

131 *Birk*, Steuerrecht, Rn. 188.

132 *Osterloh*, in: Sachs, GG, Art. 3 Rn. 134.

133 BVerfG, Urteil vom 3. 11. 1982 – 1 BvR 620/78, 1335/78, 1104/79 und 363/80 – BVerfGE 61, S. 319, 343-344.

Steuerpflichtigen an ihrer eigenen wirtschaftlichen Leistungsfähigkeit auszurichten.[134]

Der Grundsatz des Leistungsfähigkeitsprinzips besteht darin, den aus Art. 3 Abs. 1 GG folgenden Gleichheitssatz im Steuerrecht dadurch zu verwirklichen, dass Steuerpflichtige mit gleichem Einkommen in gleicher Weise zu besteuern sind.[135] Das Leistungsfähigkeitsprinzip wird als das Fundamentalprinzip einer gerechten Besteuerung angesehen,[136] auch wenn diesem Prinzip kein unmittelbarer Verfassungsrang zukommt.[137] Dennoch genießt es als Ausformung des allgemeinen Gleichheitssatzes nach Art. 3 GG eine verfassungsrechtliche Bedeutung.[138] Schließlich erfolgt die Konkretisierung des Grundsatzes der Lastengleichheit im Steuerrecht durch das Leistungsfähigkeitsprinzip, das zum Vergleichsmaßstab des allgemeinen Gleichheitssatzes wird.[139] Das Leistungsfähigkeitsprinzip ist damit normativ im Verfassungsrecht verankert und nicht lediglich der Ausdruck des Grundsatzes, dass bei größerer Leistungsfähigkeit „mehr zu holen ist".[140]

---

134 BVerfG, Beschluss vom 17. 1. 1957 – 1 BvL 4/54 – BVerfGE 6, S. 55, 67; Beschluss vom 23. 1. 1990 – 1 BvL 4, 5, 6, 7/85 – BVerfGE 81, S. 228, 236; Beschluss vom 29. 5. 1990 – 1 BvL 20, 26, 184 und 4/86, BVerfGE 82, S. 60, 86; Beschluss vom 26. 1. 1994 – 1 BvL 12/86, BVerfGE 89, S. 346, 352; *Birk*, Steuerrecht, Rn. 188.

135 *Tipke*, Die Steuerrechtsordnung, Bd. I, S. 500-501.

136 *Schaumburg*, in: Lang, FS für Tipke, S. 125; *Lang*, in: Tipke/Lang, Steuerrecht, § 4 Rn. 83; vgl. BVerfG, Urteil vom 3. 11. 1982 – 1 BvR 620/78, 1335/78, 1104/79 und 363/80 – BVerfGE 61, S. 319, 343f.; Beschluss vom 29. 5. 1990 – 1 BvL 20, 26, 184 und 4/86 – BVerfGE 82, S. 60, 86.

137 *Schaumburg*, in: Lang, FS für Tipke, S. 125; vgl. *Schneider*, StuW 1994, S. 58, 58; *Tipke*, StuW 1994, S. 58 ff.; *Schemmel*, StuW 1995, S. 39 ff..

138 *Schaumburg*, in: Lang, FS für Tipke, S. 125; *Lang*, in: Tipke/Lang, Steuerrecht, § 4 Rn. 81-91.

139 *Stern*, Staatsrecht II, S. 1109; *Birk*, Das Leistungsfähigkeitsprinzip als Maßstab der Steuernormen, S. 50-65; *Lang*, StuW 1983, S. 103, 104-105; *Kirchhof*, StuW 1985, 319, 323; *Schuppert*, in: Fürst/Herzog/Umbach, FS für Zeidler, S. 691, 711; *Vogel*, DStJG 12 (1989), 141-144; *Rüfner*, in: Bonner Kommentar zum Grundgesetz, Art. 3 Rn. 199; *Kirchhof*, in: Kirchhof/Söhn/Mellinghoff, EStG, § 2 Rn. A 268-A283; kritisch zum Leistungsfähigkeitsprinzip als maßgebendes Merkmal bei der Festlegung des Steuergegenstandes: *Jüptner*, Leistungsfähigkeit und Veranlassung, S. 46-77.

140 *Kirchhof*, StuW 1985, 319, 323.

2. Das Realisationsprinzip als besondere Ausformung des Leistungsfähigkeitsprinzips

Eine besondere Ausformung des Leistungsfähigkeitsprinzips ist das Realisationsprinzip.[141] Gemäß dem Realisationsprinzip darf nur der Zufluss neuer Vermögensgüter und damit nicht jede Wertsteigerung besteuert werden.[142] Daraus folgt, dass die Leistungsfähigkeit eines Steuerpflichtigen anhand des Ist-Einkommens und nicht anhand des Soll-Einkommens zu ermitteln ist.[143] Im EStG spiegelt sich die Ist-Besteuerung in § 2 Abs. 2 EStG wider, der wiederum auf die jeweiligen Einkünftetatbestände der §§ 13-24 EStG verweist, wonach nur die Besteuerung von tatsächlich erwirtschafteten, nicht jedoch von fingierten Einkünften erfolgen soll.[144]

Die Besteuerung eines realisierten Gewinns einerseits und die Besteuerung der bloßen Steigerung des Substanzwertes andererseits werfen Fragen auf, die die Vereinbarkeit der Wegzugsbesteuerung mit den verfassungsrechtlichen Schranken der Sofortbesteuerung betreffen.[145] In diesem Zusammenhang stellt sich vor allem die Frage nach der Vereinbarkeit der Wegzugsbesteuerung mit dem Realisationsprinzip, zu dem die Wegzugsbesteuerung eine Ausnahme darstellt.[146]

3. Durchbrechung des Realisationsprinzips

Das Leistungsfähigkeitsprinzip in seiner Ausprägung der Ist-Besteuerung wird durch die Besteuerungstatbestände des AStG durchbrochen. Auf Grund der Hinzurechnungsbesteuerung nach § 7-14 AStG, der Zurechnungsbesteuerung nach § 15 AStG und der Wegzugsbesteuerung nach § 6 AStG kommt es zu der Besteuerung eines lediglich fingierten Einkommens, so dass im Widerspruch zum Leistungsfähigkeitsprinzip nicht eine Ist-Besteuerung, sondern eine Soll-Besteuerung erfolgt.[147] Bei der Wegzugsbesteuerung nach § 6 AStG kommt es zur Durchbrechung des Leistungsfähigkeitsprinzips,[148] indem das Gesetz die

141 *Elicker*, in: Blümich, AStG, Vorbemerkung Rn. 13.

142 *Wassermeyer*, in: Strunk/Wassermeyer/Kaminski, GS für Krüger, S. 287, 291-292; vgl. *Kirchhof*, in: Kirchhof/Söhn/Mellinghoff, EStG, § 2 Rn. A 98; *Jakob*, Einkommensteuer, Rn. 665.

143 *Tipke*, Die Steuerrechtsordnung, Bd. I, S. 497.

144 *Schaumburg*, in: Lang, FS für Tipke, S. 125, 139.

145 *Wassermeyer*, in: Strunk/Wassermeyer/Kaminski, GS für Krüger, S. 287, 291-293.

146 *Wassermeyer*, in: Strunk/Wassermeyer/Kaminski, GS für Krüger, S. 287, 291.

147 *Schaumburg*, in: Lang, FS für Tipke, S. 125, 139.

148 *Wassermeyer*, in: Kirchhof/Graf Lambsdorff/Pinkwart, FS für Solms, S. 173, 174; *ders.*, in: Strunk/Wassermeyer/Kaminski, GS für Krüger, S. 287, 291.

Aufdeckung der stillen Reserven im Falle des Wegzuges des unbeschränkt Steuerpflichtigen anordnet, obwohl das von § 17 EStG vorausgesetzte Merkmal der Veräußerung, das Ausdruck der Ist-Besteuerung ist, nicht erfüllt ist. Im Gegensatz zu § 17 EStG erfolgt durch § 6 AStG keine Besteuerung des erwirtschafteten und realisierten Vermögenszuwachses,[149] sondern eine Soll-Besteuerung, die eine Realisierung des Vermögenszuwachses fingiert und diesen nicht realisierten Vermögenszuwachs besteuert.[150]

Grundsätzlich setzt die Besteuerung des Wertzuwachses die Liquidität des Steuerpflichtigen voraus.[151] Der Anknüpfungspunkt des Gesetzgebers, der Wegzug des Steuerpflichtigen, ist eine ökonomische Wahlhandlung des Steuerpflichtigen, mit der keine Steigerung der eigenen Leistungsfähigkeit einhergeht.[152] Damit ist die Besteuerung des nicht realisierten Vermögenszuwachses eine Abweichung von dem übrigen System des Ertragsteuerrechts,[153] weshalb die Wegzugsbesteuerung verfassungsrechtliche Zweifeln hinsichtlich der Folgerichtigkeit und der Systemkonformität[154] der Besteuerung begegnet.[155]

Die wirtschaftlichen Folgen der Durchbrechung des Leisungsfähigkeitsprinzips durch die Wegzugsbesteuerung können für den Steuerpflichtigen gravierend sein, da er regelmäßig mangels tatsächlicher Gewinnrealisierung nicht über die notwendigen liquiden Mittel verfügt, um die Steuerschuld zu begleichen.[156] Auf Grund der fälligen Wegzugsbesteuerung könnte der Steuerpflichtige dazu gezwungen sein, seine Anteile an der Kapitalgesellschaft zu veräußern.[157] Eine solche Veräußerung wäre jedoch nicht betriebswirtschaftlich, sondern vielmehr fiskalisch veranlasst, so dass der Steuerpflichtige möglicherweise eine aus be-

---

149 In der Form des Markteinkommens, vgl. *Lang*, in: Tipke/Lang, Steuerrecht, § 8 Rn. 30.

150 *Schaumburg*, in: Lang, FS für Tipke, S. 125, 142.

151 *Vogel*, StuW 1974, S. 193, 199; *Elicker*, in: Blümich, AStG, § 6 Rn. 13.

152 *Kraft*, in: ders., Kraft, AStG, § 6 Rn. 36.

153 Vgl. *Wassermeyer*, in: Strunk/Wassermeyer/Kaminski, GS für Krüger, S. 287, 292.

154 Zur Folgerichtigkeit und Systemkonformität vgl. *Tipke*, Steuerrechtsordnung I, S. 327-329; *Lang*, in: Tipke/Lang, Steuerrecht, § 4 Rn. 75-77.

155 *Kraft*, in: ders., Kraft, AStG, § 6 Rn. 36.

156 *Wassermeyer*, in: Strunk/Wassermeyer/Kaminski, GS für Krüger, S. 287, 290; *Krawitz/Kalbitzer*, in: Schmiel/Breithecker, Steuerliche Gewinnermittlung nach dem Bilanzrechtsmodernisierungsgesetz, S. 149, 162-163; *dies.*, in: Spindler, FS für Schaumburg, S. 835, 845.

157 *Lausterer*, DStZ 2004, S. 299, 302; *Wassermeyer*, in: Strunk/Wassermeyer/Kaminski, GS für Krüger, S. 287, 290; *Krawitz/Kalbitzer*, in: Schmiel/Breithecker, Steuerliche Gewinnermittlung nach dem Bilanzrechtsmodernisierungsgesetz, S. 149, 163; *Hecht*, in: Mössner/Fuhrmann, AStG, § 6 Rn. 3; vgl. *Böcking/Dreisbach/Gros*, Der Konzern 2008, S. 207, 214; vgl. zur Problematik der Notwendigkeit einer Anteilsveräußerung bei der Durchrbrechung des Realisationsprinzips *Lühn*, StuB 2007, S. 928, 930.

triebswirtschaftlicher Sicht unrentable Veräußerung vornehmen müsste.[158] Eine andere Reaktion des Steuerpflichtigen könnte in einer Kreditaufnahme bestehen.[159] Unter Berücksichtigung der sich bei einer Kreditaufnahme ergebenden Zinsen würde die wirtschaftliche Vorteilhaftigkeit des Erwerbs von Anteilen an Kapitalgesellschaften steuerlich wieder entwertet werden.[160]

Der Wegzugsbesteuerung liegt somit nicht eine leistungssteigernde Handlung des Steuerpflichtigen zu Grunde, sondern ihre Festsetzung kann den Steuerpflichtigen erst veranlassen, wirtschaftlich tätig zu werden, um die Steuerlast zu begleichen. Daher steht die Wegzugsbesteuerung im Widerspruch zum Leistungsfähigkeitsprinzip und der damit verbundenen Beschränkung der Besteuerung auf die realisierten Gewinne, die Ausdruck des Übermaßverbotes ist.[161] Die Wegzugsbesteuerung des § 6 AStG ist wegen der fehlenden Gewinnrealisierung bei dem Steuerpflichtigen als eine Durchbrechung des Realisationsprinzips zu qualifizieren.[162] Damit stellt § 6 AStG einen Eingriff in Art. 3 GG dar.

4. Rechtfertigung der Durchbrechung

Grundsätzlich führen Durchbrechungen des Leistungsfähigkeitsprinzips nicht zwangsläufig zu einer Unvereinbarkeit der Norm mit Art. 3 GG, solange das Leistungsfähigkeitsprinzip nicht durch „jeden sachlich einleuchtenden Grund" marginalisiert wird.[163] Eine Durchbrechung ist somit nur zulässig, wenn sie erforderlich ist, um ein Gemeinwohlanliegen von hohem Rang zu erfüllen.[164] Daher muss die Durchbrechung des Leistungsfähigkeitsprinzips den Maßstäben des Übermaßverbotes, die in der Geeignetheit, der Erforderlichkeit und der Zumutbarkeit bestehen,[165] standhalten können.

---

158 *Krawitz/Kalbitzer*, in: Spindler, FS für Schaumburg, S. 835, 846.

159 *Krawitz/Kalbitzer*, in: Schmiel/Breithecker, Steuerliche Gewinnermittlung nach dem Bilanzrechtsmodernisierungsgesetz, S. 149, 163; *dies.*, in: Spindler, FS für Schaumburg, S. 835, 846;.

160 Vgl. *Krawitz/Kalbitzer*, in: Schmiel/Breithecker, Steuerliche Gewinnermittlung nach dem Bilanzrechtsmodernisierungsgesetz, S. 149, 163.

161 *Schaumburg*, in: Lang, FS für Tipke, S. 125, 142; *ders.*, StuW 2000, S. 369, 374; *Krawitz/Kalbitzer*, in: Spindler, FS für Schaumburg, S. 835, 845-846.

162 *Schaumburg*, in: Lang, FS für Tipke, S. 125, 142; *Häck*, in: Haase, AStG, § 6 Rn. 12; vgl. *Werner*, Systemgerechte Entstrickung im Steuerrecht, Diss., Bonn 2009, S. 70; a.A. *Kaiser*, BB 1991, S. 2052, 2054, der einen Eingriff in die Grundrechte durch § 6 AStG ablehnt.

163 *Tipke*, Steuerrechtsordnung Bd. I, S. 524.

164 *Arndt*, NVwZ 1988, S. 787, 791; *Tipke*, Steuerrechtsordnung Bd. I, S. 524;

165 *Lang*, in: Tipke/Lang, Steuerrecht, § 4 Rn. 209-212; vgl. BVerfG, Urteil vom 15. 12. 1970 – 2 BvF 1/69, 2 BvR 629/68 und 308/69 – BVerfGE 30, S. 1, 20; Beschluss vom

a) Wegzugsbesteuerung als ultima ratio

Grundsätzlich kann der Gesetzgeber bei der normativen Bestimmung des Steuerschuldners und des Steuergegenstandes von einer beträchtlichen Gestaltungsfreiheit Gebrauch machen.[166] Dabei gilt, dass der allgemeine Gleichheitsgrundsatz nicht verletzt ist, wenn der Gesetzgeber sich für die Erschließung einer Steuerquelle entscheidet, ohne eine andere ebenfalls auszunutzen, solange die Entscheidung des Gesetzgebers aus finanzpolitischen, volkswirtschaftlichen, sozialpolitischen oder steuertechnischen Überlegungen geboten erscheint.[167] Dem Gesetzgeber wurde seitens der Rechtsprechung des Bundesverfassungsgerichts wiederholt das Recht zugestanden, bei der Erschließung neuer Steuerquellen einen großen Gestaltungsspielraum zu haben.[168]

Die Notwendigkeit der Durchbrechung des Realisationsprinzips durch die Wegzugsbesteuerung wird vorwiegend mit den Auswirkungen des Wegzuges auf das deutsche Besteuerungsrecht an dem Vermögenszuwachs begründet und gerechtfertigt.[169] Ausnahmen von der Ist-Besteuerung und Durchbrechungen des Leistungsfähigkeitsprinzips sind nämlich zulässig, wenn eine Erfassung des Ist-Einkommens mit unverhältnismäßigen Mitteln verbunden wäre, so dass eine pauschalierende Soll-Besteuerung als das angemessenere Mittel erscheint.[170] Schließlich verlangt der Grundsatz der Lastengleichheit von dem Gesetzgeber, dass er die Durchsetzung des Steueranspruchs durch entsprechende Gesetzgebung sicherstellt.[171] Eine Rechtfertigung der Durchbrechung des Leistungsfähigkeitsprinzips auf Grund der Wegzugsbesteuerung lässt sich folglich mit dem drohenden Verlust des Besteuerungsrechts der Bundesrepublik Deutschland begründen, sofern diese Form der Besteuerung die „ultima ratio" zur Sicherung des deutschen Besteuerungsrechts ist.[172]

---

18. 7. 1973 – 1 BvR 23, 155/73 – BVerfGE 35, 382, 400-401; Beschluss vom 1. 8. 1978 – 2 BvR 1013, 1019, 1034/77 – BVerfGE 49, 24, 58.

166 BVerfG, Beschluss vom 12. 10. 1978 – 2 BvR 154/74 – BVerfGE 49, S. 343, 360; Urteil vom 27. 6. 1991 – 2 BvR 1493/89 – BVerfGE 84, S. 239, 271; Beschluss vom 22. 6. 1995 – 2 BvL 37/91 – BVerfGE 93, S. 121, 136; vgl. HessStGH, NJW 2001, S. 2163, 2163; *Starck*, in: Mangoldt/Klein/Starck, GG, Art. 3 Rn. 90.

167 BVerfG, Beschluss vom 12. 10. 1978 – 2 BvR 154/74 – BVerfGE 49, S. 343, 360.

168 Vgl. BVerfG, Beschluss vom 22. 6. 1995 – 2 BvL 37/91 – BVerfGE 93, S. 121, 136.

169 *Wassermeyer*, in: Strunk/Wassermeyer/Kaminski, GS für Krüger, S. 287, 292.

170 *Tipke*, Die Steuerrechtsordnung, Bd. I, S. 497.

171 BVerfG, Urteil vom 27. 6. 1991 – 2 BvR 1493/89 – BVerfGE 84, S. 239, 271; Beschluss vom 10. 4. 1997 – 2 BvL 77/92, BVerfGE 96, S. 1, 6.

172 Vgl. *Schaumburg*, in: Lang, FS für Tipke, S. 125, 142; *Hey*, in: Tipke/Lang, Steuerrecht, § 17 Rn. 231.

Sollte eine Besteuerung des Vermögenszuwachses zu einem späteren Zeitpunkt nicht mehr möglich sein, so ist eine vorgezogene Besteuerung des Vermögenszuwachses durch die Fiktion der Veräußerung der Anteile an Kapitalgesellschaften trotz der Abweichung vom Realisationsprinzip gerechtfertigt,[173] da sie das einzige geeignete und damit auch erforderliche Mittel zur Sicherung des deutschen Besteuerungsrechts ist. Umgekehrt folgt daraus aber auch, dass der Gesetzgeber daran gehindert ist, die Realisierung eines Vermögenszuwachses durch einen Entstrickungstatbestand zu fingieren, solange eine steuerliche Erfassung im Inland gesichert ist.[174]

b) Erforderlichkeit der Besteuerung bei Fortbestehen des deutschen Besteuerungsrechts

Den Grundsätzen zur verfassungskonformen Durchbrechung des Leistungsfähigkeitsprinzips hat der Gesetzgeber bei der Ausarbeitung des Tatbestandes der Wegzugsbesteuerung zunächst Beachtung geschenkt, da die Wegzugsbesteuerung die Realisierung des Vermögenszuwachses im letzten Zeitpunkt der unbeschränkten Steuerpflicht und damit im letzten möglichen Zeitpunkt des Zugriffs auf die stillen Reserven fingiert, bevor Art. 13 Abs. 5 OECD-MA eingreift.[175] Allerdings geht die Wegzugsbesteuerung nach § 6 AStG auch in ihrer Neufassung weit über dieses Ziel hinaus, da § 6 AStG unabhängig von der Frage, ob es zu einem Ausschluss oder einer Beschränkung des deutschen Besteuerungsrechts kommt, anwendbar ist. Die Besteuerung des Wegzuges ist jedoch nur dann eine erforderliche Durchbrechung des Leistungsfähigkeitprinzips, wenn kein weniger einschneidendes Mittel zur Sicherung des deutschen Besteuerungsrechts an den stillen Reserven zur Verfügung steht.[176]

Der Tatbestand des § 6 Abs. 1 AStG geht jedoch über das zur Sicherung des deutschen Steueraufkommens Erforderliche hinaus, da bei dem Wegzug in einen Nicht-DBA-Staat das deutsche Besteuerungsrecht zumindest hinsichtlich des Vermögenszuwachses in den Anteilen an inländischen Kapitalgesellschaften fortbesteht.[177] Dasselbe gilt bei einem Wegzug in einen DBA-Staat, bei dem das anzuwendende DBA eine Sitzstaatsklausel enthält und das deutsche Besteuerungsrecht hinsichtlich der stillen Reserven in den Anteilen an inländischen Ka-

173 *Schaumburg/Schaumburg*, StuW 2005, S. 306, 312.
174 *Schaumburg*, in: Lang, FS für Tipke, S. 125, 142.
175 *Schaumburg*, in: Lang, FS für Tipke, S. 125, 142.
176 *Kraft*, in: ders., AStG, § 6 Rn. 37.
177 *Schaumburg*, Internationales Steuerrecht, Rn. 5.359.

pitalgesellschaften erhalten bleibt.[178] Es droht in diesem Falle auch keine Beschränkung des deutschen Besteuerungsrechts auf Grund der Anrechnung der ausländischen Steuer auf die deutsche Einkommensteuer. Ein aus dem Inland weggezogener Steuerpflichtiger ist im Falle der Veräußerung der Anteile einer Kapitalgesellschaft nämlich lediglich beschränkt steuerpflichtig nach § 1 Abs. 4 i.V.m. § 49 Abs. 1 Nr. 2 Buchst. e EStG, so dass eine Beschränkung des deutschen Besteuerungsrechts nur durch die Anrechnung nach § 50 Abs. 3 EStG erfolgen könnte. § 50 Abs. 3 EStG bezieht sich jedoch ausschließlich auf Drittstaateneinkünfte,[179] die bei einer Besteuerung des Veräußerungsgewinns nach § 1 Abs. 4 i.V.m. § 49 Abs. 1 Nr. 2 Buchst. e EStG jedoch nicht vorliegen.[180] Daher kommt es im Falle des Wegzuges in einen Nicht-DBA-Staat zu einer Besteuerung des Vermögenszuwachses, obwohl weder eine Realisierung des Vermögenszuwachses durch eine Veräußerung noch ein Ausschluss oder eine Beschränkung des Besteuerungsrechts der Bundesrepublik Deutschland vorliegt. Die Durchbrechung des Leistungsfähigkeitsprinzips durch § 6 AStG ist daher nicht erforderlich, da das deutsche Besteuerungsrecht fortbesteht.

Allerdings bewegt sich die Wegzugsbesteuerung verfassungsrechtlich in einem Spannungsverhältnis zwischen den Prinzipien der Besteuerung nach der Leistungsfähigkeit einerseits und dem Grundsatz der Lastengleichheit andererseits.[181] Daher könnte angesichts der mit dem Vollzug des Steueranspruchs nach § 1 Abs. 4 i.V.m. § 49 Abs. 1 Nr. 2 Buchst. e EStG verbundenen Probleme eine Besteuerung auch bei einem Wegzug, der nicht zum Ausschluss des deutschen Besteuerungsrechts führt, unter dem Aspekt der Belastungsgleichheit und der Vermeidung von Vollzugsdefiziten gerechtfertigt sein.[182] Das Argument der Belastungsgleichheit verliert jedoch wieder an Gewicht in Anbetracht der Beschränkung des § 6 AStG auf den Vermögenszuwachs in Anteilen im Sinne des § 17 Abs. 1 Satz 1 EStG. Sinnwidrigerweise erfordert es der Grundsatz der Belastungsgleichheit aus der Sicht des Gesetzgebers nicht, das Besteuerungsrecht an den stillen Reserven in den Anteilen zu sichern, die nach § 20 Abs. 2 EStG zu

178 Vgl. Art. 13 Abs. 3 DBA-Argentinien; vgl. zur Problematik des fortbestehenden deutschen Besteuerungsrechts trotz bestehenden DBA BT-Drucks. 16/3369, S. 14.

179 Vgl. *Haase*, Internationales und Europäisches Steuerrecht, § 3 B III 3, Rn. 425; *Schäfers*, in: Bordewin/Brandt, EStG, § 50 Rn. 411.

180 Vgl. zu den von § 50 Abs. 3 EStG erfassten Einkünften *Wied*, in: Blümich, EStG, § 50 Rn. 117.

181 Vgl. *Werner*, Systemgerechte Entstrickung im Steuerrecht, Diss., Bonn 2009, S. 67.

182 Vgl. dazu BVerfG, Urteil vom 27. 6. 1991 – 2 BvR 1493/89 – BVerfGE 84, S. 239, 271; Urteil vom 8. 3. 2004 – 2 BvL 17/02 – BverfGE 110, S. 94, 112-113; zur Rechtsanwendungsgleichheit im Steuerrecht *Pahlke*, in: Pahlke/Koenig, AO, § 3 Rn. 69-71..

besteuern sind.[183] Angesichts dieser inkonsequenten Umsetzung des Versuchs, das deutsche Besteuerungsrecht an stillen Reserven in Anteilen an Kapitalgesellschaften zu sichern, kann eine Besteuerung nach § 6 AStG nicht auf ein anderenfalls drohendes Vollzugsdefizit und damit auf den Grundsatz der Belastungsgleichheit gestützt werden.[184] Vielmehr lässt sich aus dem Umstand, dass ein Anteilseigner im Sinne des § 20 Abs. 2 EStG keiner Wegzugsbesteuerung unterliegt, obwohl er nach seinem Wegzug keine dem § 49 Abs. 1 Nr. 2 Buchst. e EStG entsprechende Veräußerungsgewinnbesteuerung fürchten muss, der Umkehrschluss herleiten, dass ein Anteilseigner im Sinne des § 17 Abs. 1 Satz 1 EStG, bei dem das Besteuerungsrecht gemäß § 49 Abs. 1 Nr. 2 Buchst. e EStG auch nach dem Wegzug erhalten bleibt, erst recht nicht bei seinem Wegzug besteuert werden darf.[185]

Die Regelung des § 6 AStG steht daher im Widerspruch mit dem am Übermaßverbot ausgerichteten Entstrickungsgedanken, nach dem eine Entstrickung ohne Realisierung eines Vermögenszuwachses nur in Fällen des Ausschlusses des deutschen Besteuerungsrechts möglich sein soll.[186] Nur soweit die Sicherung des deutschen Steuerrechts an dem Vermögenszuwachs durch § 6 AStG notwendig ist, ist eine Wegzugsbesteuerung als Form der Entstrickung ohne Realisationsakt als ultima ratio erforderlich. In allen anderen Fällen verstößt § 6 AStG gegen das Übermaßverbot und das Leistungsfähigkeitsprinzip, ohne dass dieser Verstoß zur Sicherung des deutschen Besteuerungsrechts erforderlich und damit verfassungsrechtlich gerechtfertigt wäre.

5. Zwischenergebnis

Eine mit dem Leistungsfähigkeitsprinzip vereinbare Wegzugsbesteuerung muss daher als Voraussetzung den Ausschluss oder die Beschränkung des deutschen

183 Vgl. *Kraft*, in: ders., AStG, § 6 Rn. 37; *Schaumburg*, Internationales Steuerrecht, Rn. 5.358.

184 Vgl. *Werner*, Systemgerechte Entstrickung im Steuerrecht, Diss., Bonn 2009, S. 68-70, der ebenfalls eine Rechtfertigung auf Grund eines Vollzugsdefizits mit der Begründung ablehnt, dass eine Typisierung, die eine Voraussetzung für eine auf einem Vollzugsdefizit beruhende Besteuerung ist, hinsichtlich der Steuerpflichtigen nach § 6 AStG im Gegensatz zu den Steuerpflichtigen nach § 17 EStG nicht vorgenommen werden kann.

185 Vgl. *Kraft*, in: ders., AStG, § 6 Rn. 37, dessen Erst-Recht-Schluss sich jedoch auf die Einbeziehung der stillen Reserven in anderen Wirtschaftsgütern in die Besteuerung nach § 6 AStG bezieht.

186 Vgl. *Hey*, in: Tipke/Lang, Steuerrecht, § 17 Rn. 231.

Besteuerungsrechts verlangen.[187] Anderenfalls ist die Wegzugsbesteuerung nicht mit dem allgemeinen Gleichheitssatz nach Art. 3 Abs. 1 GG und dem sich daraus ergebenden Prinzipien der Leistungsfähigkeit und dem Übermaßverbot vereinbar.[188]

III. Das Verhältnis zu den anderen Entstrickungstatbeständen

Eine teleologische Reduktion des Wegzugstatbestandes nach § 6 AStG auf Fälle, in denen das deutsche Besteuerungsrecht ausgeschlossen oder beschränkt wird, könnte sich nicht nur aus verfassungsrechtlichen Gründen, sondern auch auf Grund der Gesetzessystematik ergeben. Bereits gegen den weiten Ansatz der alten Fassung des § 6 AStG wurden in der Literatur systematische Bedenken laut, obwohl die alte Fassung des § 6 AStG weder hinsichtlich des Wortlauts noch in Bezug auf die Systematik eine teleologische Reduktion erlaubte.[189] Die Neufassung des § 6 AStG durch das SEStEG lässt jedoch andere Schlüsse zu. Im Rahmen des SEStEG wurde in § 6 Abs. 1 Satz 2 Nr. 4 AStG ein Auffangtatbestand eingeführt, wonach der Ausschluss oder die Beschränkung des Besteuerungsrechts der Bundesrepublik Deutschland hinsichtlich des Gewinns aus der Veräußerung der Anteile auf Grund anderer als der in § 6 Abs. 1 Satz 1 oder Satz 2 Nr. 1 bis 3 AStG genannten Ereignisse der Beendigung der unbeschränkten Steuerpflicht im Sinne des § 6 Abs. 1 Satz 1 AStG gleichsteht. Das Merkmal des Auffangtatbestandes entspricht dem Merkmal, das nach den ebenfalls durch das SEStEG eingeführten Entstrickungstatbeständen des § 4 Abs. 1 Satz 3 EStG und des § 12 KStG zu einer Aufdeckung der stillen Reserven führt. Daher könnten in Anbetracht des vom Gesetzgeber des SEStEG postulierten Willens, die Entstrickungstatbestände zu systematisiersen,[190] auch systematische Erwägungen, die § 6 AStG in den größeren Zusammenhang des Entstrickungssystems im deutschen Ertragsteuerrecht stellen, eine Ergänzung des § 6 Abs. 1 Satz 1, 2 Nr. 1-3 AStG um das Merkmal des Ausschlusses oder der Beschränkung des deutschen Besteuerungsrechts verlangen.[191]

---

187 *Schaumburg*, in: Lang, FS für Tipke, S. 125, 142; *Häck*, in: Haase, AStG, § 6 Rn. 58-61.

188 *Schaumburg*, StuW 2000, S. 369, 374.

189 Vgl. *Schaumburg*, in: Lang, FS für Tipke, S. 125, 142, der auf § 21 Abs. 2 Nr. 2 UmwStG a.F. verweist; *Häck*, in: Haase, AStG, § 6 Rn. 58.

190 BR-Drucks. 542/06, S. 39, 85.

191 *Häck*, in: Haase, AStG, § 6 Rn. 59; vgl. auch *Wilke*, PISTB 2007, S. 108, 109; a.A. *Wassermeyer*, IStR 2007, S. 833, 837.

1. § 6 AStG im System der Entstrickungstatbestände

§ 6 AStG muss im Zusammenhang mit dem System der Entstrickung gesehen werden, das im deutschen Ertragsteuerrecht an sehr verschiedenen Stellen zum Tragen kommt.[192] Der Tatbestand der steuerrechtlichen Entstrickung betrifft grundsätzlich einen Vorgang, auf Grund dessen stille Reserven in Deutschland nicht mehr besteuert werden können.[193] Ein einheitlicher Entstrickungstatbestand, der die Besteuerung der stillen Reserven auslöst, wenn andernfalls ein Verlust des deutschen Steueraufkommens droht, existiert im deutschen Steuerrecht allerdings nicht.[194] Anstelle eines einheitlichen Entstrickungstatbestandes hat der Gesetzgeber im Rahmen des SEStEG mehrere Tatbestände eingeführt, die im Falle eines Ausschlusses oder einer Beschränkung des deutschen Besteuerungsrechts zur Anwendung kommen sollen.

Der Gesetzgeber beabsichtigte jedoch, die Regelungen zur Entstrickung systematisch und aufeinander abgestimmt durch das SEStEG zu regeln.[195] Daher muss die Eingliederung der Wegzugsbesteuerung in das System der Entstrickungstatbestände Berücksichtigung finden, da die Neufassung des § 6 AStG mit der Einführung der Entstrickungstatbestände in § 4 Abs. 1 Satz 3 EStG und § 12 KStG einherging.[196] § 4 Abs. 1 Satz 3 EStG und § 12 KStG stellen in Bezug auf die Entstrickung entscheidend auf den Ausschluss oder die Beschränkung des Besteuerungsrechts der Bundesrepublik Deutschland ab. Unter Berücksichtigung der Entstrickungsgrundsätze dürfte daher ein bislang unbeschränkt Steuerpflichtiger, der in einen Nicht-DBA-Staat verzieht, durch seinen Wegzug nicht die Wegzugsbesteuerung auslösen, da auf Grund von § 49 Abs. 1 Nr. 2 Buchst. e EStG das Besteuerungsrecht Deutschlands am Vermögenszuwachs der Anteile fortbesteht.[197] Der Anwendung der Wegzugsbesteuerung stünde in diesem Falle der allgemeine Entstrickungsgedanke, den auch § 6 AStG widerspiegelt,[198] entgegen.[199]

---

192 *Benecke/Schnitger*, IStR 2006, 765, 768; vgl. *Strunk/Kaminski*, in: Strunk/Kaminski/Köhler, AStG, § 6 Rn. 41.

193 *Stadler/Rösler*, in: Blumenberg/Schäfer, Das SEStEG, S. 43, 44.

194 *Wassermeyer*, in: Flick/Wassermeyer/Baumhoff, AStG, § 6 Rn. 16; *Strunk/Kaminski*, in: Strunk/Kaminski/Köhler, AStG, § 6 Rn. 41; vgl. *Meurer*, in: Lademann, EStG, § 4 Rn. 346.

195 BT-Drucks. 16/2710, S. 26; BT-Drucks. 16/3369, S. 2; *Rödder/Schumacher*, DStR 2006, S. 1481, 1483; *Wittlinger*, in: LSW, Heft 3/2007, Gruppe 19, S. 51, 52.

196 Vgl. *Stadler/Rösler*, in: Blumenberg/Schäfer, Das SEStEG, S. 43, 44.

197 *Rödder/Schumacher*, DStR 2006, 1481, 1492.

198 Vgl. BR-Drucks. 542/06, S. 39, 85.

199 *Rödder/Schumacher*, DStR 2006, 1481, 1492.

2. Die Finale Entnahmetheorie und das Entstrickungsprinzip

Das Konzept der Entstrickung sieht eine Gewinnrealisierung vor, wenn die Gefahr des Verlustes des deutschen Besteuerungsrechts an den stillen Reserven besteht.[200] Grundlegend für das Entstrickungskonzept ist die vom BFH entwickelte „finale Entnahmelehre“, die vor allem die Sicherung der einkommensteuerlichen Erfassung der stillen Reserven in einem Wirtschaftsgut gewährleisten soll.[201] Die neu eingeführten Entstrickungstatbestände in § 4 Abs. 1 Satz 3 EStG und § 12 KStG, die die finale Entnahmetheorie widerspiegeln, enthalten daher keinen neuen Steuertatbestand, sondern haben lediglich eine klarstellende Funktion.[202] Auf Grund dieser Funktion und des systematischen Zusammenhanges der Wegzugsbesteuerung mit den anderen Entstrickungstatbeständen[203] bedarf es einer besonderen Berücksichtigung der Rechtsprechung des BFH, die zur finalen Entnahmetheorie ergangen ist. Die Entstrickungsrechtsprechung betrifft zwar nicht die Wegzugsbesteuerung selbst.[204] Angesichts des Wortlauts von § 6 Abs. 1 Satz 2 Nr. 4 AStG wird aber deutlich, dass sich die Wegzugsbesteuerung in das neue Entstrickungskonzept des Ertagsteuerrechts einordnet, das wiederum auf der finalen Entnahmetheorie des BFH gründet.[205]

Ausgehend von dem Entnahmebegriff in § 4 Abs. 1 Satz 2 EStG erachtete es der BFH als nicht ausreichend, den Entnahmetatbestand auf die Abgrenzung von Wirtschaftsgütern des Betriebsvermögens und Wirtschaftsgütern des Privatvermögens zu beschränken. Nach der mittlerweile aufgegebenen Rechtsprechung des BFH[206] musste auch die Überführung von Wirtschaftsgütern des Betriebsvermögens von einem Betriebsstättenvermögen in ein anderes Betriebsstättenvermögen desselben Betriebes zur Aufdeckung der stillen Reserven im Sinne einer Entnahme führen, sofern das Wirtschaftsgut aus der inländischen Ge-

---

200 *Menck*, in: Blümich, AStG, § 6 Rn. 7; *Maier*, in: Beck'sches Steuer- und Bilanzrechtslexikon, „Entnahme“ Rn. 5.

201 Grundlegend BFH, Beschluss des GrS vom 7. 10. 1974 GrS 1/73, BStBl II 1975, S. 168, 170; Urteil vom 18. 5. 1983 – I R 5/82, BStBl II 1983, S. 771, 773; Urteil vom 9. 12. 1986 – VIII R 26/80, BStBl II 1987, S. 342, 343; *Meurer*, in: Lademann EStG § 4 Rn. 343.

202 BT-Drucks. 16/2710, S. 28; *Stadler/Rösler*, in: Blumenberg/Schäfer, Das SEStEG, S. 43, 45.

203 Vgl. BR-Drucks. 542/06, S. 39; BT-Drucks. 16/2710, S. 26; *Rödder/Schumacher*, DStR 2006, S. 1481, 1483; *Wittlinger*, in: LSW, Heft 3/2007, Gruppe 19, S. 51, 52.

204 *Wassermeyer*, in: Flick/Wassermeyer/Baumhoff, AStG, § 6 Rn. 47.

205 *Körner*, IStR 2009, S. 741, 741.

206 Vgl. zur Aufgabe der finalen Entnahmetheorie Kapitel 2 A. III. 6..

winnermittlung ausschied[207] (sog. finale Entnahmelehre).[208] Daher lag nach der finalen Entnahmelehre eine Entnahme vor, wenn ein Wirtschaftsgut aus dem inländischen Betriebsvermögen in eine Betriebsstätte in einem DBA-Staat überführt wurde und die Betriebstättengewinne nach dem anzuwendenden DBA freizustellen waren.[209]

3. Die Kodifizierung der Rechtsprechung

Trotz der deutlichen Kritik der Literatur an der Rechtsprechung des BFH[210] wurde das Bestehen eines allgemeinen Entstrickungsgrundsatzes im deutschen Steuerrecht von der Finanzverwaltung bereits seit geraumer Zeit nicht mehr in Frage gestellt,[211] so dass dem neu eingeführten § 4 Abs. 1 Satz 3 EStG lediglich eine klarstellende Funktion zukommen soll.[212] Zu § 4 Abs. 1 Satz 3 EStG korrespondiert § 12 KStG im Körperschaftsteuerrecht.[213] § 4 Abs. 1 Satz 3 EStG führt dem Entstrickungsgedanken entsprechend zur Aufdeckung der stillen Reserven in einem Wirtschaftsgut, wenn dieses in das Betriebsvermögen einer ausländischen Betriebsstätte überführt wird, die in einem DBA-Staat belegen ist, so dass auf Grund des Abkommens bei der tatsächlichen Realisierung der stillen Reserven eine Freistellung oder eine Anrechnung der ausländischen Steuer zu

207 BFH, Urteil vom 16. 7. 1969 – I 266/65, BStBl II 1970, S. 175, 176-177; Urteil vom 28. 4. 1971 – I R 55/66, BStBl II 1971, S. 630, 631; Urteil vom 30. 5. 1972 – VIII R 111/69, BStBl II 1972, S. 760, 761; Urteil vom 14. 6. 1988 – VIII R 387/83, BStBl. II 1989, 187, 188-189.

208 *Meurer*, in: Lademann, EStG, § 4 Rn. 344.

209 Vgl. BFH, Urteil vom 16. 7. 1969 – I 266/65, BStBl II 1970, S. 175, 176-177; Urteil vom 28. 4. 1971 – I R 55/66, BStBl II 1971, S. 630, 631; Urteil vom 30. 5. 1972 – VIII R 111/69, BStBl II 1972, Seite 760, 761; Urteil vom 16. 12. 1975 – VIII R 3/74, BStBl II 1976, S. 246, 247.

210 Vgl. zur Kritik an der „finalen Entnahmetheorie" des BFH: *Keuk*, DB 1973, 890, 890-893; *Uelner*, Steuerkongreßreport 1980, S. 47, 64-65; *Debatin*, BB 1990, S. 826 ff.; *Kramer*, StuW 1991, S. 151, 156; *Kempka*, Gewinnrealisierung bei der Überführung von Wirtschaftsgütern zwischen Stammhaus und Betriebsstätte, S. 67-68, 103-110 und 125-126; *Kleinedam*, IStR 2000, S. 577, 579-580; *Kessler/Huck*, StuW 2005, S. 193, 195, 199; *Wassermeyer*, in: Debatin/Wassermeyer, DBA, Art. 7 MA Rn. 243, 246.

211 Stellungnahme des BdF in BFH, Urteil vom 16. 7. 1969 – I 266/65, BStBl. II 1970, S. 175, 175-176; *Stadler/Rösler*, in: Blumenberg/Schäfer, Das SEStEG, S. 43, 45.

212 BT-Drucks. 16/2710, S. 28; *Stadler/Rösler*, in: Blumenberg/Schäfer, Das SEStEG, S. 45.

213 *Blumenberg/Lechner*, in: Blumenberg/Schäfer, Das SEStEG, S. 66.

erfolgen hat.[214] § 4 Abs. 1 Satz 3 EStG unterscheidet nämlich zwischen dem Ausschluss und der Beschränkung des Besteuerungsrechts der Bundesrepublik Deutschland. Während sich die Beschränkung des deutschen Besteuerungsrechts auf Fälle von DBA mit Anrechnungsmethode bzw. auf Fälle, in denen das Wirtschaftsgut in das Betriebsvermögen einer ausländischen Betriesstätte in einem Nicht-DBA-Staat überführt und eine Steueranrechnung auf Grund von § 34c EStG zu erfolgen hat,[215] bezieht, betrifft der Ausschluss des deutschen Besteuerungsrechts Fälle der Überführung von Wirtschaftsgütern in Betriebsstätten in Vertragsstaaten mit der Freistellungsmethode.[216]

Obwohl die Gesetzesbegründung die Wegzugsbesteuerung nach § 6 AStG ausdrücklich in einen Zusammenhang mit dem Entstrickungstatbestand des § 4 Abs. 1 Satz 3 EStG stellt,[217] steht im Rahmen der Wegzugsbesteuerung nur § 6 Abs. 1 Satz 2 Nr. 4 AStG mit dem in § 4 Abs. 1 Satz 3 EStG und § 12 KStG normierten Entstrickungsgedanken im Einklang. Die Intention des Gesetzgebers, die Entstrickung dabei systematisch zu regeln,[218] kommt in der Gesetzesbegründung deutlich zum Ausdruck. Demnach erfassen „der Entstrickungstatbestand in § 4 Abs. 1 Satz 3 EStG und die entsprechende Neufassung in § 6 AStG [...] in abstrakter Umschreibung alle Fälle, in denen das Besteuerungsrecht der Bundesrepublik Deutschland ausgeschlossen oder eingeschränkt wird".[219] Aus dieser Formulierung lässt sich schließen, dass dem Gesetzgeber bei der Neufassung des § 6 AStG und der anderen Entstrickungsnormen die Regelung eines systematischen Entstrickungskonzepts vorschwebte.[220] Auf Grund dieser gleichen Ausrichtung sind die jeweiligen Tatbestandsmerkmale der Entstrickungstatbestände

---

214 BT-Drucks. 16/2710, S. 28; *Stadler/Rösler*, in: Blumenberg/Schäfer, Das SEStEG, S. 43, 45.

215 *Wied*, in: Blümich, EStG, § 4 Rn. 487.

216 *Kahle/Franke*, IStR 2009, S. 406, 408; *Benecke*, NWB 2007, Fach 3, S. 14733, 14736-14738; *Frotscher*, EStG, § 4 Rn. 377 („ausgeschlossen"), 380 („beschränkt"); vgl. *Lang*, in: Tipke/Lang, Steuerrecht, § 2 Rn. 42; *Hruschka*, StuB 2006, S. 584, 585-586; *Schönherr/Lemaitre*, GmbHR 2006, 561, 562; *Werra/Teiche*, DB 2006, 1455; die Überführung eines Wirtschaftsgutes von einer Anrechnungsbetriebsstätte in eine Freistellungsbetriebsstätte führt ebenfalls zu einer fiktiven Entnahme: vgl. *Förster*, DB 2007, 72, 73; *Bode*, in: Kirchhof, EStG, § 4 Rn. 107-108; *Wied*, in: Blümich, EStG, § 4 Rn. 487.

217 BR-Drucks. 542/06, S. 85; *Strunk/Kaminski*, in: Strunk/Kaminski/Köhler, AStG, § 6 Rn. 108.

218 BT-Drucks. 16/2710 S. 26; *Wittlinger*, in: LSW, Heft 3/2007, Gruppe 19, S. 51, 52.

219 BR-Drucks. 542/06, S. 85.

220 *Wittlinger*, in: LSW, Heft 3/2007, Gruppe 19, S. 51, 52; *Strunk/Kaminski*, in: Strunk/Kaminski/Köhler, AStG, § 6 Rn. 108; vgl. insbesondere BR-Drucks. 542/06, S. 39.

§ 4 Abs. 1 Satz 3 EStG, § 12 KStG und § 6 Abs. 1 Satz 2 Nr. 4 AStG in gleicher Weise auszulegen.[221]

Ein systematisch geschlossenes Entstrickungskonzept ist jedoch nur dann gegeben, wenn alle Entstrickungsnormen in ihrem Kern von denselben Gedanken, der Sicherung des deutschen Besteuerungsrechts auf Grund des drohenden Ausschlusses oder der drohenden Beschränkung eben jenes Besteuerungsrechts infolge des eingreifenden Abkommensschutzes bzw. der sich aus § 34c EStG ergebenden Pflicht zur Steueranrechnung getragen werden. In dieser Hinsicht stellt der Wortlaut von § 6 AStG im Gegensatz zu den übrigen Entstrickungstatbeständen jedoch einen Systembruch dar, da § 6 Abs. 1 Satz 1, 2 Nr. 1-3 AStG eine Besteuerung unabhängig von einem Ausschluss oder einer Beschränkung des deutschen Besteuerungsrechts vorsieht.[222] Die Wegzugsbesteuerung kann daher nur durch die Ergänzung des Wortlauts um das ungeschriebene Tatbestandsmerkmal des Ausschlusses oder der Beschränkung des deutschen Besteuerungsrechts in die Systematik der übrigen Entstrickungstatbestände eingeordnet werden.

4. Auffangtatbestand § 6 Abs. 1 Satz 2 Nr. 4 AStG als „kleinster tatbestandlicher Nenner"

Innerhalb von § 6 AStG stellt vor allem der Wortlaut von § 6 Abs. 1 Satz 2 Nr. 4 AStG einen Anknüpfungspunkt dar, auf den die Erweiterung der Besteuerungstatbestände von § 6 Abs. 1 Satz 1, 2 Nr. 1-3 AStG um das ungeschriebene Merkmal des Ausschlusses oder der Beschränkung des deutschen Besteuerungsrechts gestützt werden kann. Gemäß § 6 Abs. 1 Satz 2 Nr. 4 AStG steht der Ausschluss oder die Beschränkung des Besteuerungsrechts der Bundesrepublik Deutschland hinsichtlich des Gewinns aus der Veräußerung der Anteile auf Grund anderer als in Satz 1 oder der in den Nummern 1 bis 3 genannten Ereignisse der Beendigung der unbeschränkten Steuerpflicht im Sinne des Satzes 1 gleich.

§ 6 Abs. 1 Satz 2 Nr. 4 AStG ist gemäß den Gesetzesmaterialien als „Auffangtatbestand" zu verstehen.[223] Ein Auffangtatbestand zeichnet sich grundsätzlich durch Subsidiarität aus,[224] so dass die Besteuerung nach § 6 Abs. 1 Satz 2 Nr. 4 AStG zu den übrigen Steuertatbeständen von § 6 Abs. 1 Satz 1,

---

221 *Strunk/Kaminski*, in: Strunk/Kaminski/Köhler, AStG, § 6 Rn. 108.

222 Vgl. zum Systembruch durch § 6 Abs. 8 AStG-E, *Rödder/Schumacher*, DStR 2006, S. 1481, 1492.

223 Vgl. BR-Drucks. 542/1/06, S. 11; BT-Drucks. 16/3369, S. 2.

224 Vgl. *Kirscht*, Versicherungskartellrecht: Problemfelder im Lichte der Europäisierung, S. 29.

2 AStG subsidiär ist.[225] Die Subsidiarität der Norm bedeutet aber nicht, dass sich aus ihrem Wortlaut keine Rückschlüsse für die übrigen Besteuerungstatbestände entnehmen lassen. Schließlich besteht das Wesen eines Auffangtatbestandes insbesondere darin, das wesentliche Tatbestandsmerkmal zu beinhalten, das allen anderen Wegzugstatbeständen ebenfalls zu Grunde liegt.[226] Der Auffangtatbestand des § 6 Abs. 1 Satz 2 Nr. 4 AStG ist insofern der „kleinste gemeinsame tatbestandliche Nenner" aller Wegzugstatbestände,[227] so dass der Ausschluss oder die Beschränkung des Besteuerungsrechts der Bundesrepublik Deutschland das Tatbestandsmerkmal darstellt, das allen anderen Wegzugstatbeständen gemein ist.

Die Richtigkeit der These, dass das Merkmal von § 6 Abs. 1 Satz 2 Nr. 4 AStG den kleinsten gemeinsamen Nenner aller Tatbestände beinhaltet, folgt aus dem Wortlaut der Norm. Danach steht der Beendigung der unbeschränkten Steuerpflicht „der Ausschluss oder die Beschränkung des Besteuerungsrechts der Bundesrepublik Deutschland hinsichtlich des Gewinns aus der Veräußerung der Anteile *auf Grund anderer*[228] als in Satz 1 oder in den Nummern 1 bis 3 genannten Ereignisse" gleich. Indem der Gesetzgeber in § 6 Abs. 1 Satz 2 Nr. 4 AStG ausdrücklich auf die anderen Tatbestände von § 6 AStG Bezug nimmt, kann dieser Bezugnahme der Norm nur die Aussage entnommen werden, dass auch in den Fällen des § 6 Abs. 1 Satz 1, 2 Nr. 1-3 AStG der Ausschluss oder die Beschränkung des deutschen Besteuerungsrecht an dem Vermögenszuwachs eine Voraussetzung des Besteuerungstatbestandes bildet.

5. Die Wegzugsbesteuerung im System der Entstrickungstatbestände und § 22 UmwStG

Die Ergänzung der Besteuerungstatbestände von § 6 Abs. 1 Satz 1, 2 Nr. 1-3 AStG um das ungeschriebene Merkmal des Ausschlusses oder der Beschränkung des deutschen Besteuerungsrechts kann auch auf den Verweis in § 6 Abs. 1 Satz 3 AStG auf den Vorrang der umwandlungsteuerrechtlichen Vorschriften und von § 17 Abs. 5 EStG gestützt werden, denn diese Normen verlangen ebenfalls einen Ausschluss bzw. eine Beschränkung des deutschen Besteuerungsrechts.[229] Zwar dient § 6 Abs. 1 Satz 3 AStG vorwiegend der Vermeidung

225 *Hecht*, in: Mössner/Fuhrmann, AStG, § 6 Rn. 34.

226 *Häck*, in: Haase, AStG, § 6 Rn. 59.

227 *Häck*, in: Haase, AStG, § 6 Rn. 59.

228 Keine Hervorhebung im Originaltext.

229 Vgl. §§ 11 Abs. 2, 13 Abs. 2, 22 Abs. 1 Satz 5 UmwStG; vgl. dazu *Häck*, in: Haase, AStG, § 6 Rn. 60.

einer Doppelbesteuerung, da die von dieser Norm beschriebenen Sachverhalte auch eine Besteuerung gemäß § 6 AStG auslösen würden.[230] Durch den Verweis auf andere Normen, die zur Aufdeckung der stillen Reserven bei einem Ausschluss oder bei einer Beschränkung des deutschen Besteuerungsrechts führen, stellt der Gesetzgeber die Wegzugsbesteuerung aber in einen Zusammenhang mit den anderen Entstrickungstatbeständen des Ertragsteuerrechts.

Nach der Neufassung des UmwStG und des § 6 AStG im Rahmen des SE-StEG zeigt vor allem ein Vergleich von § 6 Abs. 1 Satz 2 Nr. 2 AStG einerseits und von § 22 Abs. 1 Satz 5 UmwStG andererseits, dass es trotz des gemeinsamen Rechtsgedankens der Normen[231] zu erheblichen Unterschieden bei ihrer Anwendung kommen kann.[232] Die Behandlung der abkommensrechtlichen Ansässigkeit eines Anteilseigners im Sinne des § 17 Abs. 1 Satz 1 EStG, der zusätzlich auch noch Anteile an einer Kapitalgesellschaft hält, die er für die Sacheinlage seiner Kapitalgesellschaftsanteile erhalten hat, führt auf Grund der fehlenden Kongruenz zwischen § 6 Abs. 1 Satz 2 Nr. 2 AStG und § 22 Abs. 1 Satz 5 UmwStG zu jeweils völlig unterschiedlichen Rechtsfolgen.

Eine Besteuerung hat nach dem Wortlaut von § 6 Abs. 1 Satz 2 Nr. 2 AStG zu erfolgen, wenn ein bislang in Deutschland unbeschränkt Steuerpflichtiger seine abkommensrechtliche Ansässigkeit in einem anderen Staat begründet, indem er seinen Lebensmittelpunkt in diesen Staat verlegt. Begründet ein Anteilseigner im Sinne des § 17 Abs. 1 Satz 1 EStG seine Ansässigkeit nach Art. 4 Abs. 1 DBA Deutschland-Tschechien in der Tschechischen Republik, erfolgt dem Wortlaut von § 6 Abs. 1 Satz 2 Nr. 2 AStG zufolge eine Besteuerung, obwohl Deutschland auf Grund der Sitzstaatsklausel in Art. 13 Abs. 3 DBA Deutschland-Tschechien das Besteuerungsrecht an dem Vermögenszuwachs in den Anteilen an inländischen Kapitalgesellschaften überhaupt nicht verliert.[233] In diesem Falle kann die Besteuerung unter Durchbrechung des Leistungsfähigkeitsprinzips nicht auf den „ultima ratio-Gedanken“[234] gestützt werden.

---

230 *Strunk/Kaminski*, in: Strunk/Kaminski/Köhler, AStG, § 6 Rn. 117, 119.

231 Sowohl § 6 AStG als auch § 22 Abs. 1 Satz 5 UmwStG sollen Umgehungsgestaltungen vermeiden; zu § 6 AStG vgl. *Wassermeyer*, EuZW 2007, S. 1; zu § 22 Abs. 1 Satz 5 UmwStG vgl. BT-Drucks. 16/3369, S. 12; *Bilitewski*, in: Haritz/Menner, UmwStG, § 22 Rn. 1-2.

232 Zu § 6 Abs. 3 Nr. 2 AStG a.F. und § 21 Abs. 2 Nr. 2 UmwStG a.F. *Wassermeyer*, in: Klein/Stihl/Wassermeyer, FS für Flick, S. 1057, 1064.

233 Abwandlung zu *Wassermeyer*, in: Klein/Stihl/Wassermeyer, FS für Flick, S. 1057, 1064.

234 Vgl. *Schaumburg*, in: Lang, FS für Tipke, S. 125, 142; *Hey*, in: Tipke/Lang, Steuerrecht, § 17 Rn. 231.

Die völlige Systemwidrigkeit einer Besteuerung nach § 6 Abs. 1 Satz 2 Nr. 2 AStG offenbart sich aber erst im Hinblick auf die steuerliche Behandlung der Anteile, die der Steuerpflichtige für die Sacheinlage seiner Kapitalgesellschaftsanteile erhalten hat. Die Begründung der Ansässigkeit des Anteilseigners löst nämlich nach § 22 Abs. 1 Satz 5 UmwStG nur bei Ausschluss oder Beschränkung des deutschen Besteuerungsrechts die Aufdeckung der stillen Reserven aus. Die Sitzstaatsklausel des Art. 13 Abs. 3 DBA-Tschechien bewirkt jedoch, dass Deutschland das Besteuerungsrecht an dem Gewinn aus der Veräußerung der Anteile an inländischen Kapitalgesellschaften verbleibt,[235] so dass die Ansässigkeit auch nicht zu einer Aufdeckung der stillen Reserven führt.

Der Vergleich dieser Entstrickungsvorschrift mit § 6 AStG zeigt einmal mehr, wie unabgestimmt die Rechtsfolgen von § 6 AStG mit den übrigen Entstrickungstatbeständen geregelt sind.[236] Obwohl beide Vorschriften auf einem gemeinsamen Rechtsgedanken beruhen,[237] wird der einheitliche Sachverhalt durch die jeweiligen Gesetze unterschiedlich beurteilt. Dieser Wertungswiderspruch würde durch die Ergänzung des § 6 AStG um das ungeschriebene Merkmal des Ausschlusses oder der Beschränkung des deutschen Besteuerungsrechts vermieden.

6. Aufgabe der finalen Entnahmetheorie durch den BFH

Von grundlegender Bedeutung für die Auslegung von § 6 AStG könnte das Urteil des BFH vom 17. 7. 2008 sein, in dem der BFH seine bisherige Rechtsprechung zur finalen Entnahmetheorie aufgegeben hat.[238] Die neue Rechtsprechung des BFH stimmt nunmehr mit der Ansicht in der Literatur überein, nach der Deutschland das Besteuerungsrecht an den stillen Reserven an Wirtschaftsgütern auch nach deren Überführung der Wirtschaftsgüter in eine ausländische Betriebsstätte verbleibt, soweit die stillen Reserven bis zum Zeitpunkt der Überfüh-

---

235 Vgl. in Bezug auf die alte Rechtslage *Wassermeyer*, in: Klein/Stihl/Wassermeyer, FS für Flick, S. 1057, 1064.

236 Auf die Unabgestimmtheit der Wegzugsbesteuerung zum UmwStG wurde bereits zur alten Rechtslage hingewiesen; vgl. zur fehlenden Kongruenz zwischen § 6 AStG a.F. und § 21 UmwStG a.F. hat Pohl schon zur alten Rechtslage hingewiesen, vgl. *Wassermeyer*, in: Klein/Stihl/Wassermeyer, FS für Flick, S. 1057, 1064; *Pohl*, IStR 2001, S. 460, 462.

237 Auch durch § 22 Abs. 1 Satz 5 UmwStG sollen Umgehungsgestaltungen vermieden werden, vgl. BT-Drucks. 16/3369, S. 12.

238 BFH, Urteil vom 17. 7. 2008 – I R 77/06, BStBl. II 2009, S. 464, 469.

rung entstanden sind.[239] Der BFH begründet seine Rechtsprechungsänderung zunächst mit der Feststellung, dass es bei der Überführung eines Wirtschaftsgutes in eine andere, ausländische Betriebsstätte an einer Aufhebung des betrieblichen Zusammenhanges fehle, die jedoch die Annahme einer Entnahme voraussetze.[240] Des Weiteren wurde die Änderung der bisherigen Rechtsprechung nach Auffassung des BFH durch ein gewandeltes Verständnis der DBA notwendig, da die Überführung eines Wirtschaftsguts in eine ausländische Betriebsstätte nach dem Abkommensrecht keinen Ausschluss des deutschen Besteuerungsrechts nach Art. 7 Abs. 1, 2 i.V.m. Art. 23A/B OECD-MA an den zurzeit vor der Überführung des Wirtschaftsguts im Inland entstandenen stillen Reserven bewirke.[241]

7. Die Folgen der Rechtsprechungsänderung

Welche Auswirkungen dieses Urteil auf die Auslegung der Entstrickungstatbestände hat, ist umstritten. Die Finanzverwaltung reagierte auf die geänderte Rechtsprechung des BFH mit einem Nichtanwendungserlass.[242] Einige Vertreter in der Literatur gehen nunmehr auf Grund der geänderten Rechtsprechung davon aus, dass bei der Überführung eines Wirtschaftsgutes in eine Betriebsstätte, die in einem Staat belegen ist, bei dem die Betriebsstättengewinne freizustellen sind, kein Ausschluss des deutschen Besteuerungsrechts im Sinne des § 4 Abs. 1 Satz 3 EStG angenommen werden könne.[243] Inwieweit das Urteil auch einen Einfluss auf die Auslegung von § 6 AStG hat, ist derzeit nicht abzuschätzen.[244] Die Aufgabe der finalen Entnahmetheorie könnte jedoch zur Folge haben, dass das Merkmal des Ausschlusses des Besteuerungsrechts der Bundesrepublik

---

239 *Wassermeyer*, DB 2006, S. 1176, 1178; *Schwenke*, DStZ 2007, S. 235, 245; *Rödder/Schumacher*, DStR 2007, S. 369, 371; *Kahle/Franke*, IStR 2009, S. 406, 408; *Heinicke*, in: Schmidt, EStG, § 4 Rn. 329.

240 BFH, Urteil vom 17. 7. 2008 – I R 77/06, BStBl. II 2009, S. 464, 469.

241 BFH, Urteil vom 17. 7. 2008 – I R 77/06, BStBl. II 2009, S. 464, 469; der BFH folgt damit der h.M. in der Literatur: *Buciek*, in: Flick/Wassermeyer/Wingert/Kempermann, DBA-Schweiz, Art. 7 Rn. 461; *Kessler/Huck*, StuW 2005, S. 193, 195; *Schröder/Strunk*, in: Mössner u. a., Steuerrecht international tätiger Unternehmen, Rn. C 104; *Hidien*, in: Kirchhof/Söhn/Mellinghoff, EStG, § 49 Rn. D 3110, 3126, 3146.

242 *Strunk/Kaminski*, in: Strunk/Kaminski/Köhler, AStG, § 6 Rn. 41.1; vgl. BMF vom 17.6.2008, IV C 6 – S 2134/07/10005, BStBl I 2009, 671, 672.

243 *Gosch*, BFH-PR 2008, S. 499, 500; *Schneider/Oepen*, FR 2009, S. 22, 28; *Ditz*, IStR 2009, S. 115, 120; *Behrens*, in: Haritz/Menner, UmwStG, § 21 Rn. 275; vgl. auch *Wassermeyer*, IStR 2008, S. 176, 180; *ders.*, DB 2006, 1177, der schon vor der Rechtsprechungsänderung diese Ansicht vertrat.

244 *Strunk/Kaminski*, in: Strunk/Kaminski/Köhler, AStG, § 6 Rn. 108.1.

Deutschland im Rahmen der Auslegung von § 6 Abs. 1 AStG unbeachtlich ist[245] oder dass die Wegzugsbesteuerung insgesamt nicht mehr notwendig ist, um das deutsche Besteuerungsrecht zu sichern.[246]

In Bezug auf § 6 AStG und seinen Auffangtatbestand in Abs. 1 Satz 2 Nr. 4 kann diese Schlussfolgerung dem Urteil des BFH vom 17. 7. 2008 jedoch nicht entnommen werden. Zwar hat der BFH in seinem Urteil vom 17. Juli 2008 der finalen Entnahmetheorie, die in § 4 Abs. 1 Satz 3 EStG ihren normativen Niederschlag gefunden hat, zunächst den Boden entzogen. Gleichzeitig geht jedoch der BFH ausdrücklich auf den Ausschluss des Besteuerungsrechts an dem Vermögenszuwachs in den Kapitalgesellschaftsanteilen nach Art. 13 Abs. 5 OECD-MA ein, der den Grund für die Wegzugsbesteuerung bildet.[247] Gemäß Art. 13 Abs. 5 OECD-MA können Gewinne aus der Veräußerung des in Art. 13 Abs. 1-4 OECD-MA nicht genannten Vermögens nur in dem Vertragsstaat besteuert werden, in dem der Veräußerer ansässig ist. In seinem Urteil vom 17. Juli 2008 stellt der BFH fest, dass anders als bei Art. 13 Abs. 5 OECD-MA, wonach es zu einem Ausschluss des deutschen Besteuerungsrechts kommt, „der inländische Besteuerungszugriff auf Gewinne aus der Veräußerung beweglichen Vermögens, das Betriebsvermögen einer Betriebsstätte ist, die ein Unternehmen eines Vertragsstaat im anderen Vertragsstaat hat (Art. 13 Abs. 2 OECD-MustAbk), bei Vereinbarung der Freistellungsmethode (Art. 23A OECD-MustAbk) nur in jenem Umfang verloren [geht], in dem das Vermögen der Betriebsstätte auch tatsächlich zuzuordnen ist und in dem die realisierten Gewinne durch jene Betriebsstätte erwirtschaftet wurden".[248] Die Gegenüberstellung der Freistellung von Betriebsstättengewinnen einerseits und der ausschließlichen Wohnsitzbesteuerung durch die abkommensrechtliche Verteilungsnorm des Art. 13 Abs. 5 OECD-MA andererseits kann jedoch nur bedeuten, dass sich die Konse-

245 In Bezug auf § 6 Abs. 1 Satz 2 Nr. 4 AStG: *Strunk/Kaminski*, in: Strunk/Kaminski/Köhler, AStG, § 6 Rn. 108.1; in Bezug auf § 4 Abs. 1 Satz 3 EStG: *Roser*, DStR 2008, 2389, 2393; *Kahle/Franke*, IStR 2009, S. 406, 408; *Schneider/Oepen*, FR 2009, S. 22, 28-29; *Ditz*, IStR 2009, S. 115, 120; *Prinz*, DB 2009, S. 807, 810-811; dieser Auffassung wird entgegengehalten, dass sie der Urteilsbegründung zu wenig Beachtung schenken würde. Schließlich begründete der BFH seine Änderung der bisherigen Rechtsprechung nicht nur mit einem gewandelten Verständnis von den DBA, sondern auch mit dem bisherigen Fehlen einer gesetzlichen Regelung. Diese vom BFH bemängelte gesetzliche Lücke wurde jedoch durch § 4 Abs. 1 Satz 3 EStG bzw. § 12 KStG geschlossen, vgl. *Koch*, BB 2008, 2450, 2452; *Behrens*, in: Haritz/Menner, UmwStG, § 21 Rn. 275; *Mitschke*, FR 2009, S. 326, 329; vgl. BMF-Schreiben vom 20.5.2009, BStBl. I 2009, 671; dazu *Schneider/Oepen*, FR 2009, S. 660, 660-662.

246 Vgl. *Kraft/Schmidt*, RIW 2011, S. 758, 763-764.

247 Vgl. *Strunk/Kaminski*, in: Strunk/Kaminski/Köhler, AStG, § 6 Rn. 1.

248 BFH, Urteil vom 17. 7. 2008 – I R 77/06, BStBl. II 2009, S. 464, 470.

quenzen der Änderung der Rechtsprechung, wenn überhaupt, nur auf § 4 Abs. 1 Satz 3 EStG, nicht jedoch auch auf die Wegzugsbesteuerung beziehen können. In Bezug auf Art. 13 Abs. 5 OECD-MA hat sich das Verständnis des Abkommensrechts nicht gewandelt.[249] Daher können die Aussagen des BFH, die den Ausschluss des deutschen Besteuerungsrechts an Betriebsstättengewinnen betrafen, nicht auf die Wegzugsbesteuerung übertragen werden. Die Aufgabe der finalen Entnahmetheorie auf Grund eines gewandelten Abkommenverständnisses in Bezug auf die Freistellung von Betriebsstättengewinnen kann daher nicht zur Folge haben, dass der Ausschluss oder die Beschränkung des Besteuerungsrechts der Bundesrepublik Deutschland im Rahmen der Auslegung von § 6 AStG ohne Bedeutung ist.

8. Zwischenergebnis

Aus der Systematik der Entstrickungstatbestände folgt daher, dass der Ausschluss oder die Beschränkung des Besteuerungsrechts der Bundesrepublik Deutschland als ungeschriebenes Tatbestandsmerkmal sowohl in den Grundtatbestand von § 6 Abs. 1 Satz 1 AStG als auch in die Einzeltatbestände von § 6 Abs. 1 Satz 2 Nr. 1-3 AStG hineingelesen werden muss.

IV. Ergebnis

Eine Besteuerung des Vermögenszuwachses nach § 6 AStG in Fällen, in denen das deutsche Besteuerungsrecht weder beschränkt noch ausgeschlossen wird, stellt einen ungerechtfertigten Verstoß gegen das Leistungsfähigkeitsprinzip dar und ist daher nicht mit Art. 3 GG vereinbar. In Anbetracht der im Rahmen des SEStEG erfolgten Normierung der übrigen Entstrickungstatbestände, die allesamt den Ausschluss oder die Beschränkung des deutschen Besteuerungsrechts voraussetzen, stellt eine wortlautgetreue Auslegung von § 6 AStG einen Systembruch im System der Entstrickungstatbestände dar. Daher sind sowohl aus verfassungsrechtlichen als auch aus systematischen Gründen die Besteuerungstatbestände von § 6 Abs. 1 Satz 1, 2 Nr.1-3 AStG um die Merkmale des Auffangtatbestandes von § 6 Abs. 1 Satz 2 Nr. 4 AStG, des Ausschlusses oder

249 Vgl. aber *Kraft/Schmidt*, RIW 2011, S. 758, 763-764, die eine Übertragung des Verständnisses von Art. 7 Abs. 2 OECD-MA auf Art. 13 Abs. 5 OECD-MA erwägen. Diese Überlegung überzeugt im Ergebnis jedoch nicht, da der Wortlaut von Art. 13 Abs. 5 OECD-MA im Gegensatz zum Wortlaut von Art. 7 Abs. 2 OECD-MA eine Aufteilung des Gewinns nicht erlaubt.

der Beschränkung des deutschen Besteuerungsrechts an dem Vermögenszuwachs, zu ergänzen.[250]

B. Ergänzung von § 6 Abs. 3 AStG um das ungeschriebene Tatbestandsmerkmal des Wiederauflebens des deutschen Besteuerungsrechts

Eine Begünstigung des Steuerpflichtigen hat der Gesetzgeber in § 6 Abs. 3 AStG vorgesehen, wonach die Wegzugsteuer bei erneuter Begründung der unbeschränkten Steuerpflicht wieder entfallen soll. Ein Entfallen des Steueranspruchs kommt gemäß § 6 Abs. 3 Satz 1 AStG nicht in Betracht, wenn der Steuerpflichtige die Anteile in der Zeit seiner Abwesenheit veräußert hat oder die Tatbestände des § 6 Abs. 1 Satz 2 Nr. 1 bis 3 AStG erfüllt worden sind. Außerdem scheidet ein Entfallen des Steueranspruchs aus, wenn der Steuerpflichtige auf Grund eines DBA als in einem ausländischen Staat ansässig gilt.

Der Wortlaut der Norm offenbart die Unsicherheit des Gesetzgebers, eine dem Sinn der Norm entsprechende Formulierung zu wählen. Anstatt wie in § 6 Abs. 3 Satz 4 Nr. 2 AStG konsequent auf die Wiederbegründung des deutschen Besteuerungsrechts abzustellen, laviert der Gesetzgeber innerhalb eines Absatzes zwischen der abkommensrechtlichen Ansässigkeit im Inland (§ 6 Abs. 3 Satz 1 AStG) und der Wiederbegründung der unbeschränkten Steuerpflicht (§ 6 Abs. 3 Satz 3 AStG) als Voraussetzung für das Entfallen des Steueranspruchs.[251]

Mit der Wahl dieser Merkmale versucht der Gesetzgeber dem Zweck der Wegzugsbesteuerung gerecht zu werden, wonach die Steuer nur entfallen soll, wenn das deutsche Besteuerungsrecht an den Vermögenszuwachs in den Anteilen wieder gesichert ist.[252] Dieser Versuch ist dem Gesetzgeber bei der Formulierung des § 6 Abs. 3 Satz 1 AStG jedoch nicht geglückt.[253] Des Weiteren verfehlt auch § 6 Abs. 3 Satz 3 AStG wie § 6 Abs. 3 Satz 1 AStG sein Ziel. Denn in den Fällen des § 6 Abs. 3 Satz 3 AStG kommt es nur auf die Begründung der unbeschränkten Steuerpflicht des Rechtsnachfolgers im Inland und nicht auf das Wiederaufleben des deutschen Besteuerungsrechts an. Im Hinblick auf den

250 Vgl. *Werner*, Systemgerechte Entstrickung im Steuerrecht, Diss., Bonn 2009, S. 225, 234, der anstelle eines ungeschriebenen Merkmales letztlich die Übernahme des Auffangtatbestandes als Grundtatbestand verlangt.

251 *Häck*, in: Haase, AStG, § 6 Rn. 135.

252 *Wassermeyer*, in: Flick/Wassermeyer/Baumhoff, AStG, § 6 Rn. 152; *Häck*, in: Haase, AStG, § 6 Rn. 144.

253 *Wassermeyer*, in: Flick/Wassermeyer/Baumhoff, AStG, § 6 Rn. 152.

Zweck der Wegzugsbesteuerung ist aber jedes Abstellen auf ein anderes Merkmal als die Wiederbegründung des deutschen Besteuerungsrechts wenig zielführend.

Schließlich ist die Ansässigkeit des Steuerpflichtigen im Inland nicht allein ausschlaggebend für die Frage, welchem Vertragsstaat das Besteuerungsrecht an dem Veräußerungsgewinn aus den Anteilen zusteht. Zahlreiche deutsche DBA enthalten nämlich sog. „Sitzstaatsklauseln“, wonach das Besteuerungsrecht dem Vertragsstaat zusteht, in dem die Kapitalgesellschaft ihren Sitz hat.[254] In diesen Fällen führt der Wortlaut zu willkürlichen Ergebnissen, die mit dem Sinn der Regelung nicht mehr in Einklang zu bringen sind. Beispielsweise würde der Anteilseigner an einer argentinischen Kapitalgesellschaft von einem Entfallen der Steuer profitieren, wenn er innerhalb von fünf oder – unter den Voraussetzungen des § 6 Abs. 3 Satz 2 AStG – innerhalb von zehn Jahren in die deutsche unbeschränkte Steuerpflicht zurückkehrt, obwohl Argentinien auf Grund der Sitzstaatsklausel weiterhin das Besteuerungsrecht an den stillen Reserven in den Anteilen an der argentinischen Kapitalgesellschaft zusteht.[255]

Um dieses sinnwidrige Ergebnis zu vermeiden, muss in § 6 Abs. 3 Satz 1 AStG das Wiederaufleben des deutschen Besteuerungsrechts als ungeschriebenes Tatbestandsmerkmal hineingelesen werden.[256] Die Ergänzung des Wortlautes des § 6 Abs. 3 Satz 1 AStG korrespondiert zu der Erweiterung des Grundtatbestandes und der Ersatztatbestände um das ungeschriebene Tatbestandsmerkmal des Ausschlusses oder der Beschränkung des deutschen Besteuerungsrechts in § 6 Abs. 1 AStG. Das Verlangen nach einer Wiederbegründung des deutschen Besteuerungsrechts für ein Entfallen der Steuer ist damit die konsequente Fortsetzung einer am Entstrickungsgedanken orientierten Auslegung der Norm.[257]

---

254 *Häck*, in: Haase, AStG, § 6 Rn. 24.

255 Art. 13 Abs. 3 DBA-Argentinien; vgl. zu der Problematik der Sitzstaatsklausel und § 6 Abs. 3 AStG Kapitel 5 C. II.; vgl. auch *Häck*, in: Haase, AStG, § 6 Rn. 144.

256 Vgl. zum Erfordernis des Wiederauflebens des deutschen Besteuerungsrechts *Strunk/Kaminski*, in: Strunk/Kaminski/Köhler, AStG, § 6 Rn. 175; vgl *Werner*, Systemgerechte Entstrickung im Steuerrecht, Diss., Bonn 2009, S. 226, 236, der eine Gesetzesänderung in diesem Sinne vorschlägt.

257 A.A. *Wassermeyer*, in: Flick/Wassermeyer/Baumhoff, AStG, § 6 Rn. 152; *Elicker*, in: Blümich, AStG, § 6 Rn. 72.

C. Auslegung des Merkmals des Ausschlusses oder der Beschränkung des deutschen Besteuerungsrechts

Das ungeschriebene Tatbestandsmerkmal des Ausschlusses oder der Beschränkung des deutschen Besteuerungsrechts an dem Vermögenszuwachs muss in gleicher Weise ausgelegt werden wie der Auffangtatbestand des § 6 Abs. 1 Satz 2 Nr. 4 AStG. Ein Ausschluss des deutschen Besteuerungsrechts liegt vor, wenn Deutschland verpflichtet ist, die Einkünfte von der Besteuerung freizustellen,[258] oder wenn eine Steuerbarkeit der Einkünfte nicht mehr besteht.[259] Eine Beschränkung des deutschen Besteuerungsrechts liegt wiederum vor, wenn Deutschland verpflichtet ist, die ausländische Steuer auf die deutsche Einkommensteuer anzurechnen.[260]

Eine Verpflichtung zur Anrechnung kann sich im Falle von § 6 AStG grundsätzlich nur aus dem Abkommensrecht ergeben, da die nationalen Anrechnungsvorschriften bei einem Wegzug in einem Nicht-DBA-Fall unter Aufgabe der unbeschränkten Steuerpflicht nicht zur Anwendung kommen. § 34c EStG setzt nämlich die unbeschränkte Steuerpflicht des Steuerpflichtigen für eine Steueranrechnung voraus, während § 6 AStG die Beendigung der unbeschränkten Steuerpflicht als Voraussetzung verlangt. Ebenso scheidet eine Anrechnungsverpflichtung nach § 50 Abs. 3 EStG bei beschränkt Steuerpflichtigen aus, da der erzielte Veräußerungsgewinn keine Drittstaateneinkünfte im Sinne des § 50 Abs. 3 EStG darstellt.[261] Eine deutsche Anrechnungsverpflichtung nach § 34c Abs. 1 i.V.m. § 34d Nr. 4 Buchst. b EStG kommt allerdings in Betracht, wenn der Steuerpflichtige seinen deutschen Wohnsitz beibehalten und zusätzlich in einem Nicht-DBA-Staat einen Wohnsitz begründet hat. In diesem Falle bewirkt die Besteuerung des Veräußerungsgewinns im Ausland eine deutsche Anrechnungsverpflichtung nach § 34c Abs. 1 i.V.m. § 34d Nr. 4 Buchst. b EStG, so dass der Tatbestand des § 6 Abs. 1 Satz 2 Nr. 4 AStG erfüllt ist.[262]

I. Potenzielle Gefährdung des Steueranspruchs

Fraglich ist, ob unter das Merkmal der Beschränkung des deutschen Besteuerungsrechts auch Fälle zu fassen sind, in denen das deutsche Besteuerungsrecht

258 BT-Drucks. 16/3369, S. 14; Häck, in: Haase, AStG, § 6 Rn. 108.

259 *Wassermeyer*, in: Flick/Wassermeyer/Baumhoff, AStG, § 6 Rn. 95.

260 BT-Drucks. 16/3369, S. 14; *Wassermeyer*, in: Flick/Wassermeyer/Baumhoff, AStG, § 6 Rn. 96; Häck, in: Haase, AStG, § 6 Rn. 111.

261 *Wassermeyer*, in: Flick/Wassermeyer/Baumhoff, AStG, § 6 Rn. 96.

262 Dazu *Kraft*, in: ders., AStG, § 6 Rn. 380-381.

lediglich gefährdet sein könnte.[263] Zwar steht erst im Zeitpunkt der tatsächlichen Veräußerung der Anteile fest, ob es im anderen Staat zu einer Besteuerung des Veräußerungsgewinns und damit, ob es überhaupt zu einer Beschränkung des deutschen Besteuerungsrechts kommt.[264] Angesichts des mit der Wegzugsbesteuerung verfolgten Sicherungszwecks genügt allerdings für die Annahme einer Beschränkung des Besteuerungsrechts bereits die potenzielle Gefährdung des Steueranspruchs in der Form einer abstrakten Anrechnungsverpflichtung.[265]

II. Keine Entstrickung bei außerhalb des Einflussbereichs des Steuerpflichtigen liegenden Umständen

In Hinblick auf die Auslegung von § 6 Abs. 1 Satz 2 Nr. 4 AStG stellt sich die Frage, ob die Vorschrift auch zur Anwendung kommt, wenn der Ausschluss oder die Beschränkung des deutschen Besteuerungsrechts nicht auf einer Handlung des Steuerpflichtigen, sondern auf Umständen beruhen, die außerhalb des Einflussbereichs des Steuerpflichtigen liegen.[266] Ein Teil der Literatur hält § 6 Abs. 1 Satz 2 Nr. 4 AStG auch in Fällen für anwendbar, in denen die Tatbestandsverwirklichung nicht von dem Anteilseigner, sondern von dem Handeln der beteiligten Staaten abhängt.[267] Als Beispiele kommen neben dem Abschluss bzw. dem Neuabschluss eines DBA[268] auch Gesetzesänderungen im Ansässigkeitsstaat in Betracht, woraus sich wiederum eine Anrechnungsverpflichtung Deutschlands in Bezug auf die deutsche Einkommensteuer ergeben kann.[269] Ne-

---

263 Sog. potenzielle Beschränkung; *Rödder/Schumacher*, DStR 2007, S. 369, 371; *Kahle/Franke*, IStR 2009, S. 406, 409.

264 *Wassermeyer*, in: Flick/Wassermeyer/Baumhoff, AStG, § 6 Rn. 96; zu § 4 Abs. 1 Satz 3 EStG: *Stadler/Elser*, in: Blumenberg/Schäfer, Das SEStEG, S. 49; *Kahle/Franke*, IStR 2009, S. 406, 409.

265 In Bezug auf § 6 Abs. 1 Satz 2 Nr. 4 AStG *Hecht*, in: Mössner/Fuhrmann, AStG, § 6 Rn. 35; in Bezug auf § 4 Abs. 1 Satz 3 EStG *Rödder/Schumacher*, DStR 2006, S. 1481, 1484; *Förster*, DB 2007, 72, 73; *Kupsch/Schulte-Krumpen*, in: Brähler/Lösel, FS für Djanani, S. 455, 473; *Niemeier/Schlierenkämper/Schnitter/Wendt*, Einkommensteuer, S. 205; *Bode*, in: Kirchhof, EStG, § 4 Rn. 108; a.A. *Stadler/Elser*, BB-Special 8/2006, S. 18, 20; *dies.*, in: Blumenberg/Schäfer, Das SEStEG, S. 49.

266 Vgl. dazu *Häck*, in: Haase, AStG, § 6 Rn. 113-114.

267 *Wassermeyer*, in: Flick/Wassermeyer/Baumhoff, AStG, § 6 Rn. 94; *Grotherr*, IWB 2007, Fach 3, Gruppe 1, S. 2153, 2157-2158; *Gropp*, in: Lademann, AStG, § 6 Rn. 49.

268 *Grotherr*, IWB 2007, Fach 3, Gruppe 1, S. 2153, 2157-2158; *Gebhardt*, EStB 2007, S. 148, 149; *Gropp*, in: Lademann, AStG, § 6 Rn. 49; *Häck*, IStR 2011, S. 521, 524.

269 *Wassermeyer*, in: Flick/Wassermeyer/Baumhoff, AStG, § 6 Rn. 94; *Häck*, in: Haase, AStG, § 6 Rn. 113.

ben den Gesetzgebern kommen auch noch die Kapitalgesellschaften selbst als Akteure ins Spiel, deren ökonomische Entscheidungen zu einem Ausschluss oder einer Beschränkung des deutschen Besteuerungsrechts an den stillen Reserven in den Anteilen des Steuerpflichtigen führen können. Beispielsweise kann der Wechsel einer ausländischen Kapitalgesellschaft von passiven zu aktiven Einkünften den Ausschluss des deutschen Besteuerungsrechts begründen, wodurch wiederum eine Besteuerung nach § 6 Abs. 1 Satz 2 Nr. 4 AStG ausgelöst würde.[270] Des Weiteren hat die Erhöhung des Anteils des Immobilienvermögens in einem Vertragsstaat am gesamten Gesellschaftsvermögen auf über 50 % die Qualifizierung der Gesellschaft als eine Immobiliengesellschaft im Sinne des Art. 13 Abs. 4 OECD-MA zur Folge, so dass das Besteuerungsrecht fortan dem Staat zusteht, in dem das Vermögen belegen ist. Damit würde das deutsche Besteuerungsrecht an dem Veräußerungsgewinn aus Anteilen an einer als Immobiliengesellschaft geprägten Kapitalgesellschaft, deren unbewegliches Vermögen zu mehr als 50 % im Ausland belegen ist, ausgeschlossen, womit der Wortlaut des § 6 Abs. 1 Satz 2 Nr. 4 AStG ohne jegliches Zutun des Anteilseigners erfüllt wäre.[271]

Die Ausdehnung des Auffangtatbestandes auf Sachverhalte, deren Verwirklichung der Anteilseigner durch sein Verhalten überhaupt nicht beeinflussen kann, begegnet jedoch erheblichen rechtsstaatlichen Bedenken.[272] Schließlich betreffen Fälle, in denen das deutsche Besteuerungsrecht allein auf Grund staatlichen Handelns beschränkt oder ausgeschlossen wird, Sachverhalte, deren Verwirklichung in der Vergangenheit abgeschlossen worden ist.[273] Eine Besteuerung nach § 6 Abs. 1 Satz 2 Nr. 4 AStG würde daher eine nachträgliche Korrektur zur Sicherung des deutschen Besteuerungsrechts bedeuten, obwohl dieses Besteuerungsrecht nicht durch ein Verhalten des Steuerpflichtigen selbst, sondern durch den deutschen Staat bzw. den anderen Vertragsstaat gefährdet wird.

Des Weiteren sprechen auch jüngere Entwicklungen dafür, Ereignisse, die nicht durch den Anteilseigner in irgendeiner Weise beeinflusst werden können, aus dem Geltungsbereich des § 6 Abs. 1 Satz 2 Nr. 4 AStG auszuschließen. Während der Entwurf vom 13. 5. 2008 zur EStR 2008 in R 4.3 Abs. 2 noch den

270 *Hecht*, in: Mössner/Fuhrmann, AStG, § 6 Rn. 36.

271 *Hecht*, in: Mössner/Fuhrmann, AStG, § 6 Rn. 36.

272 *Elicker*, in: Blümich, AStG, § 6 Rn. 57; vgl. *Häck*, IStR 2011, S. 521, 524; vgl. auch BFH, Urteil vom 16. 12. 1975 – VIII R 3/74, BStBl II 1976, S. 246, 247-248, der den Ausschluss des deutschen Besteuerungsrechts infolge des Abschluss eines DBA nicht als eine Entnahme erachtete.

273 *Elicker*, in: Blümich, AStG, § 6 Rn. 57.

Abschluss eines DBA als einen Anwendungsfall des § 4 Abs. 1 Satz 3 EStG ansah, verzichtete die in Kraft getretene EStR auf eine solche Bestimmung.[274]

Schließlich steht das Wesen der Wegzugsbesteuerung einer Erstreckung des § 6 Abs. 1 Satz 2 Nr. 4 AStG auf Sachverhalte, in denen es durch Dritteinflüsse zu einem Ausschluss oder einer Beschränkung des deutschen Besteuerungsrechts kommt, entgegen. Alle übrigen Besteuerungstatbestände in § 6 Abs. 1 Satz 1, 2 Nr.1-3 AStG sind durch Handlungen des Steuerpflichtigen selbst gekennzeichnet. Die Ausrichtung der Besteuerungsfolgen an dem Verhalten des Steuerpflichtigen ist angesichts des Hintergrundes von § 6 AStG, der Steuerumgehungsgestaltungen verhindern soll,[275] auch konsequent. Diese Konsequenz muss auch auf die Auslegung der Merkmale des Auffangtatbestandes übertragen werden, um eine in sich schlüssige Gesetzesanwendung von § 6 AStG gewährleisten zu können. Im Übrigen lässt sich auch der Gesetzesbegründung[276] kein Hinweis entnehmen, dass außerhalb des Einflussbereichs des Steuerpflichtigen liegende Vorfälle wie zum Beispiel der Neuabschluss oder die Überarbeitung eines DBA zum Ausschluss des deutschen Besteuerungsrechts führen sollen.[277]

Daher müssen Fälle, in denen der Ausschluss des deutschen Besteuerungsrechts dem Verhalten des Anteilseigners nicht nach § 38 AO zugerechnet werden kann, aus dem Anwendungsbereich des § 6 Abs. 1 Satz 2 Nr. 4 AStG ausgeschlossen werden.[278]

D. Verlustberücksichtigung in § 6 AStG

Als Rechtsfolge fingiert der Gesetzgeber eine Gewinnrealisierung nach § 17 Abs. 1 EStG bei dem Wegziehenden, sobald der Anteilseigner infolge seines Wegzuges nicht mehr unbeschränkt steuerpflichtig ist.[279] Spiegelbildlich stellt sich sodann die Frage, ob das Absinken des Werts der Anteile unter die Anschaffungskosten im Wegzugszeitpunkt aus Gründen der Systematik zur Berücksichtigung eines fiktiven Verlustes führt.

---

274 Vgl. BR-Drucks. 788/08, S. 5 = Einkommensteuer-Änderungsrichtlinie 2008 vom 18. 12. 2008, BStBl. I, S. 1017, 9., R 4.3; *Strunk/Kaminski*, in: Strunk/Kaminski/Köhler, AStG, § 6 Rn. 112.

275 *Wassermeyer*, EuZW 2007, S. 1.

276 Vgl. BT-Drucks. 16/2710, S. 52; BT-Drucks. 16/3369, S. 2, 14.

277 So aber *Kraft*, in: ders., AStG, § 6 Rn. 380.

278 *Strunk/Kaminski*, in: Strunk/Kaminski/Köhler, AStG, § 6 Rn. 112; *Elicker*, in: Blümich, AStG, § 6 Rn. 57; *Häck*, IStR 2011, S. 521, 524-525; zu § 4 Abs. 1 Satz 3 EStG und dem Abschluss eines DBA *Förster*, DB 2007, S. 72, 73; *Schönfeld*, IStR 2010, S. 133, 137; *Wissenschaftlicher Beirat von Ernst & Young*, DB 2010, S. 1776, 1787.

279 Vgl. zur Gewinnermittlung Kapitel 1 C. III..

I. Grundaussagen der Rechtsprechung

Die Finanzverwaltung[280] und die Rechtsprechung,[281] die vor der Neufassung des § 6 AStG bereits zu der Problematik der Verlustberücksichtigung durch § 6 AStG Stellung genommen haben, lehnen eine Verlustberücksichtigung im Rahmen des § 6 AStG ab. Der Rechtsprechung des BVerfG zufolge steht jedoch ein völliger Ausschluss einer Verlustverrechnung im Widerspruch zu Art. 3 GG.[282] Das Verfassungsrecht gebietet daher sogar eine Verlustverrechnung, wenn der Gesetzgeber diese ausdrücklich ausgeschlossen hat. Wenn jedoch eine gesetzliche Regelung zum völligen Ausschluss einer Verlustverrechnung nicht genügt, dann müsste erst recht eine Verlustverrechnung im Rahmen eines Entstrickungstatbestandes möglich sein, der eine solche Verlustverrechnung nicht ausdrücklich ausschließt.[283]

II. Die Entscheidung des BFH zur Verlustberücksichtigung in § 6 AStG

In seinem Urteil zur Verlustberücksichtigung im Rahmen des § 6 AStG, das lediglich die Beteiligung an einer Kapitalgesellschaft betraf, lehnte der BFH eine Verlustberücksichtigung mit Hinweis auf die Überschrift des § 6 AStG ab.[284] In der gesetzlichen Überschrift sei ausschließlich von der „Besteuerung des Vermögenszuwachses" die Rede. Eine grammatikalische Auslegung des Begriffs „Vermögenszuwachs" schließe Verluste sowie weitere Beschreibungen für erlittene Vermögensnachteile aus. Des Weiteren sah sich der BFH in dieser Auslegung durch § 6 Abs. 1 Satz 5 AStG a.F. bestätigt. Danach blieben § 17 und § 49 Abs. 1 Nr. 2 Buchst. c EStG „mit der Maßgabe unberührt, daß der nach diesen Vorschriften anzusetzende Gewinn aus der Veräußerung von Anteilen um den nach vorstehenden Vorschriften besteuerten Vermögenszuwachs zu kürzen ist". Der BFH führte aus, dass § 6 AStG a.F. keine korrespondierende Vorschrift vorsähe, nach der sich die Steuer bei einer tatsächlichen Veräußerung erhöhe, wenn im Wegzugsfalle Verluste festgestellt worden sind.

Ein weiteres Argument gegen eine auf § 6 AStG gestützte Verlustberücksichtigung entnahm der BFH dem Sinn und Zweck der Ersatztatbestände nach

---

280 BMF-Schreiben vom 14. 5. 2004 – IV B 4 – S 1340 – 11/04, BStBl. I 2004, Sondernummer 1/2004, Tz. 6.1.3.3.

281 BFH, Urteil vom 28. 2. 1990 – I R 43/86, BStBl. II 1990, S. 615, 617.

282 BVerfG, Beschluss vom 30. 9. 1998 – 2 BvR 1818/91 – BVerfGE 99, 88, 97.

283 Vgl. *Jacob*, SAM 2009, S. 130, 133.

284 BFH, Urteil vom 28. 2. 1990 – I R 43/86, BStBl. II 1990, S. 615, 617.

§ 6 Abs. 3 AStG a.F.. Die Ersatztatbestände seien der Ausdruck des Gesetzgeberwillens, Umgehungen einer Besteuerung nach § 17 EStG durch den Steuerpflichtigen zu vermeiden.[285] Einer Verlustberücksichtigung im Wegzugsfalle stehe diese Intention des Gesetzgebers entgegen, da eine Verlustberücksichtigung eben nicht der Sicherung des deutschen Steuersubstrates diene. Würde das Absinken des Werts der Anteile unter den Wert der Anschaffungskosten im Rahmen des § 6 AStG berücksichtigt, würde § 6 AStG zu einer Steuerbegünstigung führen, wodurch der Sinn und Zweck der Vorschrift in ihr Gegenteil verkehrt würde.

Entsprechendes gilt nach der Auffassung des BFH auch in Bezug auf den Sinn und Zweck des Rückkehrtatbestandes in § 6 Abs. 4 AStG a.F.. Gemäß dieser Norm lasse die Wiederbegründung der unbeschränkten Steuerpflicht im Inland die Wegzugsteuer entfallen. Hinsichtlich einer auf § 6 AStG gestützten Verlustberücksichtigung beim Wegzug des Steuerpflichtigen müsse diese Verlustberücksichtigung im Zeitpunkt der Wiederbegründung der unbeschränkten Steuerpflicht sinnwidriger Weise wieder entfallen.[286] Der Norm könne allerdings nicht der Wille des Gesetzgebers entnommen werden, dass eine Wiederbegründung des Wohnsitzes oder gewöhnlichen Aufenthaltes im Inland steuererhöhende Folgen einhergehen sollten.

Außerdem argumentierte der BFH, dass der generelle Sinn und Zweck der Wegzugsbesteuerung einer Berücksichtung von Verlusten im Zeitpunkt des Wegzuges entgegenstehe. Dabei hebt der BFH auf den größeren Rahmen des Außensteuerreformgesetzes ab, in dessen Folge auch die Wegzugsbesteuerung eingeführt worden ist.[287] Der Titel dieses Gesetzes lautet: „Gesetz zur Wahrung der steuerlichen Gleichmäßigkeit bei Auslandsbeziehungen und zur Verbesserung der steuerlichen Wettbewerbslage bei Auslandsinvestitionen“.[288] Eine Gefährdung der Gleichmäßigkeit bei Auslandsbeziehungen droht nach Auffassung des BFH nur bei der Verlagerung von Vermögenszuwächsen ins Ausland, so dass die Verlagerung von Verlusten die Gleichmäßigkeit bei Auslandsbeziehungen nicht stört. Dabei verweist der BFH insbesondere auf die Gesetzesunterlagen zu § 6 AStG, wonach die Norm ausschließlich die Besteuerung der sich in den Anteilen gebildeten stillen Reserven in dem Moment im Blick habe, in dem der Wegziehende noch die Voraussetzungen der unbeschränkten Steuerpflicht erfülle.[289]

---

285 BFH, Urteil vom 28. 2. 1990 – I R 43/86, BStBl. II 1990, S. 615, 617; BT-Drucks. VI/2883 Rn. 79.

286 BFH, Urteil vom 28. 2. 1990 – I R 43/86, BStBl. II 1990, S. 615, 617.

287 BFH, Urteil vom 28. 2. 1990 – I R 43/86, BStBl. II 1990, S. 615, 617.

288 BGBl. I 1972, S. 1713.

289 Vgl. BT-Drucks. VI/2883 Rn. 24, 25, 26, 74, 75, 77, 78; BT-Drucks. VI/3537.

Schließlich sei den Gesetzesunterlagen zu entnehmen, dass nur die sich in den Anteilen gebildeten stillen Reserven im letzten Moment der unbeschränkten Steuerpflicht, zu dem noch ein deutscher Steuerzugriff auf den Vermögenszuwachs bestehe, zur Sicherung des deutschen Steuersubstrats besteuert werden sollten.[290] Auf Grund all dieser Argumente lehnte der BFH im Ergebnis einen auf § 6 Abs. 3 Nr. 1 AStG a.F. gestützten Verlustabzug ab.

III. Die Verlustberückischtigungsproblematik in der Literatur

Schon vor der Entscheidung des BFH wurde in der Literatur auf die Unvereinbarkeit einer Verlustberücksichtigung mit der eindeutigen Überschrift des Gesetzes hingewiesen.[291] Im Gegensatz zu dem Begriff „Gewinn", der sowohl positiv als auch negativ sein könne, lässt ein Vermögenszuwachs nur auf eine Mehrung des Vermögens schließen, so dass eine Erfassung von fiktiven Verlusten in § 6 AStG ausscheide.[292] Diese Auslegung steht aus der Sicht der Literatur auch im Einklang mit der Intention des Gesetzgebers, die in den Anteilen zur Zeit der unbeschränkten Steuerpflicht entstandenen stillen Reserven zu besteuern.[293] Teile der neueren Literatur halten die Argumentation des BFH auch nach der Neufassung des § 6 AStG im Zuge des SEStEG für gültig.[294]

Seit der Neufassung des § 6 AStG infolge des SEStEG mehren sich jedoch die Stimmen in der Literatur, die die Zulässigkeit einer Verlustberücksichtigung bei dem Wegzug des Steuerpflichtigen verlangen.[295] Anstatt vorwiegend auf die persönlichen Verhältnisse des Wegziehenden abzustellen, überwiegt nunmehr die Abgrenzung der Besteuerungsrechte der verschiedenen Staaten in

290 Vgl. BT-Drucks. VI/2883 Rn. 24, 25, 26, 74, 75, 77, 78; BT-Drucks. VI/3537.

291 *Hellwig*, StbJb 1976/77, S. 427, 451; *ders.*, in: Littmann/Bitz/Meincke, EStG, § 6 AStG Rn. 4a.

292 *Hellwig*, StbJb 1976/77, S. 427, 451.

293 *Hellwig*, StbJb 1976/77, S. 427, 451-452; *ders.*, in: Littmann/Bitz/Meincke, EStG, § 6 AStG Rn. 4a; vgl. BT-Drucks. VI/3537.

294 Vgl. *Kraft*, in: ders., AStG, § 6 Rn. 291; *Bron*, IWB 2009, Fach 3, Gruppe 2, S. 1413, 1416; *Gropp*, in: Lademann, AStG, § 6 Rn . 55; grds. eine Verlustberücksichtigung ablehnend auch *Menck*, in: Blümich, AStG, § 6 Rn. 40.

295 *Wassermeyer*, in: Flick/Wassermeyer/Baumhoff, AStG, § 6 Rn. 51; *Häck*, in: Haase, AStG, § 6 Rn. 123; *Strunk/Kaminski*, in: Strunk/Kaminski/Köhler, AStG, § 6 Rn. 138; *Elicker*, in: Blümich, AStG, § 6 Rn. 63; *Hecht*, in: Mössner/Fuhrmann, AStG, § 6 Rn. 15.

§ 6 AStG.[296] Bei § 6 AStG handele es sich daher nicht um eine Vorschrift, die den Missbrauch von Steuergestaltungen durch den einzelnen Steuerpflichtigen verhindern solle,[297] sondern um einen Entstrickungstatbestand, der eine Gewinnrealisierung fingiere.[298] Durch die Neufassung der Ersatztatbestände in § 6 Abs. 1 Satz 2 AStG trete nämlich der Entstrickungscharakter der Wegzugsbesteuerung stärker in den Vordergrund.[299]

Teile der Literatur halten die Argumentation des BFH, die sich lediglich auf die Beteiligung an einer Kapitalgesellschaft bezog, nicht mehr für überzeugend, wenn der Wegziehende mehrere Beteiligungen im Wegzugszeitpunkt hält. Daher soll hinsichtlich der Frage, ob § 6 AStG eine Verlustberücksichtigung erlaubt, zwischen Fällen, in denen der Steuerpflichtige nur eine Beteiligung hält, und Fällen, in denen der Steuerpflichtige an mehreren Kapitalgesellschaften im Sinne des § 17 Abs. 1 Satz 1 EStG beteiligt ist, differenziert werden. Die ablehnende Haltung des BFH in Bezug auf die Berücksichtigung von Vermögensminderungen soll nach dieser Differenzierung nur gelten, soweit der Wegziehende lediglich an einer Kapitalgesellschaft beteiligt ist. Demgegenüber sollen Verluste im Rahmen der Wegzugsbesteuerung anzuerkennen sein, wenn der Wegziehende an mehreren Kapitalgesellschaften Beteiligungen im Sinne des § 17 Abs. 1 Satz 1 EStG hält und bei diesen Beteiligungen teils Gewinne und teils Verluste anfallen.[300]

IV. Diskussion

1. Systematik der Entstrickung

Angesichts des gesetzgeberischen Ziels, die Entstrickung durch das SEStEG systematisch zu gestalten,[301] könnten aus der Behandlung von stillen Lasten in den übrigen Entstrickungstatbeständen Rückschlüsse für die Frage der Zulässigkeit einer Verlustberücksichtigung im Rahmen des § 6 AStG geschlossen werden. Einen für das EStG allgemein gültigen Entstrickungstatbestand hat der Gesetzgeber in § 4 Abs. 1 Satz 3 EStG normiert.[302] Nach § 4 Abs. 1 Satz 3 EStG

296 *Wassermeyer*, in: Flick/Wassermeyer/Baumhoff, AStG, § 6 Rn. 51; vgl. *Elicker*, in: Blümich, AStG, § 6 Rn. 63.

297 So aber *Kraft*, in: ders., AStG, § 6 Rn. 16.

298 Vgl. *Elicker*, in: Blümich, AStG, § 6 Rn. 63.

299 *Wassermeyer*, in: Flick/Wassermeyer/Baumhoff, AStG, § 6 Rn. 51.

300 *Menck*, in: Blümich, AStG, § 6 Rn. 40; *Jacob*, SAM 2009, S. 130, 132-133.

301 BT-Drucks. 16/2710 S. 26; BR-Drucks. 542/06, S. 39, 85; *Rödder/Schumacher*, DStR 2006, S. 1481, 1483.

302 *Wied*, in: Blümich, EStG, § 4 Rn. 486; vgl. *Bode*, in: Kirchhof, EStG, § 4 Rn. 108.

steht der Ausschluss oder die Beschränkung des deutschen Besteuerungsrechts hinsichtlich des Gewinns aus der Veräußerung oder Nutzung eines Wirtschaftsgutes einer Entnahme gleich. Als Rechtsfolge bewirkt eine Entstrickung im Sinne des § 4 Abs. 1 Satz 3 EStG die Hinzurechnung des fiktiven Entnahmegewinns zum Gesamtgewinn.[303] Durch § 4 Abs. 1 Satz 3 EStG wird die Entsrickung somit in die Nähe der Entnahme gerückt.[304]

Wenn der Teilwert zum Entnahmezeitpunkt unter den Wert der Anschaffungskosten fällt, ergibt sich ein Entnahmeverlust.[305] Aus dem Prinzip der Gesamtgewinnbesteuerung wird geschlossen, dass auch ein Entnahmeverlust berücksichtigt werden muss.[306] Die Berücksichtigung eines Entnahmeverlustes entspricht schließlich dem Grundsatz der materiell-richtigen Erfassung der Besteuerungsgrundlagen.[307] Gemäß § 4 Abs. 1 Satz 3 EStG steht der Ausschluss oder die Beschränkung des deutschen Besteuerungsrechts hinsichtlich des Gewinns aus der Veräußerung oder Nutzung eines Wirtschaftsgutes einer Entnahme gleich. Die Annäherung zwischen der Entstrickung und der Entnahme im Zuge des SEStEG,[308] die sich insbesondere im Wortlaut von § 4 Abs. 1 Satz 3 EStG manifestiert, muss in letzter Konsequenz dazu führen, dass auch die Rechtsfolgen in gleicher Weise behandelt werden. Daher muss eine Berücksichtigung von stillen Lasten auch bei einer Entstrickung nach § 4 Abs. 1 Satz 3 EStG unter Ansatz des gemeinen Wertes gemäß § 6 Abs. 1 Satz 4 HS 2 EStG erfolgen, da nur auf diese Weise eine anderenfalls drohende Übermaßbesteuerung vermieden werden kann.[309]

Wenn jedoch eine Verlustberücksichtigung bei der Erfüllung des Entstrickungstatbestandes von § 4 Abs. 1 Satz 3 i.V.m. § 6 Abs. 1 Satz 4 HS 2 EStG möglich ist, muss unter systematischen Gesichtspunkten[310] auch eine Verlustberücksichtigung im Rahmen von § 6 AStG möglich sein. Das Bestehen von Privatvermögen im Falle des § 6 AStG und von Betriebsvermögen im Falle des § 4 Abs. 1 Satz 3 EStG kann in Anbetracht der Bedeutung der Verlustberück-

303 Vgl. *Wied*, in: Blümich, EStG, § 4 Rn. 488a.

304 Vgl. *Bode*, in: Kirchhof, EStG, § 4 Rn. 108; *Heincke*, in: Schmidt, EStG, § 4 Rn. 329 „Entnahmefiktion".

305 *Jacobs*, Internationale Unternehmensbesteuerung, S. 860.

306 *Sailer Khuepach*, in: Herrmann/Heuer/Raupach, EStG, § 6 Rn. 1198; *Werndl*, in: Kirchhof/Söhn/Mellinghoff, EStG, § 6 Rn. E 41.

307 *Werndl*, in: Kirchhof/Söhn/Mellinghoff, EStG, § 6 Rn. E 41.

308 Vgl. *Bode*, in: Kirchhof, EStG, § 4 Rn. 108.

309 *Rödder/Schumacher*, DStR, 2006, S. 1481, 1485.

310 Zum Streben nach Systematisierung der Entstrickung vgl. BT-Drucks. 16/2710, S. 26; BR-Drucks. 542/06, S. 39, 85; vgl. *Rödder/Schumacher*, DStR 2006, S. 1481, 1483.

sichtigung im Steuerrecht nicht eine Ungleichbehandlung hinsichtlich der Berücksichtigung von stillen Lasten rechtfertigen.

2. Ein uneingeschränkter Verweis auf § 17 EStG

Die Notwendigkeit einer auf § 6 AStG gestützten Verlustberücksichtigung beim Wegzug eines Anteilseigners könnte sich des Weiteren aus dem uneingeschränkten Verweis auf § 17 EStG ergeben. Der Abzug von Verlusten ist im Rahmen des § 17 EStG nämlich grundsätzlich zulässig.[311] Die Gewinnermittlung des § 17 EStG ergibt sich aus § 17 Abs. 2 EStG, wonach der Veräußerungsgewinn „der Betrag [ist], um den der Veräußerungspreis nach Abzug der Veräußerungskosten die Anschaffungskosten übersteigt". Ein zu berücksichtigender Verlust ist anzusetzen, wenn die Differenz zwischen den Veräußerungskosten und den Anschaffungskosten einen negativen Betrag ergibt.[312] Die Notwendigkeit einer Verlustberücksichtigung ergibt sich bei einer negativen Differenz aus dem Gebot der Besteuerung nach der Leistungsfähigkeit.[313] Die Verlustberücksichtigung im Rahmen des § 17 EStG hat somit entsprechend den allgemeinen Grundsätzen zu erfolgen, so dass ein Verlust gemäß § 10d, § 50c a.F. und § 23 Abs. 3 Satz 4 EStG auszugleichen bzw. abzuziehen ist.[314]

Der Wortlaut von § 6 AStG grenzt die Anwendung des § 17 EStG nicht auf positive Gewinne ein, sondern bezieht sich ohne weitere Differenzierungen auf die Besteuerung von Veräußerungen von Anteilen an Kapitalgesellschaften. Die ausdrückliche und uneingeschränkte Bezugnahme des § 6 AStG auf den § 17 EStG verlangt eine umfassende Beachtung der Grundsätze der Besteuerung von Anteilen an Kapitalgesellschaften. Schließlich handelt es sich bei dem Verweis in § 6 Abs. 1 Satz 1 AStG auf § 17 EStG sowohl um einen Rechtsgrund- als auch um einen Rechtsfolgenverweis.[315] Ein Rechtsfolgenverweis zeichnet sich aber dadurch aus, dass die Rechtsfolge der Norm, auf die verwiesen wird, entsprechend angewendet werden soll.[316] Wenn die Feststellung eines Verlustes im Rahmen des § 17 EStG steuermindernde Rechtsfolgen in der Form einer Ver-

311 *Korn/Strahl*, KÖSDI 2009, S. 16717, 16726; *Weber-Grellet*, in: Schmidt, EStG, § 17 Rn. 197.

312 *Gosch*, in: Kirchhof, EStG, § 17 Rn. 113; *Ebling*, in: Blümich, EStG, § 17 Rn. 452.

313 Zur grundsätzlichen Bedeutung der Verlustberücksichtigung in Bezug auf das Leistungsfähigkeitsprinzip vgl. *Kanzler*, FR 2000, S. 1245, 1249-1250; zum Leistungsfähigkeitsprinzip und § 17 EStG vgl. *Ebling*, in: Blümich, EStG, § 17 Rn. 19.

314 BFH, Urteil vom 29. 6. 1995 – VIII R 68/93, BStBl. II 1995, S. 722, 722; *Gosch*, in: Kirchhof, EStG, § 17 Rn. 113.

315 *Kraft*, in: ders., AStG, § 6 Rn. 290.

316 *Köbler*, Juristisches Wörterbuch, S. 399 „Rechtsfolgenverweisung".

lustverrechnung oder eines Verlustabzuges hat, dann muss auf Grund des uneingeschränkten Rechtsfolgenverweises in § 6 AStG auf § 17 EStG auch eine Verlustberücksichtigung in den Grenzen des § 17 EStG bei einer Besteuerung nach § 6 AStG erlaubt sein.

Schließlich wird durch § 6 Abs. 1 AStG eine gesteigerte Leistungsfähigkeit des Steuerpflichtigen lediglich fingiert, ohne dass es auch tatsächlich zu einer Steigerung der Leistungsfähigkeit kommt.[317] Wenn jedoch bei Vorgängen, die – wie zum Beispiel eine Veräußerung – potenziell dazu geeignet sind, die Leistungsfähigkeit des Steuerpflichtigen zu steigern, eine Verlustberücksichtigung möglich ist, dann muss erst recht bei einer Besteuerung, die zu einer Durchbrechung des Leistungsfähigkeitsprinzips führt, die gesamte Leistungsfähigkeit hinsichtlich aller wesentlichen Beteiligungen des Steuerpflichtigen Berücksichtigung finden.

3. Verlustrealisierung unmittelbar vor Wegzug

Die Notwendigkeit einer Verlustberücksichtigung könnte außerdem aus dem Vergleich mit einer Person, die unmittelbar vor ihrem Wegzug all ihre Beteiligungen veräußert, um die in den Anteilen ruhenden Verluste noch steuerlich zu nutzen, folgen.[318] Eine solche Person kann die Verluste aus der Veräußerung einer Beteiligung grundsätzlich als abziehbare Verluste geltend machen (vgl. § 17 Abs. 2 EStG), sofern nicht die Einschränkung des § 17 Abs. 2 Satz 6 EStG eingreift.[319] Dementsprechend hält das Finanzgericht des Saarlandes eine Veräußerung einer Beteiligung im Sinne des § 17 Abs. 1 Satz 1 EStG unmittelbar vor der Aufgabe der unbeschränkten Steuerpflicht nicht für missbräuchlich im Sinne des § 42 AO, obwohl die Veräußerung in dem dem Verfahren zugrunde liegenden Sachverhalt hauptsächlich deshalb erfolgte, um die sich in der Beteiligung angesammelten Verluste steuerlich zu nutzen.[320] Der steuerlichen Anerkennung der realisierten Verluste stehe die Motivation des Anteilseigners, die mittlerweile wertlos gewordene Beteiligung durch die Veräußerung zumindest zur Minderung der Steuerlast zu nutzen, nicht entgegen.[321] Ausdrücklich weist das Finanzgericht des Saarlandes auf die in § 17 Abs. 2 Satz 4 EStG a.F.[322] enthaltene Missbrauchsregel hin, die die Möglichkeit beschränkt, die entstandenen

317 Vgl. zur Durchbrechung des Leistungsfähigkeitsprinzips Kapitel 2 A. II. 3..

318 *Strunk/Kaminski*, in: Strunk/Kaminski/Köhler, AStG, § 6 Rn. 138.

319 Vgl. dazu *Weber-Grellet*, in: Schmidt, EStG, § 17 Rn. 197.

320 FG des Saarlandes, Urteil vom 17. 6. 2008 – 2 K 1179/04, EFG 2008, S. 1803, 1803.

321 FG des Saarlandes, Urteil vom 17. 6. 2008 – 2 K 1179/04, EFG 2008, S. 1803, 1804.

322 Jetzt § 17 Abs. 2 Satz 6 EStG.

Verluste steuerlich zu berücksichtigen.[323] Der dem Urteil zugrunde liegende Gedanke, dass sogar die bewusste Realisierung von Verlusten eine Verlustberücksichtigung nicht automatisch ausschließt, obwohl die Veräußerung nur erfolgte, um die Verluste noch vor Aufgabe der unbeschränkten Steuerpflicht steuerlich zu verwerten, legt die Zulässigkeit einer Verlustverrechnung in Fällen, in denen ein Gewinn nur fingiert wird, nahe.

4. Kritik an der Rechtsprechung des BFH

Der Hinweis des BFH auf den Titel der Norm, der eine Besteuerung des Vermögenszuwachses vorsieht, überzeugt als Grundlage für eine generelle Ablehnung einer Verlustberücksichtigung nicht, wenn zum Zeitpunkt des Wegzuges eine Gewinnrealisierung bei Anteilen an anderen Kapitalgesellschaften nach § 6 AStG fingiert werden kann. Würden die fiktiven Veräußerungsgewinne mit den fiktiven Veräußerungsverlusten saldiert und würde aus der Saldierung ein positives Ergebnis resultieren, könnte auch bei einer Verlustberücksichtigung ein Vermögenszuwachs besteuert werden.[324]

Auch das § 6 Abs. 1 Satz 5 AStG entnommene Argument des BFH, dass die von der Vorschrift vorgesehene Kürzung des tatsächlich realisierten Veräußerungsgewinns um den fingierten Veräußerungsgewinn einen Vermögenszuwachs voraussetze, wird durch das Vorliegen mehrerer Beteiligungen entkräftet. Schließlich erlaubt eine Verrechnung des fingierten Veräußerungsverlusts mit dem fingierten Veräußerungsgewinn eine dem § 6 Abs. 1 Satz 5 AStG entsprechende Kürzung des tatsächlich realisierten Gewinns, wenn das Ergebnis der Saldierung positiv ist.[325]

Eine Verlustberücksichtigung bei mehreren Beteiligungen, deren Gewinn bzw. Verlust saldiert ein positives Ergebnis ergibt, steht auch nicht im Widerspruch zu dem Rückkehrtatbestand in § 6 Abs. 3 AStG n.F. (§ 6 Abs. 4 AStG a.F.). Der BFH hatte in seinem Urteil darauf hingewiesen, dass eine Verlustberücksichtigung im Wegzugszeitpunkt wie eine Steuerbegünstigung wirken würde, die im Rückkehrzeitpunkt auf Grund von § 6 Abs. 4 AStG a.F. wieder entfallen müsse. Ein solches Ergebnis hielt der BFH mit dem Sinn der Norm für nicht vereinbar.[326]

Bei der Saldierung mehrerer Beteiligungen wirkt die Wegzugsbesteuerung jedoch nicht steuerbegünstigend, sondern wird lediglich durch die Berücksichtigung von Verlusten in ihrer Höhe reduziert. Eine Wegzugsteuer entsteht daher

---

323 FG des Saarlandes, Urteil vom 17. 6. 2008 – 2 K 1179/04, EFG 2008, S. 1803, 1804.

324 *Jacob*, SAM 2009, S. 130, 132.

325 *Jacob*, SAM 2009, S. 130, 132-133.

326 BFH, Urteil vom 28. 2. 1990 – I R 43/86, BStBl. II 1990, S. 615, 617.

dennoch, die bei der Rückkehr des Steuerpflichtigen nach § 6 Abs. 3 AStG n.F. wieder entfallen muss. Der Sinn und Zweck von § 6 Abs. 3 AStG n.F. steht deshalb einer Verlustberücksichtigung bei mehreren Beteiligungen nicht entgegen.[327] Schließlich widerspricht eine Verlustberücksichtigung weder dem Regelungsziel des Außensteuergesetzes im Allgemeinen noch dem Sinn und Zweck der Wegzugsbesteuerung im Besonderen. Kommt es zu einer Saldierung mit einem positiven Ergebnis, kann die Vorschrift ihrem Ziel, Verlagerungen von stillen Reserven ins Ausland entgegenzuwirken, trotz Verlustberücksichtigung gerecht werden, indem der verbleibende positive Rest aus der Saldierung als fiktiver Veräußerungsgewinn behandelt wird.[328]

5. Ergebnis

Eine Verlustberücksichtigung hat somit zu erfolgen, wenn der Steuerpflichtige Beteiligungen im Sinne des § 17 Abs. 1 Satz 1 EStG an mehreren Kapitalgesellschaften hält und eine Saldierung des fingierten Vermögenszuwachses aus den einen Anteilen mit einem fingierten Verlust aus den anderen Anteilen möglich ist. Eine Verlustverrechnung muss jedoch unterbleiben, wenn der Wegziehende lediglich eine Beteiligung an nur einer Kapitalgesellschaft hält. In diesem Fall ist eine Verlustverrechnung mit dem Grundgedanken der Wegzugsbesteuerung, die eine Verlagerung von im Inland gebildeten stillen Reserven ins Ausland verhindern will, nicht zu vereinbaren. Eine Verlustverrechnung bei einer Beteiligung an nur einer Kapitalgesellschaft würde in der Tat den Sinn und Zweck des § 6 AStG in sein Gegenteil verkehren, da er zu einer steuerlichen Begünstigung des Wegzuges führen würde. § 6 AStG dient aber nicht der Sicherung der Verlustberücksichtigung im Inland, da die Norm anderenfalls einer zu § 6 Abs. 1 Satz 5 und Abs. 3 AStG spiegelbildlichen Regelung bedürfte.

Gegen eine ausschließliche Verlustberücksichtigung bei nur einer Beteiligung spricht insbesondere der Wortlaut des § 6 Abs. 6 AStG, in dem der Gesetzgeber an der einzigen Stelle im Rahmen des § 6 AStG ausdrücklich auf Wertminderungen eingeht.[329] Damit hat der Gesetzgeber grundsätzlich die Problematik einer Wertminderung erkannt und in einem nur eng begrenzten Rahmen zugelassen. Unter Berücksichtigung der Regelung des § 6 Abs. 6 AStG steht eine ausschließliche Fiktion eines Veräußerungsverlustes, der nicht mit einem fingierten Vermögenszuwachs verrechnet werden kann, dem Willen des Gesetzgebers entgegen. Daher ist eine alleinige Verlustberücksichtigung nicht möglich,

---

327 *Jacob*, SAM 2009, S. 130, 133.

328 Vgl. *Jacob*, SAM 2009, S. 130, 133.

329 Vgl. *Wassermeyer*, in: Flick/Wassermeyer/Baumhoff, AStG, § 6 Rn. 51.

sondern nur im Rahmen einer Saldierung mit dem fingierten positiven Gewinn aus anderen Beteiligungen.

Da es sich beim Verweis des § 6 AStG auf den § 17 EStG sowohl um einen Rechtsgrund- als auch um einen Rechtsfolgenverweis handelt,[330] müssen auch die Einschränkungen des § 17 Abs. 2 Satz 6 EStG bei einer Verlustberücksichtigung im Rahmen des § 6 AStG beachtet werden. Eine Verlustberücksichtigung im Rahmen des § 6 AStG darf deshalb auf Grund des umfassenden Verweises auf § 17 EStG auch nur in den Grenzen des § 17 EStG erfolgen. Daher müssen die Einschränkungen der Verlustberücksichtigung in § 17 Abs. 2 Satz 6 EStG auch auf § 6 AStG übertragen werden.[331] Im Übrigen können spiegelbildlich zum Teileinkünfteverfahren nach § 3 Nr. 40 EStG nach § 3c Abs. 2 EStG die Vermögensminderungen nur zu 60 % geltend gemacht werden.

330 *Kraft*, in: ders., AStG, § 6 Rn. 290.

331 *Strunk/Kaminski*, in: Strunk/Kaminski/Köhler, AStG, § 6 Rn. 140.

Kapitel 3: Die Vereinbarkeit der Neufassung des § 6 AStG mit der Kapitalverkehrsfreiheit nach Art. 63 AEUV

A. Einführung in die Problematik

Seit der Neufassung durch das SEStG sieht § 6 Abs. 5 AStG für Wegzüge in EU-Mitgliedstaaten oder EWR-Vertragsstaaten eine zinslose Stundung der Steuer vor. Die Neufassung des § 6 AStG ist notwendig geworden, nachdem der EuGH die französische Wegzugsbesteuerung, die im Vergleich zu § 6 AStG weniger streng ausgestaltet war,[332] für unvereinbar mit dem Unionsrecht erklärt hatte. Außerdem zwang ein durch die Europäische Kommission gegen die Bundesrepublik Deutschland eingeleitetes Vertragsverletzungsverfahren den deutschen Gesetzgeber dazu, § 6 AStG unionsrechtskonform auszugestalten.[333] Die Vereinbarkeit der Wegzugsbesteuerung mit dem Unionsrecht wurde jedoch schon lange vor der Neufassung des § 6 AStG infolge des SEStEG in Zweifel gezogen.[334] Dabei wurde vor allem die Besteuerung der Wohnsitzverlegung innerhalb der EU als ein Verstoß gegen die Niederlassungsfreiheit gewertet.[335] Des Weiteren wurde die Wegzugsbesteuerung als eine nicht gerechtfertigte Beschränkung der Arbeitnehmerfreizügigkeit, der Freizügigkeit des Union-Bürgers

---

332 *Thömmes*, IWB 2003, Fach 11a, S. 649, 657; *ders.*, IWB 2004, Fach 11a, S. 749, 755; *Kraft/Müller*, RIW 2004, S. 366, 371; *Lausterer*, DStZ 2004, S. 299, 302; *Schön*, IStR 2004, S. 289, 296; *Kinzl/Georg*, IStR 2005, S. 450, 450-451; *Nagler/Kleinert*, GmbHR 2005, S. R 281, R 281; *Ettinger*, IStR 2006, S. 747, 747; *Söffing/Bron*, FR 2009, S. 358, 359.

333 *Häck*, in: Haase, AStG, § 6 Rn. 180.

334 *Salditt*, StuW 1972, S. 12, 30; *Kaiser*, BB 1991, S. 2052, 2059; *Herzig/Dautzenberg*, DB 1997, S. 8, 16; *Dautzenberg*, BB 1997, S. 180, 185; *ders.*, FR 1998, S. 491, 492; *Saß*, FR 1998, S. 1, 7; *Birk*, in: Kirchhof/Jakob/Beermann, FS für Offerhaus, S. 163, 168-175; *Höppner*, in: Breuninger/Müller/Strobl-Haarmann, FS für Rädler, S. 305, 330; *Meilicke*, BB 2000, S. 17, 18-19; *Schüppen/Sanna*, BB 2001, S. 2397, 2406-2407; *Pohl*, IStR 2001, S. 460, 463; *ders.*, IStR 2002, S. 541, 542; *Körner*, IStR 2004, S. 424, 427, 431; *Schmidt/Peter/Förmli*, IStR 2004, S. 433, 435; *Schnitger*, BB 2004, S. 804, 808; *Ismer/Rust*, EWS 2004, S. 207, 125; *Menck*, in: Blümich, AStG, § 6 Rn. 16; *Schindler*, IStR 2004, S. 300, 310; *Rödder*, in: Gocke/Gosch/Lang, FS für Wassermeyer, S. 163, 175; kritisch, aber die Unionsrechtswidrigkeit offen lassend *Wassermeyer*, in: Klein/Stihl/Wassermeyer, FS für Flick S. 1057, 1064-1065; *ders.*, IStR 2001, S. 113, 114; zu § 31 Abs. 2 Z 2 öEStG *Tumpel*, ecolex 1992, S. 655, 656.

335 *Kaiser*, BB 1991, S. 2052, 2059; *Herzig/Dautzenberg*, DB 1997, S. 8, 16; *Birk*, in: Kirchhof/Jakob/Beermann, FS für Offerhaus, S. 163, 171-172.

und der Kapitalverkehrsfreiheit angesehen, sofern der Anlass des Wegzuges diese Grundfreiheiten betraf.[336] Die Kritiker wurden durch die Entscheidung des EuGH in der Rechtssache *Hughes de Lasteyrie du Saillant* in ihrer Auffassung über die Unvereinbarkeit der Wegzugsbesteuerung mit der Niederlassungsfreiheit bestätigt. Spätestens seit der Entscheidung des EuGH in der Rechtssache *Hughes de Lasteyrie du Saillant* galt § 6 AStG a.F. als nicht mehr haltbar.[337]

Die Rechtsprechung des EuGH und das Vertragsverletzungsverfahren der Europäischen Kommission veranlassten den Gesetzgeber zu einer Neufassung von § 6 AStG.[338] Angesichts der im Rahmen des SEStEG erfolgten Änderungen von § 6 AStG, der nunmehr eine zinslose Stundung der Steuer in allen EU- und EWR-Sachverhalten sowie die Berücksichtigung von späteren Wertminderungen vorsieht, wird die Neufassung allgemein als unionsrechtskonform hinsichtlich aller Fälle mit EU- oder EWR-Bezug erachtet.[339] Hinsichtlich von verschiedenen Einzelfällen verbleiben jedoch unionsrechtliche Zweifel.[340]

Die Möglichkeit, die nach § 6 Abs. 1 AStG geschuldete Steuer zinslos zu stunden, ist gemäß § 6 Abs. 5 AStG auf Sachverhalte beschränkt, bei denen sich der Anteilseigner oder die Anteile am Ende entweder in einem EU-Mitgliedsstaat oder in einem EWR-Vertragsstaat befinden. Damit scheidet die Anwendung der Stundungsmöglichkeit nach § 6 Abs. 5 AStG in allen Drittstaatenfällen aus. Die von § 6 Abs. 6 AStG vorgesehene Berücksichtigung von Wertminderungen ist ebenfalls nur auf Sachverhalte beschränkt, die einen EU- bzw. EWR-Bezug aufweisen, da die Vorschrift unmittelbar an die Stundungsvorschrift des § 6 Abs. 5 AStG anknüpft.

---

336 *Schüppen/Sanna*, BB 2001, S. 2397, 2406; *Laule*, IFSt-Schrift 407, S. 59; *Schnitger*, BB 2004, S. 804, 808; *Kraft/Müller*, RIW 2004, S. 366, 370; *Schindler*, IStR 2004, S. 300, 304; *Ettinger/Eberl*, GmbHR 2005, S. 152, 158.

337 *Kleinert/Probst*, DB 2004, S. 673, 674; *Kraft/Müller*, RIW 2004, S. 366, 371; *Körner*, IStR 2004, S. 424, 431; *Schindler*, IStR 2004, S. 300, 310; *Schnitger*, BB 2004, S. 804, 808; *Thömmes*, IWB 2004, Fach 11a, S. 754, 755; *Wassermeyer*, GmbHR 2004, S. 613, 614; *Schaumburg*, in: Gocke/Gosch/Lang, FS für Wassermeyer, S. 411, 413; *Schaumburg/Schaumburg*, StuW 2005, S. 306, 312-313; *Ettinger/Eberl*, GmbHR 2005, S. 152, 158; vgl. *Keller*, Die Fortentwicklung der Wegzugsbesteuerung nach § 6 AStG, Diss., Erlangen-Nürnberg 2006, S. 164; kritisch, aber die Frage der Unionsrechtswidrigkeit offen lassend *Lausterer*, DStZ 2004, S. 299, 304.

338 *Häck*, in: Haase, AStG, § 6 Rn. 180.

339 *Schönfeld*, in: Flick/Wassermeyer/Baumhoff, AStG, § 6 Rn. 26; *Richter/Escher*, FR 2007, S. 674, 681; *Grotherr*, IWB 2007, Fach 3, Gruppe 1, S. 2153, 2174; *Schraufl*, PIStB 2007, S. 122, 125; *Levedag*, GmbHR 2007, S. R 38, R 38; *Dörfler/Ribbrock*, BB 2008, S. 304, 309; *Häck*, in: Haase, AStG, § 6 Rn. 17.

340 Zu den verbleibenden unionsrechtlichen Zweifeln bezüglich verschiedener Einzelfälle vgl. die Zusammenstellung bei *Kraft*, in: ders., AStG, § 6 Rn. 195-211.

Die fehlende Anwendbarkeit dieser Vorschriften auf Drittstaatenfälle ist unionsrechtlich vor dem Hintergrund der Kapitalverkehrsfreiheit problematisch, denn die Besteuerung des Vermögenszuwachses in Anteilen an Kapitalgesellschaften kann sich als eine Beschränkung des Kapitalverkehrs darstellen.[341] Im Gegensatz zu allen anderen Grundfreiheiten sieht die Kapitalverkehrsfreiheit jedoch einen Drittstaatenbezug vor, wonach auch der Kapitalverkehr mit Drittstaaten in den Schutzbereich des Art. 63 AEUV fällt. Angesichts des Drittstaatenbezugs der Kapitalverkehrsfreiheit stellt sich die Frage, ob die von § 6 AStG zur Besteuerung vorgesehenen Tatbestände als Kapitalverkehr im Sinne des Art. 63 AEUV zu qualifizieren sind und, sofern eine solche Qualifikation möglich ist, ob die jetzige Regelung mit Art. 63 AEUV vereinbar ist. Für den Rechtsanwender verbirgt sich hinter dieser Diskussion letztlich die Frage, ob § 6 AStG in der Weise unionsrechtskonform ausgelegt werden muss, dass die Begünstigungsvorschriften in § 6 Abs. 5, 6 AStG in Drittstaatenfällen analog angewendet werden müssen.[342]

B. Der Schutzbereich der Kapitalverkehrsfreiheit

I. Der Wegzug des Anteilseigners als Form des Kapitalverkehrs

Die Besteuerungstatbestände des § 6 AStG betreffen sehr unterschiedliche Sachverhalte, so dass für jeden Besteuerungstatbestand einzeln ermittelt werden muss, ob der besteuerte Sachverhalt die Kapitalverkehrsfreiheit berührt. Ausgangspunkt der Untersuchung ist der Grundtatbestand, der das physische Verlassen der Bundesrepublik Deutschland voraussetzt.

Zur Bestimmung des Wegzuges eines Anteilseigners als einen Fall des Kapitalverkehrs im Sinne des Art. 63 AEUV kann nicht auf eine allgemeine Definition des Kapitalverkehrs zurückgegriffen werden, da weder Art. 63 AEUV noch den übrigen Artikeln des AEUV eine solche Definition entnommen werden kann.[343] Anstatt eine allgemine Definition des Begriffs Kapitalverkehr zu entwickeln, greift der EuGH in seiner Rechtsprechung nicht selten auf das Sekundärrecht zurück, indem er die Nomenklatur der Kapitalverkehrsrichtlinie, die

---

341 *Vogel/Cortez*, RIW 2011, S. 532, 540.

342 Vgl. *Boller/Euchner/Schmidt*, in: Wöhrle/Schelle/Gross, AStG, § 6 Rn. 91-105; *Elicker*, in: Blümich, EStG, § 6 Rn. 83-84 .

343 *Ress/Ukrow*, in: Grabitz/Hilf/Nettesheim, Das Recht der Europäischen Union, Art. 63 AEUV Rn. 107.

„Hinweischarakter für die Definition des Kapitalverkehrs“ besitzt,[344] als Auslegungshilfe heranzieht.[345]

Ob der Wegzug einer Person aus dem Inland ins EU-Ausland eine Form des Kapitalverkehrs darstellt, erscheint äußerst fraglich.[346] Schließlich kommt es nicht zu einem Kapitaltransfer oder zu einer Vermögensübertragung, die grundsätzlich von der Nomenklatur der Kapitalverkehrsrichtlinie für die Bestimmung eines Vorganges als Kapitalverkehr vorausgesetzt werden.[347] Es verwundert daher nicht, dass es der EuGH in einem obiter dictum in der Rechtssache *van Hilten* abgelehnt hat, Wegzugsfälle von Anteilseignern als eine Form des Kapitalverkehrs zu qualifizieren.[348]

Das bloße „Haben und Halten“ von Kapitalbeteiligungen fällt damit nicht unter den Schutzbereich der Kapitalverkehrsfreiheit.[349] Die Anteile selbst werden bei einem Wegzug des Anteilseigners nicht über die Grenzen transferiert, sondern das Eigentumsrecht und die daraus erwachsenden Bezugsrechte hinsichtlich der Dividenden wandern lediglich in der Person des Anteilseigners in dessen neuen Wohnsitzstaat.[350] Das Kapital der Gesellschaft wird dabei durch einen Wegzug nicht berührt.[351] Die Beteiligung an einer Kapitalgesellschaft stellt vielmehr lediglich das Recht des Anteilseigners an dem Kapital der Gesellschaft dar. Wie das Eigentumsrecht an einem Grundstück folgt dieses Recht seinem Inhaber, ohne dass eine Bewegung des Rechtsinhabers über die Grenze einen Vermögenstransfer darstellt.[352] Ein anderes Verständnis hätte zur Konse-

---

344 EuGH, Urteil vom 1. 10. 2009, Rs. C-567/07, *Woningstichting Sint Servatius*, Slg. 2009, S. I-9021, Rn. 20.

345 EuGH, Urteil vom 23. 2. 2006, Rs. C-513/03, *van Hilten*, Slg. 2006-I, S. 1957, Rn. 39; Urteil vom 3. 10. 2006, Rs. C-452/04, *Fidium Finanz AG*, Slg. 2006, S. I-9521, Rn. 41; Urteil vom 25. 1. 2007, Rs. C-370/05, *Festersen*, Slg. 2007, S. I-1129, Rn. 23; Urteil vom 17. 8. 2008, Rs. C-256/06, *Jäger*, Slg. 2008, S. I-123, Rn. 24; *Bröhmer*, in: Calliess/Ruffert, EUV/AEUV, Art. 63 AEUV Rn. 8.

346 So aber *Dautzenberg*, BB 1997, S. 180, 181; vgl. *ders.*, IStR 1998, S. 305, 307; *Saß*, FR 1998, S. 1, 7; *Bron*, IStR 2006, S. 296, 300.

347 Vgl. Anhang I zu Artikel 1 der Richtlinie 88/361/EWG des Rates vom 24. 6. 1988 (ABl. Nr. L 178 S. 5).

348 EuGH, Urteil vom 23. 2. 2006, Rs. C-513/03, *van Hilten*, Slg. 2006-I, S. 1957, Rn. 49-50.

349 A.A. *Haferkamp*, Die Kapitalverkehrsfreiheit im System der Grundfreiheiten des EG-Vertrages, Diss., Bonn 2002, S. 36; *Bron*, IStR 2006, S. 296, 299.

350 *Hahn*, DStZ 2000, S. 14, 18.

351 *Reimer*, in: Lehner, Grundfreiheiten im Steuerrecht der EU-Staaten, S. 39, 98; *Schnitger*, BB 2004, S. 804, 808.

352 *Kraft*, in: ders., AStG, § 6 Rn. 99.

quenz, dass jeder Grenzübertritt eines Anteilseigners Kapitalverkehr im Sinne des Art. 63 AEUV darstellen würde.[353]

Auch aus der Aufnahme von Sachverhalten in die Nomenklatur, bei denen es nicht zu einem Rechtsträgerwechsel kommt,[354] kann nicht der Umkehrschluss gezogen werden, dass auch Wegzüge als Kapitalverkehr anzusehen sind. Bei der Aufnahme der Ein- und Ausfuhr von Vermögenswerten wie Wertpapiere oder Zahlungsmittel aller Art in die Nomenklatur[355] hatte der EU-Gesetzgeber schließlich nicht Wegzüge im Sinne des § 6 Abs. 1 Satz 1 AStG, sondern Grenzkontrollen vor Augen.[356] Eine Stützung auf die Nomenklatur hätte im Übrigen das wenig sinnvolle Ergebnis zur Folge, dass nur Gesellschaftsbeteiligungen, die in einer Urkunde verbrieft sind, Kapitalverkehr darstellen würden, weshalb für Zwecke der Wegzugsbesteuerung zwischen verbrieften und unverbrieften Beteiligungen differenziert werden müsste.[357]

Die Bestimmung des Wegzuges eines Anteilseigners als Kapitalverkehr kann auch nicht auf den Umstand gestützt werden, dass die Nomenklatur in ihrer Auflistung nicht abschließend ist.[358] Es darf nicht übersehen werden, dass es sich bei den aufgeführten Beispielen, die keinen Vermögenstransfer beinhalten, im Vergleich zur übrigen Nomenklatur um Ausnahmefälle handelt.[359] Die überwiegende Zahl der Beispiele beinhaltet nämlich einen Vermögenstransfer. Bei der Auslegung von Ausnahmevorschriften ist jedoch Zurückhaltung geboten,[360] so dass sich auch aus diesem Grunde die wenigen Beispiele ohne Vermögenstransfer in der Nomenklatur nicht als Anknüpfungspunkt für eine Ausweitung des Begriffs des Kapitalverkehrs auf Wohnsitzverlegungen von Anteilseignern im Sinne des § 17 Abs. 1 Satz 1 EStG eignen.

Schließlich darf bei einer Betrachtung von § 6 Abs. 1 Satz 1 AStG nicht außer Acht gelassen werden, dass das auslösende Moment für die Wegzugsbesteuerung das physische Verlassen Deutschlands durch den Anteilseigners und nicht

---

353 Vgl. *Hahn*, DStZ 2000, S. 14, 18.

354 Vgl. Zweiter Absatz und Ziffer XI Buchst. F und Ziffer XII von Anhang I zu Artikel 1 der Richtlinie 88/361/EWG des Rates vom 24. 6. 1988 (ABl. Nr. L 178 S. 5); daher soll auch der Wegzug eines Anteilseigners Kapitalverkehr sein, vgl. *Saß*, FR 1998, S. 1, 7; *Bron*, IStR 2006, S. 296, 299.

355 Ziffer XII von Anhang I zu Artikel 1 der Richtlinie 88/361/EG vom 24. 6. 1988 (Abl. Nr. L 178 S. 5).

356 *Hahn*, DStZ 2000, S. 14, 18.

357 Vgl. *Bron*, IStR 2006, S. 296, 299, der jedoch den Wegzug eines Anteilseigners an einer Kapitalgesellschaft als Kapitalverkehr ansieht.

358 Vgl. *Boller/Euchner/Schmidt*, in: Wöhrle/Schelle/Gross, AStG, § 6 Rn. 92.

359 *Hahn*, DStZ 2000, S. 14, 18.

360 Vgl. EuGH, Urteil vom 13. 12. 2001, Rs. C-481/99, *Heininger*, Slg. 2001, S. I-9945, Rn. 31.

die Verbringung von Vermögenswerten ins Ausland ist.[361] Da es aber bis auf den grenzüberschreitenden Aspekt bei einem physischen Wegzug des Anteilseigners an sämtlichen Elementen fehlt, die für den Kapitalverkehr im Sinne des Art. 63 AEUV typisch sind, kann der Wegzug eines Anteilseigners in ein anderes EU-Land deshalb nicht als eine Form des Kapitalverkehrs qualifiziert werden. Dementsprechend stellt auch der Ersatztatbestand des § 6 Abs. 1 Satz 2 Nr. 2 AStG, der lediglich auf die Begründung der Ansässigkeit des Steuerpflichtigen in einem anderen Staat als auslösendes Merkmal der Besteuerung abstellt, keinen Kapitalverkehr dar, da die Begründung der Ansässigkeit im anderen Staat letztlich lediglich das Spiegelbild zum Wegzug des Anteilseigners im Sinne des § 6 Abs. 1 Satz 1 AStG ist.[362] Dementsprechend scheidet auch die Annahme von Kapitalverkehr in Bezug auf § 6 Abs. 1 Satz 2 Nr. 4 AStG aus, wenn der Anteilseigner zunächst seinen deutschen Wohnsitz beibehält und das deutsche Besteuerungsrecht entweder auf Grund des eingreifenden Abkommensschutzes oder nach § 34c EStG beschränkt oder ausgeschlossen wird.[363]

II. Unentgeltlicher Vermögenstransfer als Kapitalverkehr

Die Qualifizierung von Fällen des § 6 Abs. 1 Satz 2 Nr. 1 AStG, der zu einer Besteuerung von Übertragungen der Anteile durch unentgeltliches Rechtsgeschäft unter Lebenden oder durch „Erwerb von Todes wegen" auf nicht unbeschränkt Steuerpflichtige führt, als Kapitalverkehr betrifft die Problematik des unentgeltlichen Vermögenstransfers als eine Form des Kapitalverkehrs. Mangels allgemeiner Definition des Begriffs Kapitalverkehr im AEUV greift der EuGH auch bei der Beurteilung von unentgeltlichen Vermögenstransfers als Kapitlaverkehr auf die Nomenklatur der Kapitalverkehrsrichtlinie zurück.[364] Aus der Nennung der Schenkung und der Erbschaft sowie der Erbschaftsteuer in der Richtlinie wird der Schluss gezogen, dass die Kapitalverkehrsfreiheit stets auch Schenkungs- und Erbfälle erfasst.[365] Daher stellen nach der Auffassung des

361 *Kraft*, in: ders., AStG, § 6 Rn. 99.

362 Vgl. *Werner*, Systemgerechte Entstrickung im Steuerrecht, Diss., Bonn 2009, S. 163; *Boller/Euchner/Schmidt*, in: Wöhrle/Schelle/Gross, AStG, § 6 Rn. 92.

363 Siehe Kapitel 1 C. I. 3. und Kapitel 2 C..

364 EuGH, Urteil vom 14. 12. 1995, Rs. C-163/94, C-165/94 und C-250/94, *Sanz de Lera*, Slg. 1995, S. I-4821, Rn. 34; Urteil vom 23. 2. 2006, Rs. C-513/03, *van Hilten*, Slg. 2006, S. I-1957, Rn. 39; Urteil vom 12. 2. 2009, Rs. C-67/08, *Block*, Slg. 2009, S. I-883, Rn. 19.

365 *Dautzenberg*, EWS 1998, S. 86, 87-88; vgl. *Kaass*, Europäische Grundfreiheiten und deutsche Erbschaftstuer, Diss., Hamburg 2000, S. 57; *Müller-Etienne*, Die Europarechtswidrigkeit des Erbschaftsteuerrechts, Diss., Hamburg 2002, S. 131; *Hey*, DStR

EuGH auch Schenkungs- und Erbfälle Kapitalverkehr im Sinne des Art. 63 AEUV Kapitalverkehr dar.[366] Indem § 6 Abs. 1 Satz 2 Nr. 1 AStG zur Aufdeckung der stillen Reserven in Anteilen führt, die ein nicht unbeschränkt Steuerpflichtiger im Rahmen einer Schenkung oder eines Erbfalles von einem unbeschränkt Steuerpflichtigen erworben hat, betrifft die Norm einen Sachverhalt, der nach der Nomenklatur der Richtlinie als ein Fall des Kapitalverkehrs zu qualifizieren ist. Damit fällt der von § 6 Abs. 1 Satz 2 Nr. 1 AStG besteuerte Tatbestand in den Schutzbereich der Kapitalverkehrsfreiheit nach Art. 63 AEUV.[367]

III. Einlage als Kapitalverkehr

Gestützt auf die Nomenklatur der Kapitalverkehrsrichtlinie ist die Kapitalverkehrsfreiheit in den Fällen einer Einlage oder eines Anteilstausches nach § 6 Abs. 1 Satz 2 Nr. 3 AStG eröffnet,[368] soweit der Steuerpflichtige durch die Einlage oder den Anteilstausch einen Investitionszweck verfolgt.[369] Dem Merkmal „Investition" ist dabei ein weites Verständnis zu Grunde zu legen.[370] Grundsätzlich umfasst es sämtliche Investitionen von natürlichen Personen und Unternehmen, die der Schaffung oder Aufrechterhaltung dauerhafter und direkter Beziehungen zwischen den beteiligten Parteien dienen.[371] Die Einlage der Beteiligung im Sinne des § 17 Abs. 1 Satz 1 EStG durch den Anteilseigner ist eine Vermögensübertragung durch eine einzige Person auf eigene Rechnung, so dass

---

2011, S. 1149, 1152; zur Kritik an der Orientierung am Sekundärrecht vgl. *Berberich*, Europarechtliche Kapitalverkehrsfreiheit und deutsches Erbschaftsteuerrecht, Diss., Bonn 2008, S. 45 Rn. 106.

366 EuGH, Urteil vom 11. 12. 2003, Rs. C-364/01, *Erben von Barbier*, Slg. 2003, S. I-15013, Rn. 58-59; Urteil vom 23. 2. 2006, Rs. C-513/03, *van Hilten*, Slg. 2006-I, S. 1957, Rn. 38-42; vgl. auch EuGH, Urteil vom 12. 2. 2009, Rs. C-67/08, *Block*, Slg. 2009, S. I-883, Rn. 20; Urteil vom 10. 2. 2011, Rs. C-25/10, *Missionswerk Werner Heukelbach eV*, IStR 2011, S. 192, Rn. 16-17; so auch *Dautzenberg*, EWS 2004, S. 129, 130; *von Hippel*, EuZW 2005, S. 7, 10.

367 *Werner*, Systemgerechte Entstrickung im Steuerrecht, Diss., Bonn 2009, S. 164.

368 Vgl. Ziff. I.1. vom Anhang I zu Artikel 1 der Richtlinie 88/361/EWG des Rates vom 24. 6. 1988 (ABl. Nr. L 178 S. 5).

369 *Rehfeld*, Die Vereinbarkeit des Außensteuergesetzes mit den Grundfreiheiten des EG-Vertrags, Diss., Bochum 2007, S. 213.

370 Begriffsbestimmung von „Direktinvestition" im Anschluss an den Anhang I zu Artikel 1 der Richtlinie 88/361/EWG des Rates vom 24. 6. 1988 (ABl. Nr. L 178 S. 5).

371 Begriffsbestimmung von „Direktinvestition" im Anschluss an den Anhang I zu Artikel 1 der Richtlinie 88/361/EWG des Rates vom 24. 6. 1988 (ABl. Nr. L 178 S. 5).

der von § 6 Abs. 1 Satz 2 Nr. 3 AStG beschriebene Sachverhalt eine Form des Kapitalverkehrs im Sinne des Art. 63 Abs. 1 AEUV darstellt.[372]

IV. Persönlicher und räumlicher Anwendungsbereich

Die Kapitalverkehrsfreiheit schützt sowohl den Kapitalanleger[373] als auch den Kapitalempfänger.[374] Übertragen auf § 6 Abs. 1 Satz 2 Nr. 1 und Nr. 3 AStG bedeutet dies, dass beide Beteiligte, d.h. Schenker, Erblasser und Einlegender einerseits sowie Beschenkter, Erbe und Empfänger der Anteile andererseits, den Schutz der Kapitalverkehrsfreiheit für den Erwerbsvorgang der Anteile in Anspruch nehmen können.

Die Anwendbarkeit der Grundfreiheiten setzt einen grenzüberschreitenden Sachverhalt voraus.[375] Im Gegensatz zu den Personenverkehrsfreiheiten knüpft das grenzüberschreitende Merkmal nicht an die Person des Anteilseigners, sondern an das Kapital selbst an.[376] Hinsichtlich von Erbschaften oder Schenkungen ist das grenzüberschreitende Element gegeben, wenn Erbe und Beschenkter einerseits sowie Erblasser und Schenker andererseits in unterschiedlichen Staaten ansässig sind oder wenn das vererbte Vermögen in einem anderen Staat belegen ist.[377] § 6 Abs. 1 Satz 2 Nr. 1 AStG, der den Übergang der Aneile auf einen nicht unbeschränkt Steuerpflichtigen verlangt, setzt damit einen grenzüberschreitenden Bezug voraus. Dasselbe gilt für § 6 Abs. 1 Satz 2 Nr. 3 AStG, da auch diese Vorschrift die Überführung des Kapitals ins Ausland voraussetzt, indem sie bei der Einlage der Anteile in das Betriebsvermögen einer ausländischen Betriebsstätte den Vermögenszuwachs besteuert.

V. Zwischenergebnis

Grundsätzlich stellen die von § 6 Abs. 1 Satz 2 Nr. 1 und 3 AStG beschriebenen Sachverhalte Kapitalverkehr im Sinne der Kapitalverkehrsfreiheit dar. Da auch die übrigen Voraussetzungen des Schutzbereichs erfüllt sind, ist der Schutzbe-

---

372 *Kraft*, in: ders., AStG, § 6 Rn. 100; vgl. *Boller/Euchner/Schmidt*, in: Wöhrle/Schelle/Gross, AStG, § 6 Rn. 92.

373 *Hahn*, DStZ 2005, S. 469, 480.

374 EuGH, Urteil vom 6. 6. 2000, Rs. C-35/98, *Verkooijen*, Slg. 2000, S. I-4071, Rn. 29.

375 Vgl. jedoch *Kingreen*, in: Calliess/Ruffert, EUV/AEUV, Art. 36 Rn. 16, der das Merkmal des „grenzüberschreitenden Bezuges" in der Prüfung der Beeinträchtigung verortet.

376 *Hahn*, DStZ 2005, S. 469, 479.

377 *Schwenke*, IStR 2006, S. 748, 750.

reich der Kapitalverkehrsfreiheit in Bezug auf § 6 Abs. 1 Satz 2 Nr. 1 und 3 AStG eröffnet.

C. Die Schutzwirkung der Kapitalverkehrsfreiheit in Bezug auf Drittstaaten

I. Die Problematik

Durch den Maastrichter Vertrag wurde nicht nur die unmittelbare Wirkung der Kapitalverkehrsfreiheit endgültig durch ein Vertragswerk festgeschrieben, sondern es erfolgte zugleich eine Erweiterung des Geltungsbereichs der Kapitalverkehrsfreiheit auf den Kapitalverkehr zwischen Mitgliedstaaten und Drittstaaten.[378] Der Drittstaatenbezug der Kapitalverkehrsfreiheit verleiht dieser Grundfreiheit ein im Gefüge des AEUV einmaliges Merkmal.[379] Da die Kapitalverkehrsfreiheit auch in Bezug auf den Kapitalverkehr mit Drittstaaten unmittelbare Wirkung entfaltet,[380] genießt nunmehr jede grenzüberschreitende Tätigkeit einer Privatperson oder eines Unternehmens grundsätzlich den umfassenden Schutz des Art. 63 AEUV.[381] Der eindeutige Wortlaut von Art. 63 AEUV zeigt, dass die Mitgliedstaaten die Grundsätze der Kapitalverkehrsfreiheit auch bei der Ausgestaltung von Normen, die ausschließlich den Kapitalverkehr mit Drittstaaten betreffen, beachten müssen.[382]

Für die Ersatztatbestände des § 6 Abs. 1 Satz 2 Nr. 1 und 3 AStG hat dies zur Folge, dass nicht nur der unionsinterne Kapitalverkehr mit den Grundsätzen des Art. 63 AEUV vereinbar sein muss, sondern dass auch der Kapitalverkehr

---

378 *Schön*, in: Gocke/Gosch/Lang, FS für Wassermeyer, S. 489, 491-492.

379 Vgl. noch zum EGV *Schön*, in: Gocke/Gosch/Lang, FS für Wassermeyer, S. 489, 492.

380 EuGH, Urteil vom 14. 12. 1995, Rs. C-163/94, C-165/94 und C-250/94, *Sanz de Lera*, Slg. 1995, S. I-4821, Rn. 48, der die unmittelbare Wirkung der Kapitalverkehrsfreiheit ohne Differenzierung zwischen EU-internen Sachverhalten und Sachverhalten mit Drittstaatenbezug anerkannt hat; vgl. Urteil vom 18. 12. 2007, Rs. C-101/05, *A*, Slg. 2007, S. I-11513, Rn. 22-27; *Honrath*, Umfang und Grenzen der Freiheit des Kapitalverkehrs, Diss., Saarbrücken 1996, S. 69; *Kimms*, Die Kapitalverkehrsfreiheit im Recht der europäischen Union, Diss., Berlin 1996, S. 136-137; *Lübke*, Der Erwerb von Gesellschaftsanteilen zwischen Kapitalverkehrs- und Niederlassungsfreiheit, Diss., Heidelberg 2006, S. 147-148; *Oesterhelt*, Der Schweizer Treuhänder 2008, S. 256, 257; *Ress/Ukrow*, in: Grabitz/Hilf/Nettesheim, Das Recht der Europäischen Union, Art. 63 AEUV Rn. 128; vgl. *Hindelang*, The Free Movement of Capital and Foreign Direct Investment, Diss., Tübingen 2008, S. 204.

381 *Schön*, in: Gocke/Gosch/Lang, FS für Wassermeyer, S. 489, 492.

382 Vgl. *Schnitger*, IStR 2005, S. 493, 493.

mit Drittstaaten in den Schutzbereich der Kapitalverkehrsfreiheit fällt. Allerdings ist der Umfang des durch die Kapitalverkehrsfreiheit gewährten Schutzes in Drittstaatenfällen bislang nicht abschließend bestimmt worden.[383] Die fehlende Reziprozität der Liberalisierung des Kapitalverkehrs mit Drittstaaten spricht gegen eine uneingeschränkte Anwendung der Kapitalverkehrsfreiheit auf Drittstaatensachverhalte.[384] Die Drittstaaten sind nämlich nicht zu einer Harmonisierung ihres Rechts mit dem Recht der EU verpflichtet, da im Verhältnis zu Drittstaaten naturgemäß eine den Art. 113-115 AEUV entsprechende Pflicht zur Rechtsangleichung und eine Loyalitätspflicht im Sinne des Art. 4 Abs. 3 EUV sowie ein gemeinsam erklärtes Ziel der Stärkung des sozialen und wirtschaftlichen Zusammenhalts gemäß Art. 174 ff. AEUV fehlen.[385]

Im Übrigen steht den Mitgliedstaaten im Hinblick auf den Kapitalverkehr mit Drittstaaten auch kein adäquates Mittel zur Verfügung, das den Verlust an Souveränität im Zuge der Liberalisierung des Kapitalverkehrs wieder aufwiegen würde. Insbesondere die Ausnahmeklausel des Art. 64 Abs. 2 AEUV, wonach die Union Maßnahmen zur Beschränkung des Kapitalverkehrs mit Drittstaaten ergreifen kann,[386] erweist sich als ungeeignet, da eine auf Art. 64 Abs. 2 AEUV gestützte Maßnahme keinen Rückschritt im Vergleich zum bisher erreichten Grad der Liberalisierung des Kapitalverkehrs bedeuten darf.[387] Des Weiteren eröffnet Art. 64 Abs. 2 AEUV lediglich der Union und nicht den Mitgliedstaaten das Recht, Maßnahmen in Bezug auf den Kapitalverkehr mit Drittstaaten zu ergreifen.[388] Schließlich können Steuernormen auf Grund des für das Steuerrecht geltenden Einstimmigkeitsprinzip ohnehin nicht auf Art. 64 Abs. 2 AEUV gestützt werden, so dass der durch Art. 63 AEUV in Bezug auf den Kapitalverkehr mit Drittstaaten drohende Souveränitätsverlust nicht durch eine unionsrechtliche Gesetzgebung basierend auf Art. 64 Abs. 2 AEUV adäquat ausgeglichen wird.[389]

---

383 *Musil*, DB 2009, S. 1037, 1039.

384 *Schön*, in: Gocke/Gosch/Lang, FS für Wassermeyer, S. 489, 504.

385 *Schön*, in: Gocke/Gosch/Lang, FS für Wassermeyer, S. 489, 516.

386 Vgl. *Bröhmer*, in: Calliess/Ruffert, EUV/AEUV, Art. 64 AEUV Rn. 8 Fn. 23 mit einer Auflistung der auf Art. 57 Abs. 2 EGV, der Vorgängernorm von Art. 64 Abs. 2 AEUV, beruhenden Rechtsakte.

387 Vgl. *Ress/Ukrow*, in: Grabitz/Hilf/Nettesheim, Das Recht der Europäischen Union, Art. 64 AEUV Rn. 22.

388 *Bröhmer*, in: Calliess/Ruffert, EUV/AEUV, Art. 64 AEUV Rn. 8.

389 *Schön*, in: Gocke/Gosch/Lang, FS für Wassermeyer, S. 489, 504-505.

II. Zweck des Drittstaatenbezuges

Die Erweiterung des Anwendungsbereichs der Kapitalverkehrsfreiheit auf den Kapitalverkehr mit Drittstaaten soll nicht ein Beitrag zur Liberalisierung des globalen Kapitalverkehrs sein,[390] sondern der Komplettierung Liberalisierung des Kapitalverkehrs im Binnenmarkt dienen. Die Drittwirkung des Art. 63 AEUV trägt vor allem der Wirklichkeit Rechnung, dass einige Mitgliedstaaten bereits den Kapitalverkehr mit Drittstaaten durch die nationale Gesetzgebung liberalisiert hatten. Dadurch war es Kapitalanlegern möglich, die restriktive Gesetzgebung eines Mitgliedstaates gegenüber dem Kapitalverkehr mit Drittstaaten dadurch zu umgehen, dass das Kapital zunächst in einen Mitgliedstaat mit liberalisierter Gesetzgebung übertragen wurde, ehe es zu einem Kapitaltransfer in den Drittstaat kam.[391]

Die Liberalisierung des Kapitalverkehrs erfolgte allerdings im Gegensatz zu allen anderen Grundfreiheiten nur sehr zögerlich. Diese „Absicherungsabsicht" der Mitgliedstaaten, die die Herren der Verträge sind, muss in eine Einschränkung des Geltungsbereichs der Kapitalverkehrsfreiheit in Bezug auf Drittstaatensachverhalte übersetzt werden.[392]

Bei dem Verständnis des Umfangs der Kapitalverkehrsfreiheit hinsichtlich des Kapitalverkehrs mit Drittstaaten darf schlussendlich die globale Finanzkrise der Jahre 2008/2009 nicht außer Acht gelassen werden. Die Finanzkrise entpuppte sich letztlich als die Kehrseite der weltweit erfolgten Liberalisierung des Kapitalverkehrs, die in den Industriestaaten begann und von den Schwellenländern fortgesetzt wurde. Angesichts der enormen negativen Folgen für die Weltwirtschaft und der erheblichen Belastungen für den Arbeitsmarkt und den Sozialstaat der betroffenen Länder durch die Finanzkrise muss auch die Bedeutung der Liberalisierung des Kapitalverkehrs mit Drittstaaten zurückhaltender als bislang bewertet werden.[393]

390 *Schön*, in: Gocke/Gosch/Lang, FS für Wassermeyer, S. 489, 508; Schwenke, IStR 2006, S. 748, 753.

391 *Ohler*, Europäische Kapital- und Zahlungsverkehrfreiheit, Art. 56 EGV, Rn. 215; *Schön*, in: Gocke/Gosch/Lang, FS für Wassermeyer, S. 489, 506; *Schwenke*, IStR 2006, S. 748, 753; *Kemmerer*, Kapitalverkehrsfreiheit und Drittstaaten, Diss., Frankfurt am Main 2009, S. 98.

392 *Schwenke*, IStR 2006, S. 748, 752.

393 Vgl. *Ress/Ukrow*, in: Grabitz/Hilf/Nettesheim, Das Recht der Europäischen Union, Art. 64 AEUV Rn. 7.

III. Beschränkung des Anwendungsbereichs der Kapitalverkehrsfreiheit bei Drittstaatensachverhalten

Angesichts der unterbliebenen Harmonisierung der Gesetzgebung der Drittstaaten mit dem Recht der EU würde sich eine grenzenlose Anwendung des Schutzes der Kapitalverkehrsfreiheit auf den Kapitalverkehr mit Drittstaaten als problematisch erweisen. Dementsprechend muss auch die Überprüfung der Vereinbarkeit einer Besteuerung nach § 6 Abs. 1 Satz 2 Nr. 1 oder 3 AStG mit der Kapitalverkehrsfreiheit in Bezug auf Drittstaatenfälle im Vergleich zu unionsinternen Sachverhalten in zurückhaltenderer Weise erfolgen.[394] Um der fehlenden Harmonisierung der Gesetzgebung in den Drittstaaten mit der Gesetzesordnung innerhalb der EU Rechnung zu tragen, könnte der Schutzbereich der Kapitalverkehrsfreiheit im Verhältnis zu Drittstaaten durch eine einschränkende Auslegung zu begrenzen sein.

1. Beschränkung der Kapitalverkehrsfreiheit auf Gebietsansässige

Auf die Kapitalverkehrsfreiheit können sich auch nicht in der EU ansässige Personen berufen.[395] Nach der überwiegenden Literatur wird auch der Kapitalverkehr, an dem zwei nicht in der EU ansässige Personen beteiligt sind, von der Kapitalverkehrsfreiheit erfasst, solange sich der Kapitalverkehr innerhalb der EU bewegt oder ein hinreichender Anknüpfungspunkt zum Unionsgebiet besteht.[396] Es gilt daher das „Erga-omnes-Prinzp".[397] Die Frage, ob bei dem Kapitalverkehr mit Drittstaaten die gleichen Maßstäbe gelten müssen wie bei dem Kapitalverkehr innerhalb der EU, erübrigt sich, wenn die Anwendbarkeit der Kapitalverkehrsfreiheit entgegen der überwiegenden Meinung im Schrifttum auf Gebietsansässige zu begrenzen wäre.[398]

---

394 Vgl. *Boller/Euchner/Schmidt*, in: Wöhrle/Schelle/Gross, AStG, § 6 Rn. 94.

395 EuGH, Urteil vom 18. 12. 2007, Rs. C-101/05, *A*, Slg. 2007, S. I-11513, Rn. 22-27; *Weber*, EuZW 1992, S. 561, 564; *Ohler*, WM 1996, S. 1801, 1806; *Kiemel*, in: von der Groeben/Schwarze, EUV/EGV, Art. 56 EGV Rn. 26; *Schürmann*, in: Lenz/Borchardt, EU-Verträge, Art. 63 AEUV, Rn. 18.

396 *Ohler*, Europäische Kapital- und Zahlungsverkehrfreiheit, Art. 56 EGV, Rn. 216; *Kessler/Eicker/Obser*, IStR 2004, S. 325, 327; vgl. *Ress/Ukrow*, in: Grabitz/Hilf/Nettesheim, Das Recht der Europäischen Union, Art. 63 AEUV Rn. 102.

397 *Kiemel*, in: von der Groeben/Schwarze, EUV/EGV, Art. 56 EGV Rn. 26.

398 Vgl. *Schön*, in: Gocke/Gosch/Lang, FS für Wassermeyer, S. 489, 496; für eine einschränkende Auslegung des Art. 63 AEUV bei Drittstaaten ist unter gewissen Umständen auch Bröhmer, in: Calliess/Ruffert, EUV/AEUV, Art. 63 AEUV Rn. 7.

Die Einschränkung des Schutzbereichs der Kapitalverkehrsfreiheit auf Gebietsansässige lässt sich aber nicht mit dem Wortlaut von Art. 63 Abs. 1 AEUV vereinbaren. Schließlich unterscheidet der Wortlaut von Art. 63 Abs. 1 AEUV nicht zwischen der Gebietsansässigkeit oder der Staatsangehörigkeit, so dass dem Wortlaut von Art. 63 AEUV ein sehr weites Verständnis der Kapitalverkehrsfreiheit zu entnehmen ist.[399] Eine Einschränkung des Anwendungsbereichs dieser Grundfreiheit auf Gebietsansässige steht somit im Widerspruch mit dem Vertragstext.[400]

Außerdem würde eine Begrenzung des Geltungsbereichs der Kapitalverkehrsfreiheit den in Art. 63 AEUV vorgesehenen Drittstaatenbezug in der Praxis aushöhlen. Schließlich schützt Art. 63 AEUV bei den Investitionen sowohl den Kapitalimport aus Drittstaaten als auch den Kapitalexport in Drittstaaten.[401] Des Weiteren kommen sowohl der Kapitalinvestor[402] als auch der Kapitalnehmer[403] in den Genuss des Schutzes der Kapitalverkehrsfreiheit. Da jedoch in Drittstaatenfällen häufig entweder der Kapitalinvestor oder der Kapitalempfänger nicht gebietsansässig oder unionsangehörig sind, ist die Differenzierung nach der Gebietsansässigkeit oder Unionsangehörigkeit der Beteiligten kein sinnvolles Mittel für die Beschränkung des Rechts, sich auf Art. 63 AEUV zu berufen,[404] ohne gleichzeitig den Wortlaut des Art. 63 AEUV zu entwerten. Daher ist der Ansatz, das Recht, sich auf die Kapitalverkehrsfreiheit berufen zu können, auf Gebietsansässige oder Unionsangehörige zu beschränken, kein effektives Mittel für die Begrenzung des Anwendungsbereichs von Art. 63 AEUV in Drittstaatenfällen.

2. Konkurrenz der Kapitalverkehrsfreiheit zur Niederlassungsfreiheit

Eine Beschränkung des Geltungsbereichs der Kapitalverkehrsfreiheit könnte durch die Konkurrenz des Art. 63 AEUV zu den anderen Grundfreiheiten gelöst werden. Nicht selten betreffen Kapitalbewegungen gleichzeitig den Schutzbereich der Niederlassungsfreiheit oder der Dienstleistungsfreiheit. Der Erwerb

399 *Haferkamp*, Die Kapitalverkehrsfreiheit im System der Grundfreiheiten des EG-Vertrages, Diss., Bonn 2002, S. 207; *Schön*, in: Gocke/Gosch/Lang, FS für Wassermeyer, S. 489, 497.

400 *Haferkamp*, Die Kapitalverkehrsfreiheit im System der Grundfreiheiten des EG-Vertrages, Diss., Bonn 2002, S. 207; *Schön*, in: Gocke/Gosch/Lang, FS für Wassermeyer, S. 489, 497.

401 *Schön*, in: Gocke/Gosch/Lang, FS für Wassermeyer, S. 489, 497.

402 EuGH, Urteil vom 6. 6. 2000, Rs. C-35/98, Verkooijen, Slg. 2000, S. I-4071, Rn. 34.

403 EuGH, Urteil vom 26. 9. 2000, Rs. C-478/98, Kommission/Belgien, Slg. 2000, S. I-7587, Rn. 18.

404 *Schön*, in: Gocke/Gosch/Lang, FS für Wassermeyer, S. 489, 497.

einer kontrollierenden Beteiligung an einer Kapitalgesellschaft ist nämlich zugleich ein Anwendungsfall der Niederlassungsfreiheit.[405] Eine Beschränkung des Anwendungsbereichs des Art. 63 AEUV ließe sich dadurch erreichen, dass bei der gleichzeitigen Einschlägigkeit der anderen Grundfreiheiten die Kapitalverkehrsfreiheit hinter die anderen Grundfreiheiten zurücktritt. Wenn ein Exklusivitätsverhältnis in diesem Sinne zwischen der Kapitalverkehrsfreiheit einerseits und den übrigen Grundfreiheiten andererseits bestehen würde,[406] müsste § 6 AStG in Bezug auf Drittstaatenfällen nicht mehr auf seine Unionsrechtsmäßigkeit überprüft werden, da nur die Kapitalverkehrsfreiheit als einzige Grundfreiheit einen Drittstaatenbezug aufweist. In Bezug auf § 6 AStG interessiert vor allem die Abgrenzung zur Niederlassungsfreiheit, da der Erwerb einer kontrollierenden Beteiligung an einem in einem anderen Mitgliedstaat ansässigen Unternehmen in den Geltungsbereich der Niederlassungsfreiheit fällt.[407]

a) Die Rechtsprechung des EuGH

Im Gegensatz zu der überwiegenden Literatur, die von der parallelen Anwendbarkeit der verschiedenen Grundfreiheiten auf denselben Sachverhalt ausgeht,[408]

---

405 EuGH, Urteil vom 13. 4. 2000, Rs. C-251/98, *Baars*, Slg. 1999, S. I-2787, Rn. 22; Urteil vom 21. 11. 2002, Rs. C-436/00, *X und Y*, Slg. 2002, S. I-10829, Rn. 37; Urteil vom 12. 9. 2006, Rs. C-196/04, *Cadbury Schweppes*, Slg. 2006, S. I-7995, Rn. 31; Beschluss vom 10. 5. 2007, Rs. C-492/04, *Lasertec*, Slg. 2007, S. I-3775, Rn. 20; Urteil vom 13. 3. 2007, Rs. C-524/04, *Test Claimants in the Thin Cap Group Litigation*, Slg. 2007, S. I-2107, Rn. 27; *Schön*, in: Gocke/Gosch/Lang, FS für Wassermeyer, S. 489, 498.

406 Vgl. *Brinkmann*, Der Einfluß des Europäischen Rechts auf die Unternehmensbesteuerung, Diss., Konstanz 1996, S. 60-61; bei der Abgrenzung soll die Wirkung der in Frage stehenden Normen entscheidend sein, so dass auf die unternehmerische Tätigkeit abzielende Normen unter die Niederlassungsfreiheit fallen sollen, vgl. *Eyles*, Das Niederlassungsrecht der Kapitalgesellschaften in der Europäischen Gemeinschaft, S. 48; vgl. zum Exklusivitätsverhältnis der Zahlungsverkehrsfreiheit zu den anderen Grundfreiheiten *Freitag*, EWS 1997, S. 186, 188.

407 Vgl. EuGH, Urteil vom 13. 4. 2000, Rs. C-251/98, *Baars*, Slg. 2000, S. I-2787, Rn. 22; Urteil vom 12. 9. 2006, Rs. C-196/04, *Cadbury Schweppes*, Slg. 2006, S. I-7995, Rn. 46; *Bröhmer*, in: Calliess/Ruffert, EUV/AEUV, Art. 49 AEUV Rn. 9.

408 *Weber*, EuZW 1992, S. 561, 564-565; *Schön*, in: ders., GS für Knobbe-Keuk, S. 743, 749; *Rohde*, Freier Kapitalverkehr in der Europäischen Gemeinschaft, Diss., Passau 1999, S. 97; *Müller*, Kapitalverkehrsfreiheit in der Europäischen Union, Diss., Erlangen-Nürnberg 1999, S. 193; *Ohler*, Europäische Kapital- und Zahlungsverkehrfreiheit, Art. 56 EGV, Rn. 114-117; *Kessler/Eicker/Obser*, IStR 2004, S. 325, 326; *Schön*, in: Gocke/Gosch/Lang, FS für Wassermeyer, S. 489, 499; *Haslehner*, IStR 2008, S. 565, 567-568;

versucht der EuGH die Konkurrenz von Niederlassungsfreiheit und Kapitalverkehrsfreiheit durch die Annahme eines Exklusivitätsverhältnisses aufzulösen.[409] Diese Rechtsprechung hat zur Folge, dass in Drittstaatenfällen der Grundfreiheitenschutz einem Steuerpflichtigen vollends versagt bleibt, wenn die Niederlassungsfreiheit, die keinen Drittstaatenbezug aufweist, zur Anwendung kommt.[410]

Die Abgrenzung der Kapitalverkehrsfreiheit von der Niederlassungsfreiheit durch den EuGH vollzieht sich in zwei Prüfungsschritten.[411] In der ersten – abstrakten – Prüfung erfolgt die Abgrenzung anhand der gefestigten Rechtsprechung, wonach nur die Niederlassungsfreiheit einschlägig ist, wenn die begrenzende Maßnahme einen beherrschenden Einfluss des Anteilseigners auf die Gesellschaft voraussetzt. Nach der Auffassung des EuGH berühren Vorschriften über die Beteiligung eines Anteileigners die Niederlassungsfreiheit, wenn der Anteilseigner Angehöriger des betreffenden Mitgliedstaates ist und er auf Grund der Beteiligung in die Lage versetzt wird, die Geschicke des Unternehmens maßgeblich zu bestimmen.[412] Der EuGH sieht damit die Beschränkung der Kapitalverkehrsfreiheit als „zwangsläufige Folge"[413] der Beschränkung der Niederlassungsfreiheit an, wenn sich die nationale Norm gegen eine kontrollierende Beteiligung gerichtet hat.[414] Im Gegensatz dazu prüft der EuGH sowohl eine Beschränkung der Niederlassungsfreiheit als auch eine Beschränkung der Kapitalverkehrsfreiheit, wenn Gegenstand des Verfahrens nationale Regelungen sind, die unabhängig von der Höhe der Beteiligung an der Kapitalgesellschaft eingreifen.[415] Die Beantwortung der Frage, ob ein bestimmender Einfluss des Anteils-

---

409 *Tippelhofer/Lohmann*, IStR 2008, S. 857, 857.

410 *Germelmann*, EuZW 2008, S. 596, 599.

411 Zur Systematisierung der Rechtsprechung des EuGH *Mitschke*, FR 2009, S. 898, 900; *Schönfeld*, IStR 2009, S. 902, 903; *ders.*, IStR 2011, S. 219, 222.

412 EuGH, Urteil vom 13. 4. 2000, Rs. C-251/98, *Baars*, Slg. 2000, S. I-2787, Rn. 22; Urteil vom 21. 11. 2002, Rs. C-436/00, *X und Y*, Slg. 2002, S. I-10829, Rn. 37; Urteil vom 12. 9. 2006, Rs. C-196/04, *Cadbury Schweppes*, Slg. 2006, S. I-7995, Rn. 31; Urteil vom 13. 3. 2007, Rs. C-524/04, *Test Claimants in the Thin Cap Group Litigation*, Slg. 2007, S. I-2107, Rn. 27; Urteil vom 6. 7. 2007, Rs. C-298/05, *Columbus Container Services*, Slg. 2007, S. I-10451, Rn. 29.

413 In Bezug auf das Verhältnis zur Dienstleistungsfreiheit EuGH, Urteil vom 3. 10. 2006, Rs. C-452/04, *Fidium Finanz AG*, Slg. 2006, S. I-9521, Rn. 48.

414 EuGH, Urteil vom 12. 9. 2006, Rs. C-196/04, *Cadbury Schweppes*, Slg. 2006, S. I-7995, Rn. 31.

415 EuGH, Urteil vom 12. 12. 2006, Rs. C-374/04, *Test Claimants in Class IV of the ACT Group Litigation*, Slg. 2006, S. I-11673, Rn. 37-38; Urteil vom 12. 12. 2006, Rs. C-446/04, *Test Claimants in the FII Group Litigation*, Slg. 2006, S. I-11753, Rn. 38, 80, 142; Urteil vom 24. 5. 2007, Rs. C-157/05, *Holböck*, Slg. 2007, S. I-4051, Rn. 22, 24; *Mühlehner*, SWI 2008, S. 102, 104.

eigners gegeben ist oder nicht, richtet sich nach einer Beurteilung des Einzelfalles und des anzuwendenden Gesellschaftsrechts.[416] Dabei kann sogar eine Beteiligung von nur 25 % genügen, um einen bestimmenden Einfluss des Anteilseigners auf die Gesellschaft anzunehmen.[417]

In den Rechtssachen *Burda*,[418] *Aberdeen Property Fininvest Alpha Oy*,[419] *Société de Géstion Industrielle*[420] und *Kommission/Italien*[421] prüfte der EuGH auch noch die konkreten Beteiligungsverhältnisse in dem zu entscheidenden Fall.[422] Aus dieser Rechtsprechung wird das Erfordernis einer zweiten – konkreten – Prüfung abgeleitet.[423] In dieser zweiten Prüfung soll in einer Art Kontrolle die Richtigkeit des in der ersten Prüfung ermittelten Ergebnisses geprüft werden, d.h., ob im konkreten Fall die von der Norm vorausgesetzte Beherrschungssituation auch tatsächlich besteht, so dass auch der dem Verfahren zugrunde liegende Sachverhalt in den Geltungsbereich der Niederlassungsfreiheit fällt.[424]

b) Die Übertragung der Rechtsprechung des EuGH auf § 6 AStG

In einer Entscheidung aus dem Jahre 2009 hielt der BFH unter Hinweis auf die Rechtssache *Lasertec*[425] eine Überprüfung der Vereinbarkeit der Wegzugsbesteuerung mit der Kapitalverkehrsfreiheit in Drittstaatenfällen für unnötig, da die Kapitalverkehrsfreiheit hinter die Niederlassungsfreiheit zurücktreten müsse. Allerdings war in der Entscheidung noch § 17 EStG a.F. anzuwenden, wonach nur Veräußerungen von Beteiligungen in Höhe von 25 % an einer Kapitalgesellschaft eine Besteuerung auslösten. Indem Sachverhalte, denen eine solche Beteiligungshöhe zugrunde lag, in den Anwendungsbereich der Niederlassungsfrei-

---

416 *Ress/Ukrow*, in: Grabitz/Hilf/Nettesheim, Das Recht der Europäischen Union, Art. 63 AEUV Rn. 231.

417 EuGH, Beschluss vom 10. 5. 2007, Rs. C-492/04, *Lasertec*, Slg. 2007, S. I-3775, Rn. 21-22.

418 EuGH, Urteil vom 26. 6. 2008, Rs. C-284/06, *Burda*, Slg. 2008, S. I-4571, Rn. 68-73.

419 EuGH, Urteil vom 18. 6. 2009, Rs. C-303/07, *Aberdeen Property Fininvest Alpha Oy*, Slg. 2009, S. I-5145, Rn. 30-36.

420 EuGH, Urteil vom 21. 1. 2010, Rs. C-311/08, *Société de Géstion Industrielle*, Slg. 2010, S. 00487, Rn. 23-37.

421 EuGH, Urteil vom 19. 5. 2009, Rs. C-531/06, *Kommission/Italien*, Slg. 2008, S. I-4103, Rn. 40-42.

422 *Hindelang*, IStR 2010, S. 443, 444.

423 *Mitschke*, FR 2009, S. 898, 900; *Schönfeld*, IStR 2009, S. 902, 903; *ders.*, IStR 2011, S. 219, 222.

424 *Mitschke*, FR 2009, S. 898, 900; *Schönfeld*, IStR 2009, S. 902, 903; *ders.*, IStR 2011, S. 219, 222.

425 EuGH, Beschluss vom 10. 5. 2007, Rs. C-492/04, *Lasertec*, Slg. 2007, S. I-3775.

heit fielen und die Kapitalverkehrsfreiheit wiederum hinter die Niederlassungsfreiheit zurücktrat, erübrigte sich nach der Ansicht des BFH eine weitere Prüfung der Drittstaatenproblematik.[426]

Mittlerweile genügt jedoch eine Beteiligung von 1% für die Anwendbarkeit von § 6 AStG i.V.m. § 17 EStG, so dass ein Exklusivitätsverhältnis zwischen Kapitalverkehrsfreiheit und Niederlassungsfreiheit in Bezug auf § 6 AStG nicht mehr angenommen werden kann. Während eine Besteuerung nach § 17 EStG a.F. noch mit der Gleichstellung der Position des Anteilseigners mit der Geschäftsführung einer Gesellschaft und daher mit dem beherrschenden Einfluss des Anteilseigners begründet wurde, kann diese Rechtfertigung nach der Herabsenkung der Schwelle von 25 % auf schließlich 1 % nicht mehr aufrecht gehalten werden.[427] Eine Beteiligung in Höhe von nur 1 % vermittelt dem Anteilseigner keinen beherrschenden Einfluss auf die Geschäftsführung der Kapitalgesellschaft, so dass die Auflösung des Konkurrenzverhältnisses zugunsten der Niederlassungsfreiheit bereits auf der ersten Stufe der Prüfung scheitert. Sollte es sich im konkreten Einzelfall dennoch um eine Beteiligung handeln, die dem Anteilseigner einen beherrschenden Einfluss auf Gesellschaft erlaubt, so steht dies der Anwendung der Kapitalverkehrsfreiheit nicht entgegen, da die zweite (konkrete) Stufe der Prüfung des EuGH lediglich der Überprüfung der Richtigkeit des auf der ersten Stufe gefundenen Ergebnisses dient.[428]

Zusammenfassend ist damit festzustellen, dass die Drittstaatenproblematik der Kapitalverkehrsfreiheit hinsichtlich § 6 AStG nicht auf Grund der vorwiegenden Anwendbarkeit der Niederlassungsfreiheit gelöst werden kann.

3. Strenge Subsidiarität der Kapitalverkehrsfreiheit

Eine gewisse Nähe zu der Ansicht, die von einem Exklusivitätsverhältnis zwischen der Niederlassungsfreiheit und der Kapitalverkehrsfreiheit ausgeht, kann einer weiteren Ansicht nicht abgesprochen werden. Diese Ansicht versucht das Konkurrenzproblem zwischen den Grundfreiheiten im Wege der Subsidiarität der Kapitalverkehrsfreiheit gegenüber den anderen Grundfreiheiten zu lösen. Dieser Ansatz hat zur Folge, dass in Drittstaatenfällen der Grundfreiheitenschutz vollständig ausgeschlossen ist, wenn der Sachverhalt auch die anderen Grund-

---

426 BFH, Urteil vom 25. 8. 2009 – I R 88, 89/07, BFH/NV 2009, S. 2047, 2052.

427 *Landsittel/Haug*, BB 1999, S. 2218, 2221; *Schüpen/Sanna*, BB 2001, S. 2397, 2397; *Eilers/Schimdt*, in: Herman/Heuer/Raupach, EStG, § 17 Rn. 9; vgl. *Schulte*, DB 2000, S. 1043, 1046-1047.

428 Vgl. *Mitschke*, FR 2009, S. 898, 900; *Schönfeld*, IStR 2009, S. 902, 903; *ders.*, IStR 2011, S. 219, 222.

freiheiten betrifft.[429] Gemäß Art. 65 Abs. 2 AEUV berührt nämlich das Kapitel über den Kapital- und Zahlungsverkehr „nicht die Anwendbarkeit von Beschränkungen des Niederlassungsrechts, die mit den Verträgen vereinbar sind“. Dieser Schrankenvorbehalt bezweckt den Schutz der Interessen der Mitgliedstaaten, deren berechtigte Beschränkungen der Niederlassungsfreiheit nicht auf Grund einer möglicherweise unzulässigen Beschränkung der Kapitalverkehrsfreiheit ausgehebelt werden sollen.[430]

Daraus wird wiederum in Bezug auf Drittstaaten geschlossen, dass der Geltungsbereich der Kapitalverkehrsfreiheit räumlich nicht über den Geltungsbereich der Niederlassungs- oder Dienstleistungsfreiheit hinausgehen könne, wenn in einem Drittstaatensachverhalt neben der Kapitalverkehrsfreiheit auch andere Grundfreiheiten betroffen sind. Eine Stütze für diese These könne dem Gedanken des Art. 64 AEUV entnommen werden, der die Beschränkungen des Kapitalverkehrs mit Drittstaaten für zulässig erachtet, wenn damit zugleich auch die durch Art. 49 und 56 AEUV gewährten Grundfreiheiten begrenzt werden.[431]

Die Ersatztatbestände des § 6 Abs. 1 Satz 2 Nr. 1 und 3 AStG könnten nach dieser Ansicht nur in solchen Fällen auf ihre Vereinbarkeit mit der Kapitalverkehrsfreiheit überprüft werden, in denen nicht auch eine andere Grundfreiheit einschlägig ist. Der im Inland lebende Erbe des Alleingesellschafters eines mittelständischen Unternehmens, das in der Form einer GmbH betrieben wird, kann in Anbetracht der drohenden Besteuerung nach § 6 Abs. 1 Satz 2 Nr. 1 AStG durchaus vor der Erbschaft von seinem Recht auf Niederlassung in einem anderen Staat abgehalten werden.[432] Angesichts der Betroffenheit der Niederlassungsfreiheit würde die Kapitalverkehrsfreiheit hinter diese zurücktreten, so dass in einem Drittstaatenfall ein Grundfreiheitenschutz nach dieser Ansicht gänzlich ausgeschlossen wäre.[433]

Eine Beschränkung des räumlichen Anwendungsbereichs der Kapitalverkehrsfreiheit ergibt jedoch nur bei Normen einen Sinn, deren vorwiegender Regelungszweck in der Beschränkung der Niederlassungs- oder Dienstleistungs-

---

429 *Ohler*, Europäische Kapital- und Zahlungsverkehrfreiheit, Art. 56 EGV, Rn. 215.

430 *Haferkamp*, Die Kapitalverkehrsfreiheit im System der Grundfreiheiten des EG-Vertrages, Diss., Bonn 2002, S. 223; *Kiemel*, in: von der Groeben/Schwarze, EUV/EGV, Art. 58 EGV Rn. 29; *Bröhmer*, in: Calliess/Ruffert, EUV/AEUV, Art. 65 AEUV Rn. 38; vgl. *Schön*, in: Gocke/Gosch/Lang, FS für Wassermeyer, S. 489, 500.

431 *Ohler*, Europäische Kapital- und Zahlungsverkehrfreiheit, Art. 56 EGV, Rn. 215.

432 Vgl. in Bezug auf die Erbschaftsteuer *Müller-Etienne*, Die Europarechtswidrigkeit des Erbschaftsteuerrechts, Diss., Hamburg 2002, S. 142; vgl. in Bezug auf § 6 Abs. 3 Nr. 1 AStG a.F. *Schnitger*, BB 2004, S. 804, 808; vgl. in Bezug auf § 6 Abs. 1 Satz 2 Nr. 1 AStG *Werner*, Systemgerechte Entstrickung im Steuerrecht, Diss., Bonn 2009, S. 155.

433 Vgl. *Ohler*, Europäische Kapital- und Zahlungsverkehrfreiheit, Art. 56 EGV, Rn. 215.

freiheit besteht und die Beschränkung der Kapitalverkehrsfreiheit dazu nur von untergeordneter Bedeutung ist. Ein grenzüberschreitender Sachverhalt hat aber häufig mehrere Dimensionen, so dass nicht ausgeschlossen ist, dass eine steuerrechtliche Norm, die vorwiegend den Kapitalverkehr betrifft, auch eine beschränkende Wirkung auf die Niederlassungsfreiheit des Betroffenen entfaltet. Bei steuerrechtlichen Normen, die Angelegenheiten des Kapitalverkehrs berühren, steht aber in der Regel die Besteuerung einer Kapitalanlage im Vordergrund, so dass die Elemente der Kapitalverkehrsfreiheit die Elemente der Niederlassungsfreiheit überwiegen.[434]

Auch bei den Ersatztatbeständen des § 6 Abs. 1 Satz 2 Nr. 1 und 3 AStG überwiegt die Belastung des Kapitalverkehrs. Die § 6 Abs. 1 Satz 2 Nr. 1 und 3 AStG zielen nämlich überhaupt nicht auf die Beschränkung der Dienstleistungsfreiheit und nur nachrangig auf eine Beschränkung der Niederlassungsfreiheit ab.[435] Die Versagung des Schutzes der durch Art. 63 AEUV gewährleisteten Grundfreiheit auf Grund einer im Vergleich zur Beschränkung der Kapitalverkehrsfreiheit weniger intensiven Beschränkung der Niederlassungsfreiheit ist nicht angemessen. Schließlich schreckt § 6 Abs. 1 Satz 2 Nr. 1 AStG den Erblasser oder Schenker eher von seinem Recht aus Art. 63 AEUV ab, die Anteile auf eine im Drittstaat ansässige Person zu übertragen, als den Erben von seinem Recht auf Niederlassung in einem anderen Staat.

Im Übrigen reduziert die Subsidiarität der Kapitalverkehrsfreiheit gegenüber allen anderen Grundfreiheiten, die bei einem Drittstaatsachverhalt berührt sein könnten, zwangsläufig den Anwendungsbereich des Art. 63 AEUV. Eine solche generelle Beschränkung der Kapitalverkehrsfreiheit widerspricht jedoch der beharrlich fortschreitenden Liberalisierung des Kapitalverkehrs in den letzten Jahrzehnten, die in der Gleichstellung der Kapitalverkehrsfreiheit mit den anderen Grundfreiheiten gipfelte.[436] Die Kapitalverkehrsfreiheit steht daher nicht in einem Subsidiaritätsverhältnis zu den anderen Grundfreiheiten.

IV. Uneingeschränkte Drittwirkung der Kapitalverkehrsfreiheit

Die Kapitalverkehrsfreiheit ist daher uneingeschränkt auf Drittstaatenfälle anwendbar. Eine sich auf Grund der fehlenden Harmonisierung des Kapitalverkehrs mit Drittstaaten ergebende Notwendigkeit, den Kapitalverkehr mit Dritt-

434 Vgl. *Schön*, in: Gocke/Gosch/Lang, FS für Wassermeyer, S. 489, 501.

435 *Werner*, Systemgerechte Entstrickung im Steuerrecht, Diss., Bonn 2009, S. 155, 190.

436 *Kemmerer*, Kapitalverkehrsfreiheit und Drittstaaten, Diss., Frankfurt am Main 2009, S. 97.

staaten restriktiveren Regelungen zu unterwerfen als den unionsinternen Kapitalverkehr, muss somit im Rahmen der Rechtfertigung durch weniger strenge Rechtfertigungsmaßstäbe angemessen berücksichtigt werden, sofern die Besteuerung nach § 6 Abs. 1 Satz 2 Nr. 1 und 3 AStG überhaupt eine Beschränkung der Kapitalverkehrsfreiheit darstellt.[437]

D. Beschränkung der Kapitalverkehrsfreiheit

Nach Art. 63 Abs. 1 AEUV sind alle Beschränkungen des Kapitalverkehrs zwischen den Mitgliedstaaten sowie zwischen den Mitgliedstaaten und dritten Ländern verboten. Art. 63 Abs. 1 AEUV beschränkt sich angesichts seines Wortlautes nicht nur auf das Verbot von Diskriminierungen, sondern untersagt allgemein jegliche Beschränkung des Kapitalverkehrs, so dass der Norm ein Beschränkungsverbot entnommen wird.[438] Grundsätzlich verbietet nach der semantischen Auslegung von Art. 63 AEUV durch den EuGH[439] diese Vorschrift jede Beschränkung des Kapitalverkehrs durch Maßnahmen der Mitgliedstaaten untereinander oder gegenüber Drittstaaten.[440] Dem Begriff „Beschränkungen" legt der EuGH damit ein sehr weites Verständnis zugrunde, so dass bereits Maßnahmen, die Finanzmarktteilnehmer lediglich von einer Investition abhalten könnten, als Beschränkungen im Sinne des Art. 63 Abs. 1 AEUV erachtet werden.[441]

---

437 *Kemmerer*, Kapitalverkehrsfreiheit und Drittstaaten, Diss., Frankfurt am Main 2009, S. 104-105.

438 Vgl. EuGH, Urteil vom 26. 9. 2000, Rs. C-478/98, *Kommission/Belgien*, Slg. 2000, S. I-7587, Rn. 27; *Zuleeg*, in: Due/Lutter/Schwarze, FS für Everling, Band II, S. 1717, 1726; *Schön*, in: ders., GS für Knobbe-Keuk, S. 743, 755; *Glöckner*, EuR 2000, S. 592, 608-609; *Frenz*, Handbuch Europarecht – Band 1, Rn. 2795, S. 1053; *Hahn*, DStZ 2005, S. 469, 480.

439 Vgl. EuGH, Urteil vom 4. 6. 2002, Rs. C-483/99, *Goldene Aktien II (Kommission/Frankreich)*, Slg. 2002, S. I-4781, Rn. 35, 40; Urteil vom 13. 5. 2003, Rs. C-98/01, *Goldene Aktien V (Kommission/Vereinigtes Königreich)*, Slg. 2003, S. I-4641, Rn. 38, 43; Urteil vom 28. 9. 2006, Rs. C-282/04 und C-283/04, *Kommission/Niederlande*, Slg. 2006, S. I-9141, Rn. 18; Urteil vom 23. 10. 2007, Rs. C-112/05, *Kommission/Deutschland*, Slg. 2007, S. I-8995, Rn. 17; Urteil vom 6. 12. 2007, Rs. C-463/04 und C-464/04, *Federconsumatori*, Slg. 2007, S. I-10419, Rn. 19.

440 *Ress/Ukrow*, in: Grabitz/Hilf/Nettesheim, Das Recht der Europäischen Union, Art. 63 AEUV Rn. 134.

441 EuGH, Urteil vom 14. 11. 1995, Rs. C-484/93, *Svensson und Gustavsson*, Slg. 1995, S. I-3955, Rn. 10; Urteil vom 14. 10. 1999, Rs. C-439/97, *Sandoz*, Slg. 1999, S. I-7041, Rn. 19; Urteil vom 26. 9. 2000, Rs. C-478/98, *Kommission/Belgien*, Slg. 2000, S. I-7587, Rn. 18; Urteil vom 4. 6. 2002, Rs. C-483/99, *Goldene Aktien II (Kommission/Frankreich)*, Slg. 2002, S. I-4781, Rn. 41; Urteil vom 4. 6. 2002, Rs. C-367/98,

Das durch Art. 63 Abs. 1 AEUV postulierte Verbot der Beschränkung der Kapitalverkehrsfreiheit erstreckt sich nicht nur auf die direkten devisenrechtlichen Restriktionen, sondern es umfasst auch sämtliche indirekten Einschränkungen des Kapitalverkehrs, die die Rechts- und Verwaltungsvorschriften der Mitgliedstaaten vorsehen.[442] Insbesondere steuerliche Regelungen sind dazu geeignet, den freien Kapitalverkehr nicht unerheblich zu beeinflussen, obgleich diese Einflussnahme nicht das vorrangige Ziel der Norm sein muss.[443]

Die Auslösung einer Besteuerung nach § 6 Abs. 1 Satz 2 Nr. 1 AStG bei der Übertragung der Anteile auf eine nicht unbeschränkt steuerpflichtige Person ist grundsätzlich dazu geeignet, den Anteilseigner davon abzuhalten, seine Anteile einem Gebietsfremden entweder durch eine Schenkung oder im Wege der Erbfolge zu vermachen.[444]

Bezüglich der Besteuerung nach § 6 Abs. 1 Satz 2 Nr. 3 AStG muss zunächst festgestellt werden, dass die Besteuerung einer Überführung von Privatvermögen in das Betriebsvermögen eines Unternehmens durch die Kapitalver-

---

Goldene Aktien III (Kommission/Portugal), Slg. 2002, S. I-4731, Rn. 45; Urteil vom 11. 12. 2003, Rs. C-364/01, *Erben von Barbier*, Slg. 2003, S. I-15013, Rn. 62; Schlussanträge des GA Léger vom 30. 6. 2005, Rs. C-513/03, *van Hilten*, Slg. 2006, S. I-1957, Rn. 61; auch die Literatur geht von einem weiten Verständnis aus, indem sie die Dassonville-Formel analog anwendet, vgl. *Weber*, EuZW 1992, S. 561, 562-563; *Eicker/Obser*, IStR 2004, S. 443, 443; *Kotzur*, in: Geiger/Khan/Kotzur, EUV/AEUV, Art. 63 AEUV Rn. 7; *Ress/Ukrow*, in: Grabitz/Hilf/Nettesheim, Das Recht der Europäischen Union, Art. 63 AEUV Rn. 134; zum Teil wird das Weite Verständnis mit dem Sinn und Zweck des Vertrages und dem „effet utile" begründet, vgl. *Juillard*, in: Weber, FS für Hahn, S. 177, 178-179; *Smits*, in: Weber, FS für Hahn, S. 245, 249-250; zum Begriff „effet utile" vgl. *Streinz*, in: Due/Lutter/Schwarze, FS für Everling, Band II, S. 1491, 1506-1507.

442 *Kiemel*, in: von der Groeben/Schwarze, Art. 56 Rn. 17; vgl. *Bleckmann*, Europarecht, Rn. 1707-1710.

443 *Kiemel*, in: von der Groeben/Schwarze, Art. 56 Rn. 17; vgl. *Seidel*, in: Randelhofer/Scholz/Wilke, GS für Grabitz, S. 763, 765-766.

444 Vgl. zur Notwendigkeit der Berücksichtigung der Besteuerung nach § 6 Abs. 1 Satz 2 Nr. 1 AStG bei der Erbfolge *Baßler*, FR 2008, S. 851ff.; *Krawitz/Kalbitzer*, in: Spindler, FS für Schaumburg, S. 835ff.; *Scherer*, NJW 2012, S. 204, 205; vgl. auch EuGH, Urteil vom 21. 11. 2002, Rs. C-436/00, *X und Y*, Slg. 2002, S. I-10829, Rn. 70, der in einer schwedischen Regelung, die eine Übertragung von Anteilen zu einem ermäßigten Preis auf eine außerhalb von Schweden ansässige juristische Person wie eine Veräußerung dieser Anteile behandelte und dementsprechend den fiktiven Gewinn besteuerte, als eine Beschränkung der Kapitalverkehrsfreiheit erachtete; vgl. dazu *Rehfeld*, Die Vereinbarkeit des Außensteuergesetzes mit den Grundfreiheiten des EG-Vertrags, Diss., Bochum 2007, S. 215.

kehrsfreiheit nicht per se verboten ist, sondern durchaus zulässig sein kann.[445] Die Besteuerung der Einlage ist unter dem Gesichtspunkt der Kapitalverkehrsfreiheit deshalb problematisch, da es durch § 6 Abs. 1 Satz 2 Nr. 3 AStG zu einer Ungleichbehandlung von Inlandsfällen und Fällen mit grenzüberschreitendem Charakter kommt. Die Ungleichbehandlung von Inlands- und Auslandsfällen wird anhand von § 6 Abs. 1 Nr. 5 Buchst. b EStG deutlich, wonach Einlagen von privaten Anteilen an Kapitalgesellschaften in (inländische) Betriebsstätten höchstens mit den Anschaffungskosten anzusetzen sind.[446] Im Gegensatz dazu fingiert § 6 Abs. 1 Satz 2 Nr. 3 AStG einen Veräußerungsgewinn bei der Einlage der Anteile in eine ausländische Betriebsstätte, so dass es zu einer Ungleichbehandlung im Verhältnis zu inländischen Vorgängen kommt. Des Weiteren ist die Besteuerung einer Einlage der Anteile in das Betriebsvermögen eines ausländischen Betriebs oder einer ausländischen Betriebsstätte dazu geeignet, den Anteilseigner von einer Investition in den ausländischen Betrieb oder die ausländische Betriebsstätte abzuhalten.[447] Daher ist abschließend festzustellen, dass sowohl die Besteuerung nach § 6 Abs. 1 Satz 2 Nr. 1 AStG als auch die Besteuerung nach § 6 Abs. 1 Satz 2 Nr. 3 AStG eine Beschränkung des Kapitalverkehrs darstellen.[448]

E. Rechtfertigung der Beschränkung

Für jede Beschränkung der Grundfreiheit gilt grundsätzlich, dass sie nur dann gerechtfertigt ist, wenn sie ein im Allgemeininteresse liegendes Ziel verfolgt und sie zur Erreichung dieses Ziels auch erforderlich ist.[449] Des Weiteren darf sie nicht über das für die Erreichung des legitimen Ziels erforderliche Maß hinausgehen.[450] Ob bei der Rechtfertigung von Beschränkungen des Kapitalverkehrs mit Drittstaaten die gleichen Maßstäbe anzuwenden sind wie bei Be-

---

445 *Kraft*, in: ders., AStG, § 6 Rn. 101.

446 *Kraft*, in: ders., AStG, § 6 Rn. 101.

447 Vgl. zu der schwedischen Regelung EuGH, Urteil vom 21. 11. 2002, Rs. C-436/00, *X und Y*, Slg. 2002, S. I-10829, Rn. 70.

448 Die Frage der Beschränkung der Kapitalverkehrsfreiheit durch § 6 Abs. 1 Satz 2 Nr. 3 AStG offen lassend *Boller/Euchner/Schmidt*, in: Wöhrle/Schelle/Gross, AStG, § 6 Rn. 217.

449 Vgl. *Strunk/Kaminski*, in: Strunk/Kaminski/Köhler, AStG, § 6 Rn. 35.

450 EuGH, Urteil vom 11. 3. 2004, Rs. C-9/02, *Hughes de Lasteyrie du Saillant*, Slg. 2004, S. I-2409, Rn. 49; Urteil vom 7. 9. 2006, Rs. C-470/04, *N*, Slg. 2006, S. I-7409, Rn. 40; vgl. *Strunk/Kaminski*, in: Strunk/Kaminski/Köhler, AStG, § 6 Rn. 35.

schränkungen, die ausschließlich den Kapitalverkehr innerhalb der EU betreffen, ist bislang ungeklärt.[451]

Eine vorbehaltlose Übernahme der zu den Beschränkungen des unionsinternen Kapitalverkehrs entwickelten Grundsätze ist mangels Reziprozität in der Liberalisierung der nationalen Gesetzgebung der Drittstaaten[452] indes nicht angemessen.[453] Insbesondere der Ergänzung des Art. 65 AEUV um den Absatz 4 kann die Aussage entnommen werden, dass den Mitgliedstaaten bei der Beschränkung des Kapitalverkehrs mit Drittstaaten im Vergleich zu Beschränkungen des unionsinternen Kapitalverkehrs ein größerer Spielraum zur Verfügung steht.[454] Art. 65 Abs. 4 AEUV beschreibt nämlich das Verfahren, nach dem die einzelnen Mitgliedstaaten unter Einbeziehung der Kommission oder des Rates im Bereich des Steuerrechts restriktive Maßnahmen gegenüber Drittstaaten ergreifen können. Die ausdrückliche Normierung nationaler Alleingänge infolge des Vertrages von Lissabon zeigt, dass der Vertragsgesetzgeber restriktivere Beschränkungen des Kapitalverkehrs mit Drittstaaten im Vergleich zu Restriktionen des unionsinternen Kapitalverkehrs für angemessen hält. Die Rechtfertigung der Beschränkung des Kapitalverkehrs durch die Ersatztatbestände des § 6 Abs. 1 Satz 2 Nr. 1 und 3 AStG muss daher dem besonderen Interesse der Mitgliedstaaten, ihre Besteuerungsrechte vor allem gegenüber Steueroasen abzusichern, Rechnung tragen.[455]

Einen zurückhaltenderen Maßstab wendet auch die Rechtsprechung bei Beschränkungen des Kapitalverkehrs mit Drittstaaten an. Dementsprechend stützt sich der BFH in einem zu § 6 AStG ergangenen Urteil auf die Rechtsprechung des EuGH[456] und spricht sich angesichts der Gesetzgebung der Drittstaaten, die mangels Anwendbarkeit der EG-Amtshilferichtlinie keine Harmonisierungsanstrengungen unternehmen mussten, für einen anderen Rechtfertigungsmaßstab aus.[457] Mögliche Rechtfertigungsgründe für die Beschränkung des Kapitalverkehrs mit Drittstaaten stellen nach der Auffassung des BFH die wirksame Steu-

---

451 *Hahn*, DStZ 2005, S. 469, 480; *Schnitger*, IStR 2005, S. 493, 493; *Schön*, in: Gocke/Gosch/Lang, FS für Wassermeyer, S. 489, 491; vgl. *Rehm/Nagler*, IStR 2005, S. 261, 267; *Schwenke*, IStR 2006, S. 748, 751; *Sedemund*, BB 2006, S. 2781, 2784; *Jacobs*, Internationale Unternehmensbesteuerung, S. 215.

452 *Rehm/Nagler*, IStR 2005, S. 261, 265.

453 *Stahl*, EC Tax Review 2004, S. 47, 50; *Schnitger*, IStR 2006, S. 493, 494.

454 *Zorn*, IStR 2010, S. 190, 194.

455 Vgl. *Schön*, in: Gocke/Gosch/Lang, FS für Wassermeyer, S. 489, 512, der eine Sonderbehandlung von Finanzanlagen in Steueroasen durch die deutsche Finanzverwaltung anregt.

456 EuGH, Urteil vom 12. 12. 2006, Rs. C-446/04, *Test Claimants in the FII Group Litigation*, Slg. 2006, S. I-11753, Rn. 171-172.

457 BFH, Urteil vom 25. 8. 2009 – I R 88, 89/07, BFH/NV 2009, S. 2047, 2054.

eraufsicht und Steuerkontrolle sowie die Verhinderung von Steuerumgehung und Steuerhinterziehung dar.[458]

Der grundsätzlich größere Spielraum, der dem Gesetzgeber bei Beschränkungen des Kapitalverkehrs im Verhältnis zu Drittstaaten zugestanden wird, darf jedoch nicht als ein „Freibrief"[459] missverstanden werden, sondern es muss auch in diesen Sachverhalten dem Grundsatz der Verhältnismäßigkeit Beachtung geschenkt werden.[460] Dementsprechend müssen auch Maßnahmen, die den Kapitalverkehr mit Drittstaaten betreffen, dem Verhältnismäßigkeitsgrundsatz entsprechen, so dass sie das erstrebte Ziel in geeigneter und erforderlicher Weise erreichen müssen.[461]

I. Art. 64 AEUV als Rechtfertigung

Einer Auseinandersatzung mit der von dem EuGH entwickelten Rechtfertigungsdogmatik bedarf es allerdings nicht, wenn auf Grund der in Art. 64 Abs. 1 AEUV vorgesehenen Stillhalteklausel Art. 63 Abs. 1 AEUV durch die Regelungen des § 6 Abs. 1 Satz 2 Nr. 1 und 3 AStG überhaupt nicht betroffen ist. Gemäß Art. 64 Abs. 1 AEUV berührt Art. 63 AEUV nämlich nicht die Anwendung derjenigen Beschränkungen des Kapitalverkehrs mit Drittstaaten, die am 31. Dezember 1993 bereits bestanden haben.

In Hinblick auf die Geschichte der Wegzugsbesteuerung, die im Jahre 1972 mit dem Außensteuergesetz eingeführt worden ist,[462] könnte die Stillhalteklausel des Art. 64 Abs. 1 AEUV greifen. Zwar hat auch die Wegzugsbesteuerung seit dem 1. Januar 1994 einige Veränderungen, insbesondere infolge des SEStEG, erfahren müssen, die zur Diskussion stehenden Ersatztatbestände existierten aber im Wesentlichen bereits seit der Einführung des AStG.[463] Wesentlich gravierender als die Änderungen im Rahmen des SEStEG waren für die Steuerpflichtigen jedoch die Veränderungen, die § 17 EStG, auf den § 6 AStG verweist, seit dem 1. Januar 1994 durchlaufen hat. Innerhalb von wenigen Jahren

---

458 BFH, Urteil vom 25. 8. 2009 – I R 88, 89/07, BFH/NV 2009, S. 2047, 2054, mit Hinweis auf EuGH, Urteil vom 11. 10. 2007, Rs. C-451/05, *ELISA*, Slg. 2007, S. I-8251.

459 *Wunderlich*, EuZW 2008, S. 122. 123.

460 *Dörr*, FR 2009, S. 555, 566.

461 BFH, Urteil vom 25. 8. 2009 – I R 88, 89/07, BFH/NV 2009, S. 2047, 2054-2055, mit Hinweis auf EuGH, Urteil vom 4. 3. 2004, Rs. C-334/02, *Kommission/Frankreich*, Slg. 2004, S. I-2229, Rn. 28; BFH, Urteil vom 18. 11. 2008 – VIII R 24/07, BStBl. II 2009, S. 518, 522.

462 *Kraft*, in: ders., AStG, § 6 Rn. 1.

463 Vgl. § 6 Abs. 3 Nr. 1, 3 AStG a.F..

hat der Gesetzgeber die Mindestbeteiligung, ab der die Anteile eines Steuerpflichtigen als eine wesentliche Beteiligung im Sinne des § 17 EStG zu bewerten sind, von ursprünglich 25 % auf 10 % zum 1. Januar 1999 und auf 1 % zum 1. Januar 2002 gesenkt.[464] Damit hat der Gesetzgeber auch gleichzeitig den Regelungsumfang der Wegzugsbesteuerung erheblich erweitert und verschärft. Die jetzige Mindestquote von 1 % lässt sich nicht mehr mit dem ursprünglichen Grundgedanken des § 17 EStG vereinbaren, der darin bestand, dass ausnahmsweise auf Grund der Ähnlichkeit eines zu mindestens 25 % am Gesellschaftskapital Beteiligten mit einem Mitunternehmer der Gewinn aus der Veräußerung von Privatvermögen steuerbar ist.[465]

Angesichts der neuen Wesentlichkeitsschwelle ist der Vergleich des Anteilseigners im Sinne des § 17 EStG mit einem Mitunternehmer und der Nähe der Position des Anteilseigners mit der Geschäftsführung einer Gesellschaft nicht mehr vertretbar.[466] Die vormalige Mindestbeteiligung von ursprünglich 25 % spiegelte die notwendige Sperrminorität wider, um Entscheidungen über Satzungsänderungen[467] und den Beschluss über die Liquidation[468] zu verhindern,[469] sowie den Beschluss über einen Unternehmensvertrag zu blockieren.[470] Dem Anteilseigner stehen jedoch bei einer derart geringen Mindestbeteiligung, wie sie von § 17 Abs. 1 EStG vorgesehen wird, kaum noch rechtliche Einflussmöglichkeiten zur Verfügung.[471] Die jetzige 1%-Quote führt zu einer geänderten Rechtfertigung der Besteuerung nach § 17 EStG, da nunmehr der „realisierte Substanzzuwachs“[472] in der Beteiligung besteuert wird, womit der Veräußerungsgewinn und laufende Einkünfte im Sinne von Dividenden in gleicher Wei-

464 Zur Rechtsentwicklung der Mindestquote einer wesentlichen Beteiligung in § 17 EStG *Weber-Grellet*, in: Schmidt, EStG, § 17 Rn. 35.

465 BFH, Urteil vom 21. 12. 1993 – VIII R 69/88, BStBl. II 1994, S. 648, 649; RT-Drucks. III. Wahlperiode (1924/1925) Nr. 795, S. 56; *Wolff-Diepenbrock*, in: Kirchhof/Offerhaus/Schöberle, FS für Klein, S. 875; *Schüppen/Sanna*, BB 2001, S. 2397, 2397; *Weber-Grellet*, in: Schmidt, EStG, § 17 Rn. 3.

466 *Landsittel/Haug*, BB 1999, S. 2218, 2221; *Schulte*, DB 2000, S. 1043, 1046-1047; *Schüpen/Sanna*, BB 2001, S. 2397, 2397; *Eilers/Schimdt*, in: Herman/Heuer/Raupach, EStG, § 17 Rn. 9.

467 Vgl. § 53 Abs. 2 GmbHG, § 179 Abs. 2 AktG.

468 Vgl. § 60 Abs. 1 Nr. 2 GmbHG, § 262 Abs. 1 Nr. 2 AktG.

469 *Landsittel/Haug*, BB 1999, S. 2218, 2220-2221.

470 *Landsittel/Haug*, BB 1999, S. 2218, 2221; *Lutter/Hommelhoff*, in: Lutter/Hommelhoff, GmbHG, Anh. § 13 Rn. 63; *Casper*, in: Ulmer/Habersack/Winter, GmbHG, Anh. § 77 Rn. 190; a.A. *Priester/Weil*, in: Scholz/Priester, GmbHG, § 53 Rn. 171, die Einstimmigkeit für erforderlich halten.

471 *Eilers/Schimdt*, in: Herman/Heuer/Raupach, EStG, § 17 Rn. 10.

472 *Weber-Grellet*, in: Schmidt, EStG, § 17 Rn. 3.

se behandelt werden.[473] Die Neufassung des § 17 EStG hat zur Folge, dass auch die Zahl der nach § 6 AStG Steuerpflichtigen seit der Absenkung der Wesentlichkeitsschwelle erheblich gestiegen ist. Diese Veränderung lässt sich mit dem ursprünglichen Grundgedanken von § 6 AStG und § 17 EStG nicht mehr vereinbaren, so dass Art. 64 Abs. 1 AEUV nicht zur Anwendung kommt.[474] Daher ist die Beschränkung der Kapitalverkehrsfreiheit durch die Ersatztatbestände des § 6 Abs. 1 Satz 2 Nr. 1 und 3 AStG rechtfertigungsbedürftig.

II. Prüfung der Rechtfertigung

Eine unionsrechtskonforme Beschränkung der Kapitalverkehrsfreiheit durch die Besteuerung nach § 6 Abs. 1 Satz 2 Nr. 1 und 3 AStG verlangt, dass mit der Besteuerung ein im Allgemeininteresse liegendes Ziel in erforderlicher und verhältnismäßiger Weise verfolgt wird. Zwar könnte dem Wortlaut von Art. 65 Abs. 1 Nr. 1 Buchst. a AEUV, wonach Art. 63 AEUV „nicht das Recht der Mitgliedstaaten [berührt,] die einschlägigen Vorschriften ihres Steuerrechts anzuwenden, die Steuerpflichtige mit unterschiedlichem Wohnort oder Kapitalanlageort unterschiedlich behandeln", ein Steuervorbehalt mit dem Inhalt entnommen werden, dass die Steuergesetze der Mitgliedstaaten nicht in den Schutzbereich der Kapitalverkehrsfreiheit fallen,[475] weshalb auch die Beschränkung der Kapitalverkehrsfreiheit durch § 6 Abs. 1 Satz 2 Nr. 1 und 3 AStG allein auf Grund dieses Steuervorbehalts gerechtfertigt sein könnte.[476]

Eine solche Auslegung der Vorschrift greift allerdings entschieden zu kurz.[477] Art. 65 Abs. 3 AEUV stellt nämlich klar, dass die in den Absätzen 1 und 2 genannten Maßnahmen weder ein Mittel zur willkürlichen Diskriminierung noch eine verschleierte Beschränkung des freien Kapital- und Zahlungsverkehrs im Sinne des Art. 63 AEUV sein dürfen. Daraus muss wiederum der Umkehrschluss gezogen werden, dass alle Beschränkungen der Kapitalverkehrsfreiheit durch die Steuergesetzgebung zulässig sind, solange sie keine willkürliche Diskriminierung oder keine verschleierte Beschränkung des freien Kapitalverkehrs

---

473 *Schüpen/Sanna*, BB 2001, S. 2397; *Weber-Grellet*, in: Schmidt, EStG, § 17 Rn. 3.

474 *Bron*, IStR 2006, S. 296, 301; *Lang/Lüdicke/Reich*, IStR 2008, S. 709, 711; vgl. *Werner*, Systemgerechte Entstrickung im Steuerrecht, Diss., Bonn 2009, S. 192.

475 *De Bont*, EC Tax Review 1995, S. 136, 138-140; vgl. *Ress/Ukrow*, in: Grabitz/Hilf/Nettesheim, Das Recht der Europäischen Union, Art. 65 AEUV Rn. 17.

476 *Bron*, IStR 2006, S. 296, 300.

477 Vgl. EuGH, Urteil vom 6. 6. 2000, Rs. C-35/98, *Verkooijen*, Slg. 2000, S. I-4071, Rn. 37-46; *Schön.*, in: ders., GS für Knobbe-Keuk, S. 743, 766-768; *ders.*, DB 2001, S. 940, 942-943.

darstellen.[478] Die in Art. 65 Abs. 1 Nr. 1 Buchst. a AEUV enthaltene Bereichsausnahme ist im Ergebnis damit nur die normierte Rechtsprechung des EuGH zu den Grundfreiheiten.[479] Schließlich hat der EuGH klargestellt, dass die Rechtfertigung einer Beschränkung des Kapitalverkehrs nur dann auf Art. 65 Abs. 1 Nr. 1 Buchst. a AEUV gestützt werden kann, wenn die Beschränkung aus Gründen des Allgemeininteresses notwendig ist.[480] Dabei darf die steuerliche Norm den Kapitalverkehr nicht mehr beschränken, als dies zur Erreichung des Rechtfertigungsgrundes erforderlich ist.[481] Diese Feststellung ist jedoch nichts anderes als die Verhältnismäßigkeitsprüfung, die bei jeder Beschränkung von Grundfreiheiten zu erfolgen hat. Damit kommt Art. 65 AEUV lediglich eine deklaratorische Bedeutung zu,[482] da auch für die Rechtfertigung von Beschränkungen der Kapitalverkehrsfreiheit die gleichen Maßstäbe gelten wie für Beschränkungen der Niederlassungs-, Dienstleistungs- und Warenverkehrsfreiheit.[483] Deshalb kann eine gerechtfertigte Beschränkung des Kapitalverkehrs durch § 6 Abs. 1 Satz 2 Nr. 1 und 3 AStG nicht allein auf Art. 65 Abs. 1 Nr. 1 Buchst. a AEUV gestützt werden,[484] sondern sie setzt voraus, dass mit dem Gesetz ein im Allgemeininteresse liegendes Ziel verfolgt wird und die Errei-

478 Vgl. zur Einschränkung des Art. 65 Abs. 1 Buchst. a AEUV *Dautzenberg/Brüggemann*, BB 1997, S. 123, 126; *Kiemel*, in: von der Groeben/Schwarze, EUV/EGV, Art. 58 EGV Rn. 10.

479 Zu Buchst. a EuGH, Urteil vom 6. 6. 2000, Rs. C-35/98, Verkooijen, Slg. 2000, S. I-4071, Rn. 43-46; zu Buchst. b EuGH, Urteil vom 26. 9. 2000, Rs. C-478/98, *Kommission/Belgien*, Slg. 2000, S. I-7587, Rn. 37-40; EuGH, Schlussanträge der GA Kokott vom 12. 2. 2004, Rs. C-242/03, *Weidert und Paulus*, Slg. 2004, S. I-7379, Rn. 27; *Schön*, in: ders., GS für Knobbe-Keuk, S. 743, 767-768; *Cordewener*, DStR 2004, S. 6, 8; *Kessler/Eicker/Obser*, IStR 2005, S. 658, 666; *Bron*, IStR 2006, S. 296, 300.

480 EuGH, Urteil vom 6. 6. 2000, Rs. C-35/98, *Verkooijen*, Slg. 2000, S. I-4071, Rn. 43; Urteil vom 7. 9. 2005, Rs. C-319/02, *Manninen*, Slg. 2004, S. I-7477, Rn. 29.

481 EuGH, Urteil vom 7. 9. 2005, Rs. C-319/02, *Manninen*, Slg. 2004, S. I-7477, Rn. 29.

482 *Dautzenberg*, RIW 1998, S. 537, 541; vgl. *Cordewener*, Europäische Grundfreiheiten und nationales Steuerrecht, Diss., Bonn 2001, S. 749.

483 In Bezug auf die Niederlassungsfreiheit EuGH, Urteil vom 21. 11. 2002, Rs. C-436/00, *X und Y*, Slg. 2002, S. I-10829, Rn. 72; *Lausterer*, IStR 2003, S. 19, 22; *Schön*, in: Gocke/Gosch/Lang, FS für Wassermeyer, S. 489, 514-515; *Rehm/Nagler*, IStR 2005, S. 261, 263; *Bron*, IStR 2006, S. 296, 300; vgl. auch *Kraft*, in: ders., AStG, § 6 Rn. 102; *Kotzur*, in: Geiger/Khan/Kotzur, EUV/AEUV, Art. 65 Rn. 5.

484 *Kraft*, in: ders., AStG, § 6 Rn. 102.

chung dieses Ziels in erforderlicher und verhältnismäßiger Weise umgesetzt worden ist.[485]

1. Die Rechtssache *Hughes de Lasteyrie du Saillant* als Maßstab für die Rechtfertigungsgründe

Als Orientierung für die Rechtfertigungsgründe sollte die Rechtsprechung des EuGH in der Rechtssache *Hughes de Lasteyrie du Saillant*[486] dienen. Die Rechtssache *Hughes de Lasteyrie du Saillant* betraf zwar ausschließlich die Frage der Vereinbarkeit der französischen Wegzugsbesteuerung mit der Niederlassungsfreiheit. Dennoch bedarf es auch bei der Überprüfung der Vereinbarkeit von § 6 AStG mit der Kapitalverkehrsfreiheit einer Auseinandersetzung mit diesem Urteil, da die Rechtfertigungsgründe für die Beschränkung der Niederlassungsfreiheit deckungsgleich mit den Rechtfertigungsgründen für die Beschränkung der Kapitalverkehrsfreiheit sind.[487]

Gegenstand des Verfahrens war die französische Regelung des Art. 167bis des Code général des impôts, wonach ein fiktiver Veräußerungsgewinn zum Zeitpunkt des Wegzuges bei einem Steuerpflichtigen besteuert wurde, der während der letzten zehn Jahre mindestens sechs Jahre seinen steuerlichen Wohnsitz in Frankreich hatte.[488] Erfasst wurden jedoch nur diejenigen Steuerpflichtigen, denen auf Grund ihrer unmittelbaren oder mittelbaren Rechte am Gesellschaftsgewinn sowie auf Grund der entsprechenden Rechte ihrer Familienangehörigen insgesamt mindestens 25 % des Gewinns zu irgendeinem Zeitpunkt im Laufe der letzten fünf Jahre zustanden.[489] Der fiktive Veräußerungsgewinn ergab sich aus der Differenz zwischen dem Wert der Anteile zum Zeitpunkt des Wegzuges und den Anschaffungskosten, die der Anteilseigner zum Erwerb der Beteiligung aufgewendet hatte.[490]

485 *Schön*, in: ders., GS für Knobbe-Keuk, S. 743, 768; *Cordewener*, Europäische Grundfreiheiten und nationales Steuerrecht, Diss., Bonn 2001, S. 749; vgl. *Sedlaczek/Züger*, in: Streinz, EUV/AEUV, Art. 65 AEUV Rn. 40, 43, 45.

486 EuGH, Urteil vom 11. 3. 2004, Rs. C-9/02, *Hughes de Lasteyrie du Saillant*, Slg. 2004, S. I-2409.

487 EuGH, Urteil vom 21. 11. 2002, Rs. C-436/00, *X und Y*, Slg. 2002, S. I-10829, Rn. 72.

488 Art. 167bis I.1. des Code général des impôts, abgedruckt in: EuGH, Urteil vom 11. 3. 2004, Rs. C-9/02, *Hughes de Lasteyrie du Saillant*, Slg. 2004, S. I-2409, Rn. 3.

489 Art. 167bis I.1. i.V.m. Art. 160 I des Code général des impôts, abgedruckt in: EuGH, Urteil vom 11. 3. 2004, Rs. C-9/02, *Hughes de Lasteyrie du Saillant*, Slg. 2004, S. I-2409, Rn. 3, 4.

490 Art. 167bis I.2. des Code général des impôts, abgedruckt in: EuGH, Urteil vom 11. 3. 2004, Rs. C-9/02, *Hughes de Lasteyrie du Saillant*, Slg. 2004, S. I-2409, Rn. 3.

Der Kläger des Verfahrens hielt zusammen mit seinen Familienangehörigen unmittelbare und mittelbare Rechte an einer Kapitalgesellschaft, auf Grund derer ihm 25 % des Gesellschaftsgewinns zum Zeitpunkt des Wegzuges oder zu irgendeinem anderen Zeitpunkt in den letzten fünf Jahren vor seinem Wegzug zustanden. Daher unterlag der Kläger in dem Moment, als er seinen steuerlichen Wohnsitz in Frankreich aufgeben wollte, um nach Belgien zu verziehen, der französischen Wegzugsbesteuerung hinsichtlich des Vermögenszuwachses in den Anteilen.[491] Der Kläger hielt jedoch die französische Regelung für unionsrechtswidrig und verlangte vom Conseil d'État, die Regelung für nichtig zu erklären.[492] Der Conseil d'État, der durch den Rechtsstreit Fragen des Unionsrechts berührt sah, legte den Rechtsstreit in einem Vorabentscheidungsverfahren dem EuGH vor.[493]

Auf Grund der abschreckenden Wirkung, die die französische Regelung auf einen Wegzugswilligen haben konnte, erachtete der EuGH die französische Wegzugsbesteuerung als eine Beschränkung der Niederlassungsfreiheit.[494] Dabei stellte der EuGH eine Ungleichbehandlung von Wegzügen innerhalb Frankreichs und einem Wegzug in einen anderen EU-Mitgliedstaat fest. Schließlich untersagt Art. 49 AEUV nach der Ansicht des EuGH schon „geringfügige oder unbedeutende Beschränkungen der Niederlassungsfreiheit".[495] Während ein inländischer Umzug keine Besteuerung auslöse, führe die Aufgabe des steuerlichen Wohnsitzes in Frankreich zu einer erheblichen Besteuerung des Vermögens des Wegziehenden.[496]

Nach der Auffassung des EuGH konnte die Beschränkung der Niederlassungsfreiheit nicht mit der Begründung gerechtfertigt werden, dass die Norm der Verhinderung der Steuerflucht diene, da nach der Auffassung des EuGH die Wegzugbesteuerung einen viel weiteren Ansatz habe als die bloße Verhinderung von Steuerflucht.[497] Außerdem könne das Ziel, der Vermeidung von Steuerflucht

---

491 EuGH, Urteil vom 11. 3. 2004, Rs. C-9/02, *Hughes de Lasteyrie du Saillant*, Slg. 2004, S. I-2409, Rn. 12.

492 EuGH, Urteil vom 11. 3. 2004, Rs. C-9/02, *Hughes de Lasteyrie du Saillant*, Slg. 2004, S. I-2409, Rn. 13.

493 EuGH, Urteil vom 11. 3. 2004, Rs. C-9/02, *Hughes de Lasteyrie du Saillant*, Slg. 2004, S. I-2409, Rn. 18.

494 EuGH, Urteil vom 11. 3. 2004, Rs. C-9/02, *Hughes de Lasteyrie du Saillant*, Slg. 2004, S. I-2409, Rn. 45, 48.

495 EuGH, Urteil vom 11. 3. 2004, Rs. C-9/02, *Hughes de Lasteyrie du Sa*illant, Slg. 2004, S. I-2409, Rn. 43.

496 EuGH, Urteil vom 11. 3. 2004, Rs. C-9/02, *Hughes de Lasteyrie du Saillant*, Slg. 2004, S. I-2409, Rn. 46.

497 EuGH, Urteil vom 11. 3. 2004, Rs. C-9/02, *Hughes de Lasteyrie du Saill*ant, Slg. 2004, S. I-2409, Rn. 50.

durch die kurzfristige Verlegung des steuerlichen Wohnsitzes, auch durch die Besteuerung des Steuerpflichtigen durch die französischen Behörden unmittelbar nach seiner Rückkehr erreicht werden, wenn der Steuerpflichtige die Anteile in der kurzen Zeit seiner Abwesenheit von Frankreich veräußert habe.[498]

Als weiterer Grund für die Notwendigkeit der Wegzugsbesteuerung wurde die Verhinderung von drohenden Einbußen beim Steueraufkommen angeführt. Die drohenden Einbußen beim Steueraufkommen könnten sich daraus ergeben, dass die Steuerpflichtigen die Unterschiede der verschiedenen Steuersysteme zu ihren Gunsten und zum Schaden des Steueraufkommens ausnutzen könnten.[499] Die Verhinderung von Steuermindereinnahmen ist aber nach Auffassung des EuGH kein zwingender Grund des Allgemeininteresses.[500] Daher kann auch die Beschränkung der Niederlassungsfreiheit durch die Wegzugsbesteuerung nicht mit dem durch die Norm verfolgten Ziel, Steuermindereinnahmen entgegenzuwirken, gerechtfertigt werden.[501]

Die Wegzugsbesteuerung stellt nach der Auffassung des EuGH auch kein Erfordernis dar, das für die Kohärenz des französischen Steuersystems erforderlich wäre. Schließlich versuche der französische Gesetzgeber mit der Wegzugsbesteuerung vor allem, Versuchen der Steuerpflichtigen, die französische Einkommensteuer durch eine Veräußerung während eines lediglich kurzfristigen Wegzuges aus Frankreich zu umgehen, entgegenzuwirken.[502] Auf die Frage der Aufteilung der Besteuerungsrechte ging der EuGH nicht weiter ein, da diese Frage nach Auffassung des Gerichtshofs nicht Gegenstand des Rechtstreits gewesen sei.[503] Schließlich kam der EuGH zu dem Schluss, dass die französische

498 EuGH, Urteil vom 11. 3. 2004, Rs. C-9/02, *Hughes de Lasteyrie du Saillant*, Slg. 2004, S. I-2409, Rn. 54; EuGH, Schlussanträge des GA Mischo vom 13. 3. 2003, Rs. C-9/02, *Hughes de Lasteyrie du Saillant*, Slg. 2004, S. I-2409, Rn. 64.

499 EuGH, Urteil vom 11. 3. 2004, Rs. C-9/02, *Hughes de Lasteyrie du Saillant*, Slg. 2004, S. I-2409, Rn. 59.

500 EuGH, Urteil vom 16. 7. 1998, Rs. C-264/96, *ICI*, Slg. 1998, S. I-4695, Rn. 28; Urteil vom 8. 3. 2001, Rs. C-397/98 und C-410/98, *Metallgesellschaft u.a.*, Slg. 2001, S. I-1727, Rn. 59; Urteil vom 11. 3. 2004, Rs. C-9/02, *Hughes de Lasteyrie du Saillant*, Slg. 2004, S. I-2409, Rn. 60.

501 EuGH, Urteil vom 11. 3. 2004, Rs. C-9/02, *Hughes de Lasteyrie du Saillant*, Slg. 2004, S. I-2409, Rn. 59-60.

502 EuGH, Urteil vom 11. 3. 2004, Rs. C-9/02, *Hughes de Lasteyrie du Saillant*, Slg. 2004, S. I-2409, Rn. 64.

503 EuGH, Urteil vom 11. 3. 2004, Rs. C-9/02, *Hughes de Lasteyrie du Saillant*, Slg. 2004, S. I-2409, Rn. 68.

Regelung der Wegzugsbesteuerung nicht mit der Niederlassungsfreiheit vereinbar sei.[504]

Angesichts der Rechtsprechung des EuGH in der Rechtssache *Hughes de Lasteyrie du Saillant* könnten auch in Bezug auf die Beschränkung der Kapitalverkehrsfreiheit keine Rechtfertigungsgründe ersichtlich sein, auf die eine Rechtfertigung der Beschränkung der Kapitalverkehrsfreiheit zu stützen wäre. In Bezug auf den Kapitalverkehr mit Drittstaaten müssen jedoch an dieselben Rechtfertigungsgründe, die der EuGH in der Rechtssache *Hughes de Lasteyrie du Saillant* abgelehnt hat, andere Maßstäbe angelegt werden, da die Liberalisierung des Kapitalverkehrs mit Drittstaaten nur einseitig erfolgt ist, so dass Beschränkungen des Kapitalverkehrs mindestens in dem Maße zulässig sein müssen, wie die Mitgliedstaaten den Kapitalverkehr mit anderen Mitgliedstaaten einschränken können.[505]

2. Kohärenz des nationalen Steuerrechts

Eine Rechtfertigung der Besteuerung nach § 6 AStG könnte sich aus dem Prinzip der Kohärenz des nationalen Steuerrechts ergeben. Ein Steuergesetzgeber wird nämlich den Anforderungen an ein kohärentes Steuerrecht nur gerecht, wenn er eine Doppelbesteuerung des Steuerpflichtigen einerseits vermeidet und andererseits sicherstellt, dass es überhaupt zu einer Besteuerung eines Sachverhalts kommt.[506] Ein kohärentes Steuersystem trägt dem Zusammenhang zwischen den Steuernormen durch einen innerstaatlichen Systemausgleich und der Sicherstellung der Einmalbesteuerung Rechnung.[507]

Mangels einer vollständigen Harmonisierung des Steuerrechts auf Unionsebene bewirkt jedes nationale Steuerrecht Ungleichbehandlungen von inländischen Sachverhalten und grenzüberschreitenden Sachverhalten.[508] Solange eine solche Harmonisierung nicht erfolgt ist, kann steuerrechtlichen Ungleichbehand-

---

504 EuGH, Urteil vom 11. 3. 2004, Rs. C-9/02, *Hughes de Lasteyrie du Saillant*, Slg. 2004, S. I-2409, Rn. 69.

505 Vgl. zu. Art. 65 AEUV *Frenz*, Handbuch Europarecht – Band 1, Rn. 2822, S. 1065; *Kemmerer*, Kapitalverkehrsfreiheit und Drittstaaten, Diss., Frankfurt am Main 2009, S. 261; *Bröhmer*, in: Calliess/Ruffert, EUV/AEUV, Art. 65 AEUV Rn. 1.

506 EuGH, Schlussanträge des GA Alber vom 14. 10. 1999, Rs. C-251/98, *Baars*, Slg. 2000, S. I-2787, Rn. 58-59; Schlussanträge der GA Kokott vom 18. 3. 2004, Rs. C-319/02, *Manninen*, Slg. 2004, S. I-7477, Rn. 51; *Kemmerer*, Kapitalverkehrsfreiheit und Drittstaaten, Diss., Frankfurt am Main 2009, S. 241.

507 *Weber-Grellet*, DStR 2009, S. 1229, 1231.

508 *Honrath*, Umfang und Grenzen der Freiheit des Kapitalverkehrs, Diss., Saarbrücken 1996, S. 87; *Kemmerer*, Kapitalverkehrsfreiheit und Drittstaaten, Diss., Frankfurt am Main 2009, S. 241.

lungen von inländischen Sachverhalten und grenzüberschreitenden Sachverhalten nicht per se eine willkürliche Diskriminierung unterstellt werden.[509] Dieser Grundsatz muss erst recht für die Beschränkung des Kapitalverkehrs mit Drittstaaten durch das nationale Steuerrecht der Mitgliedstaaten gelten, da die Harmonisierung des Steuerrechts mit Drittstaaten in einem wesentlich geringeren Umfang als mit den anderen EU-Mitgliedstaaten bislang erfolgt ist. Die Besteuerung nach § 6 Abs. 1 Satz 2 Nr. 1 und 3 AStG könnte daher unter dem Gesichtspunkt der Kohärenz des deutschen Steuerrechts gerechtfertigt sein, da die Besteuerung des Vermögenszuwachses die belastende Komponente sein könnte, die zu der entlastenden Komponente der Freistellung des Veräußerungsgewinns durch den Abkommensschutz korrespondiert.

Fraglich ist aber indes, ob zwischen der Besteuerung gemäß § 6 Abs. 1 Satz 2 Nr. 1 und 3 AStG und der Freistellung der Veräußerungsgewinne von der inländischen Besteuerung auch ein Zusammenhang besteht. Um die Weite des Rechtfertigungsgrundes Kohärenz zu begrenzen, wird schließlich ein unmittelbarer Zusammenhang zwischen der begünstigenden und der belastenden Steuernorm verlangt.[510] Die Kohärenz muss damit anhand des konkreten Sachverhaltes ermittelt werden, so dass nicht das gesamte Steuerrecht eines Mitgliedstaates als Maßstab für die Bestimmung der Kohärenz dienen kann.[511]

Die Beschränkung der Grundfreiheiten kann jedoch nach der Rechtsprechung des EuGH nicht auf den Rechtfertigungsgrund der Kohärenz gestützt werden, wenn der Rechtfertigungsgrund der Kohärenz letztlich aus den Bestimmungen des anzuwendenden DBA, die zu einem bilateralen Verzicht des jeweiligen Vertragsstaates auf die Besteuerung der realisierten Veräußerungsgewinne führen, folgen soll. In diesem Falle erfolge die Herstellung der Kohärenz nämlich nicht auf der „Ebene der Einzelperson", sondern auf einer zwischenstaatlichen Ebene.[512] Der EuGH kommt damit zu der Schlussfolgerung, dass letztlich die Staaten selbst auf ihr Besteuerungsrecht durch den Abschluss der DBA ver-

---

509 *Honrath*, Umfang und Grenzen der Freiheit des Kapitalverkehrs, Diss., Saarbrücken 1996, S. 87-88.

510 EuGH Urteil vom 14. 11. 1995, Rs. C-484/93, *Svensson und Gustavsson*, Slg. 1995, S. I-3955, Rn. 18; Urteil vom 16. 7. 1998, Rs. C-264/96, *ICI*, Slg. 1998, S. I-4695, Rn. 29; Urteil vom 6. 6. 2000, Rs. C-35/98, *Verkooijen*, Slg. 2000, S. I-4071, Rn. 57; Urteil vom 18. 9. 2003, Rs. C-168/01, *Bosal Holding*, Slg. 2003, S. I-9409, Rn. 29-30; Urteil vom 23. 2. 2006, Rs. C-471/04, *Keller-Holding*, Slg. 2006. S. I-2107, Rn. 40; *Eicker/Obser*, IStR 2004, S. 443, 444; *Hahn*, IStR 2009, S. 198, 201; kritisch in Bezug auf die Rechtsprechung des EuGH zur Kohärenz *Wieland*, in: Gaitandes/Kadelbach/Iglesias, FS für Zuleeg, S. 492, 501-503.

511 *Kemmerer*, Kapitalverkehrsfreiheit und Drittstaaten, Diss., Frankfurt am Main 2009, S. 242.

512 EuGH, Urteil vom 21. 11. 2002, Rs. C-436/00, *X und Y*, Slg. 2002, S. I-10829, Rn. 53.

zichtet haben.[513] Eine Regelung, die dem infolge der Anwendung eines DBA erlittenen Verlust von Steueraufkommen begegnen soll, kann deshalb nicht mit der Kohärenz des nationalen Steuerrechts gerechtfertigt werden.[514] Vielmehr ist der Gesetzgeber dazu angehalten, den drohenden Verlust des Besteuerungsrechts dadurch zu vermeiden, dass er die DBA entsprechend ausgestaltet.[515]

Die Besteuerung nach § 6 Abs. 1 Satz 2 Nr. 1 und 3 AStG ist zwar die belastende Kehrseite der Freistellung der Besteuerung nach Art. 13 Abs. 5 OECD-MA auf bilateraler Ebene.[516] Indem Deutschland aber durch den Abschluss von DBA, die eine dem Art. 13 Abs. 5 OECD-MA entsprechende Regelung enthalten, auf sein Besteuerungsrecht am Vermögenszuwachs freiwillig verzichtet hat, kann die Beschränkung des Kapitalverkehrs durch § 6 Abs. 1 Satz 2 Nr. 1 und 3 AStG nicht auf den Rechtfertigungsgrund der Kohärenz gestützt werden, da zwischen dem bilateral erklärten Verzicht und der nationalen Besteuerungsvorschrift kein unmittelbarer Zusammenhang besteht.[517]

3. Steuerflucht

Obwohl die Wegzugsbesteuerung und ihre Ersatztatbestände Teil des AStG sind, dessen Normen vorwiegend der Missbrauchsbekämpfung dienen,[518] kann die Beschränkung der Kapitalverkehrsfreiheit durch § 6 Abs. 1 Satz 2 Nr. 1 und 3 AStG nicht auf den Rechtfertigungsgrund der Steuerflucht gestützt werden. Grundsätzlich erkennt der EuGH die Vermeidung von Steuerumgehungen und Steuerflucht als einen Rechtfertigungsgrund für die Beschränkung von Grundfreiheiten zwar an.[519] In der Rechtssache *Hughes de Lasteyrie du Saillant* lehnte der EuGH jedoch diesen Rechtfertigungsgrund im Hinblick auf die französische Wegzugsbesteuerung mit der Begründung ab, dass die französische Norm weit

---

513 *Werner*, Systemgerechte Entstrickung im Steuerrecht, Diss., Bonn 2009, S. 102; *Kraft*, in: ders., AStG, § 6 Rn. 85.

514 *Schön*, in: Gocke/Gosch/Lang, FS für Wassermeyer, S. 489, 519.

515 *Kraft*, in: ders., AStG, § 6 Rn. 86.

516 Vgl. BT-Drucks. VI/2883, S. 18, Rn. 24-25.

517 Vgl. EuGH, Urteil vom 21. 11. 2002, Rs. C-436/00, *X und Y*, Slg. 2002, S. I-10829, Rn. 52-53; *Werner*, Systemgerechte Entstrickung im Steuerrecht, Diss., Bonn 2009, S. 175; kritisch zur Rechtsprechung des EuGH in Bezug auf den Rechtfertigungsgrund der Kohärenz vgl. *Schindler*, IStR 2004, S. 300, 306-307, der eine Rechtfertigung der Beschränkung der Grundfreiheiten durch § 6 AStG auf Grund der Kohärenz des nationalen Steuerrechts jedoch im Ergebnis ablehnt.

518 *Haase*, in: ders., AStG, Einl. 7.

519 EuGH, Urteil vom 16. 7. 1998, Rs. C-264/96, *ICI*, Slg. 1998, S. I-4695, Rn. 25-26; Urteil vom 12. 12. 2002, Rs. C-324/00, *Lankhorst-Hohorst*, Slg. 2002, S. I-11779, Rn. 37.

über das Ziel, die Steuerflucht von Steuerpflichtigen zu vermeiden, hinausgehe.[520] Schließlich rechtfertigt die bloße Verlegung des Wohnsitzes in einen anderen Mitgliedstaat nach der Auffassung des EuGH nicht die Bewertung dieses Vorganges als einen Fall von Steuerflucht.[521] Um eine Beschränkung von Grundfreiheiten auf den Rechtfertigungsgrund der Vermeidung von Steuerumgehungen und Steuerflucht stützen zu können, verlangt der EuGH, dass die Norm sich gegen künstliche Konstruktionen wendet, die fern jeder wirtschaftlichen Realität sind und die allein dem Zweck, die Steuervorschriften des jeweiligen Mitgliedsstaates zu umgehen, dienen.[522] Obwohl der Gesetzgeber die Besteuerung nach § 6 AStG auch mit der Verhinderung von Umgehungsmöglichkeiten der Besteuerung nach § 17 EStG begründet hat,[523] kann in Anbetracht des Ansatzes der Ersatztatbestände von § 6 Abs. 1 Satz 2 Nr.1 und 3 AStG, die unabhängig davon eingreifen, ob der Steuerpflichtige in ein Niedrigsteuerland zieht oder nicht,[524] dieser Norm keine vorwiegende Absicht der Vermeidung von Steuerumgehungen nachgesagt werden.[525] Insbesondere stellen die Regelung der Rechtsnachfolge oder die Einlage der Anteile in einen ausländischen Betrieb keine rein künstliche Konstruktion fern jeglicher Realität dar, sondern sind integraler Bestandteil der persönlichen Nachfolgeplanung bzw. des Wirtschaftslebens. Die Verhinderung von Steuerflucht kommt daher als Rechtfertigungsgrund für die Beschränkung der Kapitalverkehrsfreiheit durch § 6 Abs. 1 Satz 2 Nr. 1 und 3 AStG nicht in Betracht.

4. Wahrung der Aufteilung der Besteuerungsbefugnisse

Mit dem Rechtfertigungsgrund der Steuerflucht steht der aus der Rechtsprechungswende des EuGH hervorgegangene Rechtfertigungsgrund der „Wahrung

---

520 EuGH, Urteil vom 11. 3. 2004, Rs. C-9/02, *Hughes de Lasteyrie du Saillant*, Slg. 2004, S. I-2409, Rn. 50.

521 EuGH, Urteil vom 11. 3. 2004, Rs. C-9/02, *Hughes de Lasteyrie du Saillant*, Slg. 2004, S. I-2409, Rn. 51 ; vgl. zur ablehnenden Haltung des EuGH zur Steuerhinterziehung als Rechtfertigungsgrund EuGH, Urteil vom 26. 9. 2000, C-478/98, *Kommission/Belgien*, Slg. 2000, S. I-7587, Rn. 45.

522 EuGH, Urteil vom 16. 7. 1998, Rs. C-264/96, *ICI*, Slg. 1998, S. I-4695, Rn. 26; Urteil vom 12. 12. 2002, Rs. C-324/00, *Lankhorst-Hohorst*, Slg. 2002, S. I-11779, Rn. 37; Urteil vom 11. 3. 2004, Rs. C-9/02, *Hughes de Lasteyrie du Saillant*, Slg. 2004, S. I-2409, Rn. 50; Urteil vom 12. 9. 2006, Rs. C-196/04, *Cadbury Schweppes*, Slg. 2006, S. I-7995, Rn. 55.

523 Vgl. BT-Drucks. VI/2883, S. 18 Rn. 25.

524 *Häck*, in: Haase, AStG, § 6 Rn. 63.

525 *Hey*, in: Lüdicke, Forum der Internationalen Besteuerung 35, S. 137, 142; vgl. *dies.*, StuW 2008, S. 167, 171; *Kraft*, in: ders., Kraft, AStG, § 6 Rn. 86.

der Aufteilung der Besteuerungsbefugnisse“[526] in Verbindung.[527] Diesen Rechtfertigungsgrund stellte der EuGH zunächst in einen direkten Zusammenhang mit den Rechtfertigungsgründen der Vermeidung von Steuerflucht und der Verhinderung der doppelten Verlustnutzung, die allesamt erfüllt sein mussten.[528] In der Rechtssache *Lidl Belgium* ließ der EuGH zwei der drei genannten Rechtfertigungsgründe für die Rechtfertigung einer Beschränkung der Grundfreiheiten genügen.[529] Für die Beurteilung von § 6 AStG ist wiederum die Rechtssache *N*[530] von besonderer Bedeutung, da sich der EuGH in dieser Entscheidung mit der niederländischen Variante der Wegzugsbesteuerung zu befassen hatte und dabei auf die Problematik der Aufteilung der Steuerbefugnisse einging. Nachdem der EuGH das Recht der Mitgliedstaaten hervorgehoben hatte, die Doppelbesteuerung mangels einer unionsweiten Harmonisierung durch den Abschluss von an dem OECD-MA orientierten DBA zu vermeiden,[531] ging der Gerichtshof ausdrücklich auf Art. 13 Abs. 5 OECD-MA und seiner Bedeutung für die Wegzugsbesteuerung ein. Der angesichts der Rechtsfolge des Art. 13 Abs. 5 OECD-MA drohende Verlust des Besteuerungsrechts an den Anteilen infolge des Wegzugs des Anteilseigners veranlasste den EuGH zu der Feststellung, dass die Wegzugsbesteuerung Ausdruck des Territorialitätsprinzip sei,[532] sofern sie mit einem Zeitelement verbunden werde.[533] Dieses Zeitelement bestehe darin, dass sich die Wegzugsbesteuerung auf den Vermögenszuwachs in der Zeit der Anwesenheit des Anteilseigners im Inland beschränke.[534]

Grundsätzlich entspringt die Besteuerung des Vermögenszuwachses nach § 6 Abs. 1 Satz 2 Nr. 1 und 3 AStG der Idee, den sich aus der Aufteilung der Besteuerungsrechte ergebenden Verlust an Steuersubstrat durch eine Aufdeckung der stillen Reserven zu kompensieren, die sich bis zum Zeitpunkt des Verlusts des Besteuerungsrechts gebildet haben.[535] Damit bewegt sich die Be-

526 Dazu *Weber-Grellet*, DStR 2009, S. 1229, 1230-1231; *Mitschke*, IStR 2010, S. 95, 96, der anmerkt, dass der EuGH die Rechtssache Hughes de Lasteyrie du Saillant mittlerweile womöglich anders entscheiden würde.

527 *Musil/Fähling*, DStR 2010, S. 1501, 1503.

528 EuGH, Urteil vom 13. 12. 2005, Rs. C-446/03, *Marks & Spencer*, Slg. 2005, S. I-10837, Rn. 44-51; Urteil vom 18. 7. 2007, Rs. C-231/05, *Oy AA*, Slg. 2007, S. I-6373, Rn. 51.

529 EuGH, Urteil vom 15. 5. 2008, Rs. C-414/06, *Lidl Belgium*, Slg. 2008, S. I-3601, Rn. 42.

530 EuGH, Urteil vom 7. 9. 2006, Rs. C-470/04, *N*, Slg. 2006. S. I-7409.

531 EuGH, Urteil vom 7. 9. 2006, Rs. C-470/04, *N*, Slg. 2006. S. I-7409, Rn. 44.

532 *Kühnen*, EFG 2008, S. 363, 364.

533 EuGH, Urteil vom 7. 9. 2006, Rs. C-470/04, *N*, Slg. 2006. S. I-7409, Rn. 46.

534 EuGH, Urteil vom 7. 9. 2006, Rs. C-470/04, *N*, Slg. 2006. S. I-7409, Rn. 46.

535 BT-Drucks. VI/2883, S. 18 Rn. 24-25.

steuerung gemäß § 6 Abs. 1 Satz 2 Nr. 1 und 3 AStG im Rahmen des Rechtfertigungsgrundes der „Wahrung der Aufteilung der Besteuerungsbefugnisse“.[536] Problematisch könnte sich das Zeitelement erweisen, wonach nur die stillen Reserven besteuert werden sollen, die in der Zeit der unbeschränkten Steuerpflicht entstanden sind.[537] Indem der Gesetzgeber auch die Besteuerung auf den Vermögenszuwachs auf die Zeit erstreckt, in der eine unbeschränkte Steuerpflicht beim Anteilseigner nicht bestand, könnte er dem zeitlichen Element, das der EuGH für die Anwendbarkeit des Rechtfertigungsgrundes der „Wahrung der Aufteilung der Besteuerungsbefugnisse“ verlangt,[538] nicht gerecht werden. Allerdings muss hier zunächst beachtet werden, dass auch Generalanwältin *Kokott* den Staaten einen gewissen Beurteilungsspielraum bei der Bestimmung des Besteuerungszeitraums zugestanden hat.[539] Im Übrigen zeigt die Verstrickungsregelung des § 17 Abs. 2 Satz 3 EStG, dass der deutsche Gesetzgeber grundsätzlich nur den Vermögenszuwachs der deutschen Besteuerung unterwerfen will, der in der Zeit der unbeschränkten Steuerpflicht in Deutschland entstanden ist.[540] Das Zeitelement steht daher einer Rechtfertigung der Beschränkung der Kapitalverkehrsfreiheit zur „Wahrung der Aufteilung der Besteuerungsbefugnisse“ durch die Besteuerung nach § 6 Abs. 1 Satz 2 Nr. 1 und 3 AStG nicht entgegen.

5. Steuermindereinnahmen

Die Sicherung des deutschen Besteuerungsrechts an dem Vermögenszuwachs in den Kapitalgesellschaftsbeteiligungen durch § 6 Abs. 1 Satz 2 Nr.1 und 3 AStG ist ein Mittel, den drohenden Verlust an nationalem Steuersubstrat auf Grund des Abkommensschutzes zu verhindern.[541] Die Besteuerung könnte daher unter dem Gesichtspunkt der Verhinderung von Steuermindereinnahmen gerechtfertigt werden.[542] Die Vermeidung von Verlusten beim nationalen Steueraufkommen erachtet der EuGH allerdings nicht als einen zwingenden Grund des Allgemeininteresses, der Beschränkungen der Kapitalverkehrsfreiheit rechtfertigen

536 *Werner*, Systemgerechte Entstrickung im Steuerrecht, Diss., Bonn 2009, S. 176.

537 Vgl. EuGH, Urteil vom 7. 9. 2006, Rs. C-470/04, *N*, Slg. 2006. S. I-7409, Rn. 46.

538 EuGH, Urteil vom 7. 9. 2006, Rs. C-470/04, *N*, Slg. 2006. S. I-7409, Rn. 46.

539 EuGH, Schlussanträge der GA Kokott vom 30. 3. 2006, Rs. C-470/04, *N*, Slg. 2006. S. I-7409, Rn. 98.

540 *Werner*, Systemgerechte Entstrickung im Steuerrecht, Diss., Bonn 2009, S. 176.

541 Vgl. BT-Drucks. VI/2883, S. 18 Rn. 24-25.

542 Vgl. zum Schutz des Steueraufkommens als Rechtfertigungsgrund *Schön*, in: Gocke/Gosch/Lang, FS für Wassermeyer, S. 489, 515-516.

könnte.[543] Schließlich verlangt das mit der Kapitalverkehrsfreiheit verfolgte Ziel, die optimale Allokation des Produktionsfaktors Kapital,[544] die Steuerneutralität von grenzüberschreitenden Geschäften innerhalb des Binnenmarktes.[545]

Mit dem Verlangen nach Steuerneutralität im Binnenmarkt geht aber auch eine fortschreitende Harmonisierung des Rechts der verschiedenen Mitgliedstaaten einher.[546] Im Verhältnis zu Drittstaaten mangelt es jedoch auf Grund der fehlenden Reziprozität an einer solchen Harmonisierung. Steuerrechtliche Vorschriften einerseits und kapitalmarktrechtliche Vorschriften andererseits, die lediglich den Ablauf des Kapitalverkehrs regeln, entfalten aus mitgliedstaatlicher Sicht unterschiedliche Wirkungen. Während die Liberalisierung des Devisentransfers oder von Finanzdienstleistungen zu einer Steigerung der Attraktivität des Binnenmarktes als Investitionsstandort führt und der einhergehende Souveränitätsverlust der Mitgliedstaaten durch eine gesteigerte Wettbewerbsfähigkeit kompensiert wird, verhält es sich bei den Steuernormen anders.[547]

Einer Einschränkung des Rechts der Mitgliedstaaten, ihr Steueraufkommen durch eine entsprechende Besteuerung des Kapitalverkehrs mit Drittstaaten zu sichern, steht auf Seiten der Drittstaaten keine Verpflichtung zu einer entsprechenden Harmonisierung der Steuergesetze gegenüber.[548] Im Verhältnis zu den Drittstaaten fehlt es an einer den Art. 113-115 AEUV entsprechenden Pflicht zur Rechtsangleichung und an einer Loyalitätspflicht im Sinne des Art. 4 Abs. 3 EUV sowie an einem gemeinsam erklärten Ziel der Stärkung des sozialen und wirtschaftlichen Zusammenhalts gemäß Art. 174 ff. AEUV.[549] Im übrigen sind

---

543 EuGH, Urteil vom 16. 7. 1998, Rs. C-264/96, *ICI*, Slg. 1998, S. I-4695, Rn. 28; Urteil vom 21. 9. 1999, Rs. C-307/97, *Saint-Gobain ZN*, Slg. 1999, S. I-6161, Rn. 51; Urteil vom 6. 6. 2000, Rs. C-35/98, *Verkooijen*, Slg. 2000, S. I-4071, Rn. 59; Urteil vom 12. 12. 2002, Rs. C-324/00, *Lankhorst-Hohorst*, Slg. 2002, S. I-11779, Rn. 36; Urteil vom 11. 3. 2004, Rs. C-9/02, *Hughes de Lasteyrie du Saillant*, Slg. 2004, S. I-2409, Rn. 60; Urteil vom 12. 9. 2006, Rs. C-196/04, *Cadbury Schweppes*, Slg. 2006, S. I-7995, Rn. 49.

544 *Schön*, in: ders., GS für Knobbe-Keuk, S. 743, 745-746; *Bröhmer*, in: Calliess/Ruffert, EUV/AEUV, Art. 63 AEUV Rn. 4.

545 *Schön*, in: Gocke/Gosch/Lang, FS für Wassermeyer, S. 489, 515; vgl. allgemein zur Steuerneutralität des Binnenmarktes als ein Ziel des AEUV *Lehner*, DStJG 23 (2000), S. 261, 284-285; *Jacobs*, Internationale Unternehmensbesteuerung, S. 231.

546 *Schön*, in: Gocke/Gosch/Lang, FS für Wassermeyer, S. 489, 516.

547 *Schön*, in: Gocke/Gosch/Lang, FS für Wassermeyer, S. 489, 516; *Kemmerer*, Kapitalverkehrsfreiheit und Drittstaaten, Diss., Frankfurt am Main 2009, S. 98.

548 Zum fehlenden rechtlichen Rahmen vgl. EuGH, Urteil vom 18. 12. 2007, Rs. C-101/05, *A*, Slg. 2007, S. I-11513, Rn. 60-62.

549 *Schön*, in: Gocke/Gosch/Lang, FS für Wassermeyer, S. 489, 516.

Drittstaaten nicht zur finanziellen Solidarität mit den EU-Mitgliedstaaten verpflichtet.[550]

Angesichts dieser gravierenden Unterschiede zwischen der Angleichung der Gesetzgebung innerhalb der EU und der in der Regel mangels völkerrechtlicher Verpflichtung unterbliebenen Angleichung der Gesetzgebung in den Drittstaaten muss der Schutz des Steueraufkommens der Mitgliedstaaten als ein die Einschränkung des Kapitalverkehrs rechtfertigendes Allgemeininteresse angesehen werden.[551] Im Gegensatz zur lediglich unionsinternen Verlagerung von Steuersubstrat in einen anderen Mitgliedstaat infolge des Steuerwettbewerbs führt der Verlust von Steueraufkommen an einen Drittstaat zu einem Nachteil, der nicht mehr unionsintern aufgewogen werden kann. Im Übrigen würde es auch dem fundamentalen Rechtsverständnis widersprechen, wenn über die Hintertür der Kapitalverkehrsfreiheit der Weg in die Steueroasen für die Steuerpflichtigen eröffnet würde.[552] In Bezug auf den Kapitalverkehr mit Drittstaaten muss daher die Vermeidung von Steuermindereinnahmen als ein zwingender Grund des Allgemeininteresse angesehen werden, der Beschränkungen des Kapitalverkehrs durch die Steuergesetzgebung der Mitgliedstaaten rechtfertigt, solange die Beschränkung in verhältnismäßiger Weise erfolgt.[553]

6. Gewährleistung der steuerlichen Kontrolle

Obwohl die Gewährleistung der steuerlichen Kontrolle schon lange als ein zwingendes Erfordernis des Allgemeininteresse anerkannt ist,[554] hat es der

550 Stellungnahme der Bundesrepublik Deutschland im Vorabentscheidungsersuchen vor dem EuGH, Rs. C-101/05, *A*, vom 7. 6. 2005, IStR 2008, S. 71ff., Rn. 92.

551 Vgl. *Wunderlich/Blaschke*, IStR 2008, S. 754, 762.

552 Vgl. Stellungnahme der Bundesrepublik Deutschland im Vorabentscheidungsersuchen vor dem EuGH, Rs. C-101/05, *A*, vom 7. 6. 2005, IStR 2008, S. 71ff., Rn. 90.

553 Stellungnahme der Bundesrepublik Deutschland im Vorabentscheidungsersuchen vor dem EuGH, Rs. C-101/05, *A*, vom 7. 6. 2005, IStR 2008, S. 71ff., Rn. 92; *Werner*, Systemgerechte Entstrickung im Steuerrecht, Diss., Bonn 2009, S. 196; vgl. jedoch die weiterhin ablehnende Haltung der Generalanwältin des EuGH in EuGH, Schlussanträge der GA Kokott vom 11. 11. 2010, Rs. C-436/08, C-437/08, *Haribo*, BeckEuRS 526138, Rn. 128-129; Schlussanträge der GA Kokott vom 8. 9. 2011, Rs. C-371/10, *Inspecteur van de Belastingdienst Rijnmond/kantoor Rotterdam*, BeckRS 81370, Rn. 103; zu Recht kritisch zur Rechtsprechung des EuGH in Bezug auf Steuermindereinnahmen als zwingender Grund des Allgemeininteresses vgl. *Faltlhauser*, in: Kirchhof/von Lambsdorff/Pinkwart, FS für Solms, S. 153, 160-162; vgl. auch *Lasars*, IStR 2006, S. 566, 567.

554 EuGH, Urteil vom 20. 2. 1979, Rs. C-120/78, *Rewe/Bundesmonopolverwaltung für Branntwein*, Slg. 1979, S. 649, Rn. 8.

EuGH lange mit dem Hinweis auf die EG-Amtshilfe- und Beitreibungsrichtlinien abgelehnt, die Beschränkung der Grundfreiheiten mit den Schwierigkeiten bei der Durchsetzung des Steueranspruchs zu rechtfertigen.[555] Dementsprechend verwies der EuGH auch in der Rechtssache *N*, in der die niederländische Wegzugsbesteuerung Gegenstand des Verfahrens war, ebenfalls auf die bestehenden EG-Amtshilfe- und Beitreibungsrichtlinien, weshalb die Besteuerung des Vermögenszuwachses beim Wegzug des Anteilseigners nicht auf die Wirksamkeit des nationalen Steuerrechts als Rechtfertigungsgrund gestützt werden konnte.[556]

Allerdings hat in der Rechtsprechung des EuGH mittlerweile ein Umdenken eingesetzt, da nunmehr Beschränkungen der Grundfreiheiten im Einzelfall mit der fehlenden Wirksamkeit der steuerlichen Kontrollen gerechtfertigt werden können.[557] Hinsichtlich der Anforderungen an diesen Rechtfertigungsgrund erkennt der EuGH in Anbetracht des im Vergleich zu unionsinternen Fällen anderen rechtlichen Rahmen bei Drittstaatensachverhalten an, dass die zum Binnenmarkt entwickelten Grundsätze nicht ohne weiteres auf Sachverhalte mit Drittstaatenbezug übertragen werden können.[558] Dabei verweist der EuGH sowohl auf den fehlenden einheitlichen Rechtsraum[559] als auch auf die unterbliebenen Harmonisierungsmaßnahmen in der Gesetzgebung von Drittstaaten.[560]

Diese Zurückhaltung ist vor allem im Hinblick auf die fehlende Pflicht zur Amts- und Beitreibungshilfe von Bedeutung. Die fehlende Verpflichtung der Drittstaaten zur Unterstützung der Mitgliedstaaten bei der Durchsetzung ihrer Steueransprüche ist der Grund, weshalb nach der Auffassung des EuGH die Gewährung eines Steuervorteils zu Recht von der Möglichkeit abhängig gemacht wird, Informationen von Steuerbehörden in dem Drittstaat einholen zu können.[561] Allerdings steht dabei nicht mehr allein der Gedanke der effektiven Steuerbeitreibung im Vordergrund, sondern der EuGH misst nunmehr der Siche-

---

555 EuGH, Urteil vom 28. 1. 1992, Rs. C-204/90, *Bachmann*, Slg. 1992, I-249, Rn. 18-20; Urteil vom 30. 1. 2007, Rs. C-150/04, *Kommission/Dänemark*, Slg. 2007, S. I-1163, Rn. 52-53; Urteil vom 11. 10. 2007, Rs. C-451/05, *ELISA*, Slg. 2007, S. I-8251, Rn. 92-95; Urteil vom 18. 12. 2007, Rs. C-101/05, *A*, Slg. 2007, S. I-11513, Rn. 58; kritisch zum Verweis auf die EG-Amtshilferichtlinie *Musil*, SteuerStud 2008, S. 76, 79.

556 EuGH, Urteil vom 7. 9. 2006, Rs. C-470/04, *N*, Slg. 2006, S. I-7409, Rn. 51-55.

557 EuGH, Urteil vom 11. 6. 2009, Rs. C-155/08 und C-157/08, *E.H.A. Passenheim-van Shoot*, Slg. 2009, S. I-5093, Rn. 61.

558 EuGH, Urteil vom 18. 12. 2007, Rs. C-101/05, *A*, Slg. 2007, S. I-11513, Rn. 60.

559 EuGH, Urteil vom 18. 12. 2007, Rs. C-101/05, *A*, Slg. 2007, S. I-11513, Rn. 61.

560 EuGH, Urteil vom 18. 12. 2007, Rs. C-101/05, *A*, Slg. 2007, S. I-11513, Rn. 62.

561 EuGH, Urteil vom 18. 12. 2007, Rs. C-101/05, *A*, Slg. 2007, S. I-11513, Rn. 63; vgl. zu der Problematik der fehlenden Amts- und Beitreibungshilfe und § 6 AStG *Richter/Escher*, FR 2007, S. 674, 681.

rung des Steueraufkommens in Auslandssachverhalten durch gezielte Maßnahmen erhöhte Bedeutung bei.[562]

Die Besteuerung nach § 6 Abs. 1 Satz 2 Nr. 1 und 3 AStG ist ein Instrument, das es der deutschen Finanzverwaltung im letzten Moment, in dem ihr ein effektives Mittel zur Durchsetzung des Steueranspruchs zur Verfügung steht, erlaubt, die Wahrung der steuerlichen Kontrollen durch eine Sofortbesteuerung zu sichern. Nach der Übertragung der Anteile auf eine nicht unbeschränkt steuerpflichtige Person oder nach der Einlage der Anteile in einen ausländischen Betrieb ist die deutsche Steuerverwaltung bei der Durchsetzung des Anspruchs sowohl hinsichtlich der Informationsbeschaffung als auch hinsichtlich des Vollzugs auf das Wohlwollen der Finanzverwaltung des Drittstaates angewiesen. In Anbetracht der mit dieser Abhängigkeit von der ausländischen Finanzverwaltung verbundenen beschränkten Möglichkeit der deutschen Finanzverwaltung, Steueransprüche gegen in Drittstaaten ansässige Steuerpflichtige durchzusetzen, kann die Beschränkung der Kapitalverkehrsfreiheit durch § 6 Abs. 1 Satz 2 Nr. 1 und 3 AStG auf den Rechtfertigungsgrund der Gewährleistung der steuerlichen Kontrollen gestützt werden.[563]

III. Verhältnismäßigkeit

Als zwingende Gründe des Allgemeininteresses wurden die Wahrung der Aufteilung der Besteuerungsbefugnisse, die Verhinderung von Steuermindereinnahmen und die Durchsetzung der steuerlichen Kontrollen ermittelt, für deren Verwirklichung sich die Besteuerung nach § 6 Abs. 1 Satz 2 Nr. 1 und 3 AStG als ein geeignetes Mittel erweist. Die Beschränkung der Kapitalverkehrsfreiheit durch die Besteuerung nach § 6 Abs. 1 Satz 2 Nr. 1 und 3 AStG erfolgt jedoch nur dann in verhältnismäßiger Weise, wenn die Beschränkung nicht über das für die Erreichung der zwingenden Gründe des Allgemeininteresses erforderliche Maß hinausgeht.[564]

---

562 Vgl. EuGH, Urteil vom 3. 10. 2006, Rs. C-290/04, *Scorpio*, Slg. 2006, S. I-9461, Rn. 35-36; *Kube*, EuGH-Rechtsprechung zum direkten Steuerrecht – Stand und Perspektiven, Zentrum für Europäisches Wirtschaftsrecht Nr. 171, 2009, S. 13-14; *Musil/Fähling*, DStR 2010, S. 1501, 1503.

563 Das Bestehen von Pflichten zum Informationsaustausch und zur Beitreibung im Rahmen von bilateralen Abkommen wie den Art. 26, 27 OECD-MA kann lediglich die Sofortbesteuerung als eine unverhältnismäßig belastende Maßnahme erscheinen lassen und ist deshalb eine Frage der Verhältnismäßigkeit der Beschränkung.

564 EuGH, Urteil vom 15. 5. 1997, Rs. C-250/95, *Futura Participations und Singer*, Slg. 1997, S. I-2471, Rn. 26; Urteil vom 21. 11. 2002, Rs. C-436/00, *X und Y*, Slg. 2002, S.

1. Die Besteuerung im Verhältnis zu Drittstaaten ohne Amts- und Beitreibungshilfe

Eine Maßnahme genügt nach der Ansicht des EuGH nicht den Voraussetzungen der Erforderlichkeit, wenn das angestrebte Ziel auch auf eine andere Art erreicht werden könnte, die geringere Einschnitte in die Grundfreiheit zur Folge hätte.[565] Dem Wortlaut zufolge bewirkt die unentgeltliche Überführung der Anteile auf einen in einem Drittstaat ansässigen nicht unbeschränkt Steuerpflichtigen derzeit eine Sofortbesteuerung nach § 6 Abs. 1 Satz 2 Nr. 1 und 3 AStG, für die eine Stundung nur unter den im Vergleich zu § 6 Abs. 5 AStG erschwerten Bedingungen des § 6 Abs. 4 AStG möglich ist. Danach ist eine Sicherheitsleistung zu entrichten, deren Höhe und deren Zahlungszeitpunkt im Ermessen der Finanzverwaltung stehen.[566]

Für die Ermittlung der Erforderlichkeit der Beschränkung der Kapitalverkehrsfreiheit stellt sich die Frage, ob das mit der Beschränkung verfolgte Ziel nicht durch eine weniger schwer wiegende Beeinträchtigung in gleicher Weise erreicht werden kann. In Anbetracht der Möglichkeit einer zinslosen Stundung der Steuer nach § 6 Abs. 5 AStG im Falle der Überführung der Anteile ins EU- bzw. EWR-Ausland könnte eine Festsetzung der Steuer bei gleichzeitiger zinsloser Stundung der Steuer in analoger Anwendung von § 6 Abs. 5 AStG ein milderes Mittel im Vergleich zur wortlautgetreuen Anwendung von § 6 AStG darstellen. In der Rechtssache *N* hat der EuGH nämlich festgestellt, dass das durch die Wegzugsbesteuerung verfolgte Ziel, die Wahrung des Grundsatzes der steuerlichen Neutralität nur dann in verhältnismäßiger Weise erreicht wird, wenn bei einem Wegzug in einen EU-Mitgliedstaat eine Stundung automatisch erfolgt.[567]

Allerdings wird das Erfordernis, die Wegzugsbesteuerung bei einem unionsinternen Wegzug automatisch zu stunden, mit der Richtlinie 77/799/EWG des Rates über die gegenseitige Amtshilfe begründet.[568] Diese Richtlinie erlaubt es

I-10829, Rn. 49; Urteil vom 11. 3. 2004, Rs. C-9/02, *Hughes de Lasteyrie du Saillant*, Slg. 2004, S. I-2409, Rn. 49; Urteil vom 7. 9. 2006, Rs. C-470/04, *N*, Slg. 2006, S. I-7409, Rn. 40.

565 EuGH, Urteil vom 15. 5. 1997, Rs. C-250/95, *Futura Participations und Singer*, Slg. 1997, S. I-2471, Rn. 36; *Forsthoff*, in: Grabitz/Hilf/Nettesheim, Das Recht der Europäischen Union, Art. 45 AEUV, Rn. 377.

566 *Kraft*, in: ders., AStG, § 6 Rn. 472.

567 Vgl. EuGH, Urteil vom 7. 9. 2006, Rs. C-470/04, *N*, Slg. 2006. S. I-7409, Rn. 50-51.

568 EuGH, Urteil vom 7. 9. 2006, Rs. C-470/04, *N*, Slg. 2006. S. I-7409, Rn. 52; Richtlinie 77/799/EWG des Rates vom 19. Dezember über die gegenseitige Amtshilfe zwischen den zuständigen Behörden der Mitgliedstaaten im Bereich der direkten Steuern, bestimmter Verbrauchsteuern und der Steuern auf Versicherungsprämien (ABl. Nr. L

den Finanzbehörden des Mitgliedstaates, die für die Festsetzung der Steuer notwendigen Auskünfte bei den Behörden des anderen Mitgliedstaates, in dem der Wegziehende nach dem Verlassen des Inlandes ansässig ist, in Erfahrung zu bringen.[569] Des Weiteren ermöglicht es die Richtlinie 76/308/EWF des Rates vom 15. März 1976 über die gegenseitige Unterstützung bei der Beitreibung von Forderungen[570] einem Mitgliedstaat, die Mithilfe eines anderen Mitgliedstaates bei der Durchsetzung des Steueranspruchs in Anspruch zu nehmen.[571]

Im Hinblick auf den ausdrücklichen Verweis des EuGH auf die EG-Amtshilferichtlinie und die EG-Beitreibungsrichtlinie könnte die Erforderlichkeit einer Beschränkung des Kapitalverkehrs mit Drittstaaten durch die Sofortbesteuerung nach § 6 Abs. 1 Satz 2 Nr. 1 und 3 AStG auf den fehlenden Informationsaustausch zwischen Drittstaaten und Mitgliedstaaten der EU gestützt werden.[572] Schließlich ist vor allem die fehlende Harmonisierung der Gesetzgebung der Drittstaaten im Vergleich zu den unionsinternen Harmonisierungsanstrengungen ein Hauptargument gegen die Anwendung der zinslosen Stundungsregelung des § 6 Abs. 5 AStG auf Drittstaaten.[573] Auch die Rechtsprechung rechtfertigt die unterschiedlichen Rechtfertigungsmaßstäbe bei Beschränkungen des Kapital-

---

336, S. 15), aufgehoben mit Wirkung vom 1. 1. 2013 durch Art. 28 RL vom 15. 2. 2011 (ABl. Nr. L 64 S. 1); siehe jetzt Richtlinie 2011/16/EU des Rates vom 15. Februar 2011 über die Zusammenarbeit der Verwaltungsbehörden im Bereich Besteuerung und zur Aufhebung der Richtlinie 77/799/EWG (ABl. Nr. L 64 S. 1).

569 EuGH, Urteil vom 28. 10. 1999, Rs. C-55/98, *Vestergaard*, Slg. 1999, S. I-7641, Rn. 26; Urteil vom 26. 6. 2003, Rs. C-422/01, *Skandia und Ramstedt*, Slg. 2003, S. I-6817, Rn. 42; Urteil vom 7. 9. 2006, Rs. C-470/04, *N*, Slg. 2006, S. I-7409, Rn. 52.

570 EuGH, Urteil vom 7. 9. 2006, Rs. C-470/04, *N*, Slg. 2006, S. I-7409, Rn. 53; Richtlinie 76/308/EWG des Rates vom 15. März 1976 über die gegenseitige Unterstützung bei der Beitreibung von Forderungen in Bezug auf bestimmte Abgaben, Zölle, Steuern und sonstige Maßnahmen, (ABl. Nr. L 73, S. 18), aufgehoben mit Wirkung vom 1. 7. 2008 durch Art. 25 RL vom 26. 5. 2008 (ABl. Nr. L 150 S. 28); Richtlinie 2006/55/EG des Rates vom 26. Mai 2008 (ABl. Nr. L 150, S. 28) aufgehoben mit Wirkung vom 1. 1. 2012 durch Art. 29 Abs. 1 RL vom 16. 3. 2010 (ABl. Nr. L 84 S. 1); siehe jetzt Richtlinie 2010/24/EU des Rates vom 16. März über die Amtshilfe bei der Beitreibung von Forderungen in Bezug auf bestimmte Steuern, Abgaben und sonstige Maßnahmen (ABl. Nr. L 84 S. 1).

571 EuGH, Urteil vom 7. 9. 2006, Rs. C-470/04, *N*, Slg. 2006, S. I-7409, Rn. 53.

572 EuGH, Urteil vom 18. 12. 2007, Rs. C-101/05, *A*, Slg. 2007, S. I-11513, Rn. 54-66; vgl. *Zorn*, IStR, 2010, S. 190, 194, der auf Grund des fehlenden Informationsaustausches mit Drittstaaten weitere Rechtfertigungsgründe für die Beschränkung der Kapitalverkehrsfreiheit für anwendbar hält.

573 *Elicker*, in: Blümich, AStG, § 6 Rn. 86.

verkehrs mit Drittstaaten mit der fehlenden Anwendbarkeit der EG-Amtshilfe-richtlinie.[574]

Zwar hat die Bundesrepublik Deutschland in dem Bewusstsein der fehlenden Auskunfts- und Beitreibungspflicht von Drittstaaten der Erweiterung der Kapitalverkehrsfreiheit auf Drittstaaten zugestimmt. Aus diesem Umstand kann jedoch nicht eine Pflicht der Bundesrepublik Deutschland zu einer Liberalisierung ihres Kapitalverkehrs mit Drittstaaten abgeleitet werden, die über das Maß der Liberalisierung des Kapitalverkehrs innerhalb der EU hinausgeht. Dieses Ergebnis findet seine Bestätigung in der Rechtsprechung des EuGH, der in der Rechtssache *Rimbaud* entschieden hat, dass auf Grund der fehlenden Anwendbarkeit der EG-Amtshilferichtlinie ein Steuervorteil in Bezug auf Liechtenstein nicht zu gewähren ist.[575] Dieses Urteil ist umso bemerkenswerter, da es sich bei Liechtenstein um einen EWR-Staat handelt und nach der EuGH-Rechtsprechung Art. 40 des EWR-Abkommen, der die Gewährleistung der Kapitalverkehrsfreiheit vorsieht, auch auf die EU-Mitgliedstaaten anwendbar ist.[576]

Unter dem Gesichtspunkt der Wahrung der Aufteilung der Besteuerungsbefugnisse, der Verhinderung von Steuermindereinnahmen und der Durchsetzung der steuerlichen Kontrollen ist die Sofortbesteuerung nach § 6 Abs. 1 Satz 2 Nr. 1 und 3 AStG tatsächlich im Verhältnis zu Drittstaaten, die mit Deutschland keine Informationen austauschen, das einzige Mittel, die Feststellung und Durchsetzung des Steueranspruchs zu erreichen.[577] Eine zinslose Stundung im Sinne des § 6 Abs. 5 AStG wäre im Verhältnis zu Drittstaaten, bei denen kein Informationsaustausch erfolgt, in ihrer letzten Konsequenz gar nicht durchführbar. Sobald nämlich der Anteilseigner einen der Tatbestände des § 6 Abs. 5 Satz 4 AStG erfüllt, besteht kein Grund mehr für die zinslose Stundung der Steuer. Die Finanzbehörden können jedoch die Stundung nur widerrufen, wenn sie von den Vorgängen, die einen Widerruf der Stundung rechtfertigen, auf Grund eines Informationsaustausches mit dem anderen Staat in Kenntnis gesetzt

---

574 BFH, Urteil vom 25. 8. 2009 – I R 88, 89/07, BFH/NV 2009, S. 2047, 2054.

575 EuGH, Urteil vom 28. 10. 2010, Rs. C-72/09, *Établissements Rimbaud*, Slg. 2010, S. I-0000, Rn. 42-44; *Wilke*, PISTB 2011, S. 59, 60; kritisch dazu *Wenz/Wünsche*, IStR 2010, S. 845, 845-846, die im Verhältnis zu Liechtenstein die gleichen Maßstäbe anwenden wollen wie im Verhältnis zu anderen EU-Staaten.

576 EuGH, Urteil vom 23. 9. 2003, Rs. C-452/01, *Ospelt und Schlössle Weissenberg*, Slg. 2003, S. I-9743, Rn. 29-32; Urteil vom 11. 6. 2009, C-521/07, *Kommission/Niederlande*, Slg. 2009, S. I-4873, Rn. 33.

577 A.A. *Werner*, Systemgerechte Entstrickung im Steuerrecht, Diss., Bonn 2009, S. 197, der im Verhältnis zu Drittstaaten unabhängig vom Bestehen einer Amts- und Beitreibungshilfe stets eine ermessensunabhängige Stundung verbunden mit einer Sicherheitsleistung gewähren will.

werden. Daher ist für die Durchsetzung und die Feststellung des Steueranspruchs aus § 6 Abs. 1 Satz 2 Nr. 1 und 3 AStG eine Sofortbesteuerung erforderlich, wenn zwischen dem Drittstaat und der Bundesrepublik Deutschland keine Amtshilfe erfolgt.

2. Die Besteuerung im Verhältnis zu Drittstaaten mit Amts- und Beitreibungshilfe

Im Umkehrschluss zur Erforderlichkeit der Besteuerung nach § 6 Abs. 1 Satz 2 Nr. 1 und 3 AStG im Falle der Übertragung der Anteile in Drittstaaten, die keine Amts- und Beitreibungshilfe gewähren, würde allerdings die Sofortbesteuerung kein erforderliches Mittel darstellen, wenn die Anteile in einen Staat übertragen werden, mit dem Deutschland eine der EG-Amtshilfe- und der EG-Beitreibungsrichtlinie entsprechende Vereinbarung unterhält.[578] Angesichts der Möglichkeit der zwischenstaatlichen Zusammenarbeit auf Grund von DBA vermag der pauschale Hinweis auf die fehlende Anwendbarkeit der EG-Amtshilferichtlinie oder der EG-Beitreibungsrichtlinie für den Ausschluss der zinslosen Stundung bei Drittstaatensachverhalten nicht mehr zu überzeugen, wenn auf bilateraler Ebene eine Vereinbarung über die gegenseitige Amtshilfe getroffen worden ist.

Als Maßstab für die Beurteilung, ob zwischen der Bundesrepublik Deutschland und dem Vertragsstaat eine entsprechende Vereinbarung besteht, könnten die abkommensrechtlichen Maßstäbe des OECD-MA hinsichtlich des Informationsaustausches im Sinne des Art. 26 OECD-MA und hinsichtlich der Amtshilfe zur Erhebung der Steuern im Sinne des Art. 27 OECD-MA dienen.[579] Schließlich entspricht Art. 26 OECD-MA grundsätzlich der EG-Amtshilferichtlinie,[580] während Art. 27 OECD-MA mit der EG-Beitreibungsrichtlinie vergleichbar ist.[581] Dementsprechend genügt bei Übertragungen der Anteile in den EWR-Staat Norwegen, auf dem die EG-Amtshilferichtlinie nicht anwendbar ist,

578 Vgl. *Rehfeld*, Die Vereinbarkeit des Außensteuergesetzes mit den Grundfreiheiten des EG-Vertrags, Diss., Bochum 2007, S. 217, der jedoch nur auf die „große Auskunftsklausel" abstellt; a.A. *Kinzl/Georg*, IStR 2005, S. 450, 453, die selbst bei Fehlen eines Äquivalents zur EG-Amtshilfe- und EG-Beitreibungsrichtlinie in der Besteuerung nach § 6 AStG einen ungerechtfertigten Verstoß gegen das generelle Beschränkungsverbot des Art. 63 AEUV erblicken.

579 *Schön*, in: Gocke/Gosch/Lang, FS für Wassermeyer, S. 489, 518; vgl. *Keller*, Die Fortentwicklung der Wegzugsbesteuerung nach § 6 AStG, Diss., Erlangen-Nürnberg 2006, S. 191-192, 196; vgl. in Bezug auf § 18 Abs. 3 AuslInvestmG *Dörr*, FR 2009, S. 555, 566, der bei Drittstaatssachverhalten danach differenziert, ob eine „große" Auskunftsklausel besteht oder nicht.

580 *Wenz/Linn*, in: Haase, AStG, § 15 Rn. 139.

581 *Engelschalk*, in: Vogel/Lehner, DBA, Art. 27 Rn. 6.

die große Auskunftsklausel in Art. 26 des DBA Deutschland-Norwegen sowie der Beitreibungsartikel des Art. 27 DBA Deutschland-Norwegen, um das Erfordernis der Amtshilfe und der Beitreibung in § 6 Abs. 5 Satz 2 AStG zu erfüllen.[582]

a) Amtshilfe im Sinne des Art. 26 OECD-MA

Die fehlende Anwendbarkeit der EG-Amtshilferichtlinie im Verhältnis zu den Drittstaaten könnte somit durch die Vereinbarung eines Informationsaustausches im Sinne des Art. 26 OECD-MA ausgeglichen werden. Als Amtshilfe werden die Maßnahmen bezeichnet, die eine Behörde gegenüber einer anderen Behörde erbringt, damit letztere ihre Aufgaben der öffentlichen Verwaltung vollständig wahrnehmen kann.[583]

Allerdings ist nicht jede Form der Amtshilfe in gleicher Weise geeignet, das in Bezug auf die Durchsetzung von § 6 AStG erforderliche Informationsbedürfnis der deutschen Finanzbehörden zu befriedigen. Hinsichtlich des Informationsaustausches nach Art. 26 OECD-MA muss nämlich zwischen der kleinen und der großen Auskunftsklausel unterschieden werden. Die kleine Auskunftsklausel betrifft lediglich den Erwerb von Informationen, die für eine Vermeidung der Doppelbesteuerung durch die DBA erforderlich sind.[584] Angesichts des mit der § 6 Abs. 5 Satz 4 AStG intendierten Ziels, das deutsche Besteuerungsrecht an dem Vermögenszuwachs durch den Widerruf der Stundung bei Erfüllung der Widerrufsgründe zu sichern, ist eine solche auf die Anwendung des DBA beschränkte Auskunftsklausel wenig nützlich. Die große Auskunftsklausel dagegen verfolgt ein ähnliches Ziel wie die EG-Amtshilferichtlinie, die in Deutschland durch das EG-Amtshilfegesetz in nationales Recht umgesetzt wurde. Eine große Auskunftsklausel zeichnet sich im Gegensatz zur kleinen Auskunftsklausel dadurch aus, dass sie sich nicht nur auf den Informationsaustausch zur Durchführung des DBA beschränkt, sondern auch den Informationsaustausch zur Durchführung des nationalen Steuerrechts umfasst.[585] Damit bestehen große Parallelen zur EG-Amtshilferichtlinie, nach der die Finanzbehörden der Mitgliedstaaten verpflichtet sind, Auskünfte für die Festsetzung der Einkommen-, der Körperschaft-, der Gewerbe-, der Grund- und der Umsatzsteuer zu

582 *Kraft*, in: ders., AStG, § 6 Rn. 493; *Elicker*, in: Blümich, AStG, § 6 Rn. 90.

583 *Ismer/Sailer*, IStR 2003, S. 622, 623.

584 *Seibold*, IStR 1998, S. 649, 653; *Herbst/Brehm*, IWB 2005, Fach 10, Gruppe 2, S. 1853, 1856; *Engelschalk*, in: Vogel/Lehner, DBA, Art. 26 Rn. 3; *Wenz/Linn*, in: Haase, AStG, § 15 Rn. 139; *Zöllner*, in: Pahlke/Koenig, AO, § 117, Rn. 8.

585 *Ritter*, DStZ 1974, S. 267, 270; *Seibold*, IStR 1998, S. 649, 653; *Bade*, in: Haase, OECD-MA, Art. 26 Rn. 12.

erteilen.[586] Maßstab für die Frage, ob die Beschränkung des Kapitalverkehrs mit Drittstaaten durch die Entstrickungstatbestände in § 6 Abs. 1 Satz 2 Nr.1 und 3 AStG erforderlich ist, sollte daher das Bestehen eines Abkommens im Sinne der großen Auskunftsklausel nach Art. 26 Abs. 1 OECD-MA sein, da sie auf Grund ihrer Vergleichbarkeit mit der EG-Amtshilferichtlinie[587] im Verhältnis zu dem Drittstaat ein ähnliches Niveau an Zusammenarbeit zwischen den Steuerbehörden erlaubt, wie es bereits innerhalb der EU besteht.[588]

Angesichts dieser den Anforderungen des § 6 Abs. 5 Satz 2 AStG entsprechenden Form des Informationsaustausches ist eine Beschränkung des Kapitalverkehrs durch die Ersatztatbestände des § 6 Abs. 1 Satz 2 Nr. 1 und 3 AStG grundsätzlich nicht erforderlich, wenn zwischen der Bundesrepublik Deutschland und dem Drittstaat eine große Auskunftsklausel im Sinne des Art. 26 Abs. 1 OECD-MA in einem Abkommen vereinbart wurde.[589]

b) Beitreibungshilfe

Der Informationsaustausch basierend auf Art. 26 OECD-MA genügt jedoch nicht für die Durchsetzung des nationalen Steuerrechts, wenn der Steuerpflichtige im Inland kein Vermögen mehr unterhält, in das die Steuerbehörde vollstrecken könnte. Daher muss das Erfordernis des Informationsaustausches infolge der Amtshilfe nach Art. 26 OECD-MA um die Voraussetzung der Beitreibungshilfe im Sinne des Art. 27 OECD-MA ergänzt werden, um eine effektive Durchsetzung des Steueranspruchs zu gewährleisten.[590] In Bezug auf Drittstaatensachverhalte muss deshalb in analoger Anwendung von § 6 Abs. 5 Satz 2 AStG verlangt werden, dass auf Grund eines bilateralen Abkommens zwischen der Bun-

586 Vgl. § 1 Abs. 2 EGAHiG; *Jacobs*, Internationale Unternehmensbesteuerung, S. 203.

587 *Wenz/Linn*, in: Haase, AStG, § 15 Rn. 139.

588 Vgl. *Schön*, in: Gocke/Gosch/Lang, FS für Wassermeyer, S. 489, 518.

589 Eine große Auskunftsklausel im Sinne des Art. 26 Abs. 1 OECD-MA enthalten die folgenden von der Bundesrepublik Deutschland mit Drittstaaten abgeschlossenen DBA: Art. 26 Abs. 1 DBA-Aserbaidschan; Art. 24 Abs. 1 DBA-Australien; Art. 26 Abs. 1 DBA-Belarus; Art. 26 Abs. 1 DBA-Georgien; Art. 27 Abs. 1 DBA-Ghana; Art. 26 DBA-Island; Art. 26 Abs. 1 DBA-Kanada; Art. 26 Abs. 1 DBA-Kasachstan; Art. 26 Abs. 1 DBA-Kirgistan; Art. 26 Abs. 1 DBA-Korea; Art. 26 Abs. 1 DBA-Kroatien; Art. 25 Abs. 1 DBA-Neuseeland; Art. 26 Abs. 1 DBA-Norwegen; Art. 26 DBA-Russland; Art. 27 Abs. 1 DBA-Singaprur; Art. 26 Abs. 1 DBA-Türkei; Art. 26 Abs. 1 DBA-USA; Art. 26 Abs. 1 DBA-Usbekistan; strittig ist die Frage, ob Art. 26 Abs. 1 DBA-Liberia eine große Auskunftsklausel enthält, dafür *Engelschalk*, in: Vogel/Lehner, DBA, Art. 26 Rn. 64, dagegen *Müller*, in: Debatin/Wassermyer, DBA-Liberia, Art. 26 Rn. 3.

590 *Engelschalk*, in: Vogel/Lehner, DBA, Art. 27 Rn. 13.

desrepublik Deutschland und dem Vertragsstaat die Beitreibung des Steueranspruchs gesichert ist.

Maßstab für das Erfordernis der Beitreibungshilfe gemäß § 6 Abs. 5 Satz 2 AStG ist bei unionsinternen Sachverhalten die EG-Beitreibungsrichtlinie.[591] Da Maßnahmen zur Beitreibung innerhalb der EU sowohl auf die EG-Beitreibungsrichtlinie als auch auf Art. 27 OECD-MA gestützt werden können,[592] entspricht Art. 27 OECD-MA in seiner Wirkung der EG-Beitreibungsrichtlinie.[593] Die EG-Beitreibungsrichtlinie unterscheidet sich in einem nur geringen Umfang von den Aussagen des Art. 27 OECD-MA, so dass die Unterschiede zwischen der EG-Beitreibungsrichtlinie und Art. 27 OECD-MA in ihrer Gesamtwirkung nicht weiter ins Gewicht fallen.[594] In Anbetracht der ähnlichen Wirkweise der EG-Beitreibungsrichtlinie und von Art. 27 OECD-MA kann die Beschränkung der Kapitalverkehrsfreiheit durch die Besteuerung nach § 6 Abs. 1 Satz 2 Nr.1 und 3 AStG bei der Übertragung der Anteile in einen Drittstaat, auf den ein DBA mit einer dem Art. 27 OECD-MA entsprechenden Regelung anwendbar ist, nur dann in unionsrechtskonformer Weise erfolgen, wenn die festgesetzte Steuer in analoger Anwendung von § 6 Abs. 5 AStG zinslos gestundet wird. Dabei muss jedoch gewährleistet sein, dass der Anteilseigner entweder in Deutschland oder in seinem Ansässigkeitsstaat Vermögen unterhält, in das die Finanzbehörden hineinvollstrecken können. Ohne diese Möglichkeit würde ein Abkommen über die Beitreibung des Steueranspruchs das Sicherungsbedürfnis Deutschlands nicht in ausreichender Weise gewährleisten.[595]

---

591 BT-Drucks. 16/2710, S. 53.

592 FG Düsseldorf, Beschluss vom 23. 6. 2000 – 18 V 524-00 A (AO), DStRE 2000, S. 1103, 1104; *Ismer/Sailer*, IStR 2003, S. 622, 623; *Engelschalk*, in: Vogel/Lehner, DBA, Art. 27 Rn. 7.

593 Vgl. Richtlinie 76/308/EWF des Rates vom 15. März 1976 über die gegenseitige Unterstützung bei der Beitreibung von Forderungen im Zusammenhang mit Maßnahmen, die Bestandteil des Finanzierungssystems des Europäischen Ausrichtungs- und Garantiefonds für die Landwirtschaft sind, sowie von Abschöpfungen und Zöllen, ABl. 1976, Nr. L 73, S. 18; *Engelschalk*, in: Vogel/Lehner, DBA, Art. 27 Rn. 6; die EG-Beitreibungsrichtlinie wird jedoch am 1. 1. 2012 durch die Richtlinie 2010/24/EU des Rates vom 16. 3. 2010 über die Amtshilfe bei der Beitreibung von Forderungen in Bezug auf bestimmte Steuern, Abgaben und sonstige Maßnahmen, ABl. 2010, Nr. L 84 S. 1, ersetzt; vgl. dazu *Jacobs*, Internationale Unternehmensbesteuerung, S. 203.

594 Zu den Unterschieden zwischen der EG-Beitreibungsrichtlinie und Art. 27 OECD-MA vgl. ausführlich *Engelschalk*, in: Vogel/Lehner, DBA, Art. 27 Rn. 6.

595 *Wassermeyer*, in: Flick/Wassermeyer/Baumhoff, AStG, § 6 Rn. 217.

F. Ergebnis

Zusammenfassend ist daher festzustellen, dass keine Gründe mehr bestehen, den Kapitalverkehr zu Drittstaaten durch eine Besteuerung nach § 6 Abs. 1 Satz 2 Nr.1 und 3 AStG in einem stärkeren Maße zu belasten als im Vergleich zu unionsinternen Sachverhalten, wenn mit Drittstaaten ein Abkommen mit dem Inhalt der Art. 26, 27 OECD-MA abgeschlossen worden ist und im Einzelfall von einem effizienten Vollzug des Abkommens auszugehen ist.[596] In dem Fall der tatsächlichen Gewährleistung der steuerlichen Kontrollen lebt die wirtschaftliche Begründung der Notwendigkeit des Schutzes des Kapitalverkehrs mit Drittstaaten, die Steigerung der Attraktivität des Währungsraums und die Gewährleistung der optimalen Allokation des Produktionsfaktors Kapital,[597] wieder auf. Daher ist die Steuer in analoger Anwendung des § 6 Abs. 5 AStG zu stunden und eine spätere Wertminderung bei der tatsächlichen Veräußerung der Anteile nach § 6 Abs. 6 AStG analog zu berücksichtigen. Selbstverständlich kommt der Steuerpflichtige nur in den Genuss der Stundung, wenn er den Meldepflichten des § 6 Abs. 7 AStG nachkommt. Schließlich ist ein Steuervorteil nicht zu gewähren, wenn es der deutschen Steuerverwaltung mangels Abkommens unmöglich ist, Sachverhalte, die einen Widerruf des Steuervorteils rechtfertigen würden, in Erfahrung zu bringen.[598]

596 Vgl. *Richter/Escher*, FR 2007, S. 674, 681.

597 Vgl. *Bröhmer*, in: Calliess/Ruffert, EUV/AEUV, Art. 63 AEUV Rn. 4.

598 EuGH, Urteil vom 18. 12. 2007, Rs. C-101/05, *A*, Slg. 2007, S. I-11513, Rn. 63.

Kapitel 4: Die Vereinbarkeit von § 6 AStG mit dem Freizügigkeitsabkommen

Grundsätzlich kommt eine zinslose Stundung der Wegzugsteuer nach § 6 Abs. 5 AStG im Verhältnis zur Schweiz nicht in Betracht, da die Schweiz weder ein EU-Mitgliedstaat noch ein EWR-Vertragsstaat ist. Deshalb könnte die Schweiz in die Reihe der übrigen Drittstaaten eingeordnet werden, so dass der Steuerpflichtige sich nur in Fällen, in denen die Kapitalverkehrsfreiheit betroffen ist, unter den genannten Voraussetzungen auf einen Grundfreiheitenschutz berufen und die zinslose Stundung der Steuer in Anspruch nehmen kann.[599] Im Gegensatz zu den anderen Drittstaaten hat die Schweiz jedoch mit der EU ein Freizügigkeitsabkommen (FZA) abgeschlossen,[600] das durch Bundesgesetz in Bundesrecht umgesetzt worden ist.[601] Das vorrangige Ziel dieses Abkommens besteht in der harmonischen Gewährleistung der Personenfreizügigkeit im Verhältnis zwischen der Schweiz einerseits und der EU und ihren Mitgliedstaaten andererseits.[602] Soweit die jeweiligen Voraussetzungen erfüllt sind, wird durch das FZA der Anwendungsbereich der allgemeinen Freizügigkeit, der Arbeitnehmerfreizügigkeit und der Niederlassungsfreiheit auf die Schweiz ausgedehnt.[603]

Im Verhältnis zur Schweiz könnte daher bei der unionsrechtskonformen Auslegung von § 6 AStG nicht nur die Kapitalverkehrsfreiheit auf Grund ihres Drittstaatenbezugs von Bedeutung sein, sondern auch die Niederlassungsfreiheit oder die Arbeitnehmerfreizügigkeit auf Grund des FZA.[604] Zwar ist in dem FZA

---

599 Siehe Kapitel 3 F..

600 Abkommen zwischen der Europäischen Gemeinschaft und ihren Mitgliedstaaten einerseits und der Schweizerischen Eidgenossenschaft andererseits über die Freizügigkeit vom 21. 6. 1999, BGBl. II 2001, S. 811.

601 Gesetz zu dem Abkommen zwischen der Europäischen Gemeinschaft und ihren Mitgliedstaaten einerseits und der Schweizerischen Eidgenossenschaft andererseits über die Freizügigkeit vom 2. 9. 2001, BGBl. II 2001, S. 810.

602 Präambel des FZA; zu den weiteren Zielen vgl. Art. 1 FZA; dazu *Kokott*, in: Cremer/Giegerich/Richter/Zimmermann, FS für Steinberger, S. 771, 790-791; *Benesch*, Das Freizügigkeitsabkommen zwischen der Schweiz und der Europäischen Gemeinschaft, Diss., Gießen 2006, S. 75; *Söffing/Bron*, RIW 2009, S. 358, 360.

603 *Schönfeld*, in: Flick/Wassermeyer/Baumhoff, AStG, § 6 Rn. 27.7; *Häck*, in: Haase, AStG, § 6 Rn. 20-21; *Elicker*, in: Blümich, AStG, § 6 Rn. 85.

604 Der BFH wendete das FZA in einem zu § 6 AStG ergangenen Urteil lediglich deshalb nicht, weil der Sachverhalt sich vor dem Wirksamwerden des FZA ereignet hat, vgl. BFH, Urteil vom 25. 8. 2009 – I R 88/07, BFH/NV 2009, S. 2047, 2052; vgl. zur Klärung des Verhältnisses zwischen dem FZA und dem deutschen Steuerrecht die noch

nicht von der Niederlassungsfreiheit,[605] sondern von dem Recht auf Niederlassung die Rede.[606] In ihrer Bedeutung stimmen die Begriffe Niederlassungsfreiheit und Recht auf Niederlassung aber ungeachtet der unterschiedlichen Formulierungen überein.[607] Dasselbe gilt für die Arbeitnehmerfreizügigkeit.[608]

Die durch das FZA gewährten Freizügigkeitsrechte orientieren sich also grundsätzlich an den durch den AEUV garantierten Rechten auf Niederlassungsfreiheit gemäß Art. 49 AEUV, auf Arbeitnehmerfreizügigkeit gemäß Art. 45 AEUV und auf Dienstleistungsfreiheit nach Art. 56 AEUV.[609] Dementsprechend kann die sich aus der Wegzugsbesteuerung nach § 6 Abs. 1 Satz 1 AStG ergebende Ungleichbehandlung eines innerdeutschen Umzuges mit einem Umzug in die Schweiz eine nicht gerechtfertigte Beschränkung der durch das FZA garantierten Freizügigkeitsrechte ergeben.[610] Für ein solches Verständnis spricht vor allem die Rechtsprechung des EuGH, der in der Rechtssache *Hughes de Lasteyrie du Saillant* eine ungerechtfertigte Beschränkung der Niederlassungsfreiheit durch die französische Wegzugsbesteuerung annahm.[611] Angesichts der im Vergleich zur französischen Regelung wesentlich strenger ausgestalteten deutschen Wegzugsbesteuerung könnte die Beschränkung der durch das FZA garantierten Niederlassungsfreiheit erst recht nicht mit dem FZA vereinbar sein.[612]

---

anhängigen Verfahren BFH, X R 43/10, Vorinstanz: FG Baden-Württemberg vom 21. 7. 2010 – 14 K 1469/10, EFG 1970, S. 1997ff.; BFH, X R 3/11, Vorinstanz: FG Baden-Württemberg vom 26. 11. 2010 – 5 K 2852/07, EFG 2011, S. 1057ff.; dazu *Kraft/Schmidt*, RIW 2011, S. 758, 764-765..

605 Art. 49 AEUV.

606 Art. 1 Buchst. a FZA.

607 *Weigell*, IStR 2006, S. 190, 192.

608 *Benesch*, Das Freizügigkeitsabkommen zwischen der Schweiz und der Europäischen Gemeinschaft, Diss., Gießen 2006, S. 133.

609 *Kahill-Wolff/Mosters*, EuZW 2001, S. 5, 7; *Beul*, SAM 2006, S. 125, 126; *Hinny*, in: Lüdicke, Forum der Internationalen Besteuerung 31, S. 45, 55; *Weigell*, IStR 2006, S. 190, 193; *ders.*, in: Weigell/Brand/Safarik, Investitions- und Steuerstandort Schweiz, S. 129, 154-155; *Söffing/Bron*, RIW 2009, S. 358, 361; hinsichtlich der Dienstleistungsfreiheit hinweisend *Haslehner*, SWI 2007, S. 221, 225, 228-229.

610 Art. 9 (Gleichbehandlung von Arbeitnehmern), Art. 15 (Gleichbehandlung von Selbständigen) und Art. 19 (Gleichbehandlung von Dienstleistungserbringern) Anhang I des FZA;

611 EuGH, Urteil vom 11. 3. 2004, Rs. C-9/02, *Hughes de Lasteyrie du Saillant*, Slg. 2004, S. I-2409, Rn. 69.

612 Vgl. zu dieser Schlussfolgerung in Bezug auf die Vereinbarkeit von § 6 AStG a.F. mit dem AEUV *Ettinger*, IStR 2006, S. 747, 747.

A. Auslegung des Freizügigkeitsabkommens

Bei der Auslegung des FZA kann nach Art. 16 Abs. 2 FZA jedoch nur die Rechtsprechung des EuGH zu Rate gezogen werden, die in der Zeit vor der Unterzeichnung des Abkommens erfolgte. Die für die Wegzugsbeteuerung in ihrer heutigen Fassung entscheidenden Urteile des EuGH in den Rechtssachen *Hughes de Lasteyrie du Saillant*[613] und *N*[614] ergingen jedoch erst nach der Unterzeichnung des FZA, so dass auf sie bei der Auslegung des FZA nicht unmittelbar zurückgegriffen werden kann.[615] Allerdings wurde in diesen Urteilen nicht eine völlig neue Systematik zur Auslegung der Grundfreiheiten entwickelt, sondern die Urteile bauen vielmehr auf der bisher ergangenen Rechtsprechung des EuGH auf und konkretisieren lediglich die bisherige Rechtsprechung.[616] Dementsprechend nimmt der EuGH in der Rechtssache *Hughes de Lasteyrie du Saillant* ausdrücklich auf die ältere, vor dem Abschluss des FZA ergangene Rechtssache *Avoir Fiscal* Bezug.[617] Daher sollte auch die jüngere Rechtsprechung, die erst in der Zeit nach dem Wirksamwerden des Abkommens erfolgte, bei der Auslegung des FZA zumindest Berücksichtigung finden, sofern sie auf die bisher ergangene Rechtsprechung gestützt wird.[618]

B. Beschränkung der durch das Freizügigkeitsabkommen garantierten Rechte

Spätestens seit der Entscheidung des EuGH in der Rechtssache *Hughes de Lasteyrie du Saillant* ist es unstreitig, dass die Besteuerung nach § 6 Abs. 1 Satz 1 AStG eine Beschränkung der Niederlassungsfreiheit nach Art. 49 AEUV bzw. der Arbeitnehmerfreizügigkeit nach Art. 45 AEUV, zu der das Recht auf Wegzug ein Annex ist,[619] darstellt.[620] Indem das FZA die gleichen Freizügig-

---

613 EuGH, Urteil vom 11. 3. 2004, Rs. C-9/02, *Hughes de Lasteyrie du Saillant*, Slg. 2004, S. I-2409.

614 EuGH, Urteil vom 7. 9. 2006, Rs. C-470/04, *N*, Slg. 2006, S. I-7409.

615 *Schönfeld*, in: Flick/Wassermeyer/Baumhoff, AStG, § 6 Rn. 27.7; *Häck*, in: Haase, AStG, § 6 Rn. 21.

616 *Schreiber/Jaun*, Der Schweizer Treuhänder 2004, S. 769, 774.

617 EuGH, Urteil vom 11. 3. 2004, Rs. C-9/02, *Hughes de Lasteyrie du Saillant*, Slg. 2004, S. I-2409, Rn. 40; vgl. *Schreiber/Jaun*, Der Schweizer Treuhänder 2004, S. 769, 773-774; *Häck*, IStR 2011, S. 797, 799.

618 *Schönfeld*, in: Flick/Wassermeyer/Baumhoff, AStG, § 6 Rn. 27.7; *Lang/Lüdicke/Reich*, IStR 2008, S. 709, 714; *Häck*, in: Haase, AStG, § 6 Rn. 21;.

619 *Kraft*, in: ders., AStG, § 6 Rn. 83.

keitsrechte gewährt wie der AEUV, muss daher auch eine Beschränkung dieser Freizügigkeitsrechte durch die Besteuerung nach § 6 Abs. 1 Satz 1 AStG angenommen werden. Die sich aus § 6 AStG ergebende Besteuerung bei der Beendigung der unbeschränkten Steuerpflicht kann den Steuerpflichtigen davon abhalten, von seinem durch das FZA gewährte Recht auf Freizügigkeit Gebrauch zu machen.[621] Dasselbe gilt hinsichtlich der Ersatztatbestände des § 6 Abs. 1 Satz 2 AStG.[622] Damit greift der Schutz der durch das FZA garantierten Personenverkehrsfreiheiten auch in Bezug auf § 6 AStG.[623] Es kommt damit durch die Wegzugsbesteuerung zu einer Beschränkung der durch das FZA garantierten Personenfreizügigkeitsrechte.

C. Rechtfertigung

Im Abschluss des FZA kommt der Wille der Vertragsparteien des FZA zum Ausdruck, dass Personenverkehrsfreiheiten im Verhältnis zur Schweiz in der gleichen Weise gelten sollen, wie sie auch innerhalb der EU gelten.[624] Daher müssen auch Beschränkungen von Wegzügen in die Schweiz an dem gleichen Maßstab gemessen werden wie Beschränkungen von Wegzügen in andere EU-Mitgliedstaaten.[625] Eine Beschränkung der Personenverkehrsfreiheiten ist daher nur in dem Rahmen zulässig, in dem sie auch in unionsinternen Sachverhalten mit dem Unionsrecht vereinbar ist.

In unionsinternen Sachverhalten hat der EuGH in der Rechtssache *N* eine Beschränkung der Niederlassungsfreiheit unter Hinweis auf die EG-Amtshilfe- und EG-Beitreibungsrichtlinie nur als gerechtfertigt angesehen, wenn eine zins-

620 *Kraft/Müller*, RIW 2004, S. 366, 371; *Körner*, IStR 2004, S. 424, 428; *Schindler*, IStR 2004, S. 300, 304.

621 Zur Verletzung der allgemeinen Freizügigkeit nach Art. 21 AEUV durch § 6 AStG *Kraft*, in: ders., AStG, § 6 Rn. 111.

622 Zur Beschränkung von Art. 49 AEUV durch § 6 Abs. 1 Satz Nr. 1 und 2 AStG vgl. *Werner*, Systemgerechte Entstrickung im Steuerrecht, Diss., Bonn 2009, S. 151-155; zur Beschränkung von Art. 49 AEUV durch § 6 Abs. 1 Satz 2 Nr. 3 AStG vgl. *Kleinert/Probst*, DB 2004, S. 673, 674 unter Bezugnahme auf EuGH, Urteil vom 21. 11. 2002, Rs. C-436/00, *X und Y*, Slg. 2002, S. I-10829, Rn. 61-62; zur Beschränkung der Grundfreiheiten durch § 6 Abs. 1 Satz 2 Nr. 4 AStG vgl. *Wassermeyer*, in: Flick/Wassermeyer/Baumhoff, AStG, § 6 Rn. 228.

623 *Schmidt/Peter/Förmli*, IStR 2004, S. 433, 436; *Weigell*, IStR 2006, S. 190, 195; *Ettinger/Hergeth*, PIStB 2007, S. 185, 186; *Häck*, in: Haase, AStG, § 6 Rn. 21.

624 *Lang/Lüdicke/Reich*, IStR 2008, S. 709, 717.

625 *Beiser*, in: Lang/Jirousek, FS für Loukota, S. 15, 40.

lose Stundung der Steuer möglich ist.[626] Zwar sind weder die EG-Amtshilferichtlinie noch die EG-Beitreibungsrichtlinie im Verhältnis zur Schweiz anwendbar, dieser Mangel könnte jedoch durch eine abkommensrechtliche Vereinbarung mit dem Inhalt der Art. 26, 27 OECD-MA wieder ausgeglichen werden. Deutschland und die Schweiz haben inzwischen das DBA revidiert und die Einfügung einer großen Auskunftsklausel gemäß Art. 26 OECD-MA vereinbart.[627] Damit ist zwischen Deutschland und der Schweiz auf der Ebene des Informationsaustausches ein Niveau erreicht, das dem Maß der informationellen Zusammenarbeit in Steuerfragen innerhalb der EU entspricht. Im Übrigen hat der EuGH festgestellt, dass auch das freiwillige Beibringen der notwendigen Steuerunterlagen durch den Steuerpflichtigen ausreichen soll, um dem Steuerpflichtigen eine Steuervergünstigung zu gewähren.[628] Dementsprechend könnte ein in die Schweiz ziehender Anteilseigner durch Übermittlung der Unterlagen oder durch die Erteilung einer Erlaubnis an die Schweizer Steuerbehörden, die notwendigen Unterlagen an die deutsche Finanzverwaltung zu übermitteln, den Anforderungen des § 6 Abs. 5 Satz 2 AStG entsprechen.[629]

Allerdings besteht noch immer kein Abkommen zwischen Deutschland und der Schweiz, das der EG-Beitreibungsrichtlinie oder dem Art. 27 OECD-MA bzw. dem Art. 27 DBA-Norwegen entspricht. Die Schweiz leistet daher Deutschland keine Hilfe bei der Vollstreckung von Steuerforderungen, solange es sich nicht um Steuerrückforderungen handelt, die auf einer missbräuchlichen Abkommensverwendung beruhen.[630] Die Entscheidung des EuGH in der Rechtssache *N* ist zwar erst nach Inkrafttreten des FZA ergangen. Wie die Entscheidung in der Rechtssache *Hughes de Lasteyrie du Saillant* stellt aber auch diese Entscheidung lediglich eine Konkretisierung der bisherigen Rechtsprechung dar.[631] Daher erscheint die zinslose Stundung der Wegzugsteuer in Wegzugsfällen in die Schweiz nur dann als eine gebotene Vergünstigungsregelung, wenn im Verhältnis zur Schweiz eine der EG-Amtshilfe- und EG-Beitreibungsrichtlinie entsprechende Vereinbarung getroffen worden ist.

Dem Abschluss des FZA kann zwar der Wille der Vertragsparteien entnommen werden, dass die Personenverkehrsfreiheiten im Verhältnis zur

626 EuGH, Urteil vom 7. 9. 2006, Rs. C-470/04, *N*, Slg. 2006, S. I-7409, Rn. 52-55.

627 *Götzenberger*, BB 2011, S. 1954, 1954; *Schwartz/Tippelhofer*, IStR 2011, S. 249, 250.

628 EuGH, Urteil vom 18. 12. 2007, Rs. C-101/05, *A*, Slg. 2007, S. I-11531, Rn. 58-59.

629 *Söffing/Bron*, RIW 2009, S. 358, 363; vgl. zu § 8 Abs. 2 Satz 2 AStG und § 16 Abs. 6 Nr. 2 AStG *Schönfeld*, DB 2008, S. 2217, 2220.

630 *Wassermeyer*, in: Debatin/Wassermeyer, DBA-Schweiz, Art. 27 Rn. 63.

631 Zu EuGH, Urteil vom 11. 3. 2004, Rs. C-9/02, *Hughes de Lasteyrie du Saillant*, Slg. 2004, S. I-2409, als Konkretisierung der bisherigen Rechtsprechung *Schreiber/Jaun*, Der Schweizer Treuhänder 2004, S. 769, 774.

Schweiz in der gleichen Weise ihre Wirkung entfalten sollen wie im unionsinternen Bereich, so dass Wegzüge in die Schweiz demselben Schutz unterliegen wie unionsinterne Umzüge.[632] Darüber hinaus kann den Vertragsparteien jedoch nicht der Wille unterstellt werden, dass die Personenverkehrsfreiheiten im Verhältnis zur Schweiz in einem geringeren Maße beschränkt werden sollten als in unionsinternen Sachverhalten. Daher müssen die Maßstäbe, die für die Zulässigkeit der Beschränkungen der Personenverkehrsfreiheiten innerhalb der EU gelten, auch für die Vereinbarkeit von Beschränkungen der durch das FZA garantierten Rechte maßgeblich sein. Die fehlende Möglichkeit, den deutschen Steueranspruch auf der Basis einer der Richtlinie 76/308/EWG bzw. dem Art. 27 OECD-MA entsprechenden Vereinbarung durchsetzen zu können, bewirkt, dass eine zinslose Stundung der Steuer ohne Sicherheitsleistung kein milderes Mittel darstellt, um die Durchsetzung der steuerlichen Kontrollen und die Wahrung der Abgrenzung der Besteuerungsbefugnisse Deutschlands zu gewährleisten.[633]

D. Ergebnis

Mangels Beitreibungshilfe ist eine analoge Anwendung von § 6 Abs. 5, 6 AStG im Verhältnis zur Schweiz nicht möglich. Dem Steuerpflichtigen verbleibt daher nur die Möglichkeit, die Folgen der Besteuerung nach § 6 Abs. 1 AStG dadurch abzumildern, dass er eine Stundung der Steuer unter den erschwerten Bedingungen des § 6 Abs. 4 AStG erreicht.[634]

---

632 *Beiser*, in: Lang/Jirousek, FS für Loukota, S. 15, 40; *Lang/Lüdicke/Reich*, IStR 2008, S. 709, 717.

633 Der in Bezug auf die Beschränkung des Kapitalverkehrs mit Drittstaaten festgestellte Rechftertigungsgrund der Verhinderung von Steuermindereinnahmen kommt im Verhältnis zur Schweiz zur Anwendung, da auf Grund des FZA für Beschränkungen der Freizügigkeit die unionsternen Maßstäbe gelten, vgl. *Beiser*, in: Lang/Jirousek, FS für Loukota, S. 15, 40-41.

634 Vgl. jedoch *Söffing/Bron*, RIW 2009, S. 358, 363, die eine Besteuerung nach § 6 Abs. 1 AStG nur dann mit dem FZA für vereinbar halten, wenn eine Stundung nach § 6 Abs. 4 AStG stets gegen Sicherheitsleistung erfolgt, ohne dass eine erhebliche Härte der Besteuerung festgestellt werden muss; vgl. auch *Häck*, IStR 2011, S. 797, 800, der jedoch die Stundung grundsätzlich auf § 6 Abs. 5 AStG stützen will; vgl. auch *Werner*, Systemgerechte Entstrickung im Steuerrecht, Diss., Bonn 2009, S. 200-201, der eine Stundung der Steuer verbunden mit einer Sicherheitsleistung verlangt.

Kapitel 5: Das Verhältnis der Wegzugsbesteuerung zum Abkommensrecht

Während das SEStEG den Konflikt um die Vereinbarkeit der Wegzugsbesteuerung mit dem Unionsrecht bei unionsinternen Sachverhalten weitgehend entschärft hat, besteht das Spannungsverhältnis zwischen § 6 AStG und dem Abkommensrecht fort. Bereits seit der Einführung der Wegzugsbesteuerung wird ihre Vereinbarkeit mit dem Abkommensrecht in Frage gestellt.[635] Die Kritik entzündet sich vor allem daran, dass die Wegzugsbesteuerung letztlich zu einer Doppelbesteuerung führen[636] und dadurch die für den Steuerpflichtigen entlastende Wirkung der DBA wieder untergraben würde. Die spätere Veräußerung der Anteile wird in dem Ansässigkeitsstaat des Anteilseigners regelmäßig zu einer Besteuerung des realisierten Gewinns führen. Üblicherweise unterlässt der Ansässigkeitsstaat es jedoch, die bei dem Wegzug des Anteilseigners entstandene Wegzugsbesteuerung bei der Besteuerung des Veräußerungsgewinns zu berücksichtigen, so dass es zu einer Doppelbesteuerung kommt.[637]

Auch auf nationaler Ebene könnte diese Doppelbesteuerung nicht vermieden werden, da § 6 AStG keine Vorschrift enthält, die eine Anrechnung der ausländischen Steuer auf die deutsche Wegzugsteuer vorsieht oder die Bemessungsgrundlage der Steuer vermindert.[638] § 34c EStG erlaubt ebenfalls keinen Ausgleich der Doppelbesteuerung, da die Vorschrift die unbeschränkte Steuerpflicht des Steuerpflichtigen voraussetzt. Der Steuerpflichtige ist jedoch zum Zeitpunkt der Veräußerung der Anteile nicht unbeschränkt steuerpflichtig. Bei beschränkt Steuerpflichtigen sieht lediglich § 50 Abs. 3 EStG eine Vermeidung der Doppelbesteuerung vor, sofern Drittstaateneinkünfte vorliegen. Der Veräußerungsgewinn ist jedoch nicht als Drittstaateneinkünfte im Sinne des § 50 Abs. 3 EStG zu qualifizieren,[639] so dass es bei einer Doppelbesteuerung verbleibt.

Angesichts der unterschiedlichen Anknüpfungspunkte der Wegzugsbesteuerung, die eine Veräußerung auf Grund der Beendigung der unbeschränkten Steuerpflicht lediglich fingiert, und der Veräußerungsgewinnbesteuerung, die eine tatsächliche Steigerung der Leistungsfähigkeit besteuert, stellt sich jedoch

---

635 *Vogel*, BB 1971, S. 1185, 1188; *ders.*, DB 1972, S. 1402, 1405; *Salditt*, RIW/AWD 1972, S. 573, 575.

636 Zur Gefahr der Doppelbesteuerung vgl. *Boller/Euchner/Schmidt*, in: Wöhrle/Schelle/Gross, AStG, § 6 Rn. 46-49.

637 *Kraft*, in: ders., AStG, § 6 Rn. 46; *Häck*, in: Haase, AStG, § 6 Rn. 23; *Wassermeyer*, NJW 2009, S. 109, 112.

638 *Elicker*, in: Blümich, AStG, § 6 Rn. 19.

639 *Häck*, IStR 2011, S. 521, 522.

zunächst die Frage, ob die Besteuerung des tatsächlichen Veräußerungsgewinns überhaupt als eine Doppelbesteuerung bezeichnet werden kann.[640] Neben den unterschiedlichen Anknüpfungspunkten lässt auch die Zeitdifferenz von zum Teil mehreren Jahren, die zwischen der Festsetzung der Wegzugsteuer in Deutschland und der Besteuerung des tatsächlich realisierten Veräußerungsgewinns im neuen Ansässigkeitsstaat liegen kann, Zweifel an dem Vorliegen einer Doppelbesteuerung aufkommen.[641] Obwohl der Begriff der Doppelbesteuerung lediglich einen bestimmten Sachverhalt beschreibt und diesem Begriff selbst keine rechtliche Funktion im Sinne einer Rechtsnorm zukommt,[642] bedarf es dennoch einer Auseinandersetzung mit der Frage, ob die Wegzugsbesteuerung und die spätere Veräußerungsgewinnbesteuerung als eine Doppelbesteuerung zu bewerten ist. Liegt nämlich bereits keine Doppelbesteuerung vor, dann erübrigt sich auch das Bedürfnis, eine Doppelbesteuerung durch nationale oder bilaterale Maßnahmen zu vermeiden. Dementsprechend würde auch die Notwendigkeit, die Vereinbarkeit der Wegzugsbesteuerung mit dem Abkommensrecht zu überprüfen, entfallen.

A. Doppelbesteuerung

Trotz der unterschiedlichen Bezeichnungen der Doppelbesteuerung durch die Literatur[643] stimmen die Definitionen der Literatur doch in den wesentlichen Merkmalen, die das Vorliegen einer (juristischen) Doppelbesteuerung erfordert, in der Regel überein.[644] Danach ergibt sich eine Doppelbesteuerung regelmäßig aus der „Erhebung vergleichbarer Steuern in zwei (oder mehreren) Staaten von demselben Steuerpflichtigen für denselben Steuergegenstand und denselben Zeitraum“.[645]

In Bezug auf die Wegzugsbesteuerung könnte die Identität des Steuerobjekts insofern fraglich sein, als nach § 6 AStG lediglich die Veräußerung der Anteile fingiert wird, ohne dass es zu einer tatsächlichen Aufdeckung der stillen Reserven kommt. Denn im Gegensatz zur Wegzugsbesteuerung knüpft die Veräuße-

640 *Kluge*, RIW/AWD 1972, S. 411, 414.

641 *Rehfeld*, Die Vereinbarkeit des Außensteuergesetzes mit den Grundfreiheiten des EG-Vertrags, Diss., Bochum 2007, S. 158.

642 *Vogel*, DStZ 1997, S. 269, 276.

643 Vgl. dazu die Übersicht in *Schaumburg*, Internationales Steuerrecht, Rn. 12.1.

644 *Flick*, StuW 1961, S. 681; *Kluge*, Das Internationale Steuerrecht, Rn. B 22.

645 *Vogel*, DStZ 1997, S. 269, 276; vgl. auch: *Dorn*, VJSchr. f. Steuer- und Finanzrecht, 1927, S. 189, 190; *Mersmann*, Handbuch der Finanzwissenschaft (Band 4), S. 89, 92; *Rädler/Raupach*, Deutsche Steuern bei Auslandsbeziehungen, S. 372; *Mössner*, DStJG 8 (1985), S. 135, 139; *Schaumburg*, Internationales Steuerrecht, Rn. 12.2.

rungsgewinnbesteuerung im Zuzugsstaat an einen Vorgang an, mit dem eine tatsächliche Steigerung der Leistungsfähigkeit und ein Rechtsträgerwechsel einhergehen.[646] Die Annahme eines unterschiedlichen Steuerobjekts wird jedoch dem Sinn und Zweck der Wegzugsbesteuerung nicht gerecht. § 6 AStG erweitert lediglich den Anwendungsbereich des § 17 EStG und ist kein eigenständiger vom EStG völlig losgelöster Besteuerungstatbestand.[647] Schließlich verlagert § 6 AStG nur den Zeitpunkt der Gewinnbesteuerung gemäß § 17 EStG vor, indem das Merkmal der Veräußerung durch das Merkmal der Beendigung der unbeschränkten Steuerpflicht ersetzt wird.[648] Für das Merkmal der Identität des Steuerobjekts als Voraussetzung einer Doppelbesteuerung ist daher festzuhalten, dass angesichts des unmittelbaren Verweises des § 6 AStG auf § 17 EStG die Identität des Steuerobjekts vorliegt.[649]

Schwieriger als die Bestimmung der Identität des Steuerobjekts gestaltet sich die Ermittlung einer identischen Steuerperiode. Zwischen der infolge des Wegzuges erfolgten Besteuerung nach § 6 AStG und der Veräußerungsgewinnbesteuerung können viele Jahre liegen, so dass die Annahme einer identischen Steuerperiode ausgeschlossen sein könnte. Das Merkmal der Identität der Steuerperioden ist allerdings nur bei fortlaufend erhobenen Steuern von Bedeutung, während es bei einmalig erhobenen Steuern keine Rolle spielt.[650] Zwar unterfällt auch eine nach § 6 AStG i.V.m. § 17 EStG ausgelöste Steuer gemäß § 2 Abs. 7 Satz 1, 2 EStG dem Periodizitätsprinzip, es handelt sich jedoch nur um eine einmalig anfallende Steuer und nicht um eine fortlaufend erhobene Steuer.[651] Des Weiteren richtet sich die Frage des Zeitpunkts der Entstehung des Steueranspruchs nach dem nationalen Recht der Vertragsstaaten, das sehr unterschiedlich ausgestaltet sein kann. Daher kommt dem Merkmal der Identität der Steuerperiode grundsätzlich keine herausragende Bedeutung zu.[652] Vielmehr ist

---

646 *Kluge*, RIW/AWD 1972, S. 411, 414.

647 *Salditt*, RIW/AWD 1972, S. 573, 573; die Wegzugsbesteuerung hätte auch in § 17 EStG selbst geregelt werden können vgl. *Gropp*, in: Lademann, AStG, § 6 Rn. 10; für einen § 17a EStG plädierend *Wassermeyer*, in: Klein/Stihl/Wassermeyer, FS für Flick, S. 1057, 1063.

648 Vgl. *Hecht*, in: Mössner/Fuhrmann, AStG, § 6 Rn. 2.

649 *Salditt*, RIW/AWD 1972, S. 573, 573-574; *Brünink*, Das Verhältnis der Normen des Außensteuergesetzes zu den Doppelbesteuerungsabkommen, Diss., München 1997, S. 189-190; *Rehfeld*, Die Vereinbarkeit des Außensteuergesetzes mit den Grundfreiheiten des EG-Vertrags, Diss., Bochum 2007, S. 158.

650 *Vogel*, DStZ 1997, S. 269, 276.

651 *Rehfeld*, Die Vereinbarkeit des Außensteuergesetzes mit den Grundfreiheiten des EG-Vertrags, Diss., Bochum 2007, S. 158.

652 *Schaumburg*, Internationales Steuerrecht, Rn. 12.6; vgl. *Spitaler*, Das Doppelbesteuerungsabkommen bei den direkten Steuern, S. 198.

entscheidend, dass sich die Besteuerung der jeweiligen Staaten auf denselben Zeitraum bezieht.[653] Bei der Erstreckung der Veräußerungsgewinnbesteuerung durch den neuen Ansässigkeitsstaat auch auf die stillen Reserven, die in der Zeit der unbeschränkten Steuerpflicht des Anteilseigners im deutschen Inland entstanden sind, ist daher die Identität der Steuerperiode gegeben.

Zusammenfassend ist somit festzustellen, dass sich eine Doppelbesteuerung aus der Wegzugsbesteuerung nach § 6 AStG und der ausländischen Veräußerungsgewinnbesteuerung im Zeitpunkt der Gewinnrealisierung ergibt, wenn sich die Veräußerungsgewinnbesteuerung auch auf den Vermögenszuwachs erstreckt, der in der Zeit der unbeschränkten Steuerpflicht im Inland entstanden ist.

B. Die Vereinbarkeit der Wegzugsbesteuerung mit dem Abkommensrecht

Der Problematik der Doppelbesteuerung versuchen viele Staaten durch den Abschluss von DBA zu begegnen, die der Vermeidung von Doppelbesteuerungen dienen. Es handelt sich dabei um bilaterale völkerrechtliche Verträge, deren Wirkungen sich aus dem WÜRV ergeben.[654] Der Inhalt des Vertrages wird durch ein Zustimmungsgesetz Bundesrecht,[655] das nach § 2 AO allen anderen Steuergesetzen vorgeht. In diesen Abkommen treffen die Staaten Vereinbarungen darüber, welchem der beteiligten Staaten das Besteuerungsrecht an den verschiedenen durch das Abkommen beschriebenen Vorgängen zusteht. Die DBA gliedern sich in drei Teile, die die Abkommensberechtigung des Steuerpflichtigen, die Verteilung der Besteuerungsrechte und die Vermeidung der Doppelbesteuerung regeln. Erfüllt ein Steuerpflichtiger sowohl die persönliche als auch die sachliche Abkommensberechtigung, ist anhand der Verteilungsartikel der Art. 6-22 OECD-MA zu ermitteln, welchem Vertragsstaat das Besteuerungsrecht zusteht. Die Vermeidung der Doppelbesteuerung erfolgt methodisch entweder nach Art. 23A Abs. 1 OECD-MA durch eine Freistellung der Einkünfte von der Steuer oder nach Art. 23A Abs. 2, 23B OECD-MA durch eine Anrech-

653 *Kluge*, Das Internationale Steuerrecht, B 26.

654 *Vogel*, in: Vogel/Lehner, DBA, Einl. OECD-MA Rn. 45.

655 *Vogel*, in: Vogel/Lehner, DBA, Einl. OECD-MA Rn. 53; *Schaumburg*, Internationales Steuerrecht, Rn. 16.20.

nung der ausländischen Steuer auf die inländische Steuer durch den Wohnsitzstaat zur Vermeidung einer noch verbliebenen Doppelbesteuerung.[656]

§ 6 AStG ist letztlich eine Reaktion des Gesetzgebers auf den sich aus dem Abkommensrecht gemäß Art. 13 Abs. 5 OECD-MA ergebenden Verlust des deutschen Besteuerungsrechts an dem Veräußerungsgewinn aus den Anteilen im Sinne des § 17 Abs. 1 Satz 1 EStG.[657] Daher stellt sich im Zusammenhang mit dem Abkommensrecht die Frage, ob die durch § 6 AStG bezweckte Folge ein Verstoß gegen das Abkommensrecht ist. Die Problematik der Vereinbarkeit des § 6 AStG mit den Grundsätzen des Abkommensrechts muss dabei auf mehreren Ebenen behandelt werden. Zunächst stellt sich die Frage, ob der Steuerpflichtige zum Zeitpunkt der Verwirklichung des Besteuerungstatbestandes von § 6 AStG überhaupt Abkommensschutz im Sinne der Art. 1, 2 OECD-MA genießt. Anschließend ist zu ermitteln, anhand welcher Verteilungsartikel die Vereinbarkeit von § 6 AStG mit den Grundsätzen des Abkommensrechts zu überprüfen ist und ob die Besteuerung mit dem den Verteilungsartikeln zu Grunde liegenden Prinzipien vereinbar ist. Da die Abkommen geltendes Bundesrecht sind, würde eine Vertragsverletzung möglicherweise einen Verstoß gegen Art. 20 Abs. 3 GG bedeuten, so dass § 6 AStG letztlich auf Grund dieses Verstoßes unter Umständen sogar verfassungswidrig sein könnte.[658]

I. Bestehen des Abkommensschutzes nach Art. 1, 2 OECD-MA

Eine Abkommensverletzung kann grundsätzlich nicht angenommen werden, wenn die Wegzugsteuer nicht zu den unter das Abkommen fallenden Steuern zu zählen ist oder wenn der Steuerpflichtige zum Zeitpunkt der Verwirklichung eines der Tatbestände des § 6 Abs. 1 AStG noch im Inland als ansässig gilt, so dass ein Abkommensschutz schon nach Art. 1, 2 OECD-MA nicht bestehen würde.

---

656 Zum Aufbau und zur Anwendung der DBA vgl. ausführlich *Kluge*, Das Internationale Steuerrecht, R Rn. 20-27; *Vogel*, in: Vogel/Lehner, DBA, Einl. OECD-MA Rn. 83-91; *Schaumburg*, Internationales Steuerrecht, Rn. 16.49-16.123.

657 BT-Drucks. VI/2883, S. 18, Rn. 24-25.

658 *Strunk/Kaminski*, in: Strunk/Kaminski/Köhler, AStG, § 6 Rn. 26.3; zur Frage der Rechtsfolgen einer Abkommensverletzung (sog. „Treaty Override"): *Vogel*, in: Vogel/Lehner, DBA, Einl. Rn. 199-205; zur Verletzung von Art. 2 Abs. 1 GG durch eine Abkommensverletzung zur ausschließlichen Sicherung des Besteuerungssubstrats *Jansen/Weidmann*, IStR 2010, S. 596, 603-604.

1. Steuer im Sinne des Art. 2 OECD-MA

Trotz möglicher Abweichungen der von Deutschland mit seinen Vertragsstaaten abgeschlossenen DBA vom Vertragstext des OECD-MA soll die Vereinbarkeit des § 6 AStG mit dem Abkommensrecht anhand des OECD-MA ermittelt werden, da das OECD-MA den meisten deutschen DBA als Vorlage diente.[659] Eine Beurteilung der Vereinbarkeit der Wegzugsbesteuerung mit dem Abkommensrecht ist nur möglich, wenn es sich bei der Wegzugsteuer überhaupt um eine Steuer handelt, die in den Anwendungsbereich des Abkommens fällt. Gemäß Art. 2 Abs. 1 OECD-MA gilt das OECD-MA für Steuern vom Einkommen und vom Vermögen, die für Rechnung eines Vertragsstaats oder einer Gebietskörperschaft erhoben werden, ohne dass es auf die Art der Erhebung der Steuer ankommt. Nach Art. 2 Abs. 2 OECD-MA zählen auch Steuern vom Vermögenszuwachs zu den Steuern vom Einkommen. Aus der ausdrücklichen Erwähnung der Vermögenszuwachssteuer wird geschlossen, dass die sich aus § 6 AStG ergebende Vermögenszuwachssteuer zu den Steuern zählt, auf die das Abkommen Anwendung findet.[660] Die abkommensrechtliche Einordnung der Steuer nach § 6 AStG als eine „Steuer vom Vermögenszuwachs" hätte jedoch zur Folge, dass bei einer konsequenten Auslegung das Abkommensrecht in allen Fällen, in denen ein deutsches DBA nicht eine dem Art. 2 Abs. 2 OECD-MA entsprechende Regelung enthält,[661] in Bezug auf die Wegzugsteuer nicht berührt ist.[662]

Eine derartig enge Auslegung ist jedoch mit dem Sinn der DBA nicht vereinbar. Schließlich verlangt auch der OECD-MA-Kommentar, dass dem Begriff „Steuern vom Einkommen" ein möglichst weites Verständnis zugrunde gelegt werden soll.[663] Die Vermögenszuwachsbesteuerung nach § 6 AStG löst auf Grund ihres Verweises auf § 17 EStG einen im Einkommensteuerrecht angesiedelten Steuertatbestand aus, so dass sie auch für abkommensrechtliche Zwecke als eine Steuer vom Einkommen angesehen werden muss. Es handelt sich somit bei der deutschen Wegzugsteuer um eine Einkommensteuer, weshalb § 6 AStG auch im abkommensrechtlichen Sinne eine Steuer vom Einkommen darstellt.[664]

---

659 *Lang*, IStR 1996, S. 201, 201; *Kluge*, Das Internationale Steuerrecht, R 85; *Rehfeld*, Die Vereinbarkeit des Außensteuergesetzes mit den Grundfreiheiten des EG-Vertrags, Diss., Bochum 2007, S. 160-161.

660 *Vogel*, in: Vogel/Lehner, DBA, Art. 2 Rn. 29; vgl. auch *Weizman*, ET 1994, S. 73, 83, der auf Art. 2 Abs. 4 OECD-MA abstellt.

661 Vgl. Art. 2 DBA-Ecuador.

662 *Toifl*, Die Wegzugsbesteuerung, Diss., Wien 1996, S. 128.

663 OECD-MA-Kommentar, Art. 2 Nr. 1.

664 *Wassermeyer*, in: Debatin/Wassermyer, OECD-MA, Art. 2 Rn. 45.

Daher kommt es für die Anwendung des Abkommensrechts nicht darauf an, ob die Steuern vom Vermögenszuwachs gesondert erwähnt werden.[665]

2. Ansässigkeit im anderen Vertragsstaat im Sinne der Art. 1, 3 und 4 OECD-MA

Für die Frage der Vereinbarkeit der Besteuerung nach § 6 AStG mit dem Abkommensrecht ist der Zeitpunkt des Entstehens der Steuer von Bedeutung, da der Steuerpflichtige sich nur bei bestehender abkommensrechtlicher Ansässigkeit gemäß Art. 1, 3 und 4 OECD-MA im Zuzugsstaat zum Entstehenszeitpunkt der Steuer auf den Abkommensschutz gemäß Art. 13 Abs. 5 OECD-MA berufen kann.[666] Sofern der Steuerpflichtige nämlich noch zum Zeitpunkt der Verwirklichung eines der Besteuerungstatbestände des § 6 Abs. 1 AStG abkommensrechtlich als im Wegzugsstaat ansässig gilt, wird das deutsche Besteuerungsrecht an dem Veräußerungsgewinn noch nicht nach Art. 13 Abs. 5 OECD-MA ausgeschlossen.

a) Zeitpunkt der Verwirklichung des Grundtatbestandes

i) Die verschiedenen Ansätze der Literatur

Ein Teil der Literatur siedelt die Wegzugsbesteuerung in der letzten juristischen Sekunde der unbeschränkten Steuerpflicht des Anteilseigners an, so dass auf Grund der fortbestehenden Ansässigkeit des Steuerpflichtigen im Wegzugsstaat der Abkommensschutz nach Art. 13 Abs. 5 OECD-MA noch nicht greift und eine Verletzung des Abkommensrechts daher nicht in Betracht kommt. [667] Die Wegzugsbesteuerung greift damit zu einem Zeitpunkt ein, zu dem der Steuerpflichtige noch als im Inland ansässig gilt und er noch gar keinen Abkommensschutz genießt.[668]

Der Ansicht, die die Verwirklichung der Wegzugsbesteuerung in der letzten juristischen Sekunde der unbeschränkten Steuerpflicht des Anteilseigners ansie-

665 *Toifl*, Die Wegzugsbesteuerung, Diss., Wien 1996, S. 128.

666 Vgl. *Kraft/Schmidt*, RIW 2011, S. 758, 762.

667 *Debatin*, DStZ 1971, S. 89, 97; *Gropp*, in: Lademann, AStG, § 6 Rn. 11; vgl. *Werner*, Systemgerechte Entstrickung im Steuerrecht, Diss., Bonn 2009, S. 204-205; in Bezug auf § 6 Abs. 1 Satz 1 AStG: *Bellstedt*, GmbHR 1973, S. 126, 130.

668 *Widmer*, StuW 1972, S. 1, 8; *Kluge*, RIW/AWD 1972, S. 411, 414; *Krabbe*, BB 1977, S. 431, 432; *Baranowski*, Besteuerung von Auslandsbeziehungen, Rn. 869; *van Lishaut*, FR 2004, S. 1301, 1304; *Strunk/Kaminski*, in: Strunk/Kaminski/Köhler, AStG, § 6 Rn. 26.3; vgl. BMF vom 14. 5. 2004 – IV B 4 – 1340 – 11/04, BStBl. I 2004, Sonddernummer 1, S. 1 Tz. 6.1.5.1.

delt, wird jedoch vorgeworfen, dass sie lediglich durch eine unnatürliche Auslegung des Sachverhalts zu einem Ergebnis kommt, das den Abkommensschutz gegen die Wegzugsbesteuerung ausschließt.[669] Dem Wortlaut des Gesetzes könne aber nur das gegenteilige Ergebnis, die Verwirklichung der Wegzugsbesteuerung zu einem Zeitpunkt nach Beendigung der unbeschränkten Steuerpflicht, entnommen werden. Diese Ansicht stützt sich vor allem auf den Wortlaut der Vorschrift, der von einer „Beendigung der unbeschränkten Steuerpflicht" spricht, und auf die Ersatztatbestände, deren Anwendbarkeit unmittelbar von dem eingreifenden Abkommensschutz abhängt.[670]

ii) Bewertung

Die Schlüsselstelle in § 6 AStG für die Diskussion über die Ansiedlung der Wegzugsbesteuerung in der unbeschränkten oder beschränkten Steuerpflicht, die letztlich auch die Frage der abkommensrechtlichen Ansässigkeit betrifft,[671] ist der Verweis auf die Rechtsfolgen des § 17 EStG. Danach ist § 17 EStG „im Zeitpunkt der Beendigung der unbeschränkten Steuerpflicht" anzuwenden, wenn die übrigen Voraussetzungen von § 6 AStG und § 17 EStG erfüllt sind. Die Formulierung des Gesetzgebers lässt den Schluss zu, dass die Verwirklichung des Wegzugstatbestandes tatsächlich erst nach der Beendigung der unbeschränkten Steuerpflicht erfüllt ist.[672] Außerdem vermittelt auch die Wahl des Tempus durch den Gesetzgeber den Eindruck, dass § 6 AStG einen in der Vergangenheit abgeschlossenen Vorgang betrifft, da § 6 Abs. 1 Satz 1 AStG verlangt, dass der Steuerpflichtige zehn Jahre unbeschränkt steuerpflichtig „war". Dementsprechend würde die Wegzugsbesteuerung auch erst in der beschränkten Steuerpflicht verwirklicht werden.[673] Zu diesem Zeitpunkt befindet sich der Steuerpflichtige aber bereits in der beschränkten Steuerpflicht und genießt den Abkommensschutz des Art. 13 Abs. 5 OECD-MA, wenn der Beendigung der unbeschränkten Steuerpflicht im Inland die Begründung der abkommensrechtlichen Ansässigkeit nach Art. 1, 3 und 4 OECD-MA im Zuzugsstaat einhergeht.

---

669 Vgl. zum Vorwurf der zu formalen Betrachtung des Entstehungszeitpunktes der Wegzugsbesteuerung *Kraft/Schmidt*, RIW 2011, S. 758, 762.

670 *Elicker*, in: Blümich, AStG, § 6 Rn. 22-23.

671 Die Frage der abkommensrechtlichen Ansässigkeit ist vorab zu prüfen und grundsätzlich autonom von dem nationalen Steuerrecht zu beantworten. Die Merkmale, nach denen die abkommensrechtliche Ansässigkeit zu ermitteln ist, ähneln jedoch sehr den Merkmalen, aus denen sich die unbeschränkte Steuerpflicht ergibt, vgl. *Schaumburg*, Internationales Steuerrecht, Rn. 16.173.

672 BFH, Urteil vom 23. 9. 2008 – I B 92/08, BStBl. II 2009, S. 524, 526.

673 *Elicker*, in: Blümich, AStG, § 6 Rn. 22.

Die Formulierung muss jedoch im Zusammenhang mit der übrigen Norm gesehen werden. Schließlich wird im Anschluss an das Merkmal der zehnjährigen unbeschränkten Steuerpflicht verlangt, dass die unbeschränkte Steuerpflicht durch Aufgabe des Wohnsitzes oder des gewöhnlichen Aufenthalts „endet". Der Gesetzgeber geht offensichtlich von einem laufenden Prozess aus, der in der Sekunde der Beendigung der unbeschränkten Steuerpflicht ihren Abschluss findet. In diesem Kontext muss auch die Formulierung des „Zeitpunkt[s] der Beendigung der unbeschränkten Steuerpflicht" gelesen werden, so dass die Verknüpfung des § 6 AStG mit § 17 EStG letztlich nur die Beschreibung eines sich noch im Fortgang befindlichen Prozesses betrifft.[674] Diese Sekunde muss aber noch zur Zeit der unbeschränkten Steuerpflicht gezählt werden, da der Moment der Beendigung der unbeschränkten Steuerpflicht noch Teil der unbeschränkten Steuerpflicht ist.

Im Übrigen widerspricht der Verankerung von § 6 Abs. 1 Satz 1 AStG in der beschränkten Steuerpflicht vor allem die Tatsache, dass der neu gefasste § 6 Abs. 1 Satz 1 AStG auch Gewinne aus Anteilen an ausländischen Kapitalgesellschaften in die Wegzugsbesteuerung führen will. Damit wäre die Erfassung der Gewinne aus Anteilen an ausländischen Kapitalgesellschaften wegen § 49 Abs. 1 Nr. 2 Buchst. e EStG ausgeschlossen, wenn die Wegzugsbesteuerung in der beschränkten Steuerpflicht angesiedelt würde, da § 49 Abs. 1 Nr. 2 Buchst. e EStG nur Gewinne aus Anteilen an inländischen Kapitalgesellschaften umfasst.[675] Ein Ziel des SEStEG, das die unionsrechtlich[676] und gleichheitsrechtlich[677] bedenkliche Beschränkung des § 6 AStG a.F. auf Anteile an inländischen Kapitalgesellschaften beseitigen soll, würde durch eine Ansiedelung der Wegzugsbesteuerung in der beschränkten Steuerpflicht unterminiert. Schließlich genießen die Grundsätze der unbeschränkten und beschränkten Steuerpflicht Vorrang vor § 6 AStG, der den Katalog des § 49 Abs. 1 EStG nicht zu erweitern vermag.[678] Es kann dem Gesetzgeber nicht unterstellt werden, dass er eine Vorschrift ohne Anwendungsmöglichkeit schaffen wollte. Daher entsteht der Steueranspruch nach § 6 Abs. 1 Satz 1 AStG in der letzten juristischen Sekunde der unbeschränkten Steuerpflicht des Anteilseigners, der zu diesem Zeitpunkt auf Grund der fortbestehenden Ansässigkeit im Inland nach Art. 1, 3 und 4 OECD-MA noch keinen Abkommensschutz gemäß Art. 13 Abs. 5 OECD-MA genießt.

---

674 BFH, Urteil vom 23. 9. 2008 – I B 92/08, BStBl. II 2009, S. 524, 526.

675 Vgl. *Wassermeyer*, in: Flick/Wassermeyer/Baumhoff, AStG, § 6 Rn. 32.

676 Vgl, zur Kritik an der alten Regelung *Birk*, in: Kirchhof/Jakob/Beermann, FS für Offerhaus, S. 163, 174-175.

677 Vgl. *Häck*, in: Haase, AStG, § 6 Rn. 10.

678 Vgl. *Wassermeyer*, in: Flick/Wassermeyer/Baumhoff, AStG, § 6 Rn. 32.

b) Verwirklichung der Ersatztatbestände, die auf das Abkommensrecht Bezug nehmen

Die Ersatztatbestände des § 6 Abs. 1 Satz 2 Nr. 1 und 3 AStG werden jeweils durch unbeschränkt steuerpflichtige Personen verwirklicht, so dass die Steuerpflichtigen zum Zeitpunkt der Tatbestandsverwirklichung noch als im Inland ansässig gelten.[679] Im Gegensatz dazu knüpfen die Ersatztatbestände in § 6 Abs. 1 Satz 2 Nr. 2 und 4 AStG in ihren Tatbestandsmerkmalen unmittelbar an das Abkommensrecht an. Dabei scheint der Gesetzeswortlaut von § 6 Abs. 1 Satz 2 Nr. 2 AStG zunächst der These, dass die Wegzugsbesteuerung vor dem Abkommensschutz einsetzt, zu widersprechen. Schließlich setzt der Ersatztatbestand neben der Begründung eines Wohnsitzes oder eines gewöhnlichen Aufenthalts im Ausland voraus, dass der Steuerpflichtige nach dem anzuwendenden Abkommen als in diesem Staat ansässig gilt. Der Wortlaut des Gesetzes, der verlangt, dass der Steuerpflichtige „als in diesem Staat anzusehen *ist*[680]", deutet auf einen abgeschlossenen Vorgang hin, so dass § 6 Abs. 1 Satz 2 Nr. 2 AStG erst erfüllt scheint, wenn der Steuerpflichtige im anderen Staat ansässig geworden ist.[681] Die Begründung der Ansässigkeit im anderen Staat würde jedoch bedeuten, dass sich der Steuerpflichtige auf den Abkommensschutz berufen könnte, weshalb § 6 Abs. 1 Satz 2 Nr. 2 AStG überhaupt nicht zur Anwendung käme. Mit der Einführung des § 6 Abs. 1 Satz 2 Nr. 2 AStG bezweckte jedoch der Gesetzgeber, Missbrauchsfällen entgegenzuwirken, in denen Steuerpflichtige die Rechtsfolge des § 6 AStG dadurch zu umgehen versuchen, dass sie trotz ihres Wegzuges zunächst ihren inländischen Wohnsitz beibehalten und unbeschränkt steuerpflichtig bleiben.[682] Bei der Auslegung von § 6 Abs. 1 Satz 2 Nr. 2 AStG muss daher der von der Norm verfolgte Zweck Berücksichtigung finden, so dass die Verwirklichung der Vorschrift in der letzten juristischen Sekunde vor der Begründung der Ansässigkeit im Wegzugsstaat erfolgt und der Abkommensschutz nach Art. 13 Abs. 5 OECD-MA erst nach der Erfüllung des Tatbestandes eingreift.

Nichts anderes kann im Hinblick auf eine Besteuerung nach § 6 Abs. 1 Satz 2 Nr. 4 AStG gelten. § 6 Abs. 1 Satz 2 Nr. 4 AStG knüpft bei seinen Voraussetzungen ebenfalls unmittelbar an das Abkommensrecht an. Die Tatbestandsverwirklichung muss auch hier in der letzten juristischen Sekunde vor

679 Zur strittigen Frage der Bestimmung des Steuerpflichtigen nach § 6 Abs. 1 Satz 2 Nr.1 Alt. 2 AStG siehe Kapitel 6 D II. 2..

680 Keine Hervorhebung im Originaltext.

681 Vgl. zur Erfüllung des § 6 Abs. 1 Satz 2 Nr. 2 AStG nach Begründung der Ansässigkeit im Ausland *Elicker*, in: Blümich, AStG, § 6 Rn. 23.

682 *Kraft*, in: ders., AStG, § 6 Rn. 362.

dem Ausschluss oder der Beschränkung des deutschen Besteuerungsrechts erfolgen, da die Norm anderenfalls überhaupt nicht zur Anwendung kommen würde.

3. Zwischenergebnis

Sowohl der Steuerpflichtige des Grundtatbestandes nach § 6 Abs. 1 Satz 1 AStG als auch der Steuerpflichtige der Ersatztatbestände nach § 6 Abs. 1 Satz 2 AStG erfüllt den Besteuerungstatbestand in der letzten juristischen Sekunde seiner unbeschränkten Steuerpflicht, so dass er sich in diesem Zeitpunkt nicht auf den Abkommensschutz nach Art. 13 Abs. 5 OECD-MA berufen kann, da er zum Zeitpunkt der Tatbestandsverwirklichung noch als in Deutschland ansässig gemäß Art. 1, 3 und 4 OECD-MA gilt.[683]

II. Verstoß gegen das Wohnsitzprinzip

Die Wegzugsbesteuerung zielt darauf ab, dem Verlust des deutschen Besteuerungsrechts am Veräußerungsgewinn nach Art. 13 Abs. 5 OECD-MA, der nur eine Besteuerung durch den Wohnsitzstaat zulässt, durch die Vorverlagerung der Besteuerung auf einen Zeitpunkt zu begegnen, zu dem der Steuerpflichtige noch im Inland als ansässig gemäß Art. 1, 3 und 4 OECD-MA gilt und daher noch keinen Abkommensschutz nach Art. 13 Abs. 5 OECD-MA genießt.[684] Angesichts dieser Zielsetzung stellt sich aus abkommensrechtlicher Sicht die Frage, ob die Wegzugsbesteuerung mit dem sich aus den Art. 26, 27 WÜRV ergebenden völkerrechtlichen Grundsatz „pacta sunt servanda" vereinbar ist.[685] Mit der Einführung der inländischen Wegzugsbesteuerung könnte der deutsche Gesetzgeber gegen das Abkommensrecht verstoßen haben, da die Vorverlagerung der Vermögenszuwachsbesteuerung durch § 6 AStG der Verteilung des Besteuerungsrechts an den ausländischen Wohnsitzstaat gemäß Art. 13 Abs. 5 OECD-MA entgegenstehen könnte und möglicherweise eine Vorwirkung entfaltet.

---

683 Zu den in der Regel sehr ähnlichen Merkmalen, an denen die abkommensrechtliche Ansässigkeit, die autonom vom nationalen Steuerrecht ermittelt werden muss, und die unbeschränkte Steuerpflicht anknüpfen, vgl. *Schaumburg*, Internationales Steuerrecht, Rn. 16.173.

684 Vgl. BT-Drucks. VI/2883, S. 18 Rn. 24-25.

685 *De Broe*, in: IFA, Cahiers de droit fiscal international, Volume LXXXVIIb, S. 66; *Rehfeld*, Die Vereinbarkeit des Außensteuergesetzes mit den Grundfreiheiten des EG-Vertrags, Diss., Bochum 2007, S. 160.

1. Art. 13 Abs. 5 OECD-MA als Ausgangspunkt der Untersuchung

Der Kern der Diskussion über die Vereinbarkeit der Wegzugsbesteuerung mit den Grundprinzipien des Abkommensrechts war bislang das Verhältnis von § 6 AStG zu dem Wohnsitzprinzip in Art. 13 Abs. 5 OECD-MA, wonach ausschließlich dem Wohnsitzstaat das Besteuerungsrecht zusteht.[686] Ein Teil der Literatur lehnt jedoch mittlerweile ein Abstellen auf Art. 13 Abs. 5 OECD-MA mit der Begründung ab, dass es im Rahmen der Wegzugsbesteuerung überhaupt nicht zu einer von Art. 13 Abs. 5 OECD-MA vorausgesetzten Veräußerung komme,[687] so dass die Vereinbarkeit der Wegzugsbesteuerung mit den Grundprinzipien des Abkommensrechts in Bezug auf Art. 21 OECD-MA ermittelt werden müsse.[688] Danach können Einkünfte einer in einem Vertragsstaat ansässigen Person, die in den vorstehenden Artikeln des OECD-MA nicht behandelt werden können, ohne Rücksicht auf ihre Herkunft nur in diesem Staat besteuert werden. Zum Zeitpunkt der Verwirklichung der Wegzugsbesteuerung ist der Anteilseigner jedoch noch im Wegzugsstaat ansässig, so dass nach Art. 21 OECD-MA dem Wegzugsstaat als Ansässigkeitsstaat des Anteilseigners das Recht zur Besteuerung des Vermögenszuwachses zusteht.[689]

Obwohl der Ausgangspunkt der Auslegung völkerrechtlicher Verträge nach Art. 31 WÜRV stets der Wortlaut der Abkommen sein muss und der von Art. 13 Abs. 5 OECD-MA verwendete Begriff „Veräußerung" nach dem allgemeinen Sprachgebrauch einen Rechtsträgerwechsel voraussetzt,[690] muss das Verhältnis von § 6 AStG zu Art. 13 Abs. 5 OECD-MA in einem größeren Zusammenhang gesehen werden. An dem Wortlaut der Verträge darf nicht starr festgehalten werden, wenn die gesamten Begleitumstände des jeweiligen Sachverhaltes ein anderes Verständnis nahe legen, als es sich zunächst aus dem Wortlaut ergibt.[691] Insbesondere im Hinblick auf die Auslegung von Abkommensrecht ist ein all zu

686 Zum Wohnsitzprinzip vgl. *Vogel*, in: Vogel/Lehner, DBA, Einl. Rn. 2.

687 *Kluge*, RIW/AWD 1972, S. 411, 414; *Hellwig*, in: Littmann/Bitz/Meincke, EStG, § 6 AStG, Rn. 10; das Vorliegen einer Veräußerung zumindest bezweifelnd *Bellstedt*, GmbHR 1973, S. 126, 130; vgl. *Scherer*, in: Debatin/Wassermeyer, DBA-Schweiz, Art. 13 Rn. 25, 127, demzufolge bei privaten Veräußerungsgeschäften ein „Güterumsatz" zur Erfüllung des Merkmals „Veräußerung" erforderlich ist.

688 *Toifl*, Die Wegzugsbesteuerung, Diss., Wien 1996, S. 131; so auch *Lang*, SWI 1999, S. 282, 287; *Lang*, SWI 2006, S. 213, 224-225; *Lang/Lüdicke/Reich*, IStR 2008, S. 673, 673.

689 *Toifl*, Die Wegzugsbesteuerung, Diss., Wien 1996, S. 131.

690 *Köbler*, Juristisches Wörterbuch, „Veräußerung" S. 513; *Creifelds*, Rechtswörterbuch, „Veräußerung", S. 1262.

691 Vgl. Art. 32 WÜRV; zur systematischen Auslegung vgl. *Rüthers/Fischer/Birk*, Rechtstheorie, Rn. 744-777.

starres Festhalten an dem Wortlaut nicht geboten, da der OECD-MA-Kommentar einerseits nicht selten ein weites Verständnis der verwendeten Begriffe verlangt,[692] andererseits nach Art. 3 Abs. 2 OECD-MA auf nationales Recht bei der Auslegung der Abkommensbegriffe zurückgegriffen werden muss, soweit „der Zusammenhang nichts anderes erfordert".

Dem weiten Verständnis der Abkommensbegriffe entsprechend weist auch der OECD-MA-Kommentar ausdrücklich auf Sachverhalte hin, in denen es zu einer Besteuerung des Vermögenszuwachses kommt, ohne dass eine Veräußerung des Vermögens erfolgt.[693] Des Weiteren unterlässt es das OECD-MA, das Merkmal „Veräußerung" näher zu definieren, so dass nach der Auslegungsregel des Art. 3 Abs. 2 OECD-MA auf das nationale Recht zurückgegriffen werden muss. Neben der abkommensautonomen Auslegung des Begriffs Veräußerung in Art. 13 OECD-MA müssen auch nationale Wertungen, die durch die Vorgänge einer Veräußerung gleich gestellt werden, bei der Auslegung Beachtung finden.[694] § 6 AStG enthält sowohl einen Rechtsfolgen- als auch einen Rechtsgrundverweis auf § 17 EStG,[695] der die Besteuerung des realisierten Veräußerungsgewinns vorsieht.[696] Dementsprechend sollte auch für abkommensrechtliche Zwecke der nach § 6 AStG besteuerte Vorgang als eine Veräußerung im Sinne des Art. 13 Abs. 5 OECD-MA anzusehen sein. Eine Aufspaltung der Besteuerung eines fiktiven Vermögenszuwachses in einen Fall des Art. 21 OECD-MA und die Besteuerung eines realisierten Vermögenszuwachses in einen Fall des Art. 13 Abs. 5 OECD-MA gefährdet außerdem das Ziel der Wahrung einer einheitlichen Auslegung der Artikel des OECD-MA.[697] In beiden Fällen wird nämlich der Wertzuwachs besteuert, so dass das Verhältnis des § 6 AStG zum Abkommensrecht anhand von Art. 13 Abs. 5 OECD-MA bestimmt werden muss.[698]

Im Übrigen ergibt sich die Ansiedelung des § 6 AStG in Art. 13 Abs. 5 OECD-MA auch aus der deutschen Abkommenspraxis. Der Gesetzgeber ist sich der Gefahr der Doppelbesteuerung des Anteilseigners durch die deutsche

---

692 Dazu OECD-MA-Kommentar, Art. 2 Nr. 1, Art. 13 Nr. 3.

693 OECD-MA-Kommentar, Art. 13 Nr. 7-9.

694 *Reimer*, in: Vogel/Lehner, DBA, Art. 13 Rn. 12.

695 *Kraft*, in: ders., AStG, § 6 Rn. 290.

696 Vgl. zum Wesen des § 6 AStG als Erweiterungsbestand des § 17 EStG *Gropp*, in: Lademann, AStG, § 6 Rn. 10.

697 *Rehfeld*, Die Vereinbarkeit des Außensteuergesetzes mit den Grundfreiheiten des EG-Vertrags, Diss., Bochum 2007, S. 163.

698 *Brünink*, Das Verhältnis der Normen des Außensteuergesetzes zu den Doppelbesteuerungsabkommen, Diss., München 1997, S. 184; *Wassermeyer*, in: Debatin/Wassermeyer, OECD-MA, Art. 2 Rn. 45.

Wegzugsbesteuerung und die ausländische Gewinnbesteuerung bei der tatsächlichen Veräußerung bewusst, so dass er bei dem Abschluss einiger DBA auf die Einfügung von Wertverknüpfungsklauseln bestanden hat.[699] Wertverknüpfungsklauseln verpflichten den Zuzugsstaat, bei der Veräußerungsgewinnbesteuerung den gemeinen Wert der Anteile beim Zuzug anstatt der ursprünglichen Anschaffungskosten anzusetzen, und vermeiden auf Grund der erfolgten Wertverknüpfung eine Doppelbesteuerung. Diese Wertverknüpfungsklauseln wurden in den deutschen DBA aber stets in dem Artikel angesiedelt, der 13 OECD-MA entspricht,[700] woraus zu schließen ist, dass der deutsche Gesetzgeber in Übereinstimmung mit dem anderen Vertragsstaat die Wegzugsbesteuerung als einen Fall von Art. 13 OECD-MA angesehen hat. Eine andere Wertung kann auch nicht der Rechtsprechung entnommen werden, die § 6 AStG grundsätzlich im Zusammenhang mit Art. 13 Abs. 5 OECD-MA sieht[701] und ein Abstellen auf Art. 21 OECD-MA ausdrücklich ablehnt.[702] Daher muss hinsichtlich einer Vorwirkung der Prinzipien des Abkommensrechts auf Art. 13 Abs. 5 OECD-MA abgestellt werden.

2. Die Auslegung des Wohnsitzprinzips

a) Vorwirkung des Art. 13 Abs. 5 OECD-MA

Gemäß dem Wohnsitzprinzip, dem Art. 13 Abs. 5 OECD-MA folgt,[703] steht dem Ansässigkeitsstaat das ausschließliche Besteuerungsrecht an den Gewinnen zu, so dass der Quellenstaat von der Besteuerung ausgeschlossen ist.[704] In Anbetracht dieses Prinzips könnte es als unbillig erscheinen, dass Deutschland durch die Wegzugsbesteuerung letztlich die Rechtsfolge, die sich aus Art. 13 Abs. 5 OECD-MA ergibt, zu umgehen versucht, indem es die Veräußerungsge-

---

699 Zum Zusammenhang zwischen der Wertverknüpfungsklauseln und der Wegzugsbesteuerung im DBA-Österreich vgl. *Lang/Stefaner*, in: Debatin/Wassermeyer, DBA-Österreich, Art. 13 Rn. 13; zum DBA-Ungarn, vgl. *Hensel*, WiRO 2012, S. 5, 6.

700 Vgl. Art. 13 Abs. 5 DBA-Finnland; Art. 13 Abs. 6 DBA-Ghana; Prot. Nr. 12 zu Art. 13 DBA-Italien; Art. 13 Abs. 7 Buchst. b DBA-Kanada; Prot. 5 Buchst. b zu Art. 13 DBA-Neuseeland; Art. 13 Abs. 6 DBA-Österreich; Art. 13 Abs. 6 DBA-Polen; Art. 13 Abs. 6 DBA-Rumänien; Art. 13 Abs. 5 DBA-Schweiz; Art. 13 Abs. 6 DBA-Singapur; Art. 13 Abs. 5 DBA-Slowenien; Art. 13 Abs. 6 DBA-Tadschikistan; Art-13 Abs. 6 DBA-USA; Art. 13 DBA-Venezuela.

701 BFH, Beschluss vom 17. 12. 1997 – I B 108/97, BStBl. II 1998, S. 558, 559; Urteil vom 23. 9. 2008 – I B 92/08, S. 524, 525-526.

702 BFH, Urteil vom 23. 9. 2008 – I B 92/08, BStBl. II 2009, S. 524, 525-526.

703 OECD-MA-Kommentar, Art. 13 Nr. 29.

704 *Reimer*, in: Vogel/Lehner, DBA, Art. 13 Rn. 190.

winnbesteuerung mittels einer Fiktion in den letzten Moment der unbeschränkten Steuerpflicht vorlagert. Diese Vorverlegung der Besteuerung könnte der Verteilungsidee der DBA widersprechen, die durch ein Geben und Nehmen geprägt ist.[705] Daher könnte in der Sicherung des deutschen Steueranspruchs durch die Besteuerung einer fingierten Veräußerung nach § 6 AStG eine nationalrechtliche Revision des auf völkerrechtlicher Ebene erklärten freiwilligen Verzichts auf das Besteuerungsrecht an dem Veräußerungsgewinn erblickt werden.[706]

Indem Deutschland diesen freiwilligen und bewussten Verzicht auf Steuersubstrat durch die Fiktion eines Veräußerungsgewinns zu kompensieren versucht, könnte es gleichzeitig den Zweck der DBA aushöhlen.[707] Damit würde Deutschland entgegen dem auch im Völkerrecht nach Art. 26 WÜRV geltenden Grundsatz von Treu und Glauben handeln.[708] Denn diesem Grundsatz könnte die Aussage entnommen werden, dass die Vertragsstaaten die Wertungen der DBA und die durch die DBA vorgenommen Verteilungen der Besteuerungsrechte schon auf der Ebene der nationalen Gesetzgebung beachten müssen.[709] Der Abkommensschutz könnte somit schon zu Zeiten, in denen der Steuerpflichtige noch unbeschränkt steuerpflichtig ist, eine „Vorwirkung" entfalten, die der Gesetzgeber nicht durch gegenläufige Regelungen unterwandern darf.[710] Eine Gesetzgebung im Sinne dieser bona-fides-Regelung könnte daher verlangen, dass der vereinbarte Ausschluss des deutschen Besteuerungsrechts nach Art. 13 Abs. 5 OECD-MA bereits vor Vorliegen eines internationalen Sachverhalts eine Schutzwirkung entfaltet, die nicht durch eine Besteuerung des Vermögenszuwachses im Zeitpunkt des Wegzuges unterlaufen werden darf.[711] Deshalb sieht ein Teil der Literatur in § 6 AStG eine Abkommensverletzung, zumindest wenn Wertzuwächse aus dem Wegzugsstaat abkommensrechtlich dem Zuzugsstaat

705 *Dautzenberg*, FR 1998, S. 491, 491; *Elicker*, in: Blümich, AStG, § 6 Rn. 22.

706 Vgl. zu dem Widerspruch zwischen dem Verzicht auf das Besteuerungsrecht und der Wegzugsbesteuerung *Dautzenberg*, FR 1998, S. 491, 491-492; vgl. auch *Franke*, FR 1974, S. 33, 35.

707 *Vogel*, BB 1971, S. 1185, 1188; *ders.*, DB 1972, S. 1402, 1405; vgl. *Elicker*, in: Blümich, AStG, § 6 Rn. 22.

708 *Salditt*, RIW/AWD 1972, S. 573, 575.

709 Vgl. zur Beachtlichkeit von Völkervertragsrecht durch den nationalen Gesetzgeber *Vogel*, IStR 2005, S. 29, 30, unter Bezugnahme auf die Görgülü-Entscheidung des BVerfG, Beschluss vom 14. 10. 2004 – 2 BvR 1481, NJW 2004, S. 3407, 3408.

710 *Häck*, in: Haase, AStG, § 6 Rn. 28; *ders.*, IStR 2011, S. 521, 525.

711 *Salditt*, RIW/AWD 1972, S. 573, 575.

zugeschrieben werden und damit eine Doppelbesteuerung ohne Ausgleich gemäß Art. 13 Abs. 5 OECD-MA verbleibt.[712]

b) Die Wegzugsbesteuerung als konsequente Umsetzung des Wohnsitzprinzips

Ein Verstoß gegen Abkommensrecht durch die Wegzugsbesteuerung würde voraussetzen, dass zum Zeitpunkt der Wegzugsbesteuerung der Abkommensschutz gemäß Art. 13 Abs. 5 OECD-MA schon besteht. Die Wegzugsbesteuerung wird jedoch im letzten Moment der Ansässigkeit im Wegzugsstaat erfüllt, so dass die Vertreter, die eine Vertragsverletzung annehmen, letztlich den Zeitpunkt der abkommensrechtlichen Ansässigkeit im Sinne des Art. 1, 3 und 4 OECD-MA im Ausland vorverlegen müssten.[713] Für eine solche Vorverlagerung besteht jedoch auch bei einer abkommensrechtlichen Würdigung der Wegzugsbesteuerung kein Bedürfnis.[714] Dem Verzicht des Wegzugsstaats auf sein Besteuerungsrecht an dem Vermögenszuwachs ab dem Zeitpunkt der Ansässigkeit des Steuerpflichtigen im anderen Vertragsstaat kann kein über den Abkommensschutz hinausgehender Verzicht auf die Vermögenszuwachsbesteuerung zu einem Zeitpunkt entnommen werden, zu dem der Steuerpflichtige noch unbeschränkt steuerpflichtig ist.[715] Vielmehr ist die Wegzugsbesteuerung Ausdruck des Wohnsitzprinzips, indem durch sie derjenige Vermögenszuwachs besteuert wird, der sich in der Zeit der Ansässigkeit des Anteilseigners im Wegzugsstaat in den Anteilen gebildet hat.[716] Insofern ist daher auch die Gesetzesbegründung zutreffend, wenn sie auf den allgemein anerkannten Grundsatz des Internationalen Steuerrechts abhebt, das dem Wohnsitzstaat das Recht zugesteht, den Vermögenszuwachs in den Anteilen zu besteuern.[717]

712 *Vogel*, BB 1971, S. 1185, 1188; *ders.*, DB 1972, S. 1402, 1405; *Salditt*, RIW/AWD 1972, S. 573, 575; *Telkamp*, StuW 1972, S. 97, 107-108; *Kraft*, in: ders., AStG, § 6 Rn. 48; *Schaumburg*, Internationales Steuerrecht, Rn. 5.361; *Elicker*, in: Blümich, AStG, § 6 Rn. 23; kritisch *Franke*, FR 1974, S. 33, 33-35; offen lassend *Häck*, in: Haase, AStG, § 6 Rn. 28; kritisch bzgl. der Durchsetzbarkeit der Wegzugsbesteuerung *Flick*, BB 1971, S. 250.

713 *Werner*, Systemgerechte Entstrickung im Steuerrecht, Diss., Bonn 2009, S. 205.

714 *Kluge*, Das Internationale Steuerrecht, Rn. S 262.

715 *Brünink*, Das Verhältnis der Normen des Außensteuergesetzes zu den Doppelbesteuerungsabkommen, Diss., München 1997, S. 188.

716 *Knobbe-Keuk*, Bilanz- und Unternehmenssteuerrecht, S. 925; vgl. auch *Debatin*, DStZ 1971, S. 89, 97, der die Besteuerung des Wertzuwachses, der in der Zeit der Ansässigkeit des Steuerpflichtigen entstanden ist, zum Zeitpunkt des Wegzuges in völliger Übereinstimmung mit den Grundsätzen des Internationalen Steuerrechts sieht.

717 BT-Drucks. VI/2883, S. 18, Rn. 25.

Ebenso erkennt der OECD-MA-Kommentar das Recht der Vertragsstaaten an, das Besteuerungsrecht an dem Vermögenszuwachs, der während der Zeit der Verstrickung der Wirtschaftsgüter im Inland entstanden ist, zu sichern.[718] Zwar behandelt der OECD-MA-Kommentar die Entstrickung von Betriebsvermögen, § 6 AStG verweist jedoch auf § 17 EStG, der wiederum für die Veräußerung von Privatvermögen eine Gewinnermittlung wie bei der Veräußerung von Betriebsvermögen vorsieht.[719] Des Weiteren handelt es sich bei § 6 AStG unstreitig um eine Entstrickungsregelung, so dass das den Vertragsstaaten durch den OECD-MA-Kommentar zugestandene Recht, eine Entstrickungsbesteuerung vorzunehmen, auch auf die Wegzugsbesteuerung übertragen werden kann. Dieses Anerkenntnis des Besteuerungsrechts der Vertragsstaaten an den stillen Reserven, die in der Zeit der unbeschränkten Steuerpflicht des Steuerpflichtigen entstanden sind, ist somit kein Verstoß gegen die bona-fides-Regelung des Art. 26 WÜRV, sondern vielmehr Ausdruck der Billigkeit im Internationalen Steuerrecht.[720]

Letztlich zeigt die Gesetzesgeschichte des § 6 AStG, dass der der Wegzugsbesteuerung zugrunde liegende Erwirtschaftungs- und Verursachungsgrundsatz Ausdruck des Wohnsitzprinzips ist. Deutschland hat durch den Abschluss von DBA, die eine dem Art. 13 Abs. 5 OECD-MA entsprechende Norm enthalten, zwar sein Recht an der Veräußerungsgewinnbesteuerung der Anteile abgetreten, ein Verzicht auf einen berechtigten Steueranspruch ist dieser Abtretung jedoch nicht einhergegangen. Bei der Auslegung völkerrechtlicher Verträge darf außerdem nicht allein auf den Zeitpunkt des Abschlusses des Vertrages abgestellt werden, sondern es müssen neue Aspekte, die die Vertragsstaaten möglicherweise beim Abschluss der DBA überhaupt nicht bedacht haben, im Lichte der neuen Begebenheiten betrachtet werden.[721] Zwar darf eine dynamische Begriffsauslegung[722] nicht zu Schlussfolgerungen führen, die dem ursprünglichen Par-

718 OECD-MK, Art. 13 Nr. 10; vgl. dazu auch *Keller*, Die Fortentwicklung der Wegzugsbesteuerung nach § 6 AStG, Diss., Erlangen-Nürnberg 2006, S. 121.

719 Vgl. zum Wesen des § 17 Abs. 2 EStG als eine Gewinnermittlungsvorschrift eigener Art, die eine Nähe zu den §§ 4 ff. EStG aufweist *Ebling*, in: Blümich, EStG, § 17 Rn. 460-462.

720 *Knobbe-Keuk*, Bilanz- und Unternehmenssteuerrecht, S. 925; *Brünink*, Das Verhältnis der Normen des Außensteuergesetzes zu den Doppelbesteuerungsabkommen, Diss., München 1997, S. 189.

721 Sog. objektive Theorie, *Ipsen*, in: ders., Vökerrecht, § 11 Rn. 5; *Rehfeld*, Die Vereinbarkeit des Außensteuergesetzes mit den Grundfreiheiten des EG-Vertrags, Diss., Bochum 2007, S. 165.

722 Kritisch zur „state practice“ als Möglichkeit, Vertragsverletzungen zu relativieren *Weizman*, ET 1994, S. 73, 83.

teiwillen offensichtlich entgegenstehen,[723] eine allein auf den Parteiwillen beschränkte Auslegung stößt jedoch an ihre Grenzen, wenn dem ursprünglichen Parteiwillen keine Rückschlüsse auf neue, bei Vertragsschluss nicht bedachte Sachverhalte zu entnehmen sind.[724]

Spektakuläre Wegzugsfälle von Steuerpflichtigen, die durch die geschickte Ausnutzung der DBA die deutsche Besteuerung zu umgehen versuchten, haben dem Gesetzgeber dazu bewogen, das deutsche Besteuerungsrecht an dem Vermögenszuwachs in den Anteilen an Kapitalgesellschaften durch die Wegzugsbesteuerung zu sichern.[725] Damit reagierte der Gesetzgeber auf steuerliche Gestaltungsmöglichkeiten, die es vor dem Abschluss der DBA überhaupt nicht gegeben hat und die es erst auf Grund der DBA den Steuerpflichtigen erlaubten, durch einen kurzfristigen Wegzug die deutsche Gewinnbesteuerung nach § 17 EStG zu vermeiden. Es ist insofern nur konsequent, von einem gewandelten Verständnis des Abkommensrechts auszugehen.[726]

Für ein verändertes Verständnis der Implikationen des Art. 13 Abs. 5 OECD-MA in Bezug auf die nationale Gesetzgebung spricht auch die Steuergesetzgebungspraxis anderer Staaten. Eine Wegzugsbesteuerung im Sinne des § 6 AStG besteht nämlich auch in anderen Staaten.[727] Zwar hat Frankreich infolge des EuGH-Urteils in der Rechtssache *Hughes de Lasteyrie du Saillant* die Wegzugsbesteuerung aufgehoben,[728] im Jahre 2011 hat der französische Gesetzgeber aber die Wegzugsbesteuerung wiederbelebt.[729] Des Weiteren sehen auch die Steuergesetze von Dänemark,[730] Kanada,[731] Neuseeland[732] und der Nie-

723 *Stein/von Buttlar*, Völkerrecht, Rn. 83.

724 *Ipsen*, in: ders., Vökerrecht, § 11 Rn. 4.

725 Zum Hintergrund von § 6 AStG vgl. *Quack*, DStR 1976, S. 69, 70; *Wassermeyer*, RIW 1984, S. 461, 462.

726 *Rehfeld*, Die Vereinbarkeit des Außensteuergesetzes mit den Grundfreiheiten des EG-Vertrags, Diss., Bochum 2007, S. 165-166.

727 Vgl. zu Österreich, Dänemark, den Niederlanden und Kanada ausführlich *Keller*, Die Fortentwicklung der Wegzugsbesteuerung nach § 6 AStG, Diss., Erlangen-Nürnberg 2006, S. 81-109; *Menck*, in: Blümich, AStG, § 6 Rn. 12.

728 Art. 19 des Finanzgesetzes 2005 (Loi de Finances 2005) Nr. 2004-1484 vom 30. 12. 2004, JORF n°304 vom 31. 12. 2004, S. 22459.

729 Vgl. LOI n° 2011-900 du 29 juillet 2011 de finance rectificative pour 2011 48 IV. Frankreich orientiert sich dabei ausdrücklich am deutschen Modell, vgl. dazu die Stellungnahme des französischen Finanzministers Francois Baroin vor dem Haushaltsausschuss der Assemblée Nationale am 11. Mai 2011 um 12 Uhr 30, Compte rendu n° 71, S. 5 www.assemblee-nationale.fr/13/pdf/cr-cfiab/10-11/c1011071.pdf (14. 1. 2012); vgl. zu der neuen Regelung *Rubechi*, IStR 2011, S. 909, 910.

730 *Weizman*, ET 1994, S. 73, 76; *Bundgaard/Koerver Schmidt*, in: IFA, Cahiers de droit fiscal international, Volume XCVa, S. 261, 267-268; zu den Anpassungen der däni-

derlande[733] eine Besteuerung des Vermögenszuwachses im Zeitpunkt des Wegzuges vor. Die Regelungen der Wegzugsbesteuerung in diesen Staaten unterscheiden sich mitunter im Detail. Grundsätzlich löst jedoch bei allen Regelungen die Aufgabe der unbeschränkten Steuerpflicht oder der Ansässigkeit im Inland die Besteuerung der stillen Reserven aus, die sich in den Beteiligungen an Kapitalgesellschaften gebildet haben.[734] Diese Entwicklung konnte bei dem Abschluss der ersten DBA nicht vorausgesehen werden, so dass eine Auslegung der DBA aus der Sicht des historischen Gesetzgebers der heutigen Wirklichkeit nicht mehr entspricht. Daher ist die Wegzugsbesteuerung als eine notwendige Ergänzung zu erblicken, die es den bisherigen Wohnsitzstaaten des Anteilseigners erlaubt, das ihnen zustehende Besteuerungsrecht an dem Vermögenszuwachs durch die Besteuerung eines fingierten Veräußerungsgewinns im Moment des Wegzuges durchzusetzen.

3. Zwischenergebnis

Die Wegzugsbesteuerung gemäß § 6 AStG ist schlussendlich als eine mit dem Wohnsitzprinzip konforme Besteuerung anzusehen, so dass diese Form Besteuerung keinen Verstoß gegen das Abkommensrecht darstellt.

C. Eine unzulängliche Behandlung der Wegzugsteuer in den DBA

Die aus der inländischen Wegzugsbesteuerung und der ausländischen Veräußerungsgewinnbesteuerung drohende Doppelbesteuerung, die sich ergeben würde, wenn das anzuwendende DBA ausschließlich dem Art. 13 Abs. 5 OECD-MA

---

schen Wegzugsbesteuerung an die Vorgaben des EuGH in der Rs. *Hughes de Lasteyerie du Saillant* vgl. *Clark/Pouletty*, Tax Planning International European Union Focus, Heft 5/2004, S. 13, 14.

731 Art. 128 Abs. 4 ITA; vgl. dazu *Boidman/Gartner*, Tax Management International Journal 1999, S. 143, 144-146; *Dyer/Yager*, in: IFA, Cahiers de droit fiscal international, Volume LXXXVIIb, S. 191, 193-195; *Müssener*, in: Schaumburg/Piltz, Veräußerungsgewinne im Internationalen Steuerrecht, S. 152; *Maywald*, in: Mennel/Förster, Steuern in Europa, Amerika und Asien, Kanda Rn. 123.

732 IT 07 s EX 64 in Bezug auf die Anteile an einem Foreign Investment Fund.

733 *Van Weeghel*, in: IFA, Cahiers de droit fiscal international, Volume XCVa, S. 19, 23; *Peters/Roelofsen*, in : IFA, Cahiers de droit fiscal international, Volume XCVa, S. 551, 554-555.

734 Vgl. dazu die Übersicht bei *Keller*, Die Fortentwicklung der Wegzugsbesteuerung nach § 6 AStG, Diss., Erlangen-Nürnberg 2006, S. 109.

folgt, versucht der deutsche Gesetzgeber durch den Abschluss von DBA zu vermeiden, die die Wegzugsbesteuerung betreffende Klauseln enthalten.[735] Im Einzelnen sind diese Wegzugsklauseln sehr unterschiedlich ausgestaltet. Dennoch lassen sich die verschiedenen Wegzugsklauseln unter systematischen Gesichtspunkten in zwei Gruppen einteilen, nämlich in Wertverknüpfungsklauseln und Sitzstaatsklauseln, die es im Einzelnen zu untersuchen gilt.

I. Wertverknüpfungsklausel

Eine Möglichkeit der Vermeidung der Doppelbesteuerung besteht in der Verpflichtung des Zuzugsstaats, bei der Ermittlung des Veräußerungsgewinns anstelle des Werts der ursprünglichen Anschaffungskosten den Wert der Anteile anzusetzen, den der Wegzugsstaat zum Zeitpunkt des Wegzuges der Besteuerung zugrunde gelegt hat.[736] Auf Grund dieser Wertverknüpfung besteuert der Zuzugsstaat somit nur den Vermögenszuwachs, der sich in den Anteilen zur Zeit der Ansässigkeit des Steuerpflichtigen im Zuzugsstaat abgebildet hat, und der Wegzugsstaat nur den Vermögenszuwachs, der bis zum Wegzug entstanden ist.

1. Partielle Unvereinbarkeit der Wegzugsbesteuerung mit den Wertverknüpfungsklauseln

Eine Wertverknüpfung bei der tatsächlichen Veräußerung der Anteile erfolgt in der Regel nicht automatisch, sondern ist an weitere Voraussetzungen gebunden. Diese Merkmale betreffen zum einen die Mindestansässigkeitsdauer und zum anderen die Höhe der Beteiligung. Des Weiteren sehen einige Klauseln eine Wertverknüpfung nur bei der Veräußerung von Anteilen an inländischen Kapitalgesellschaften vor. Soweit die Voraussetzungen der Wertverknüpfungsklausel nicht erfüllt sind, droht erneut eine Doppelbesteuerung, die nicht ausgeglichen werden kann. Indem die Vertragsstaaten die Wertverknüpfung aber an die Erfüllung besonderer Voraussetzungen geknüpft haben, könnte den Wertverknüpfungsklauseln die Aussage entnommen werden, dass die Besteuerung nach § 6 AStG in allen Fällen, in denen eine Wertverknüpfung unterbleiben muss, weil die Voraussetzungen der Klausel nicht erfüllt sind, mit dem anzuwendenden Abkommen nicht vereinbar ist.

---

735 *Kraft/Schmit*, RIW 2011, S. 758, 763.

736 Sog. „step-up“, vgl. *Häck*, in: Haase, AStG, § 6 Rn. 25; verwendet in Art. 13 Abs. 5 DBA-Finnland; Prot. Nr. 12 Satz 2 zu Art. 13 DBA-Italien; Art. 13 Abs. 7 Buchst. b DBA-Kanada; Prot. 5 Buchst. b zu Art. 13 DBA-Neuseeland; Art. 13 Abs. 5 DBA-Schweiz; Art-13 Abs. 6 DBA-USA.

Angesichts der verschiedenen Anknüpfungsmerkmale der Wertverknüpfungsklausel muss die Vereinbarkeit der Wegzugsbesteuerung anhand der verschiedenen Voraussetzungen einzeln untersucht werden. Das entscheidende Differenzierungskriterium für die Beantwortung der Frage der Vereinbarkeit der Wegzugsbesteuerung mit den jeweiligen Wertverknüpfungsklauseln der anzuwendenden DBA sollte sein, ob das Merkmal rein abkommensrechtlicher Natur ist oder ob das Merkmal seine Wurzeln im nationalen Recht der beiden Vertragsstaaten hat. Von einer generellen Unzulässigkeit der Wegzugsbesteuerung soll in den Fällen ausgegangen werden, in denen das Merkmal im nationalen Steuerrecht ohne Bedeutung ist, da dem Merkmal dann nur eine abkommensrechtliche Bedeutung zukommt.[737] Stellen die Merkmale einer Wertverknüpfungsklausel letztlich auf Voraussetzungen ab, die in der jeweiligen nationalen Gesetzgebung ihren Ursprung haben, handelt es sich bei der Wertverknüpfungsklausel lediglich um eine Begünstigung, die sich an den Zuzugsstaat wendet,[738] so dass eine Besteuerung nach § 6 AStG auch zulässig ist, wenn eine Wertverknüpfung bei einer späteren Veräußerung mangels Erfüllung der Voraussetzungen der Klausel nicht erfolgen kann.[739]

a) Abkommensspezifische Mindestansässigkeitsdauer

Einige DBA gewähren dem Wegzugsstaat ausdrücklich das Recht, den Vermögenszuwachs in der Beteiligung des Anteilseigners bis zum Ansässigkeitswechsel zu besteuern, sofern der Anteilseigner für eine Mindestdauer im Wegzugsstaat ansässig gewesen ist.[740] Dementsprechend bestimmt Art. 13 Abs. 6 Satz 1 DBA-Österreich, dass Art. 13 Abs. 5 DBA-Österreich[741] nicht das Recht des Wegzugsstaates berührt, bei einer natürlichen Person, die in dem Wegzugsstaat während mindestens fünf Jahren ansässig war und die im Zuzugsstaat ansässig geworden ist, bei Anteilen an Gesellschaften nach seinen innerstaatlichen Rechtsvorschriften einen Vermögenszuwachs bis zu ihrem Ansässigkeitswechsel zu besteuern. Das Erfordernis der Mindestansässigkeitsdauer erstreckt sich

737 Zum Merkmal der Mindestansässigkeitsdauer vgl. *Staringer*, in: Gassner/Lang/Lechner, Das neue Doppelbesteuerungsabkommen Österreich-Deutschland, S. 97, 110-111; *Lang/Stefaner*, in: Debatin/Wassermeyer, DBA-Österreich, Art. 13 Rn. 16.

738 Vgl. *Häck*, IStR 2001, S. 521, 526.

739 Vgl. zum DBA-Schweiz *Zwosta*, in: Debatin/Wassermeyer, DBA-Schweiz, Art. 23 Rn. 11.

740 Z.B. fünf Jahre, vgl. Art. 13 Abs. 6 Satz 1 DBA-Österreich; vgl. zum Merkmal der Mindestansässigkeitsdauer *Lüdicke*, Überlegungen zur deutschen DBA-Politik, S. 147; vgl. auch Art. 13 Abs. 6 DBA-Georgien.

741 Art. 13 Abs. 5 DBA-Östereich entspricht Art. 13 Abs. 5 OECD-MA; vgl. *Lang/Stefaner*, in: Debatin/Wassermeyer, DBA-Österreich, Art. 13 Rn. 1.

auch auf die Anwendbarkeit der Wertverknüpfungsklausel in Art. 13 Abs. 5 Satz 2 DBA-Österreich.[742] Ein entsprechendes Anerkenntnis des deutschen Besteuerungsrechts bei einer Mindestansässigkeitsdauer des Anteilseigners in Deutschland enthalten im Übrigen das DBA-Dänemark,[743] das DBA-Polen,[744] das DBA-Rumänien,[745] das DBA-Singapur[746], das DBA-Tadschikistan,[747] das DBA-Ghana,[748] das DBA-Georgien,[749] das DBA-Schweden[750], das DBA-Slowenien[751] und das DBA-Ungarn.[752]

In diesem Falle folgt die Vereinbarkeit der Wegzugsbesteuerung mit dem Abkommensrecht unmittelbar aus dem Abkommen. Fraglich ist allerdings, ob die Merkmale, an die die Vereinbarkeit der Wegzugsbesteuerung mit dem anzuwendenden Abkommen gebunden ist, im Umkehrschluss bedeuten, dass in allen anderen Fällen die Wegzugsbesteuerung mit dem DBA unvereinbar ist. Diese Frage stellt sich vor allem im Hinblick auf die Mindestansässigkeitsdauer von in der Regel fünf Jahren im Wegzugsstaat. Zwar setzt § 6 Abs. 1 Satz 1 AStG grundsätzlich eine Mindestdauer der unbeschränkten Steuerpflicht des Anteileigners von zehn Jahren voraus, so dass die Mindestansässigkeitsdauer von fünf Jahren in der Regel erfüllt sein müsste. Sollte der Anteilseigner die Anteile jedoch unentgeltlich erworben haben, muss gemäß § 6 Abs. 2 Satz 1 AStG bei der Errechnung der Zehnjahresfrist auch die Zeit der unbeschränkten Steuerpflicht des Rechtsvorgängers berücksichtigt werden. Damit sind Fälle denkbar, in denen es zu einer Besteuerung nach § 6 Abs. 1 Satz 1 AStG kommt, obwohl der Steuerpflichtige in Deutschland weniger als fünf Jahre unbeschränkt steuerpflichtig gewesen ist und damit auch weniger als fünf Jahre in Deutschland als ansässig gegolten hat. Bei Verfehlen der fünfjährigen Mindestansässigkeitsdauer stellt sich in Bezug auf die Vereinbarkeit der Wegzugsbesteuerung mit dem anzuwendenden DBA die Frage, ob die Wegzugsbesteuerung in einem solchen Fall grundsätzlich ausgeschlossen ist[753] oder

742 *Lang/Stefaner*, in: Debatin/Wassermeyer, DBA-Österreich, Art. 13 Rn. 20.

743 Art. 13 Abs. 5 Satz 1 DBA-Dänemark.

744 Art. 13 Abs. 6 DBA-Polen.

745 Art. 13 Abs. 6 DBA-Rumänien.

746 Art. 13 Abs. 6 DBA-Singapur.

747 Art. 13 Abs. 6 DBA-Tadschikistan.

748 Art. 13 Abs. 6 DBA-Ghana.

749 Art. 13 Abs. 6 DBA-Georgien.

750 Art. 13 Abs. 5 DBA-Schweden, allerdings nur zwei Jahre Mindestansässigkeitsdauer.

751 Art. 13 Abs. 5 DBA-Slowenien.

752 Art. 13 Abs. 6 DBA-Ungarn.

753 *Staringer*, in: Gassner/Lang/Lechner, Das neue Doppelbesteuerungsabkommen Österreich-Deutschland, S. 97, 110-111; *Lang/Stefaner*, in: Debatin/Wassermeyer, DBA-Österreich, Art. 13 Rn. 16, 20.

ob die Wegzugsbesteuerung nur ausgeschlossen ist, wenn es in dem neuen Ansässigkeitsstaat zu einer Veräußerung der Anteile kommt.[754]

§ 6 AStG enthält an keiner Stelle eine Fünfjahresfrist, die üblicherweise als Mindestansässigkeitsdauer gewählt wird. Wenn auch die entsprechende Wegzugsbesteuerungsnorm im nationalen Steuerrecht des anderen Staates keine Fünfjahresfrist enthält, kommt dem Erfordernis der Mindestansässigkeitsdauer lediglich eine abkommensrechtliche Bedeutung zu. Das Verfehlen der Mindestansässigkeitsdauer führt daher zur Unzulässigkeit der Wegzugsbesteuerung.[755]

Dieses Ergebnis entspricht auch der in immer größeren Maßen verlangten Mobilität von Arbeitnehmern, die von ihren Arbeitgebern in andere Staaten entsandt und dadurch zur Aufgabe der unbeschränkten Steuerpflicht im Inland gezwungen werden.[756] Arbeitnehmer, die Anteile im Sinne des § 17 Abs. 1 Satz 1 EStG unentgeltlich erhalten haben, können der Wegzugsbesteuerung letztlich nicht entgehen, da sie die Besteuerung nur durch eine Ablehnung der Entsendung und damit einer Gefährdung der eigenen wirtschaftlichen Existenz vermeiden könnten.[757] Angesichts der relativ kurzen Auslandsaufenthalte von Arbeitnehmern ermöglicht es das Erfordernis der Mindestansässigkeitsdauer im Wegzugsstaat, dass Arbeitnehmer, die Anteile im Sinne des § 17 Abs. 1 Satz 1 EStG halten, die Wegzugsbesteuerung bei der Aufgabe der Ansässigkeit im Tätigkeitsstaat vermeiden können. In Anbetracht dieses Schutzzwecks der Mindestansässigkeitsdauer ist es für die Unvereinbarkeit der Wegzugsbesteuerung mit dem anzuwendenden DBA auch ohne Bedeutung, ob es in dem Zuzugstaat tatsächlich zu einer Veräußerung der Anteile kommt.[758]

b) Unterbliebene Anpassung der DBA an das nationale Recht

Ein Hindernis auf dem Weg zur Vermeidung der Doppelbesteuerung durch die Wertverknüpfungsklauseln ist die zum Teil unterbliebene Anpassung der Abkommenstexte an die geänderten Beteiligungsquoten in § 17 EStG.[759] Während der Gesetzgeber die Anforderungen an eine Mindestbeteiligung für eine Besteuerung nach § 17 EStG von ursprünglich 25 % auf nunmehr 1 % gesenkt hat, wurde diese Herabsetzung der Mindestbeteiligungsquote in den Abkommen

---

754 *Krabbe*, in: Debatin/Wassermeyer, DBA-Dänemark, Art. 13 Rn. 45.

755 Vgl. zum DBA-Österreich *Lang/Stefaner*, in: Debatin/Wassermeyer, DBA-Österreich, Art. 13 Rn. 16.

756 *Lüdicke*, Überlegungen zur deutschen DBA-Politik, S. 148.

757 *Lüdicke*, Überlegungen zur deutschen DBA-Politik, S. 148 Fn. 596.

758 A.A. *Krabbe*, in: Debatin/Wassermeyer, DBA-Dänemark, Art. 13 Rn. 45.

759 *Strunk/Kaminski*, in: Strunk/Kaminski/Köhler, AStG, § 6 Rn. 30; *Häck*, in: Haase, AStG, § 6 Rn. 26.

noch nicht nachvollzogen.[760] Daher droht eine Doppelbesteuerung trotz Wertverknüpfungsklausel, wenn der Steuerpflichtige Anteile an einer Kapitalgesellschaft in Höhe von 1 % bis 25 % im Zeitpunkt des Wegzuges hält.[761] In Anbetracht der unterbliebenen Anpassung der Wertverknüpfungsklauseln an die veränderte nationale Gesetzgebung könnte die Wegzugsbesteuerung in allen Fällen, in denen die Beteiligung unterhalb der Schwelle der jeweiligen Wertverknüpfungsklausel liegt, mit dem anzuwendenden DBA unvereinbar sein.[762]

Die Wertverknüpfungsklausel ist jedoch lediglich eine Begünstigungsregelung, die die Wegzugsbesteuerung bereits voraussetzt.[763] Die Vereinbarkeit der Wegzugsbesteuerung mit dem Abkommensrecht ergibt sich aus dem Recht des Wegzugsstaates, die stillen Reserven zu besteuern, die sich in der Zeit der Ansässigkeit des Anteilseigners im Wegzugsstaat gebildet haben.[764] Außerdem wendet sich die Wertverknüpfungsklausel an den Zuzugsstaat und trifft keine ausdrückliche Aussage über die Vereinbarkeit der Besteuerung des Vermögenszuwachses durch den Wegzugsstaat mit dem DBA, wenn die Beteiligung am Kapital der Gesellschaft weniger als ein Viertel beträgt.[765] Im Gegensatz zum Merkmal der Mindestansässigkeitsdauer von fünf Jahren, das ausschließlich eine abkommensrechtliche Bedeutung hat,[766] entspringen die Mindestbeteiligungsvoraussetzungen offensichtlich dem nationalen Recht, dessen Veränderungen in den jeweiligen Abkommen noch nicht nachvollzogen worden sind. Der Gesetzgeber ist jedoch auf Grund der bestehenden Begünstigungsregelung nicht daran gehindert, seine Gesetzgebung zum Nachteil des Steuerpflichtigen zu verändern. Daher führt auch die unterbliebene Anpassung der Wertverknüpfungsklauseln an die Erweiterung des § 6 AStG auf die Anteile an ausländischen Kapitalgesellschaften[767] nicht zu einer partiellen Unvereinbarkeit des § 6 AStG mit dem an-

760 Vgl. Art. 13 Abs. 5 DBA-Norwegen; Prot. Nr. 12 Satz 2 zu Art. 13 DBA-Italien; Art. 13 Abs. 5 i.V.m. Abs. 4 Satz 2 DBA-Schweiz, *Scherer*, in: Debatin/Wassermeyer, DBA-Schweiz, Art. 13, Rn. 198; *Häck*, in: Haase, AStG, § 6 Rn. 26; *ders.*, IStR 2011, S. 521, 525-526.

761 *Rehfeld*, Die Vereinbarkeit des Außensteuergesetzes mit den Grundfreiheiten des EG-Vertrags, Diss., Bochum 2007, S. 168.

762 Zum DBA-Schweiz *Lang/Lüdicke/Reich*, IStR 2008, S. 673, 678; *Häck*, IStR 2011, S. 521, 526.

763 Zum DBA-Schweiz Zwosta, in: *Debatin/Wassermeyer*, DBA-Schweiz, Art. 23 Rn. 11.

764 Vgl. *Knobbe-Keuk*, Bilanz- und Unternehmenssteuerrecht, S. 925.

765 Vgl. *Häck*, IStR 2011, S. 521, 526.

766 Zum DBA-Österreich vgl. *Lang/Stefaner*, in: Debatin/Wassermeyer, DBA-Österreich, Art. 13 Rn. 16.

767 Vgl. dazu Art. 13 Abs. 5 DBA-Finnland; Art. 13 Abs. 6 Satz 1 DBA-Georgien; Art. 13 Abs. 6 Satz 1 DBA-Ghana; Prot. Nr. 12 Satz 1 zu Art. 13 DBA-Italien; Art. 13 Abs. 6 Satz 1 DBA-Österreich; Art. 13 Abs. 6 Satz 1 DBA-Polen; Art. 13 Abs. 6 Satz 1 DBA-

zuwendenden DBA. Die ausdrückliche Anerkennung des deutschen Besteuerungsrechts hat insofern nur eine deklaratorische Bedeutung.[768] Sollte der Zuzugsstaat auf Grund seines nationalen Rechts keine Wertverknüpfung vornehmen, kann die drohende Doppelbesteuerung nur durch ein Verständigungsverfahren verhindert werden.[769]

2. Beschränkung der Wertverknüpfungsklauseln auf Fälle des Wohnsitzwechsels

Die in den DBA verwendeten Wertverknüpfungsklauseln setzen häufig ausdrücklich den „Wegzug"[770] oder den „Ansässigkeitswechsel"[771] des Steuerpflichtigen als Tatbestandsmerkmal voraus.[772] Zwar ist mit den abkommensrechtlichen Begriffen „Wegzug" oder „Ansässigkeitswechsel" nicht die Aufgabe der unbeschränkten Steuerpflicht im Sinne des § 6 AStG gemeint, sondern die Aufgabe der abkommensrechtlichen Ansässigkeit im bisherigen Ansässigkeitsstaat nach Art. 1, 3 und 4 OECD-MA.[773] Das Merkmal des Wegzuges in diesen

---

Rumänien; Art. 13 Abs. 5 DBA-Schweden; Art. 13 Abs. 6 Satz 1 DBA-Singapur; Art. 13 Abs. 5 Satz 1 DBA-Slowenien; Art. 13 Abs. 6 Satz 1 DBA-Tadschikistan; Art. 13 Abs. 5 DBA-Venezuela; *Häck*, in: Haase, AStG, § 6 Rn. 26.

768 Vgl. *Lang/Stefaner*, DBA-Österreich, Art. 13 Rn. 15.

769 *Wassermeyer*, in: Flick/Wassermeyer/Baumhoff, AStG, § 6 Rn. 23; *Häck*, in: Haase, AStG, § 6 Rn. 29; *Schaumburg*, Internationales Steuerrecht, Rn. 5.361; vgl. *Knobbe-Keuk*, Bilanz- und Unternehmenssteuerrecht, S. 925; die Finanzverwaltung verlangt von dem Wohnsitzstaat, die Doppelbesteuerung entweder durch eine Freistellung des auf die Zeit der unbeschränkten Steuerpflicht in Deutschland entfallenden Vermögenszuwachses oder durch eine Anrechnung der deutschen Wegzugsteuer auszugleichen, vgl. BMF vom 14. 5. 2004 – IV B 4 – 1340 –11/04, BStBl. I 2004, Sondernummer 1, Tz. 6.1.5.2.

770 Art. 13 Abs. 5 DBA-Finnland; Art. 13 Abs. 6 DBA-Ghana; Prot. Nr. 12 zu Art. 13 DBA-Italien; Art. 13 Abs. 6 DBA-Polen; Art. 13 Abs. 6 DBA-Singapur; Art. 13 Abs. 5 DBA-Slowenien; Art. 13 Abs. 6 DBA-Tadschikistan; Art-13 Abs. 6 DBA-USA.

771 Art. 13 Abs. 7 Buchst. b DBA-Kanada; Prot. 5 Buchst. b zu Art. 13 DBA-Neuseeland; Art. 13 Abs. 6 DBA-Österreich; Art. 13 Abs. 6 DBA-Rumänien; Art. 13 Abs. 5 DBA-Schweiz; Art. 13 DBA-Venezuela.

772 Vgl. Art. 13 Abs. 6 DBA-Ghana; Art. 13 Abs. 5 DBA-Finnland; Prot. Nr. 12 Satz 2 zu Art. 13 DBA-Italien; Art. 13 Abs. 7 Buchst. b DBA-Kanada; Art. 13 Abs. 6 DBA-Österreich; Prot. 5 Buchst. b zu Art. 13 DBA-Neuseeland; Art. 13 Abs. 5 DBA-Schweiz; Art. 13 Abs. 6 DBA-Tadschikistan; Art-13 Abs. 6 DBA-USA; Art. 13 Abs. 5 Venezuela.

773 *Krabbe*, in: Debatin/Wassermeyer, DBA-Italien, Art. 13 Rn. 37; vgl. aber auch *Eimermann*, in: Debatin/Wassermeyer, DBA-USA, Art. 13 Rn. 179, für den die Aufgabe der Ansässigkeit und die Aufgabe der unbeschränkten Steuerpflicht identisch sind.

Klauseln setzt aber die Aufgabe der abkommensrechtlichen Ansässigkeit in der Form des physischen Wegzuges voraus, wie er nur von § 6 Abs. 1 Satz 1, Satz 2 Nr. 2 AStG vorgesehen wird.[774] Gleiches gilt für die DBA, in denen anstatt von einem Wegzug von einem Ansässigkeitswechsel die Rede ist. Der Steuerpflichtige kann sich daher nur auf die Wertverknüpfungsklausel berufen, wenn die Besteuerung durch eine Verlegung des Lebensmittelpunktes ausgelöst wird, wie sie durch § 6 Abs. 1 Satz 1, 2 Nr. 2 AStG vorausgesetzt wird.[775] Von dem Anwendungsbereich dieser Wertverknüpfungsklauseln werden die Ersatztatbestände des § 6 Abs. 1 Satz 2 Nr. 1, 3 und 4 AStG jedoch nicht umfasst, da es in diesen Tatbeständen an einer Aufgabe der abkommensrechtlichen Ansässigkeit im Wegzugsstaat und der Neubegründung der Ansässigkeit im Zuzugsstaat fehlt.[776] Daher kommt eine Vermeidung der Doppelbesteuerung im Falle des § 6 Abs. 1 Satz 2 Nr. 1, 3 und 4 AStG durch diese Wertverknüpfungsklauseln nicht in Betracht.[777]

Abschließend ist daher hinsichtlich der Wertverknüpfungsklauseln festzustellen, dass der Anwendungsbereich der Wertverknüpfungsklauseln beschränkt ist, da sie regelmäßig auf typische Wegzugssituationen abstellen, während die Ersatztatbestände den Wirkbereich des § 6 AStG weit über die klassischen Wegzugsfälle hinaus ausdehnen.[778] Eine Vermeidung der Doppelbesteuerung kann somit in den Fällen des § 6 Abs. 1 Satz 2 Nr. 1, 3 und 4 AStG nur im Wege eines Verständigungsverfahrens erreicht werden.

II. Sitzstaatsklauseln

Keine Doppelbesteuerung droht in Bezug auf die Besteuerung des Vermögenszuwachses in Anteilen an inländischen Kapitalgesellschaften, wenn auf Grund

774 Vgl. zum DBA-Dänemark *Krabbe*, in: Debatin/Wassermeyer, DBA-Dänemark, Art. 13 Rn. 42; zum DBA-USA *Jacob*, in: Endres/Jacob/Gohr/Klein, DBA-Deutschland/USA, Art. 13 Rn. 100; *Eimermann*, in: Debatin/Wassermeyer, DBA-USA, Art. 13 Rn. 179; *Häck*, in: Haase, AStG, § 6 Rn. 26.

775 *Jacob*, in: Endres/Jacob/Gohr/Klein, DBA-Deutschland/USA, Art. 13 Rn. 100; dasselbe gilt wohl auch für das DBA-Kanada und das DBA-Neuseeland, vgl. *W. Wassermeyer*, in: Debatin/Wassermeyer, DBA-Kanada, Art. 13 Rn. 153; vgl. *U. Wolff*, in: Debatin/Wassermeyer, DBA-Neuseeland, Art. 13 Rn. 86.

776 *Lüdicke*, Überlegungen zur deutschen DBA-Politik, S. 148-149; *Häck*, in: Haase, AStG, § 6 Rn. 26.

777 Vgl. zum DBA-Dänemark *Krabbe*, in: Debatin/Wassermeyer, DBA-Dänemark, Art. 13 Rn. 42; *Jacob*, in: Endres/Jacob/Gohr/Klein, DBA-Deutschland/USA, Art. 13 Rn. 100.

778 *Häck*, in: Haase, AStG, § 6 Rn. 26.

einer Sitzstaatsklausel das deutsche Besteuerungsrecht erhalten bleibt und eine Besteuerung nach § 6 AStG nicht erforderlich ist.[779] In diesem Fall kommt es nach der hier vertretenen Ansicht erst bei der Veräußerung der Anteile zum ersten Mal zu einer Besteuerung. Die Sitzstaatsklausel ist dem Art. 13 Abs. 5 UN-MA entlehnt, wonach dem Sitzstaat der Gesellschaft, an der eine in einem anderen Vertragsstaat ansässige Person beteiligt ist, das Besteuerungsrecht an dem Veräußerungsgewinn aus den Anteilen zugestanden wird. Diese Klauseln werden vor allem im Verhältnis zu Entwicklungsländern verwendet, da diese häufig als Kapitalimportländer der Quellenstaat sind.[780]

Der Nachteil der Sitzstaatsklauseln gegenüber den Wertverknüpfungsklauseln besteht darin, dass eine Vermeidung der Doppelbesteuerung nur auf die Besteuerung der stillen Reserven in den Beteiligungen an inländischen Kapitalgesellschaften beschränkt ist.[781] Bei der Vermögenszuwachsbesteuerung hinsichtlich der Anteile an ausländischen Kapitalgesellschaften weist Art. 13 Abs. 5 OECD-MA weiterhin dem Ansässigkeitsstaat des Anteilseigners das ausschließliche Besteuerungsrecht zu, so dass es bei einer Doppelbesteuerung verbleibt, wenn der Anteilseigner nach vorheriger Wegzugsbesteuerung die Anteile an ausländischen Kapitalgesellschaften veräußert und der Ansässigkeitsstaat keine Wertverknüpfung vornimmt.[782] Selbst in Fällen, in denen der Anteilseigner ausschließlich Beteiligungen an inländischen Kapitalgesellschaften hält, kann die Doppelbesteuerung nicht verhindert werden, wenn die anzuwendende Sitzstaatsklausel eine Mindestbeteiligung von 25 % voraussetzt und die Beteiligung des Anteilseigners unterhalb dieser Schwelle liegt.[783] In denjenigen Sitzstaatsklauseln, die eine Mindestbeteiligung voraussetzen, wurde offensichtlich noch

779 *Häck*, in: Haase, AStG, § 6 Rn. 24; Sitzstaatsklauseln enthalten folgende DBA: Art. 13 Abs. 3 DBA-Argentinien; Art. 13 Abs. 4 DBA-Bangladesch; Art. 13 Abs. 3 DBA-Bolivien; Art. 12 Abs. 4 DBA-Bulgarien; Art. 13 Abs. 3 DBA-Ecuador; Art. 13 Abs. 4 DBA-Indien; Art. 13 Abs. 3 DBA-Jamaika; Art. 13 Abs. 4 DBA-Kenia; Art. 13 Abs. 3 DBA-Liberia; Art. 13 Abs. 3 DBA- Mauritius; Art. 13 Abs. 4 DBA-Mexiko; Art. 13 Abs. 3 DBA-Philippinen; Art. 13 Abs. 4 DBA-Simbabwe; Art. 13 Abs. 3 DBA-Sri Lanka; Art. 13 Abs. 3 DBA-Tschechien; Art. 13 Abs. 3 DBA-Tunesien; Art. 13 Abs. 3 DBA-Uruguay; Art. 13 Abs. 3 DBA-Zypern,

780 Vgl. *Reimer*, in: Vogel/Lehner, DBA, Art. 13 Rn. 179.

781 Vgl. *Häck*, in: Haase, AStG, § 6 Rn. 24; nach der hier vertretenen Ansicht löst der Wegzug in einen Staat, bei dem das anzuwendende DBA eine Sitzstaatsklausel vorsieht, ohnehin nicht eine Besteuerung nach § 6 AStG hinsichtlich der Anteile an inländischen Kapitalgesellschaften aus; zur Ergänzung des § 6 Abs. 1 Satz 1, 2 Nr. 1-3 AStG um das ungeschriebene Tatbestandsmerkmal des Ausschlusses oder der Beschränkung des deutsche Besteuerungsrechts siehe Kapitel 2 A., C..

782 Vgl. *Häck*, in: Haase, AStG, § 6 Rn. 24.

783 Vgl. Art. 13 Abs. 5 DBA-Pakistan und Art. 13 Abs. 2 Buchst. a DBA-Korea.

nicht die Herabsetzung der Mindestbeteiligung auf 1 % in § 17 Abs. 1 Satz 1 EStG nachvollzogen. Der Gesetzgeber ist daher aufgefordert, bei einer Abkommensrevision derjenigen DBA, die eine Sitzstaatsklausel mit einer Mindestbeteiligung vorsehen, die Änderungen seiner eigenen nationalen Gesetzgebung auch im Abkommenstext nachzuvollziehen.

III. Andere Wege der Vermeidung der Doppelbesteuerung

Im Gegensatz zu den DBA mit Wertverknüpfungsklauseln sieht das DBA-Dänemark zur Vermeidung der Doppelbesteuerung keine Gewinnermittlung auf Basis des gemeinen Wertes der Anteile zum Zuzugszeitpunkt, sondern einen Abzug der deutschen Wegzugsteuer von der dänischen Besteuerung des Veräußerungsgewinns vor.[784] Ebenfalls keine Wertverknüpfungsklausel enthält das DBA-Schweden. Stattdessen weist das DBA-Schweden das Besteuerungsrecht an dem Veräußerungsgewinn aus den Anteilen für die ersten fünf Jahre seit dem Wegzug Deutschland zu.[785] In diesem Zeitpunkt besteht das deutsche Besteuerungsrecht fort, so dass es für eine Besteuerung nach § 6 AStG kein Bedürfnis gibt. Erst der Ablauf der Fünfjahresfrist schließt den deutschen Steuerzugriff aus, so dass es zu einer Besteuerung nach § 6 Abs. 1 Satz 2 Nr. 4 AStG kommt. Die Vermeidung der Doppelbesteuerung erfolgt dadurch, dass die deutsche Wegzugsteuer auf die schwedische Veräußerungsgewinnsteuer angerechnet wird, soweit die Veräußerung innerhalb von zehn Jahren seit dem Wegzug aus Deutschland nach Schweden erfolgt.[786] Nach Ablauf der Zehnjahresfrist kann eine Vermeidung der Doppelbesteuerung nur noch im Wege eines Verständigungsverfahrens erreicht werden.[787] Art. 13 Abs. 3 Satz 2 DBA-Türkei wiederum belässt dem Wegzugsstaat das Besteuerungsrecht am Veräußerungsgewinn während des ersten Jahres nach dem Wegzug des Anteilseigners.

IV. Besonderheit Schweiz

Die Besteuerung eines Wegzuges in die Schweiz ist aus abkommensrechtlicher Sicht besonders komplex, da das DBA-Schweiz neben der Sitzstaatsklausel in Art. 13 Abs. 4 DBA-Schweiz und der Wertverknüpfungsklausel in Art. 13

784 Art. 13 Abs. 5 Satz 2 DBA-Dänemark.

785 Art. 13 Abs. 5 DBA-Schweden.

786 Art. 23 Abs. Buchst. b DBA-Schweden; *Lüdicke*, in: Debatin/Wassermeyer, DBA-Schweden, Art. 13 Rn. 75.

787 *Lüdicke*, in: Debatin/Wassermeyer, DBA-Schweden, Art. 13 Rn. 75.

Abs. 5 DBA-Schweiz noch besondere Regelungen zur Bestimmung der Ansässigkeit enthält.[788]

1. Nachlaufende Besteuerung

Die Bestimmung der Ansässigkeit nach dem DBA-Schweiz weicht erheblich von dem OECD-MA ab. Während Art. 4 Abs. 1, 2 und 8 DBA-Schweiz noch grundsätzlich mit Art. 4 Abs. 1, 2 und 3 OECD-MA übereinstimmen, unterscheiden sich die übrigen Absätze deutlich von dem OECD-MA.[789] Nach Art. 4 Abs. 3 DBA-Schweiz verbleibt Deutschland das Recht, eine nach dem Abkommen als in der Schweiz ansässig geltende natürliche Person gemäß den Bestimmungen der unbeschränkten Steuerpflicht zu besteuern, wenn die Person in Deutschland über eine ständige Wohnstätte verfügt oder sich in Deutschland mindestens sechs Monate ständig aufhält. Ein fortbestehendes deutsches Besteuerungsrecht an den Einkünften, die aus Deutschland stammen, sieht auch Art. 4 Abs. 4 Satz 1 OECD-MA für die fünf dem Zuzug in der Schweiz folgenden Jahre bei natürlichen Personen vor, die nicht die schweizerische Staatsangehörigkeit besitzen. Zwar enthalten diese Klauseln für Deutschland auch eine Pflicht zur Steueranrechnung der ausländischen Steuern.[790] Da die Schweiz jedoch regelmäßig Veräußerungsgewinne nur bei einer indirekten Liquidation oder bei einer Teiltransponierung besteuert, entsteht letztlich keine ausländische Steuer, die angerechnet werden müsste.[791]

Entscheidet sich der Wegziehende für eine Besteuerung nach dem Aufwand (Pauschalbesteuerung), bewirkt Art. 4 Abs. 6 DBA-Schweiz, dass er nicht als in der Schweiz ansässig gilt.[792] Bei einer tatsächlichen Veräußerung der Anteile bleibt er mit seinem Veräußerungsgewinn nach § 1 Abs. 4 i.V.m. § 49 Abs. 1 Nr. 2 Buchst. e EStG in Deutschland beschränkt steuerpflichtig. Sollte der Veräußerungsgewinn aus den Anteilen auch in der Schweiz einer Besteuerung un-

788 Dazu ausführlich *Bischoff/Kotyrba*, BB 2002, S. 382, 383-387.

789 *Wassermeyer*, in: Flick/Wassermeyer/Wingert/Kempermann, DBA-Schweiz, Art. 4 Rn. 3.1.

790 Art. 4 Abs. 3 Satz 2 HS 2 DBA-Schweiz; vgl. dazu *Hamminger*, in: Debatin/Wassermeyer, DBA-Schweiz, Art. 4 Rn. 115, 139; *Wassermeyer*, in: Flick/Wassermeyer/Kempermann/Wingert, DBA-Schweiz, Art. 4 Rn. 65-84.1; Art. 4 Abs. 4 Satz 3 DBA-Schweiz.

791 *Lang/Lüdicke/Reich*, IStR 2008, S. 673, 676; vgl. *Häck*, IStR 2011, S. 521, 523 Fn. 27.

792 Ausführlich zum Ende der Pauschalbesteuerung als Auslöser einer Besteuerung nach § 6 Abs. 1 Satz 2 Nr. 4 AStG vgl. *Bron/Seidel*, IStR 2009, S. 312, 314-315; zur Abschaffung der Pauschalbesteuerung im Kanton Zürich vgl. *Wagner/Plüss*, RIW 2009, S. 190, 193.

terliegen, kann die sich daraus ergebende Doppelbesteuerung bei dem Steuerpflichtigen nicht nach nationalen deutschen Vorschriften ausgeglichen werden. Schließlich ist der Steuerpflichtige nach seinem Wegzug nicht mehr im Inland unbeschränkt steuerpflichtig, womit eine Vermeidung der Doppelbesteuerung nach § 34c EStG ausscheidet. Des Weiteren handelt es sich bei dem Veräußerungsgewinn nicht um Drittstaateneinkünfte, so dass auch § 50 Abs. 3 EStG nicht zur Anwendung kommt.[793]

In allen Fällen, in denen das deutsche Besteuerungsrecht auf Grund dieser Klauseln fortbesteht, droht dem Anteilseigner nach der hier vertretenen Ansicht keine Doppelbesteuerung, da der Wegzug keine Besteuerung nach § 6 AStG auslöst und erst die Veräußerung zu einer Besteuerung nach § 49 Abs. 1 Nr. 2 Buchst. e EStG führt.[794]

2. Wertverknüpfung

Liegen weder die Voraussetzungen von Art. 4 Abs. 3 DBA-Schweiz noch von Art. 4 Abs. 6 DBA-Schweiz vor und sind seit dem Wegzug in die Schweiz mehr als fünf Jahre vergangen,[795] erfolgt die Vermeidung der Doppelbesteuerung nach Art. 13 Abs. 4, 5 DBA-Schweiz. Das DBA-Schweiz enthält in Art.13 sowohl eine Sitzstaatsklausel (Abs. 4) als auch eine Wertverknüpfungsklausel (Abs. 5). Bei der Veräußerung von Anteilen einer natürlichen Person an einer in Deutschland ansässigen Kapitalgesellschaft darf nach Art. 13 Abs. 4 DBA-Schweiz Deutschland den Veräußerungsgewinn besteuern. Die Sitzstaatsklausel des Art. 13 Abs. 4 DBA-Schweiz setzt jedoch einschränkend voraus, dass der Veräußerer in den der Veräußerung vorangegangen fünf Jahren im Sitzstaat der Gesellschaft ansässig gewesen ist und der neue Ansässigkeitsstaat des Veräußerers keine Steuer auf den Veräußerungsgewinn erhebt.[796] Im Falle der Veräußerung von Beteiligungen an deutschen Gesellschaften nach dem Ablauf der in Art. 13 Abs. 4 Buchst. a DBA-Schweiz vorgesehenen Frist muss die Schweiz nach Art. 13 Abs. 5 DBA-Schweiz eine Wertverknüpfung vornehmen, so dass eine Doppelbesteuerung auf diese Weise vermieden wird.

---

793 *Häck*, IStR 2011, S. 521, 522.

794 Zur Ergänzung des § 6 Abs. 1 Satz 1, 2 Nr. 1-3 AStG um das ungeschriebene Tatbestandsmerkmal des Ausschlusses oder der Beschränkung des deutsche Besteuerungsrechts siehe Kapitel 2 A., C.; vgl. *Häck*, IStR 2011, S. 521, 522-523.

795 Ablauf der Fünfjahresfrist nach Art. 4 Abs. 4 DBA-Schweiz.

796 Vgl. Art. 13 Abs. 4 Satz 1 Buchst. b DBA-Schweiz; dazu *Land*, in: Flick/Wassermeyer/Wingert/Kempermann, DBA-Schweiz, Art. 13 Rn. 111; *Scherer*, in: Debatin/Wassermeyer, DBA-Schweiz, Art. 13 Rn. 181-184.

V. Ergebnis zu den verschiedenen Wegzugsklauseln

Zusammenfassend ist damit festzustellen, dass die Wegzugsklauseln grundsätzlich in den Fällen, in denen sie zur Anwendung kommen, eine Doppelbesteuerung vollständig vermeiden können. Der eingeschränkte Anwendungsbereich der Klauseln wird jedoch in den übrigen Fällen, in denen die Steuer auf Grund der Ersatztatbestände ausgelöst wird oder der Vertragstext den neuen Quoten noch nicht angepasst wurde, die Doppelbesteuerung nicht vermeiden können.

D. Fehlen einer Wegzugsklausel

Bestehen weder eine Wertverknüpfungsklausel noch eine Sitzstaatsklausel und besteuert der neue Ansässigkeitsstaat auch den Vermögenszuwachs, der in der Zeit der Ansässigkeit des Steuerpflichtigen in Deutschland entstanden ist, kommt es zu einer Doppelbesteuerung. In diesem Fall kann die Doppelbesteuerung nur noch im Wege eines Verständigungsverfahrens vermieden werden.[797]

E. Gesamtergebnis und Lösungsvorschlag für zukünftige DBA

Die gesamte Problematik des § 6 AStG würde sich überhaupt nicht stellen, wenn der Gesetzgeber bei Abschluss der DBA konsequent darauf bestehen würde, dass Deutschland das Besteuerungsrecht hinsichtlich des Vermögenszuwachses zusteht, der sich in der Zeit der Ansässigkeit des Steuerpflichtigen im Inland gebildet hat.[798] Deutschland ist jedoch in seinen DBA dem Vorbild des OECD-MA gefolgt,[799] so dass eine adäquate Lösung im bestehenden Gefüge des Abkommensrechts gefunden werden muss.

Grundsätzlich steht die Wegzugsbesteuerung nach § 6 AStG im Einklang mit den Prinzipien des Abkommensrechts. Eine Einschränkung gilt jedoch für die Fälle, in denen die anzuwendenden DBA Klauseln enthalten, die die Wegzugsbesteuerung betreffen, und eine Besteuerung nach § 6 AStG im Widerspruch zu den spezifisch abkommensrechtlichen Merkmalen dieser Klauseln steht. In diesen Fällen ist eine Wegzugsbesteuerung nur in dem Maße zulässig,

797 Vgl. *Kempermann*, FR 1998, S. 490, 490; vgl. BFH, Beschluss vom 17. 12. 1997 – I B 108/97, BStBl. II 1998, S. 558, 559, der eine Aufhebung der Steuer erwägt.

798 *Wassermeyer*, in: Klein/Stihl/Wassermeyer, FS für Flick S. 1057, 1064-1065.

799 *Lang*, IStR 1996, S. 201, 201; *Kluge*, Das Internationale Steuerrecht, R 85.

wie die Voraussetzungen der Klauseln in den jeweiligen DBA mit den Voraussetzungen des § 6 AStG im Einklang stehen.

Die Gefahr der Doppelbesteuerung wäre gebannt, wenn Art. 13 Abs. 5 OECD-MA in dem Sinne auszulegen wäre, dass dem Zuzugsstaat nur das Besteuerungsrecht an dem Vermögenszuwachs zusteht, der sich in der Zeit der Ansässigkeit des Steuerpflichtigen im Zuzugsstaat gebildet hat.[800] Für eine solche Begrenzung des Besteuerungsrechts des Zuzugsstaates sprechen vor allem wirtschaftliche Erwägungen. Der realisierte Veräußerungsgewinn muss nämlich nicht zwingend mit dem Vermögenszuwachs im Zeitpunkt des Wegzuges identisch sein.[801] Schließlich führt eine Gewinnrealisierung lange nach dem Wegzug aus Deutschland zu einer Aufdeckung von stillen Reserven, die nach ihrer Art und Qualität regelmäßig nicht mehr denen entsprechen, die zum Zeitpunkt des Wegzuges nach § 6 AStG zu versteuern waren.[802] Dementsprechend können die Anteile in der Zeit nach dem Wegzug dramatisch an Wert verlieren und erst kurz vor der Veräußerung den Wert zum Wegzugszeitpunkt wieder erreichen oder übersteigen, so dass der realisierte Gewinn nicht identisch mit dem durch § 6 AStG fingierten Veräußerungsgewinn ist.[803]

Der eindeutige Wortlaut von Art. 13 Abs. 5 OECD-MA, der dem Zuzugsstaat das uneingeschränkte Besteuerungsrecht an dem gesamten Vermögenszuwachs zuweist, lässt eine Aufteilung des Besteuerungsrechts zwischen Wegzugsstaat und Zuzugsstaat, wie sie Art. 7 Abs. 2 OECD-MA hinsichtlich der Betriebstättengewinne vorsieht, jedoch nicht zu.[804] Daher ist der Gestezgeber aufgefordert, durch die Einführung von Wertverknüpfungsklausel das Problem der Doppelbesteuerung zu beheben.[805]

Die zukünftige Lösung dieser Fälle muss darin bestehen, dass Deutschland auf der Einführung einer Wertverknüpfungsklausel besteht, die in ihren Voraussetzungen nicht länger auf einen Ansässigkeitswechsel des Steuerpflichtigen als Auslöser der Wegzugsbesteuerung abstellt, sondern auf einen Verlust des deutschen Besteuerungsrechts an den stillen Reserven infolge des Abkommens-

---

800 *Lempenau*, in: Brezing, Außensteuerrecht, § 6 Rn. 49; *Knobbe-Keuk*, Bilanz- und Unternehmenssteuerrecht, S. 925; *Kraft/Schmidt*, RIW 2011, S. 758, 764; vgl. auch *Braun*, DB 1982, S. 2111, 2111-2112, der eine Beschränkung der Besteuerung nach § 6 AStG auf den Vermögenszuwachs zur Zeit der Ansässigkeit in Deutschland annimmt.

801 *Hellwig*, in: Littmann/Bitz/Meincke, EStG, § 6 AStG, Rn. 10.

802 *Lausterer*, in: Blumenberg/Schäfer, Das SEStEG, S. 243.

803 *Salditt*, RIW/AWD 1972, S. 573, 574; *Hellwig*, in: Littmann/Bitz/Meincke, EStG, § 6 AStG, Rn. 10.

804 Vgl. *Werner*, Systemgerechte Entstrickung im Steuerrecht, Diss., Bonn 2009, S. 104.

805 Vgl. *Lang*, SWI 1999, S. 282, 287 FN 43.

rechts. Dadurch würde es möglich, eine Doppelbesteuerung in allen Fällen des § 6 AStG vollständig zu vermeiden. Eine solche Klausel würde dem Wohnsitzprinzip, das grundsätzlich dem Wohnsitzstaat das Besteuerungsrecht an den stillen Reserven belässt, die in der Zeit der Ansässigkeit des Steuerpflichtigen im Wohnsitzstaat entstanden sind,[806] wesentlich besser Rechnung tragen als der bisherige Wortlaut von Art. 13 Abs. 5 OECD-MA.

Des Weiteren dürfen die Wertverknüpfungsklauseln nicht länger auf die Besteuerung des Vermögenszuwachses in Anteilen an Gesellschaften, die im Wegzugsstaat ansässig sind, beschränkt werden.[807] Vielmehr sollten die Wertverknüpfungsklauseln unabhängig vom Sitz der Gesellschaft anwendbar sein, um den seit dem SEStEG erweiterten Anwendungsbereich des § 6 AStG Rechnung tragen zu können. Ebenso ist der Gesetzgeber aufgefordert, bei dem Abschluss neuer DBA oder der Revision bestehender DBA auf eine Festlegung von Mindestbeteiligungen zu verzichten, so dass zukünftige Änderungen der nationalen Gesetzgebung in Bezug auf die Beteiligungshöhe nicht die Anwendbarkeit des Abkommensrechts beeinträchtigen.

Außerdem muss bei der Formulierung künftiger Wertverknüpfungsklauseln darauf geachtet werden, dass der Anwendungsbereich nicht auf Fälle der Besteuerung auf Grund einer Veräußerung beschränkt wird, sondern auch andere Gründe für eine Besteuerung, wie die Liquidation der Kapitalgesellschaft, erfasst werden. Daher sollte anstelle des Merkmals der „Besteuerung der Veräußerung“ das Merkmal der „Besteuerung des Vermögenszuwachses“ verwendet werden, das sowohl die Besteuerung des Vermögenszuwachses als auch die Besteuerung von Liquidationen und anderen Besteuerungstatbeständen umfasst.[808]

F. Verstoß gegen Art. 24 OECD-MA

Mit der Einführung einer zinslosen Stundung der Wegzugsteuer wollte der Gesetzgeber die Wegzugsteuer unionsrechtskonform ausgestalten. Dabei hat er jedoch neue – völkerrechtliche – Probleme geschaffen. Indem die Stundung nach § 6 Abs. 5 AStG maßgeblich von der EU- bzw. EWR-Staatsangehörigkeit des Wegziehenden abhängt, befindet sich der Gesetzgeber in Widerspruch zu den

806 Vgl. *Knobbe-Keuk*, Bilanz- und Unternehmenssteuerrecht, S. 924-925.

807 *Lüdicke*, Überlegungen zur deutschen DBA-Politik, S. 147.

808 *Lüdicke*, Überlegungen zur deutschen DBA-Politik, S. 148; dementsprechend ist in Art. 13 Abs. 6 Satz 6 DBA-Georgien von der „Ermittlung des späteren Vermögenszuwachses“ die Rede.

Abkommensgrundsätzen des Art. 24 OECD-MA.[809] Nach Art. 24 Abs. 1 Satz 1 OECD-MA dürfen Staatsangehörige eines Vertragsstaates im anderen Vertragsstaat nicht allein auf Grund ihrer Staatsangehörigkeit schlechter behandelt werden als die Staatsangehörigen des anderen Vertragsstaates. § 6 Abs. 5 Satz 1 AStG bewirkt jedoch eine solche Ungleichbehandlung, wenn ein Nicht-EU- bzw. Nicht-EWR-Staatsbürger, der an einer Kapitalgesellschaft eine Beteiligung im Sinne des § 17 Abs. 1 Satz 1 EStG hält, von Deutschland nach Frankreich verzieht. Der Gesetzgeber begibt sich damit in Widerspruch zu dem Abkommensrecht, das von den Vertragsstaaten verlangt, die Staatsangehörigen der Vertragsstaaten in gleicher Weise zu behandeln. Ein Verstoß gegen Art. 24 OECD-MA ist in seiner Wirkung jedoch absolut und kann anders als eine Verletzung der Unionsgrundfreiheiten nicht gerechtfertigt werden.[810] Daher begründet jegliche Differenzierung anhand der in Art. 24 OECD-MA aufgezählten Merkmalen eine Verletzung des Diskriminierungsverbots.[811]

Eine Ungleichbehandlung im Sinne des Abkommens von EU- und EWR-Staatsbürgern einerseits und Nicht-EU- bzw. Nicht-EWR-Staatsbürgern andererseits ließe sich nur begründen, wenn die durch § 6 Abs. 5 AStG privilegierten Staatsbürger und die Staatsbürger von Drittstaaten sich nicht in gleichen Verhältnissen befinden. „Gleiche Verhältnisse" im Sinne des Art. 24 Abs. 1 OECD-MA sind gegeben, wenn sich die Staatsangehörigen mit Ausnahme der Staatsangehörigkeit „in nahezu vollständig identischen Umständen" befinden.[812] Der einzige Grund, warum die Stundungsregelung zum Beispiel auf einen in einen EU- bzw. EWR-Staat verziehenden Kanadier[813] im Gegensatz zu einem in einen EU- bzw. EWR-Staat verziehenden Deutschen nicht angewendet werden kann, besteht in der Staatsangehörigkeit. Die unterschiedliche Staatsangehörigkeit ist aber kein ausreichendes Kriterium, um die Annahme von gleichen Verhältnissen zwischen wegziehenden Kanadiern und wegziehenden Deutschen zu rechtfertigen.[814] Daher gebietet das Diskriminierungsverbot des Art. 24 Abs. 1 DBA-Kanada die Gleichbehandlung von Deutschen und Kanadiern im Falle des

809 Vgl. *Wassermeyer*, IStR 2007, S. 833, 836; *Baßler*, FR 2008, S. 851, 854; *Gropp*, in: Lademann, AStG, § 6 Rn. 78.

810 Vgl. BFH, Urteil vom 10. 3. 2005 – II R 51/03, BFH/NV 2005, S. 1500, 1501; *van Raad*, EC Tax Review 1995, S. 190, 192; *Loukota*, in: Lang/Jirousek, FS für Loukota, S. 329, 345; *Gosch*, DStR 2007, S. 1553, 1560.

811 *Rust*, in: Vogel/Lehner, DBA, Art. 24 Rn. 4.

812 *Rust*, in: Vogel/Lehner, DBA, Art. 24 Rn. 4.

813 Art. 24 Abs. 1 DBA-Kanada entspricht wörtlich dem Art. 24 Abs. 1 OECD-MA, vgl. *W. Wassermeyer*, in: Debatin/Wassermeyer, DBA-Kanada, Art. 24 Rn. 2.

814 Zur Unzulänglichkeit der Staatsangehörigkeit als Differenzierungskriterium vgl. *Rust*, in: Vogel/Lehner, DBA, Art. 24 Rn. 4.

§ 6 Abs. 5 Satz 1 AStG, so dass sich auch Kanadier auf die Stundungsregelung berufen können. Deshalb muss die Wegzugsteuer bei allen Steuerpflichtigen, mit deren Herkunftsstaaten Deutschland ein DBA mit einem dem Art. 24 OECD-MA entsprechenden Gleichbehandlungsgebot geschlossen hat, ebenfalls nach § 6 Abs. 5 Satz 1, 2 AStG gestundet werden, soweit alle Voraussetzungen mit Ausnahme der Staatsangehörigkeit erfüllt sind.[815]

815 *Wassermeyer*, IStR 2007, S. 833, 836.

Kapitel 6: Die Unternehmensnachfolge im Rahmen des § 6 AStG

A. Überblick

Von großer Bedeutung für Anteilseigner, die ihre Nachfolge regeln wollen, ist der Ersatztatbestand in § 6 Abs. 1 Satz 2 Nr. 1 AStG. Schließlich soll die Wegzugsbesteuerung nach § 6 Abs. 1 Satz 2 Nr. 1 AStG auch ohne Beendigung der unbeschränkten Steuerpflicht durch Wegzug zur Anwendung kommen, wenn es zu einer Übertragung der Anteile durch ein ganz oder teilweise unentgeltliches Rechtsgeschäft unter Lebenden oder durch einen „Erwerb von Todes wegen" auf nicht unbeschränkt steuerpflichtige Personen kommt.

Die Auslegung des Tatbestandes bereitet in mehrfacher Hinsicht Schwierigkeiten. Allgemein steht zunächst die Person des Erwerbers im Mittelpunkt, der nach dem Wortlaut der Norm nicht unbeschränkt steuerpflichtig sein muss. Hinsichtlich der Arten der Steuerpflicht differenziert das Ertragsteuerrecht zwischen verschiedenen Formen der unbeschränkten und beschränkten Steuerpflicht. Im Rahmen des § 6 Abs. 1 Satz 2 Nr. 1 AStG hat es der Gesetzgeber jedoch unterlassen, das Merkmal der fehlenden unbeschränkten Steuerpflicht des Erwerbers zu definieren, so dass dieses Merkmal durch Auslegung näher ermittelt werden muss. Anschließend muss die Erweiterung des Ersatztatbestandes auf „Erwerbe von Todes wegen" unter zwei Gesichtspunkten untersucht werden. Zuerst muss der Steuerpflichtige der Norm ermittelt werden, bevor in einem zweiten Schritt bestimmt werden muss, nach welcher der beiden Alternativen von § 6 Abs. 1 Satz 2 Nr. 1 AStG die jeweiligen Nachfolgekonstellationen des Zivilrechts zu qualifizieren sind. Um zu einer sachgerechten Lösung zu kommen, ist jedoch zunächst erforderlich, sich mit der Entstehungsgeschichte und dem Zweck der Regelung auseinanderzusetzen.

B. Entstehungsgeschichte und der Zweck der Regelung

Ohne den Ersatztatbestand von § 6 Abs. 1 Satz 2 Nr. 1 AStG könnten Anteilseigner die Wegzugsbesteuerung dadurch umgehen, dass sie ihre Anteile zu einem zu niedrigen Entgelt oder sogar unentgeltlich auf im Ausland lebende Personen, wie z.B. Angehörige, übertragen.[816] Die Wirkung einer solchen Gestaltung wäre mit einem Wegzug identisch, da das deutsche Besteuerungsrecht an dem Veräußerungsgewinn ausgeschlossen ist, soweit der Erwerber der Anteile in einem DBA-Staat ansässig ist und das DBA dem OECD-MA entspricht.[817] Um eine derartige Umgehung der Besteuerung im Inland zu vermeiden, hat der Gesetzgeber die Wegzugsbesteuerung um den Ersatztatbestand des § 6 Abs. 1 Satz 2 Nr. 1 AStG erweitert,[818] der zunächst nur die Besteuerung der Übertragung der Anteile durch ein unentgeltliches Rechtsgeschäft unter Lebenden vorsah.[819] Im Rahmen des SEStEG wurde die Wegzugsbesteuerung auf „Erwerbe von Todes wegen" durch nicht unbeschränkt Steuerpflichtige erweitert,[820] da es auch in diesem Fall zum Entzug des steuerlichen Zugriffs auf den Vermögenszuwachs in den Anteilen kommen kann.[821] Erstmals anwendbar ist dieser Ersatztatbestand ab dem VZ 2007.[822]

C. Kritik an der Erweiterung

Zum Teil wird die Erweiterung des Anwendungsbereichs von § 6 Abs. 1 Satz 2 Nr. 1 AStG auf „Erwerbe von Todes wegen" als unnötig erachtet, da es sich bei dem „Erwerb von Todes wegen" im Gegensatz zur unentgeltlichen Übertragung nicht um einen gestaltbaren Vorgang handelt.[823] Durch die Erweiterung des Anwendungsbereichs auf „Erwerbe von Todes wegen" scheint sich der Gesetzgeber von dem ursprünglichen Zweck des § 6 Abs. 1 Satz 2 Nr.1 AStG entfernt zu haben, da sich ein Vermögensübergang von Todes wegen schlechter planen ließe als eine unentgeltliche Übertragung der Anteile unter Lebenden.[824]

---

816 *Stümper*, GmbHR 2007, S. 358, 360; *Krawitz/Kalbitzer*, in: Spindler, FS für Schaumburg, S. 835, 838; *Strunk/Kaminski*, in: Strunk/Kaminski/Köhler, AStG, § 6 Rn. 84; *Kraft*, in: ders., AStG, § 6 Rn. 348.

817 Vgl. *Krawitz/Kalbitzer*, in: Spindler, FS für Schaumburg, S. 835, 838-839; *Kraft*, in: ders., AStG, § 6 Rn. 344.

818 *Strunk/Kaminski*, in: Strunk/Kaminski/Köhler, AStG, § 6 Rn. 84.

819 § 6 Abs. 3 Nr. 1 AStG a.F..

820 Gesetz über steuerliche Begleitmaßnahmen zur Einführung der Europäischen Aktiengesellschaft und zur Änderung steuerrechtlicher Vorschriften (SEStEG) vom 7. 12. 2006, BGBl. I 2006, S. 2782 = BStBl. I 2007, S. 4; *Strunk/Kaminski*, in: Strunk/Kaminski/Köhler, AStG, § 6 Rn. 83.

821 *Gropp*, in: Lademann, AStG, § 6 Rn. 42.

822 Vgl. § 21 Abs. 13 Satz 1 AStG; vgl. auch *Krawitz/Kalbitzer*, in: Spindler, FS für Schaumburg, S. 835, 839.

823 *Stümper*, GmbHR 2007, S. 358, 360.

824 Vgl. auch *Stümper*, GmbHR 2007, S. 358, 360; *Kraft*, in: ders., AStG, § 6 Rn. 348.

Diese Kritik an der Neufassung übersieht jedoch, dass durch die Planung des Nachlasses dem Erblasser ähnlich wie dem Schenker die Möglichkeit eingeräumt wird, einen unentgeltlichen Vermögensübergang zu gestalten.[825] Schließlich handelt es sich bei dem Eintritt des Todes selbst nicht um ein ungewisses Ereignis, sondern lediglich der Zeitpunkt des Todes stellt die ungewisse Komponente dieser unentgeltlichen Vermögensübertragung dar.

D. Die verschiedenen Merkmale im Einzelnen

I. Die Person des Anteilsempfängers

Hinsichtlich der Eigenschaften der Person des Anteilsempfängers beschränkt sich der Wortlaut auf die Voraussetzung, dass der Anteilsempfänger nicht unbeschränkt steuerpflichtig sein darf. Im Übrigen können dem Wortlaut keine näheren Aussagen zu der Person des Anteilsempfängers entnommen werden. Dementsprechend ist unklar, ob der Empfänger der Anteile nur eine natürliche Person sein kann oder ob auch der Erwerb der Anteile durch eine nicht unbeschränkt steuerpflichtige juristische Person zu einer Besteuerung führt.[826] Angesichts des mit der Besteuerung nach § 6 AStG verfolgten Zwecks, das deutsche Besteuerungsrecht zu sichern,[827] darf jedoch der Anwendungsbereich von § 6 Abs. 1 Satz 2 Nr. 1 AStG nicht nur auf natürliche Personen beschränkt sein, so dass auch der Erwerb der Anteile durch eine juristische Person die Aufdeckung der stillen Reserven bewirkt.[828]

Der Erwerb von Anteilen an einer Kapitalgesellschaft durch eine Personengesellschaft löst gemäß Tz. 6.3 Nr. 1 des Anwendungsschreibens die Wegzugsbesteuerung aus, wenn an der Personengesellschaft nicht unbeschränkt steuerpflichtige Personen beteiligt sind.[829] Fraglich ist allerdings, in welchem Umfang die Beteiligung eines nicht unbeschränkt Steuerpflichtigen an einer Personengesellschaft zu einer Besteuerung nach § 6 Abs. 1 Satz 2 Nr. 1 AStG führt. Aus dem Anwendungsschreiben geht nicht eindeutig hervor, ob es für die Auslösung der Wegzugsbesteuerung bereits genügt, dass ein beschränkt Steuerpflichtiger an der Persongesellschaft beteiligt ist, auch wenn es sich bei der Personengesell-

825 Vgl. *Krawitz/Kalbitzer*, in: Spindler, FS für Schaumburg, S. 835, 841.

826 *Häck*, in: Haase, AStG, § 6 Rn. 74.

827 BT-Drucks. VI/2883, S. 18 Tz. 24-25.

828 *Wassermeyer*, in: Flick/Wassermeyer/Baumhoff, AStG, § 6 Rn. 63; vgl. auch *Gropp*, in: Lademann, AStG, § 6 Rn. 43.

829 BMF vom 14. 5. 2004 – IV B 4 – 1340 –11/04, BStBl. I 2004, Sondernummer 1; *Häck*, in: Haase, AStG, § 6 Rn. 74.

schaft um eine inländische Personengesellschaft handelt.[830] Würde bereits die bloße Beteiligung einer beschränkt steuerpflichtigen Person an einer inländischen Personengesellschaft die Wegzugsbesteuerung für alle an der Persongesellschaft beteiligten Personen auslösen, käme es zu einer Besteuerung, deren Umfang weit über den Sinn der Wegzugsbesteuerung hinausgehen würde.[831] Hinsichtlich der an einer Personengesellschaft beteiligten Personen, die unbeschränkt steuerpflichtig sind, besteht auf Grund der unbeschränkten Steuerpflicht aber überhaupt kein Bedürfnis, die Wegzugsbesteuerung auszulösen.[832] Daher sollte in das Anwendungsschreiben hineingelesen werden, dass die Wegzugsbesteuerung nur soweit zur Anwendung kommt, wie ein nicht unbeschränkt Steuerpflichtiger an der Personengesellschaft beteiligt ist.[833] Wie im Grundtatbestand ist es auch im Ersatztatbestand ohne Bedeutung, ob der beschränkt Steuerpflichtige in einem Hoch- oder Niedrigsteuerland ansässig ist.[834]

1. Fiktiv unbeschränkt Steuerpflichtiger als Rechtsnachfolger

Indem der Gesetzgeber lediglich verlangt, dass der Anteilsempfänger eine nicht unbeschränkt steuerpflichtige Person sein muss, bleibt offen, ab welcher Art der Steuerpflicht der Anteilsempfänger als nicht mehr unbeschränkt steuerpflichtig anzusehen ist. Dementsprechend könnte der Erwerb der Anteile durch einen fiktiv unbeschränkt Steuerpflichtigen nach § 1 Abs. 3 EStG angesichts der Nähe der fiktiven unbeschränkten Steuerpflicht zur beschränkten Steuerpflicht[835] eine Besteuerung nach § 6 Abs. 1 Satz 2 Nr. 1 AStG rechtfertigen.

Dieser Auslegung widerspricht jedoch eine Gegenüberstellung des Grundtatbestandes mit dem Ersatztatbestand, dessen Verwirklichung der Beendigung der unbeschränkten Steuerpflicht die Ersatztatbestände gleichstehen.[836] In Bezug auf den Grundtatbestand wurde bereits festgestellt, dass der Übergang von der unbeschränkten Steuerpflicht nach § 1 Abs. 1 EStG zur fiktiven unbeschränkten Steuerpflicht nach § 1 Abs. 3 EStG nicht die Wegzugsbesteuerung auslöst, weil

830 *Strunk/Kaminski*, in: Strunk/Kaminski/Köhler, AStG, § 6 Rn. 86.

831 *Strunk/Kaminski*, in: Strunk/Kaminski/Köhler, AStG, § 6 Rn. 86.

832 Vgl. *Strunk/Kaminski*, in: Strunk/Kaminski/Köhler, AStG, § 6 Rn. 86.

833 *Häck*, in: Haase, AStG, § 6 Rn. 74; *Strunk/Kaminski*, in: Strunk/Kaminski/Köhler, AStG, § 6 Rn. 86; *Boller/Euchner/Schmidt*, in: Wöhrle/Schelle/Gross, AStG, § 6 Rn. 217.

834 *Krawitz/Kalbitzer*, in: Spindler, FS für Schaumburg, S. 835, 839.

835 Zu dem Näheverhältnis zwischen der fiktiv unbeschränkten Steuerpflicht nach § 1 Abs. 3 EStG und der beschränkten Steuerpflicht nach § 1 Abs. 4 EStG vgl. *Elicker*, in: Blümich, AStG, § 6 Rn. 44 .

836 Vgl. *Baßler*, FR 2008, S. 851, 855.

die unbeschränkte Steuerpflicht des Wegziehenden grundsätzlich fortbesteht.[837] Da § 6 Abs. 1 Satz 2 Nr. 1 Alt. 2 AStG lediglich ein Ersatztatbestand ist, der das fehlende Merkmal der „Beendigung der unbeschränkten Steuerpflicht“ ersetzt, spricht eine systematische Auslegung der Norm dafür, einen fiktiv unbeschränkt steuerpflichtigen Erben als eine unbeschränkt steuerpflichtige Person anzusehen, so dass es nicht zu einer Entstrickung im Sinne der Norm kommt.[838] Daher löst der Erwerb der Anteile durch einen fiktiv unbeschränkt steuerpflichtigen Erben keine Wegzugsteuer aus.[839] Auch eine Besteuerung nach § 6 Abs. 1 Satz 2 Nr. 4 AStG kommt nicht in Betracht, da der Erwerb kein anderes Ereignis ist.[840]

2. Doppelwohnsitz des Erwerbers

Der Ersatztatbestand stößt hinsichtlich der Sicherung des deutschen Besteuerungsrechts an dem Vermögenszuwachs an seine Grenzen, wenn der Erwerber zwar abkommensrechtlich in einem anderen Staat als ansässig gilt, in Deutschland aber weiterhin unbeschränkt steuerpflichtig ist. Grundsätzlich intendierte der Gesetzgeber durch die Einführung der Ersatztatbestände, Umgehungsmöglichkeiten der Besteuerung nach § 6 AStG zu verhindern.[841] Das Festhalten am deutschen Wohnsitz bei gleichzeitiger Begründung der abkommensrechtlichen Ansässigkeit durch den Anteilsempfänger stellt allerdings eine Konstellation dar, die trotz der scheinbar umfassenden Regelung sämtlicher denkbarer Fälle der Entstrickung durch § 6 AStG eine Umgehung der Steuer erlaubt.[842] Eine Besteuerung nach § 6 Abs. 1 Satz 2 Nr. 1 AStG scheidet nämlich aus, wenn der Erwerber auf Grund eines Doppelwohnsitzes sowohl im Ausland als auch im Inland unbeschränkt steuerpflichtig ist.[843]

Um eine lückenlose Besteuerung zu gewährleisten, könnte dieser Sachverhalt jedoch als ein Anwendungsfall des § 6 Abs. 1 Satz 2 Nr. 2 AStG zu qualifizieren sein, da letztlich die Ansässigkeit des Erwerbers im ausländischen Staat bewirkt, dass nach Art. 13 Abs. 5 OECD-MA das deutsche Besteuerungsrecht ausgeschlossen wird. Eine Besteuerung gemäß § 6 Abs. 1 Satz 2 Nr. 2 AStG ist aber nur dann vorgesehen, wenn die Begründung eines Wohnsitzes oder ge-

837 *Baßler*, FR 2008, S. 851, 855; *Häck*, in: Haase, AStG, § 6 Rn. 64.

838 Vgl. *Baßler*, FR 2008, S. 851, 856.

839 *Baßler*, FR 2008, S. 851, 856; *Häck*, in: Haase, AStG, § 6 Rn. 72; a.A. *Strunk/Kaminski*, in: Strunk/Kaminski/Köhler, AStG, § 6 Rn. 85.

840 Vgl. in Bezug auf Doppelwohnsitzfälle *Häck*, in: Haase, AStG, § 6 Rn. 79.

841 *Strunk/Kaminski*, in: Strunk/Kaminski/Köhler, AStG, § 6 Rn. 84.

842 *Boller/Euchner/Schmidt*, in: Wöhrle/Schelle/Gross, AStG, § 6 Rn. 216.

843 *Wassermeyer*, in: Flick/Wassermeyer/Baumhoff, AStG, § 6 Rn. 63; *Kraft*, in: ders., AStG, § 6 Rn. 349.

wöhnlichen Aufenthalts oder die Erfüllung eines anderen ähnlichen Merkmals in einem ausländischen Staat die Ansässigkeit des Steuerpflichtigen zur Folge hat. Ein in Deutschland unbeschränkt Steuerpflichtiger, der in einem anderem Staat auf Grund des anzuwendenden DBA als ansässig betrachtet wird, begründet aber nicht erst durch den unentgeltlichen Erwerb der Anteile einen Wohnsitz oder gewöhnlichen Aufenthalt.

Damit könnte eine Besteuerung nur dann noch auf § 6 Abs. 1 Satz 2 Nr. 2 AStG gestützt werden, wenn der Vorgang – der unentgeltliche Erwerb der Anteile – die Erfüllung eines anderen ähnlichen Merkmales im Sinne des § 6 Abs. 1 Satz 2 Nr. 2 AStG darstellen würde. Mangels Definition durch das Gesetz muss die Tatbestandsalternative „Erfüllung eines anderen ähnlichen Merkmals“ anhand des allgemeinen Sprachgebrauchs näher bestimmt werden.[844] Zur „Erfüllung eines anderen ähnlichen Merkmals“ kommt es, wenn wegen des „anderen ähnlichen Merkmals“ die unbeschränkte Steuerpflicht im Ausland und damit verbunden die Ansässigkeit in diesem ausländischen Staat begründet wird.[845] Der Erwerb der Anteile hat aber mit der Begründung eines Wohnsitzes oder gewöhnlichen Aufenthalts und der Ansässigkeit des Erwerbers im ausländischen Staat nichts zu tun, so dass auch keine „Erfüllung eines anderen ähnlichen Merkmals“ gegeben ist. Damit scheidet auch die Begründung der Wegzugsbesteuerung durch den Ersatztatbestand des § 6 Abs. 1 Satz 2 Nr. 2 AStG aus.[846]

Besteht zwischen Deutschland und dem Ansässigkeitsstaat des Erwerbers ein DBA, könnte sich schließlich eine Besteuerung auf der Basis von § 6 Abs. 1 Satz 2 Nr. 4 AStG ergeben. § 6 Abs. 1 Satz 2 Nr. 4 AStG setzt jedoch neben dem Ausschluss oder der Beschränkung des deutschen Besteuerungsrechts voraus, dass der Verlust des deutschen Besteuerungsrechts auf einem anderen als den in § 6 Abs. 1 Satz 2 Nr. 1-3 AStG genannten Ereignissen beruht. In dem beschriebenen Fall erfolgt der Verlust des deutschen Besteuerungsrechts aber auf Grund eines unentgeltlichen Erwerbes und damit auf Grund eines Ereignisses im Sinne des § 6 Abs. 1 Satz 2 Nr. 1 AStG.[847] Daher scheidet eine Besteuerung nach § 6 Abs. 1 Satz 2 Nr. 4 AStG aus,[848] womit tatsächlich eine lückenlose Be-

844 *Wassermeyer*, in: Flick/Wassermeyer/Baumhoff, AStG, § 6 Rn. 79.
845 *Wassermeyer*, in: Flick/Wassermeyer/Baumhoff, AStG, § 6 Rn. 79.
846 *Kraft*, in: ders., AStG, § 6 Rn. 349; Häck, in: Haase, AStG, § 6 Rn. 79.
847 *Boller/Euchner/Schmidt*, in: Wöhrle/Schelle/Gross, AStG, § 6 Rn. 216.
848 *Häck*, in: Haase, AStG, § 6 Rn. 79.

steuerung der unentgeltlichen Übertragung bzw. der Vererbung der Anteile auf eine in einem anderen Staat ansässige Person nicht möglich ist.[849]

Diese Regelungslücke könnte nur geschlossen werden, wenn in der Begründung eines Doppelwohnsitzes und der Ansässigkeit im ausländischen Staat eine unzulässige Gestaltung im Sinne des § 42 AO zu erblicken wäre.[850] Bestehen für den Doppelwohnsitz allerdings wirtschaftliche Gründe, kann im Falle der unentgeltlichen Übertragung der Anteile auf eine Person mit Doppelwohnsitz das deutsche Besteuerungsrecht an den stillen Reserven nicht durch § 6 AStG gesichert werden.[851] Es verbleibt damit bei einer Regelungslücke, die auch nicht durch eine Analogie geschlossen werden kann, da diese zu Lasten des Steuerpflichtigen gehen würde.[852]

II. Die Person des Überträgers

Mangels ausdrücklicher Regelung, welcher Person es obliegt, die Steuer zu entrichten, muss durch Auslegung ermittelt werden, ob die Steuer in der Person des Überträgers oder in der Person des Erwerbers entsteht. Der Gesetzgeber hat es ebenfalls unterlassen, die Art der Steuerpflicht des Vermachenden zu regeln, so dass auch die Art der Steuerpflicht des Vermachenden durch Auslegung bestimmt werden muss.

1. Der Steuerpflichtige des § 6 Abs. 1 Satz 2 Nr. 1 Alt. 1 AStG

Hinsichtlich der ersten Tatbestandsalternative des § 6 Abs. 1 Satz 2 Nr. 1 AStG ist unstreitig, dass der Schenker der Schuldner der Steuer ist, so dass auch dem Schenker die Pflicht obliegt, die Einkünfte zu erklären.[853] Deshalb ist die Höhe der Vermögenszuwachssteuer im Falle des § 6 Abs. 1 Satz 2 Nr. 1 Alt. 1 AStG

849 *Wassermeyer*, in: Flick/Wassermeyer/Baumhoff, AStG, § 6 Rn. 63; *Strunk/Kaminski*, in: Strunk/Kaminski/Köhler, AStG, § 6 Rn. 96; a.A. *Baßler*, FR 2008, S. 851, 856, der § 6 Abs. 1 Satz 2 Nr. 4 AStG als erfüllt ansieht.

850 Vgl. *Strunk/Kaminski*, in: Strunk/Kaminski/Köhler, AStG, § 6 Rn. 96.

851 *Strunk/Kaminski*, in: Strunk/Kaminski/Köhler, AStG, § 6 Rn. 96.

852 *Wassermeyer*, in: Flick/Wassermeyer/Baumhoff, AStG, § 6 Rn. 63; *Häck*, in: Haase, AStG, § 6 Rn. 79.

853 *Wassermeyer*, in: Flick/Wassermeyer/Baumhoff, AStG, § 6 Rn. 62; *Krawitz/Kalbitzer*, in: Spindler, FS für Schaumburg, S. 835, 839; *Gropp*, in: Lademann, AStG, § 6 Rn. 40.

unter Berücksichtigung der persönlichen Verhältnisse des Schenkers zu ermitteln.[854]

a) Schenker als beschränkt steuerpflichtige Person

Im Gegensatz zur Art der Steuerpflicht des Anteilsempfängers schweigt der Gesetzestext bezüglich der Frage, ob der Schenker stets unbeschränkt steuerpflichtig sein muss oder ob auch ein beschränkt steuerpflichtiger Schenker den Tatbestand des § 6 Abs. 1 Satz 2 Nr. 1 Alt. 1 AStG erfüllen kann. Möglicherweise hat der Gesetzgeber diese Frage nur deshalb nicht näher behandelt, da er wie die überwiegende Literatur bisher von der Einordnung der Wegzugsbesteuerung in der unbeschränkten Steuerpflicht ausging.[855] Der Wortlaut lässt jedoch den Schluss zu, dass die Person des Schenkers sowohl unbeschränkt als auch beschränkt steuerpflichtig sein kann.[856] Die Erfassung von Schenkungen von beschränkt steuerpflichtigen Anteilseignern auf nicht unbeschränkt steuerpflichtige Personen entspricht dann dem Sicherungszweck der Norm, wenn der Anteilseigner in einem Nicht-DBA-Staat wohnt und der Empfänger in einem DBA-Staat als ansässig gilt. In diesem Fall würde durch die Übertragung der Anteile auf die im DBA-Staat ansässige Person das deutsche Besteuerungsrecht an dem Veräußerungsgewinn aus den Anteilen an inländischen Kapitalgesellschaften nach § 49 Abs. 1 Nr. 2 Buchst. e EStG auf Grund des eingreifenden Abkommensschutzes ausgeschlossen.

§ 6 Abs. 1 Satz 2 Nr. 1 Alt. 1 AStG kommt jedoch lediglich eine Ergänzungsfunktion zum Grundtatbestand zu, da die Ergänzungstatbestände der Beendigung der unbeschränkten Steuerpflicht lediglich gleichgestellt werden. Damit handelt es sich bei den Ergänzungstatbeständen nicht um völlig separate Entstrickungstatbestände, so dass deren Auslegung nicht losgelöst vom Grundtatbestand erfolgen kann.[857] Der Steuerpflichtige des Grundtatbestandes ist aber gemäß § 6 Abs. 1 Satz 1 AStG unstreitig ein unbeschränkt steuerpflichtiger An-

854 *Wassermeyer*, in: Flick/Wassermeyer/Baumhoff, AStG, § 6 Rn. 62; *ders.*, IStR, 2007, 833, 835; *Krawitz/Kalbitzer*, in: Spindler, FS für Schaumburg, S. 835, 839.

855 *Wassermeyer*, in: Flick/Wassermeyer/Baumhoff, AStG, § 6 Rn. 32; *Hecht/Gallert*, BB 2009, S. 2396, 2397.

856 Die Verwirklichung von Entstrickungstatbeständen durch beschränkt Steuerpflichtige ist nicht unüblich, vgl. zu § 12 KStG *Benecke*, in: Dötsch/Jost/Pung/Witt, KStG § 12 Rn. 100; *Lenz*, in: Erle/Sauter, KStG, § 12 Rn. 8, 16; *Hofmeister*, in: Blümich, KStG, § 12 Rn. 17; vgl. zu § 4 Abs. 1 Satz 3 EStG *Wied*, in: Blümich, EStG, § 4 Rn. 10; vgl. zu § 21 UmwStG *Schmitt*, in: Schmitt/Hörtnagl/Stratz, UmwStG, § 21 Rn. 11 (Einbringender), 16 (Übernehmender Rechtsträger).

857 Vgl. *Krawitz/Kalbitzer*, in: Spindler, FS für Schaumburg, S. 835, 840; *Hecht*, in: Mössner/Fuhrmann, AStG, § 6 Rn. 21

teilseigner. Dementsprechend muss auch der Steuerpflichtige des Ergänzungstatbestandes des § 6 Abs. 1 Satz 2 Nr. 1 Alt. 1 AStG dieselbe Art der Steuerpflicht erfüllen wie der Steuerpflichtige des Grundtatbestandes.[858] Es ist zudem widersprüchlich, einerseits eine zehnjährige unbeschränkte Steuerpflicht zu verlangen und andererseits § 6 AStG auf Personen auszuweiten, die zum Zeitpunkt der Tatbestandsverwirklichung nicht mehr unbeschränkt steuerpflichtig sind.[859]

Einer Ansiedelung des § 6 Abs. 1 Satz 2 Nr. 1 AStG sowohl in der unbeschränkten als auch in der beschränkten Steuerpflicht steht im Übrigen der Wortlaut von § 6 Abs. 2 AStG entgegen. § 6 Abs. 2 AStG sieht die Einbeziehung von Zeiträumen der unbeschränkten Steuerpflicht des Rechtsvorgängers bis zur Übertragung der Anteile bei der Berechnung der Zehnjahresfrist vor, wenn „der unbeschränkt Steuerpflichtige die Anteile durch ganz oder teilweise unentgeltliches Rechtsgeschäft erworben“ hat. Wenn § 6 Abs. 1 Satz 2 Nr. 1 AStG auch durch einen beschränkt steuerpflichtigen Schenker erfüllt werden könnte, so wäre § 6 Abs. 2 AStG auf diesen Schenker nicht anwendbar, da sich § 6 Abs. 2 AStG dem Wortlaut zufolge nur auf unbeschränkt Steuerpflichtige bezieht. Ein sachlicher Grund für eine Anwendung des § 6 Abs. 2 AStG ausschließlich auf unbeschränkt Steuerpflichtige und nicht auf beschränkt Steuerpflichtige ist jedoch nicht ersichtlich. Daher spricht auch der Wortlaut des § 6 Abs. 2 AStG, der sich auf den gesamten Abs. 1 bezieht, dafür, als Schenker im Sinne des § 6 Abs. 1 Satz 2 Nr. 1 AStG nur unbeschränkt Steuerpflichtige anzusehen.[860]

Eine an dem Wortlaut und der Systematik der Norm orientierte Auslegung ergibt daher, dass der Tatbestand des § 6 Abs. 1 Satz 2 Nr. 1 Alt. 1 AStG nur durch unbeschränkt steuerpflichtige Personen erfüllt werden kann.

b) Fiktiv unbeschränkt Steuerpflichtiger als Schenker oder Erblasser

In Bezug auf das Verhältnis von der Wegzugsbesteuerung zur fiktiven unbeschränkten Steuerpflicht nach § 1 Abs. 3 EStG wurde festgestellt, dass weder der Wechsel von der unbeschränkten Steuerpflicht zur fiktiven unbeschränkten

858 *Kraft*, in: ders., AStG, § 6 Rn. 350.

859 Vgl. zu § 6 Abs. 1 Satz 2 Nr. 1 Alt. 2 AStG *Krawitz/Kalbitzer*, in: Spindler, FS für Schaumburg, S. 835, 841.

860 *Wassermeyer*, in: Flick/Wassermeyer/Baumhoff, AStG, § 6 Rn. 65; *Hecht/Gallert*, BB 2009, S, 2396, 2397; vgl. *Kraft*, in: ders., AStG, § 6 Rn. 350.

Steuerpflicht[861] noch das Entfallen der Voraussetzungen des § 1 Abs. 3 EStG die Wegzugsteuer nach § 6 Abs. 1 Satz 1 AStG auslösen.[862] Indem es sich bei dem Tatbestand des § 6 Abs. 1 Satz 2 Nr. 1 AStG lediglich um einen Ergänzungstatbestand zu dem Grundtatbestand handelt, muss dementsprechend auch für die Person des Steuerpflichtigen derselbe Maßstab gelten wie für die Person des Steuerpflichtigen des Grundtatbestandes. Da der Übergang von der fiktiven unbeschränkten Steuerpflicht nach § 1 Abs. 3 EStG zur beschränkten Steuerpflicht keine Wegzugsteuer nach § 6 Abs. 1 Satz 1 AStG auslöst, folgt aus einer systematischen Auslegung des § 6 Abs. 1 Satz 2 Nr. 1 AStG, dass der Erwerb der Anteile von einem fiktiv unbeschränkt Steuerpflichtigen durch einen nicht unbeschränkt Steuerpflichtigen ebenfalls keine Wegzugsteuer auf Grund dieses Ergänzungstatbestandes auslöst.

2. Der Steuerpflichtige des § 6 Abs. 1 Satz 2 Nr. 1 Alt. 2 AStG

Ein wesentlicher Streitpunkt im Rahmen des § 6 AStG ist seit seiner Neufassung durch das SEStEG die Frage, ob der Erbe oder der Erblasser als Steuerpflichtiger der zweiten Alternative von § 6 Abs. 1 Satz 2 Nr. 1 AStG anzusehen ist. Der Wortlaut spricht einerseits von einer „Übertragung der Anteile“, weshalb der Erblasser typischerweise als Steuerpflichtiger anzusehen sein müsste.[863] Andererseits ist von einem „Erwerb von Todes wegen“ die Rede. Bei einem Verständnis des Merkmals „Erwerb von Todes wegen“ im Sinne eines Vonselbsterwerbs müsste wiederum der Erbe den Tatbestand verwirklichen und Steuerpflichtiger sein.[864]

Bei diesem Streit handelt es sich nicht um eine bloß theoretische Diskussion. Die Bestimmung des beschränkt steuerpflichtigen Erben als Steuerpflichtigen hätte zur Folge, dass nur der Vermögenszuwachs in den Anteilen an inländischen Kapitalgesellschaften gemäß § 49 Abs. 1 Nr. 2 Buchst. e EStG besteuert werden könnte, da auch im Rahmen des § 6 AStG die Grundsätze der beschränkten Steuerpflicht und ihre Beschränkung der Besteuerung des Veräußerungsgewinns auf Anteile an inländischen Kapitalgesellschaften beachtet wer-

---

861 Siehe Kapitel 1 C. I. 3.; *Wassermeyer*, in Flick/Wassermeyer/Baumhoff, AStG, § 6 Rn. 40; *Häck*, in: Haase, AStG, § 6 Rn. 64; *Schaumburg*, Internationales Steuerrecht, Rn. 5.363.

862 Siehe Kapitel 1 C. I. 3.; *Wassermeyer*, in Flick/Wassermeyer/Baumhoff, AStG, § 6 Rn. 40; vgl. *Strunk/Kaminski*, in: Strunk/Kaminski/Köhler, AStG, § 6 Rn. 14.2.

863 *Baßler*, FR 2008, S. 851, 852; den Erblasser als Steuerpflichtigen erachten auch *Häck*, in: Haase, AStG, § 6 Rn. 81 und *Elicker*, in: Blümich, AStG, § 6 Rn. 46.

864 *Wassermeyer*, IStR 2007, S. 833, 834; *ders.*, in: Flick/Wassermeyer/Baumhoff, AStG, § 6 Rn. 69; *ders.*, EuZW 2007, S. 1; *Häck*, in: Haase, AStG, § 6 Rn. 81.

den muss.[865] Außerdem wäre der deutsche Steuerzugriff nach Art. 13 Abs. 5 OECD-MA ausgeschlossen, wenn sich der Erbe auf den Abkommensschutz des anwendbaren DBA berufen könnte, da der Abkommensschutz ab dem Zeitpunkt der Ansässigkeit des Erben im anderen Vertragsstaat greift. Damit genießt der Erbe bereits im Zeitpunkt des Todes des Erblassers Abkommensschutz, so dass in allen Fällen, in denen der Erbe in einem DBA-Staat ansässig ist, die Wegzugbesteuerung wegen des Abkommensschutzes ausgeschlossen wäre.[866]

Die Frage des Steuerschuldners berührt schlussendlich auch die Höhe der Erbschaftsteuer. Schließlich sind die Erben des Anteilseigners nur dann in der Lage, die Last der Erbschaftsteuer durch einen Abzug der Nachlassverbindlichkeiten nach § 10 Abs. 5 Nr. 1 ErbStG zu verringern, wenn die Wegzugsteuerschuld bereits in der Person des Erblassers entstanden ist.[867]

a) Erbe als Steuerpflichtiger

Die Steuerpflicht des Erben ergibt sich nach den Vertretern eines Teils der Literatur[868] aus der Logik, dass der „Erwerb von Todes wegen" erst in der ersten Sekunde nach dem Tod des Erblassers erfüllt werden kann.[869] Mit dem Eintritt des Todes erlischt die Steuerpflicht des Erblassers, so dass der Erblasser sich nicht mehr in der Lage befindet, einen Steuertatbestand zu erfüllen,[870] und der Erblasser als möglicher Steuerpflichtiger der Wegzugsteuer nach § 6 Abs. 1 Satz 2 Nr. 1 Alt. 2 AStG ausscheidet.[871]

Zur Begründung der Steuerpflicht des Erben vergleicht *Wassermeyer* die Ausgangslage in § 6 Abs. 1 Satz 2 Nr. 1 Alt. 2 AStG mit einer Erbauseinandersetzung über Betriebsvermögen, das auf einen Nicht-Unternehmer übergeht. Mit Hinblick auf die Bestimmung des Steuerpflichtigen in § 6 Abs. 1 Satz 2 Nr. 1

865 Vgl. *Wassermeyer*, in: Flick/Wassermeyer/Baumhoff, AStG, § 6 Rn. 32.

866 Vgl. zur Abkommensberechtigung: *Lehner*, in: Vogel/Lehner, DBA, Art. 4 Rn. 11.

867 *Baßler*, FR 2008, S. 851, 852; *Hecht/Gallert*, BB 2009, S. 2396, 2397; *Häck*, in: Haase, AStG, § 6 Rn. 81; *Elicker*, in: Blümich, AStG, § 6 Rn. 46.

868 So die wohl h.M., vgl. *Lausterer*, BB 2006, BB-Special 8 zu Heft 44, S. 80, 81; *Grotherr*, IWB 2007, Fach 3, Gruppe 1, S. 2153, 2156; *Wassermeyer*, in: Flick/Wassermeyer/Baumhoff, AStG, § 6 Rn. 69; *ders.*, EuZW 2007, S. 1; *Hecht/Gallert*, BB 2009, S. 2396, 2397; *Hecht*, in: Mössner/Fuhrmann, AStG, § 6 Rn. 26; *Boller/Euchner/Schmidt*, in: Wöhrle/Schelle/Gross, AStG, § 6 Rn. 217.

869 *Wassermeyer*, in: Flick/Wassermeyer/Baumhoff, AStG, § 6 Rn. 69.

870 *Wassermeyer*, in: Flick/Wassermeyer/Baumhoff, AStG, § 6 Rn. 69; *Boller/Euchner/Schmidt*, in: Wöhrle/Schelle/Gross, AStG, § 6 Rn. 217.

871 *Wassermeyer*, in: Flick/Wassermeyer/Baumhoff, AStG, § 6 Rn. 69; *Hecht/Gallert*, BB 2009, S. 2396, 2397.

Alt. 2 AStG ist dabei für *Wassermeyer* die Tatsache von Bedeutung, dass bezüglich der Zurechnung der Einkünfte bei einer Erbauseinandersetzung niemals an den Erblasser, sondern stets an die Erben oder an den übernehmenden Erben angeknüpft wird.[872]

b) Erblasser als Steuerpflichtiger

Geburt und Tod markieren den Beginn und das Ende der Einkommensteuerpflicht.[873] Aus diesem Verständnis heraus könnte geschlossen werden, dass § 6 Abs. 1 Satz 2 Nr. 1 Alt. 2 AStG erst mit der ersten logischen Sekunde nach dem Tode des Erblassers verwirklicht wird.[874] Der Gesetzgeber hat jedoch die Wegzugsbesteuerung in der unbeschränkten Steuerpflicht angesiedelt, indem § 17 EStG im Zeitpunkt der Beendigung der unbeschränkten Steuerpflicht anzuwenden ist.[875] Dieser Gedanke auf § 6 Abs. 1 Satz 2 Nr. 1 Alt. 2 AStG übertragen bedeutet, dass der Ersatztatbestand bereits im Todeszeitpunkt in der Person des Erblassers und nicht in der ersten logischen Sekunde nach dem Eintritt des Todes verwirklicht wird.[876]

c) Diskussion

i) Systematik zum Grundtatbestand

Die Ersatztatbestände stehen nach § 6 Abs. 1 Satz 2 HS 1 AStG der Beendigung der unbeschränkten Steuerpflicht gleich, so dass die Bestimmung des Steuerpflichtigen in § 6 Abs. 1 Satz 2 Nr. 1 Alt. 2 AStG unter besonderer Berücksichtigung des Grundtatbestandes erfolgen muss.[877] Aus der Gleichstellung der Ersatztatbestände mit dem Grundtatbestand muss auch geschlossen werden, dass hinsichtlich des Zeitpunkts der Verwirklichung der Ersatztatbestände in Anlehnung an den Grundtatbestand auf die letzte logische Sekunde abzustellen ist, in der ein Steuerzugriff auf die stillen Reserven nach den Grundsätzen der unbeschränkten Steuerpflicht möglich ist.

---

872 *Wassermeyer*, in: Flick/Wassermeyer/Baumhoff, AStG, § 6 Rn. 69.

873 *Lang*, in: Tipke/Lang, Steuerrecht, § 9 Rn. 20.

874 *Wassermeyer*, IStR 2007, S. 833, 834.

875 *Wassermeyer*, in: Flick/Wassermeyer/Baumhoff, AStG, § 6 Rn. 39; siehe auch Kapitel 5 B. I. 2..

876 *Baßler*, FR 2008, S. 851, 852; *Krawitz/Kalbitzer*, in: Spindler, FS für Schaumburg, S. 835, 840.

877 Vgl. *Baßler*, FR 2008, S. 851, 852; *Krawitz/Kalbitzer*, in: Spindler, FS für Schaumburg, S. 835, 840.

Durch § 6 Abs. 1 Satz 2 Nr. 1 Alt. 2 AStG soll letztlich nur das Merkmal „Beendigung der unbeschränkten Steuerpflicht“, das entscheidend für die Auslösung der Wegzugsbesteuerung nach § 6 Abs. 1 Satz 1 AStG ist, ersetzt werden. Alle anderen Tatbestandsmerkmale des Grundtatbestandes müssen somit auch von dem Steuerpflichtigen des Ersatztatbestandes erfüllt werden, bevor er einen der Ersatztatbestände verwirklicht.[878] Damit müssen der Steuerpflichtige der Ersatztatbestände und damit auch der Steuerpflichtige von § 6 Abs. 1 Satz 2 Nr. 1 Alt. 2 AStG zuvor mindestens zehn Jahre in Deutschland unbeschränkt steuerpflichtig gewesen sein. Dieses Erfordernis steht jedoch im Widerspruch zur Bestimmung des Erben als Steuerpflichtigen, da das Gesetz ausdrücklich fordert, dass dieser zum Zeitpunkt des Todes nicht unbeschränkt steuerpflichtig sein darf. Es ist sinnwidrig, einerseits auf der Einhaltung der Zehnjahresfrist zu bestehen, um die persönliche, wirtschaftliche und nachhaltige Eingliederung des Steuerpflichtigen in die deutsche Wirtschaft zu gewährleisten, andererseits aber zu fordern, dass der Steuerpflichtige zum Zeitpunkt der Verwirklichung des Besteuerungstatbestandes nicht mehr unbeschränkt steuerpflichtig ist.[879]

Des Weiteren sollte unter systematischen Gesichtspunkten das Steuersubjekt der Ergänzungstatbestände mit dem Steuersubjekt des Grundtatbestandes identisch sein. Steuersubjekt des Grundtatbestandes ist der Anteilseigner, bei dem es zu einer Besteuerung des Vermögenszuwachses kommt, weil der deutsche Steuerzugriff auf diesen Vermögenszuwachs verloren zu gehen droht.[880] In der letzten Sekunde der Verstrickung der stillen Reserven im Inland ist der Erblasser noch der Anteilseigner im Rahmen des § 6 Abs. 1 Satz 2 Nr. 1 Alt. 2 AStG. Insofern ergibt sich aus der Systematik und dem Wortlaut des Grundtatbestandes der Schluss, dass der Erblasser der Steuerpflichtige von § 6 Abs. 1 Satz 1 AStG ist.[881]

Der Gesetzgeber wollte die Wegzugsbesteuerung offenbar ganz bewusst in der unbeschränkten Steuerpflicht verankern. Dies kommt auch durch die Erweiterung des Anwendungsbereichs auf die Anteile an ausländische Kapitalgesellschaften zum Ausdruck. Bei einer Ansiedelung der Wegzugsbesteuerung in der beschränkten Steuerpflicht wäre eine solche Erweiterung auf Grund des § 49 Abs. 1 Nr. 2 Buchst. e EStG unnötig gewesen.[882] Die Erweiterung des Anwendungsbereichs auf die Anteile an ausländischen Kapitalgesellschaften und

878 Vgl. *Baßler*, FR 2008, S. 851, 852; *Krawitz/Kalbitzer*, in: Spindler, FS für Schaumburg, S. 835, 840.

879 *Krawitz/Kalbitzer*, in: Spindler, FS für Schaumburg, S. 835, 841.

880 *Wassermeyer*, EuZW 2007, S. 1; *Hecht/Gallert*, BB 2009, S. 2396, 2397.

881 Vgl. *Hecht/Gallert*, BB 2009, S. 2396, 2397, die jedoch im Ergebnis den Erben als Steuerpflichtigen ansehen.

882 Vgl. dazu *Wassermeyer*, IStR 2007, S. 833, 834.

die Einführung von § 6 Abs. 1 Satz 2 Nr. 1 Alt. 2 AStG erfolgten jedoch zeitgleich, so dass die Erweiterung des Anwendungsbereichs auf Anteile an ausländischen Kapitalgesellschaften auf eine Steuerpflicht des unbeschränkt steuerpflichtigen Erblassers schließen lässt.

ii) Einheitlicher Steuerpflichtiger in der ersten und der zweiten Alternative

Die Bestimmung des Erben als Steuerpflichtigen würde zu der „merkwürdigen“[883] Folge führen, dass innerhalb eines Ersatztatbestandes die Steuerpflicht in der ersten Alternative (Schenkung) in der Person des Entreicherten und in der zweiten Alternative (Erbschaft) in der Person des Bereicherten entstehen würde, obwohl es in beiden Fällen zu einem unentgeltlichen Erwerb der Anteile kommt. Unter systematischen Gesichtspunkten ist es vorzugswürdig, innerhalb eines Ersatztatbestandes auf den gleichen Steuerpflichtigen, nämlich den Überträger, abzustellen und nicht auf den Überträger allein in der ersten Alternative und auf den Empfangenden allein in der zweiten Alternative. Eine einheitliche Behandlung von Schenker und Erblasser als Steuerpflichtigen entspricht auch dem übrigen Wortlaut von § 6 AStG, der, soweit er auf § 6 Abs. 1 Satz 2 Nr. 1 AStG als Ganzes verweist, nicht zwischen dem Steuerpflichtigen der ersten und der zweiten Alternative unterscheidet.[884] Beispielhaft für alle anderen Absätze sei der Wortlaut der Stundungsvorschrift von § 6 Abs. 5 Satz 3 Nr. 1 AStG genannt. Danach soll es zu einer entsprechenden Anwendung der zinslosen Stundung nach § 6 Abs. 5 Satz 1, 2 AStG kommen, wenn im Fall des § 6 Abs. 1 Satz 2 Nr. 1 AStG „der Rechtsnachfolger des Steuerpflichtigen einer der deutschen unbeschränkten Einkommensteuerpflicht vergleichbaren Steuerpflicht [...] unterliegt“. Wenn der Gesetzgeber davon ausgegangen wäre, dass der Steuerpflichtige bei einem „Erwerb von Todes wegen“ der Erbe ist, hätte eine Differenzierung in § 6 Abs. 5 Satz 3 Nr. 1 AStG zwischen Schenker und Erben erfolgen müssen. In Bezug auf § 6 Abs. 5 Satz 3 Nr. 1 AStG ist es jedoch unstreitig, dass sich die Vorschrift sowohl auf ein unentgeltliches Rechtsgeschäft unter Lebenden als auch auf einen „Erwerb von Todes“ wegen bezieht.[885]

---

883 *Wassermeyer*, in: Flick/Wassermeyer/Baumhoff, AStG, § 6 Rn. 62.

884 Vgl. den Wortlaut von § 6 Abs. 3 Satz 3, 4 Nr. 1, Abs. 5 Satz 3 Nr. 1, Satz 4 Nr. 1, Nr. 4, Abs. 7 Satz 1 AStG; dazu *Häck*, in: Haase, AStG, § 6 Rn. 155.

885 *Häck*, in: Haase, AStG, § 6 Rn. 196; so auch *Strunk/Kaminski*, in: Strunk/Kaminski/Köhler, AStG, § 6 Rn. 259, die jedoch die Norm entgegen dem Wortlaut auslegen müssen, da sie den Erben für den Steuerpflichtigen halten; ebenso *Wassermeyer*, in: Flick/Wassermeyer/Baumhoff, AStG, § 6 Rn. 219; *Hecht*, in: Mössner/Fuhrmann, AStG, § 6 Rn. 59; keine Differenzierung zwischen Schenkung und

Angesichts der mehrfachen Verwendung der Formulierung „der Rechtsnachfolger des Steuerpflichtigen“ in § 6 Abs. 3 Satz 3, 4 Nr. 1 AStG und in § 6 Abs. 5 Satz 3 Nr. 1, Satz 4 Nr. 1, Nr. 4 AStG muss davon ausgegangen werden, dass es sich hierbei nicht um ein Redaktionsversehen des Gesetzgebers handelt, sondern dass der Gesetzgeber damit vielmehr bewusst zum Ausdruck bringen wollte, dass der Erblasser der Steuerpflichtige ist. Der Gesetzgeber spricht nämlich einerseits von dem Rechtsnachfolger auf der Seite des Erben und von dem Steuerpflichtigen auf der Seite des Erblassers. Hätte der Gesetzgeber damit nicht auch die Steuerpflicht des Erblassers in § 6 Abs. 1 Satz 2 Nr. 1 Alt. 2 AStG zum Ausdruck bringen wollen, hätte er anstelle des Begriffs „Steuerpflichtigen“ die Begriffe „Schenker“ und „Erblasser“ wählen müssen. Der Gesetzgeber entschied sich jedoch offenbar bewusst für den Begriff des „Steuerpflichtigen“, da er die Differenzierung zwischen Rechtsnachfolger einerseits und Steuerpflichtigen andererseits sechs Mal verwendet.[886] Weder aus dem Wortlaut noch aus dem Sinnzusammenhang kann in den Fällen von § 6 Abs. 3 Satz 3, 4 Nr. 1, Abs. 5 Satz 3 Nr. 1, Satz 4 Nr. 1, Nr. 4 und Abs. 7 Satz 1 AStG geschlossen werden, dass dem Gesetzgeber hier eine andere Person vorschwebte als die des Steuerpflichtigen der Wegzugsteuer nach § 6 Abs. 1 Satz 2 Nr. 1 AStG. Diese Tatbestände gelten schließlich sowohl für die erste als auch für die zweite Alternative von § 6 Abs. 1 Satz 2 Nr. 1 AStG. Der Steuerpflichtige der ersten Alternative ist aber unstreitig der Schenker, so dass der Steuerpflichtige der zweiten Alternative der Erblasser sein muss.

Des Weiteren sieht sich die Ansicht, die den Erben als den Steuerpflichtigen des § 6 Abs. 1 Satz 2 Nr. 1 Alt. 2 AStG betrachtet, bei der Anwendung der Milderungstatbestände mit erheblichen Auslegungsproblemen konfrontiert. Diese Auslegungsprobleme können anhand der Bestimmung des „Rechtsnachfolgers des Steuerpflichtigen“ nach § 6 Abs. 5 Satz 3 Nr. 1 AStG illustriert werden. Diejenigen Literaturvertreter, die den Erben als Steuerpflichtigen im Sinne des § 6 Abs. 1 Satz 2 Nr. 1 Alt. 2 AStG ansehen, müssen nämlich feststellen, dass der Wortlaut des § 6 Abs. 5 Satz 3 Nr. 1 AStG grundsätzlich eine Stundung der Wegzugsteuer für den Erben des Anteilseigners ausschließen würde, da dieser der Steuerpflichtige wäre und daher nicht als „Rechtsnachfolger des Steuerpflichtigen“ in Betracht käme. Diese Auslegung würde in ihrer letzten Konse-

---

„Erwerb von Todes wegen“ vornehmend *Kraft*, in: ders., AStG, § 6 Rn. 500; ebenso *Gropp*, in: Lademann, AStG, § 6 Rn. 81.

886 Vgl. den Gesetzeswortlaut von: § 6 Abs. 3 Satz 3, Abs. 5 Satz 3 Nr. 1 AStG: „Rechtsnachfolger des Steuerpflichtigen“; § 6 Abs. 3 Satz 4 Nr. 1 AStG: „Steuerpflichtige[r] oder im Fall des Absatz 1 Satz 2 Nr. 1 sein Rechtsnachfolger“; § 6 Abs. 5 Satz 4 Nr. 1 AStG: „Steuerpflichtige[r] und sein Rechtsnachfolger“; § 6 Abs. 7 Satz 1 AStG: „Steuerpflichtige[r] oder sein Gesamtrechtsnachfolger“.

quenz zu dem wenig sinnvollen Ergebnis führen, dass in Fällen des „Erwerbs von Todes wegen“ nur der Erbe des Erben eine Stundung der Wegzugsteuer nach § 6 Abs. 5 Satz 3 Nr. 1 AStG in Anspruch nehmen könnte, da nur der Erbe des Erben der Rechtsnachfolger des Steuerpflichtigen wäre.[887] Diese Auslegungsprobleme stellen sich überhaupt nicht, wenn die Wegzugsbesteuerung auch im Falle des § 6 Abs. 1 Satz 2 Nr. 1 Alt. 2 AStG in der Person des Vermachenden anzusiedeln ist und daher die Wegzugsteuer in der Person des Erblassers mit dem Eintritt seines Todes entsteht.

iii) Vergleich mit der Erbschaftsteuer

Die Notwendigkeit der einheitlichen Regelung der Steuerschuldnerschaft ergibt sich im Übrigen aus einem Vergleich mit der Systematik der Erbschaft- und Schenkungsteuer,[888] zu deren Grundtatbestand § 6 Abs. 1 Satz 2 Nr. 1 Alt. 1 AStG eine große sprachliche Nähe aufweist.[889] Nach § 20 ErbStG ist der Steuerschuldner der Erwerber, bei einer Schenkung auch der Schenker, bei einer Zweckzuwendung der mit der Ausführung der Zuwendung Beschwerte und in den Fällen des § 1 Abs. 1 Nr. 4 ErbStG die Stiftung oder der Verein. Die ausdrückliche Regelung, dass im Falle einer Schenkung auch der Schenker als Schuldner der Schenkungsteuer in Betracht kommt, stellt eine Ausnahme zur Grundregel dar, wonach der Erwerber die Erb- oder Schenkungsteuer, die eine Bereicherungsteuer ist,[890] tragen soll.[891] Unter systematischen Gesichtspunkten ist § 20 ErbStG daher der Wunsch des Gesetzgebers zu entnehmen, dass die Steuerpflicht im Erb- und Schenkungsfall grundsätzlich stets bei derselben Person, im Falle des ErbStG bei dem Bereicherten, liegen soll. Eine Übertragung dieser systematischen Erwägung auf § 6 Abs. 1 Satz 2 Nr. 1 Alt. 2 AStG bedeutet, dass der Erblasser der Steuerschuldner sein muss. Denn in Bezug auf die Besteuerung einer Übertragung der Anteile im Zuge eines unentgeltlichen Rechtsgeschäfts unter Lebenden nach § 6 Abs. 1 Satz 2 Nr. 1 Alt. 1 AStG ist völlig un-

887 Vgl. *Strunk/Kaminski*, in: Strunk/Kaminski/Köhler, AStG, § 6 Rn. 258-259.

888 Vgl. *Wassermeyer*, in: Flick/Wassermeyer/Baumhoff, AStG, § 6 Rn. 69, der jedoch auf Grund Steuerschuldnerschaft des Erben nach dem ErbStG die Steuerschuldnerschaft des Erben in § 6 Abs. 1 Satz 2 Nr. 1 Alt. 2 AStG nicht als einen Widerspruch erachtet.

889 *Häck*, in: Haase, AStG, § 6 Rn. 83.

890 *Geck*, in: Kapp/Ebeling, ErbSt, § 20 Rn. 4.

891 Zur Sinnwidrigkeit der Regelung vgl. *Tipke*, Die Steuerrechtsordnung II, S. 878; *Meincke*, ErbStG, § 20 Rn. 6; *Moench/Albrecht*, Erbschaftsteuer, Rn. 271.

streitig, dass der Schenker Schuldner der Steuer ist.[892] Angesichts der grundsätzlich einheitlichen Regelung der Steuerschuldnerschaft des Bereicherten sowohl im Erb- als auch im Schenkungsfall nach dem ErbStG muss der Erblasser Schuldner der Steuer nach § 6 Abs. 1 Satz 2 Nr. 1 Alt. 2 AStG sein, da er das Spiegelbild zum Schenker, dem Steuerschuldner der Steuer nach § 6 Abs. 1 Satz 2 Nr. 1 Alt.1 AStG, ist.

Durch die Wahl einer nicht unbeschränkt steuerpflichtigen Person als Erben der Anteile im Sinne des § 17 Abs. 1 Satz 1 EStG ist es dem Erblasser genauso wie dem Schenker möglich, die in den Anteilen entstandenen stillen Reserven dauerhaft dem deutschen Steuerzugriff zu entziehen und somit eine Entstrickungslage herbeizuführen. Angesichts dieser Möglichkeit des Erblassers, seine Unternehmensnachfolge durch die Bestimmung der Erbfolge in gleicher Weise planen zu können wie durch eine unentgeltliche Übertragung unter Lebenden, ist ein Ansetzen der Steuerschuld bei unterschiedlichen Personen nicht geboten.[893]

iv) Der Ansatz der Rechtsprechung

Auf die Bedeutung der Gestaltungsmöglichkeiten durch den Erblasser, die unter gewissen Umständen einer Schenkung gleichkommen kann,[894] hebt auch die Rechtsprechung ab. Danach wird ein Aufgabegewinn in der Person des Erblassers realisiert, wenn ein land- und forstwirtschaftlicher Betrieb nach dem Willen des Erblassers auf eine Körperschaft des öffentlichen Rechts übergehen soll.[895] In diesem Fall tritt eine Entstrickung in der Form der Betriebsaufgabe in der Person des Erblassers ein, da die Erbin, die eine Person des öffentlichen Rechts ist, nach § 4 Abs. 1 Satz 1 KStG keinen Betrieb gewerblicher Art fortführen kann, wenn das Erbe in einer land- oder forstwirtschaftlichen Einrichtung besteht.[896] In der Entscheidung, die vor der Aufgabe der finalen Entnahmetheorie ergangen ist,[897] stellt der BFH die Bestimmung eines Erben durch den Erblasser, auf Grund derer eine Besteuerung der stillen Reserven bei einer Verwertung der Wirtschaftsgüter nicht mehr möglich ist, anderen, ähnlich gelagerten Entstri-

---

892 *Wassermeyer*, in: Flick/Wassermeyer/Baumhoff, AStG, § 6 Rn. 62; *Krawitz/Kalbitzer*, in: Spindler, FS für Schaumburg, S. 835, 839; *Häck*, in: Haase, AStG, § 6 Rn. 78; *Gropp*, in: Lademann, AStG, § 6 Rn. 40.

893 *Krawitz/Kalbitzer*, in: Spindler, FS für Schaumburg, S. 835, 841.

894 Vgl. BFH, Urteil vom 19. 2. 1998 – IV R 38/97, BStBl. II 1998, S. 509, 511.

895 BFH, Urteil vom 19. 2. 1998 – IV R 38/97, BStBl. II 1998, S. 509, 509; vgl. *Baßler*, FR 2008, S. 851, 852.

896 BFH, Urteil vom 19. 2. 1998 – IV R 38/97, BStBl. II 1998, S. 509, 511.

897 BFH, Urteil vom 17. 7. 2008 – I R 77/06, BStBl. II 2009, S. 464, 469.

ckungsfällen gleich.[898] Diese Entscheidung ist für die Auslegung von § 6 Abs. 1 Satz 2 Nr. 1 Alt. 2 AStG insofern von Bedeutung, als der Gesetzgeber mit diesem Ersatztatbestand einerseits das Ziel verfolgt, steuerliche Gestaltungen zur Vermeidung der Wegzugsbesteuerung zu unterlaufen, andererseits wirtschaftlich gleich gelagerte Fälle steuerrechtlich in gleicher Weise zu behandeln.[899] Sowohl durch den Wegzug eines Steuerpflichtigen in einen anderen Staat als auch durch eine erbrechtliche Gestaltung kann es zu einem Ausschluss des deutschen Besteuerungsrechts an den stillen Reserven kommen.

In dem Fall der Übertragung eines land- oder forstwirtschaftlichen Betriebes auf eine Person des öffentlichen Rechts kommt es auf Grund des drohenden Verlustes des Steuerzugriffs auf die stillen Reserven zu einer Betriebsaufgabe, deren Gewinn in der Person des Erblassers realisiert wird.[900] Die Ausgangslage ist mit dem Hintergrund von § 6 Abs. 1 Satz 2 Nr. 1 Alt. 2 AStG grundsätzlich vergleichbar. Die Übertragung der Anteile auf nicht unbeschränkt steuerpflichtige Personen gefährdet das deutsche Besteuerungsrecht zumindest in den Fällen, in denen der Erbe in einem DBA-Staat ansässig ist.

Wenn in Fällen, in denen es durch eine erbrechtliche Gestaltung zu einem Ausschluss des deutschen Besteuerungsrechts an den stillen Reserven kommt, eine Betriebsaufgabe in der Person des Erblassers angenommen wird, dann müssen auch die grundsätzlich ähnlich gelagerten Fälle des § 6 Abs. 1 Satz 2 Nr. 1 Alt. 2 AStG in der Weise behandelt werden, dass der Erblasser als Steuerpflichtiger anzusehen ist. Schließlich besteht in beiden Fällen die Gefahr, dass das deutsche Besteuerungsrecht verloren geht. In beiden Fällen ist folglich eine für die Entstrickung typische Situation gegeben,[901] so dass eine uneinheitliche steuerrechtliche Behandlung dieser Fälle durch eine unterschiedliche Bestimmung des Steuerpflichtigen nicht gerechtfertigt werden kann.

v) Vergleich mit der qualifizierten Nachfolgeklausel

Die Aufdeckung der stillen Reserven in der Person des Erblassers ist dem deutschen Ertragsteuerrecht folglich keineswegs fremd, wie auch ein Vergleich mit der ertragsteuerrechtlichen Behandlung der Übertragung von Sonderbetriebsvermögen eines Mitunternehmers basierend auf einer qualifizierten Nachfolgeklausel zeigt.[902] Auf Grund einer qualifizierten Nachfolgeklausel, die nur desig-

---

898 Vgl. BFH, Urteil vom 19. 2. 1998 – IV R 38/97, BStBl. II 1998, S. 509, 511.

899 *Strunk/Kaminski*, in: Strunk/Kaminski/Köhler, AStG, § 6 Rn. 81.

900 BFH, Urteil vom 19. 2. 1998 – IV R 38/97, BStBl. II 1998, S. 509, 511.

901 Vgl. zum Entstrickungsprinzip: *Hey*, in: Tipke/Lang, § 17 Rn. 231.

902 *Krawitz/Kalbitzer*, in: Spindler, FS für Schaumburg, S. 835, 841.

nierte Personen als nachfolgeberechtigt zulässt,[903] fallen der Gesellschaftsanteil und das Sonderbetriebsvermögen des Erblassers rechtlich auseinander.[904] Mit dem Tod des Gesellschafters erwirbt sein Rechtsnachfolger auf Grund der qualifizierten Nachfolgeklausel zivilrechtlich unmittelbar den Anteil des verstorbenen Gesellschafters.[905] Das Sonderbetriebsvermögen des Erblassers geht jedoch zivilrechtlich in das Gesamthandsvermögen der Erbengemeinschaft über,[906] so dass das bisherige Sonderbetriebsvermögen nur in der Höhe der Quote des qualifizierten Nachfolgers steuerrechtlich Sonderbetriebsvermögen bleibt.[907] Bei denjenigen Erben, die wegen der qualifizierten Nachfolgeklausel keine Mitunternehmer werden, wird der ererbte Anteil an dem Sonderbetriebsvermögen des Erblassers in Privatvermögen umqualifiziert.[908] Der sich aus der Entnahme ergebende Gewinn wird jedoch nicht den Erben, sondern dem Erblasser in der Höhe zugerechnet, wie er anteilsmäßig auf die Erben entfällt, die infolge der qualifizierten Nachfolgeklausel nicht Mitunternehmer geworden sind.[909] Der Entnahmegewinn entsteht deshalb noch in der Person des Erblassers und nicht in der Person des Erben, weil der Erblasser auf Grund seiner Wahl der Erbfolge letztlich das Ausscheiden der Wirtschaftsgüter aus dem Sonderbetriebsvermögen bewirkt hat.[910]

Zwar betrifft die Besteuerung nach § 6 Abs. 1 Satz 2 Nr. 1 Alt. 2 AStG nicht einen Übergang von Betriebsvermögen in Privatvermögen wie das dargestellte Beispiel. Die Übertragung der Anteile auf eine nicht unbeschränkt steuerpflichtige Person bewirkt jedoch ebenfalls eine Entstrickungslage. Auf Grund des ein-

---

903 Vgl. *Hils*, Die Behandlung des Sonderbetriebsvermögens im Erbfall, Diss., Würzburg 2004, S. 142; *Jakob*, Einkommensteuer, Rn. 1127.

904 *Märkle*, DStR 1993, S. 1616, 1618.

905 *Märkle*, FR 1997, S. 135, 136; *Wacker*, in: Schmidt, EStG, § 16 Rn. 672.

906 *Mitschke*, FR 1993, S. 149, 153; *Märkle*, DStR 1993, S. 1616, 1618; *Söffing*, in: Lademann, EStG, § 16 Rn. 327.

907 *Märkle*, DStR 1993, S. 1616, 1618.

908 *Krawitz/Kalbitzer*, in: Spindler, FS für Schaumburg, S. 835, 841.

909 BFH, Urteil vom 24. 4. 1975 – IV R 115/73, BStBl. II 1975, S. 580, 581-582; BFH, Urteil vom 29. 10. 1991 – VIII R 51/84, BStBl. II 1992, S. 512, 515; BFH Beschluss vom 28. 1. 1998 – VIII B 9/97, FR 1998, S. 791, 792 mit Anmerkung *Pohl* = BFH/NV 1998, S. 959, 960; BMF vom 14. 3. 2006 – IV B 2 – S 2242 – 2/04, BStBl. I 2006, S. 253, Tz. 73-74; *Söffing*, DB 1991, S. 828, 838; *ders.*, DStR 1991, S. 201, 206; *Märkle*, DStR 1993, S. 1616, 1618; *Mitschke*, FR 1993, S. 149, 153; *Baßler*, FR 2008, S. 851, 852; *Zimmermann/Hottmann/Kiebele/Schaeberle/Völkel*, Die Personengesellschaft im Steuerrecht, Kap. O Rn. 83; *Gratz*, in: Herrmann/Heuer/Raupach, EStG, § 6 Rn. 1401; *Wacker*, in: Schmidt, EStG, § 16 Rn. 674; vgl. *Groh*, DB 1992, S. 1312, 1315 – 1316, der jedoch die weichenden Miterben zunächst als Mitunternehmer ansehen will.

910 *Märkle*, DStR 1993, S. 1616, 1618.

greifenden Abkommensschutzes ist der deutschen Finanzverwaltung der Zugriff auf die stillen Reserven im Augenblick der Veräußerung der Anteile verwehrt. Angesichts desselben steuerpolitischen Hintergrundes spricht der Vergleich mit der ertragsteuerrechtlichen Behandlung der Übertragung von Sonderbetriebsvermögen eines Mitunternehmers auf Grund einer qualifizierten Nachfolgeklausel für ein Entstehen der Steuer nach § 6 Abs. 1 Satz 2 Nr. 1 Alt. 2 AStG in der Person des Erblassers.

vi) Der Wortlaut von § 6 Abs. 2 Satz 1 AStG

Ein weiteres Indiz für die Bestimmung des Erblasser als Steuerpflichtigen des § 6 Abs. 1 Satz 2 Nr. 1 Alt. 2 AStG liefert der Wortlaut von § 6 Abs. 2 Satz 1 AStG. Danach sind für die Errechnung der nach § 6 Abs. 1 AStG maßgebenden Dauer der unbeschränkten Steuerpflicht auch Zeiträume einzubeziehen, in denen der Rechtsvorgänger bis zur Übertragung der Anteile unbeschränkt steuerpflichtig war, wenn der „unbeschränkt Steuerpflichtige" die Anteile durch ganz oder teilweise unentgeltliches Rechtsgeschäft erworben hat. § 6 Abs. 2 Satz 1 AStG bezieht sich sowohl auf den Steuerpflichtigen des Grundtatbestandes als auch auf den Steuerpflichtigen des Ersatztatbestandes, da auch dem übrigen Wortlaut von § 6 Abs. 2 AStG keine Unterscheidung zwischen den Steuerpflichtigen des Grundtatbestandes einerseits und den Steuerpflichtigen des Ersatztatbestandes andererseits entnommen werden kann. Die Wortwahl „unbeschränkt Steuerpflichtiger" in § 6 Abs. 2 Satz 1 AStG kann nur bedeuten, dass der Gesetzgeber davon ausgeht, dass der Steuerpflichtige des Absatzes 1 stets unbeschränkt steuerpflichtig sein muss. Diese Schlussfolgerung auf § 6 Abs. 1 Satz 2 Nr. 1 Alt. 2 AStG übertragen bedeutet, dass der Erblasser der Steuerpflichtige sein muss, da nur er von den genannten Personen unbeschränkt steuerpflichtig ist.

vii) Ein Ersatztatbestand ohne Anwendungsmöglichkeit

Die Ansiedelung der Wegzugsteuer nach § 6 Abs. 1 Satz 2 Nr. 1 Alt. 2 AStG in der beschränkten Steuerpflicht läuft auch dem Sinn und Zweck der Entstrickung, der Sicherung des deutschen Steuerzugriffs,[911] zuwider. Wäre nämlich der Erbe der Steuerpflichtige, und wäre dieser Erbe in einem DBA-Staat ansässig, dann könnte sich der Erbe auf den Schutz eines DBA berufen, da dieser zumindest zum Zeitpunkt des Erbanfalls bereits besteht.[912] Das ausschließliche Besteue-

911 Vgl. *Hey*, in: Tipke/Lang, Steuerrecht, § 17 Rn. 231.

912 *Lausterer*, BB 2006, BB-Special 8 zu Heft 44, S. 80, 81; *Wassermeyer*, DB 2006, S. 1390, 1390; *ders.*, in: Flick/Wassermeyer/Baumhoff, AStG, § 6 Rn. 69; vgl. *Kraft*, in: ders., AStG, § 6 Rn. 345.

rungsrecht an dem Veräußerungsgewinn steht nämlich nach Art. 13 Abs. 5 OECD-MA regelmäßig dem Ansässigkeitsstaat zu.[913] Der Steueranspruch kann somit nur in Ausnahmefällen, in denen die DBA die Durchsetzung des Steueranspruchs zulassen, tatsächlich geltend gemacht werden.[914] Nach der hier vertretenen Ansicht, wonach der Ausschluss oder die Beschränkung des deutschen Besteuerungsrechts in die Vorschrift hineingelesen werden muss,[915] hätte der neue Ersatztatbestand bei der Bestimmung des Erben als Steuerpflichtigen letztlich überhaupt keinen Anwendungsbereich, da bei einem Erben, der in einem Nicht-DBA-Staat ansässig ist, der Tatbestand nicht erfüllt ist und ein in einem DBA-Staat ansässiger Erbe sich auf den Abkommensschutz berufen könnte. Damit hätte der Gesetzgeber eine für die Praxis bedeutungslose Norm geschaffen, wenn der Erbe der Steuerpflichtige nach § 6 Abs. 1 Satz 2 Nr. 1 Alt. 2 AStG sein sollte. Angesichts des rechtshistorischen Hintergrunds der Wegzugsbesteuerung, die den drohenden Verlust des deutschen Besteuerungsrechts an den bislang verstrickten Wertzuwächsen verhindern soll,[916] steht die Bestimmung des Erben als Steuerpflichtigen im offenen Widerspruch zum Zweck der Norm.

d) Ergebnis

Nach alledem kann unter systematischen Gesichtspunkten und Erwägungen zum Sinn und Zweck der Wegzugsbesteuerung nur der Erblasser als Steuerpflichtiger des § 6 Abs. 1 Satz 2 Nr. 1 Alt. 2 AStG bestimmt werden. Die Aussagen hinsichtlich der Behandlung der Übertragung der Anteile durch einen beschränkt bzw. fiktiv unbeschränkt steuerpflichtigen Schenker gelten daher auch für den Erblasser.[917]

---

913 *Grotherr*, IWB 2007, Fach 3, Gruppe 1, S. 2153, 2156.

914 *Wassermeyer*, DB 2006, S. 1390, 1390.

915 Siehe Kapitel 2, A., C.; vgl. auch *Schaumburg*, StuW 2000, S. 369, 374; *Krawitz/Kalbitzer*, in: Spindler, FS für Schaumburg, S. 835, 845; *Häck*, in: Haase, AStG, § 6 Rn. 5-6, 58-62; *ders.*, IStR 2011, S. 521, 522-523; zu § 6 Abs. 1 Satz 2 Nr. 1 AStG *Hecht*, in: Mössner/Fuhrmann, AStG, § 6 Rn. 21.

916 Vgl. *Menck*, in: Blümich, AStG, § 6 Rn. 22; *Wassermeyer*, in: Flick/Wassermeyer/Baumhoff, AStG, § 6 Rn. 1.

917 Siehe Kapitel 6 D. II. 1. a)-b).

III. Vorliegen der übrigen Voraussetzungen des § 6 Abs. 1 Satz 1 AStG

In Bezug auf die übrigen Voraussetzungen des Grundtatbestandes unterlässt es der Wortlaut von § 6 Abs. 1 Satz 2 Nr. 1 AStG, deren Vorliegen ausdrücklich zu fordern.[918] Allerdings stellt der Gesetzestext des § 6 Abs. 1 Satz 2 AStG die Erfüllung des Ersatztatbestandes der Beendigung der „unbeschränkten Steuerpflicht“ im Sinne des § 6 Abs. 1 Satz 1 AStG „gleich“. Diese Gleichstellung kann jedoch nur in der Weise verstanden werden, dass die Ersatztatbestände lediglich das Merkmal der „Beendigung der unbeschränkten Steuerpflicht“ ersetzen, ohne dass die anderen Voraussetzungen des § 6 Abs. 1 Satz 1 AStG entfallen sollen.[919] Daher ist das Vorliegen sämtlicher Voraussetzungen des Grundtatbestandes mit Ausnahme der Beendigung der unbeschränkten Steuerpflicht für die Erfüllung des Ersatztatbestandes erforderlich. Dieser Befund ist soweit ersichtlich in der Literatur und der Rechtsprechung unstreitig.[920] Im Übrigen muss aus verfassungsrechtlichen und systematischen Gründen das Erfordernis der Beschränkung oder des Ausschlusses des deutschen Besteuerungsrechts auch in die Ersatztatbestände hineingelesen werden, so dass der unentgeltliche Erwerb der Anteile durch einen nicht unbeschränkt Steuerpflichtigen die Wegzugsteuer nur auslöst, wenn dadurch der deutsche Steuerzugriff ausgeschlossen oder beschränkt wird.[921]

E. Die Abgrenzung zwischen den beiden Tatbestandsalternativen

I. Bedeutung der Abgrenzung der beiden Tatbestandsalternativen des § 6 Abs. 1 Satz 2 Nr. 1 AStG für die weiteren Rechtsfolgen

Die Erweiterung des § 6 Abs. 1 Satz 2 Nr. 1 AStG auf „Erwerbe von Todes wegen“ stellt den Rechtsanwender auf Grund der großen Komplexität des Erbrechts und der verschiedenen Möglichkeiten, die Rechtsnachfolge zu regeln, vor

918 Zum Fortbestehen der unbeschränkten Steuerpflicht im Zeitpunkt der Tatbestandsverwirklichung vgl. *Hecht/Gallert*, BB 2009, S. 2396, 2397.

919 *Krawitz/Kalbitzer*, in: Spindler, FS für Schaumburg, S. 835, 840.

920 *Krawitz/Kalbitzer*, in: Spindler, FS für Schaumburg, S. 835, 840; *Hecht*, in: Mössner/Fuhrmann, AStG, § 6 Rn. 21

921 Siehe Kapitel 2 A., C..

erhebliche Schwierigkeiten hinsichtlich der richtigen Anwendung dieses Ersatztatbestandes. Schließlich bewegt sich die Norm im Spannungsverhältnis von Einkommensteuerrecht, Erbschaftsteuerrecht und Erbrecht.

Die Einordnung eines Vorganges als ein unentgeltliches Rechtsgeschäft unter Lebenden oder als einen „Erwerb von Todes wegen“ betrifft zunächst die Frage, wer letztlich mit der Steuer nach § 6 Abs. 1 Satz 2 Nr. 1 AStG belastet ist und wem gegenüber die Steuer festzusetzen ist. Im Falle eines unentgeltlichen Rechtsgeschäfts unter Lebenden trifft die Steuerlast den Schenker, während im Falle eines „Erwerbs von Todes wegen“ letztlich der Erbe belastet ist, da nach § 45 AO die in der Person des Erblassers entstandene Steuer auf ihn übergeht. Des Weiteren kann die Frage, ob eine Person die erste oder die zweite Alternative des § 6 Abs. 1 Satz 2 Nr. 1 AStG erfüllt, bei einer späteren Begründung der unbeschränkten Steuerpflicht durch den Erwerber zu erheblich unterschiedlichen Ergebnissen führen.[922] Während der Steueranspruch nach § 6 Abs. 3 Satz 3 AStG bei der Begründung der unbeschränkten Steuerpflicht durch den Erwerber entfällt, wenn dieser die Anteile im Wege des „Erwerbes von Todes wegen“ erhalten hat, ist ein vergleichbares Entfallen bei einer Person, auf die die Anteile infolge einer unentgeltlichen Übertragung unter Lebenden übergegangen sind, ausgeschlossen.[923] Auf eine nähere Definition des Merkmals „Erwerb von Todes wegen“ im AStG hat der Gesetzgeber verzichtet, so dass es einer für die Zwecke der Wegzugsbesteuerung tauglichen Bestimmung des Begriffs bedarf, die auch für die Abgrenzung zur Übertragung der Anteile im Rahmen eines unentgeltlichen Rechtsgeschäfts erforderlich ist.

II. Der Tatbestand der ersten Alternative

Gemäß der ersten Variante von § 6 Abs. 1 Satz 2 Nr. 1 AStG steht die ganz oder teilweise unentgeltliche Übertragung der Anteile unter Lebenden auf nicht unbeschränkt Steuerpflichtige der Beendigung der unbeschränkten Steuerpflicht gleich. Der Wortlaut der ersten Variante eröffnet den Anwendungsbereich der Wegzugsbesteuerung sowohl für die reine Schenkung als auch für Fälle, in denen der Erwerber einen unter den Marktwert liegenden Preis zahlt und daher die Anteile teilentgeltlich erwirbt.[924] Soweit nur ein Teil der Übertragung unentgeltlich ist, muss unter Berücksichtigung der Rechtsprechung des BFH der Vorgang auch hinsichtlich der Wegzugsbesteuerung in einen entgeltlichen und einen un-

922 *Häck*, in: Haase, AStG, § 6 Rn. 76.

923 *Baßler*, FR 2008, S. 851, 858.

924 *Krawitz/Kalbitzer*, in: Spindler, FS für Schaumburg, S. 835, 839.

entgeltlichen Teil aufgespaltet werden.[925] Dementsprechend ist auf die entgeltliche Übertragung § 17 EStG und auf die unentgeltliche Übertragung § 6 Abs. 1 Satz 2 Nr. 1 AStG anzuwenden.[926] Für die Feststellung einer Schenkung genügt die bloße Unentgeltlichkeit der Übertragung.[927] Dagegen kann eine teilweise unentgeltliche Übertragung nur dann angenommen werden, wenn das entrichtete Entgelt objektiv unterhalb des Marktwertes liegt und subjektiv der den Veräußerungspreis überschießende Betrag dem Erwerber durch den Schenker zugewendet werden soll.[928] In jedem Fall schuldet der Schenker die Wegzugsteuer, wenn der Tatbestand des § 6 Abs. 1 Satz 2 Nr. 1 Alt. 1 AStG erfüllt ist.

III. Die Bestimmung des Merkmals „Erwerb von Todes wegen"

1. Der Wortlaut der Norm

Ausgangspunkt der Auslegung des Merkmals „Erwerb von Todes wegen" muss der Wortlaut der Norm sein. Gemäß § 6 Abs. 1 Satz 2 Nr. 1 Alt. 2 AStG stehen der Beendigung der unbeschränkten Steuerpflicht die Übertragungen der Anteile durch den „Erwerb von Todes wegen" auf nicht unbeschränkt Steuerpflichtige gleich. Dem Wortlaut entsprechend erfolgt der Erwerb der Anteile nicht nur durch den Eintritt des Todes und den damit verbundenen erbrechtlichen Konsequenzen, sondern zusätzlich durch eine Übertragung, die zivilrechtlich bei der Gesamtrechtsnachfolge nicht vorgesehen ist. Angesichts der zivilrechtlichen Grundsätze zur Übertragung, die auf Grund des erbrechtlichen Zusammenhanges nicht außer Acht bleiben dürfen, könnte es sich bei dem Wortlaut des § 6 Abs. 1 Satz 2 Nr. 1 Alt. 2 AStG um eine „schiefe[...] Formulierung" handeln.[929] Der Begriff „Übertragung" stellt zivilrechtlich eine Form der Verfügung über ein Recht dar.[930] Eine Verfügung wird wiederum allgemein als ein Rechtsgeschäft definiert, „durch das der Verfügende auf ein bestehendes Recht unmit-

925 Vgl. BFH, Urteil vom 17. 7. 1980 – IV R 15/76, BStBl. II 1981, S. 11, 11 (zu § 17 EStG); dem folgend die FinVerw. In H 17 Abs. 4 „Teilentgeltliche Übertragungen" EStH 2010; *Knobbe-Keuk*, Bilanz- und Unternehmenssteuerrecht, S. 920; *Krawitz/Kalbitzer*, in: Spindler, FS für Schaumburg, S. 835, 839; *Strunk/Kaminski*, in: Strunk/Kaminski/Köhler, AStG, § 6 Rn. 84; *Hecht*, in: Mössner/Fuhrmann, AStG, § 6 Rn. 21; *Gropp*, in: Lademann, AStG, § 6 Rn. 41.

926 *Häck*, in: Haase, AStG, § 6 Rn. 77; *Gropp*, in: Lademann, AStG, § 6 Rn. 41.

927 *Wassermeyer*, in: Flick/Wassermeyer/Baumhoff, AStG, § 6 Rn. 64.

928 *Wassermeyer*, in: Flick/Wassermeyer/Baumhoff, AStG, § 6 Rn. 64.

929 *Wassermeyer*, IStR 2007, S. 833, 834.

930 *Ellenberger*, in: Palandt, BGB, Überbl. vor § 104 Rn. 16.

telbar einwirkt, indem er es auf einen Dritten überträgt, mit einem Recht belastet, es aufhebt oder sonst wie in seinem Inhalt ändert".[931] Eine Erbschaft bzw. ein „Vermögensübergang von Todes wegen"[932] beschreibt jedoch in der deutschen Rechtsordnung den Fall eines Vonselbsterwerbs, der einer Anteilsübertragung nicht nur nicht bedarf, sondern sie sogar ausschließt.[933] Ebenfalls liegt keine Übertragung vor, wenn eine letztwillige Verfügung oder ein Erbvertrag die Grundlage der Erbschaft bilden.[934] Insofern könnte der Wortlaut in Bezug auf das Merkmal der Übertragung tatsächlich misslungen sein.

Ein Vergleich mit anderen Steuertatbeständen zeigt aber, dass die Wortwahl des Gesetzgebers aus ertragsteuerrechtlicher Sicht nicht unbedingt als „schief" erscheint.[935] Schließlich ist auch in § 17 Abs. 1 Satz 4 EStG von einer unentgeltlichen Übertragung die Rede. Bei § 17 Abs. 1 Satz 4 EStG ist es jedoch unstrittig, dass bei einem Erwerb der Anteile von Todes wegen die Beteiligungen unentgeltlich im Sinne des § 17 Abs. 1 Satz 4 EStG übertragen werden können.[936] Ein weiteres Beispiel liefert der Wortlaut von § 6 Abs. 3 EStG, wonach unstreitig auch ein Betrieb bei einem Erbfall im Sinne der Vorschrift unentgeltlich übertragen wird.[937] Damit stellt die Verknüpfung des Merkmals „Erwerb von Todes wegen" und „Übertragung" unter einkommensteuerrechtlichen Gesichtspunkten keinen Widerspruch dar.

---

931 BGH, Urteil vom 4. 5. 1987 – II ZR 211/86 – BGHZ 101, S. 24, 26; Urteil vom 24. 10. 1979 – VIII ZR 289/78 – BGHZ 75, S. 221, 226; *Frensch*, in: Prütting/Wegen/Weinreich, BGB, § 185 Rn. 2.

932 *Krawitz/Kalbitzer*, in: Spindler, FS für Schaumburg, S. 835, 840.

933 *Wassermeyer*, IStR 2007, S. 833, 834; *ders.*, in: Flick/Wassermeyer/Baumhoff, AStG, § 6 Rn. 69; der Einordnung des „Erwerbs von Todes wegen" als Vonselbsterwerb folgen auch: *Krawitz/Kalbitzer*, in: Spindler, FS für Schaumburg, S. 835, 840; vgl. auch *Baßler*, FR 2008, S. 851, 852, der jedoch auf die „Gesamtrechtsnachfolge" abstellt; vgl. zum Vonselbsterwerb und § 32 Abs. 2 öEStG: *Tumpel*, SWI 1992, S. 67, 69; *Lang*, SWI 2006, S. 565, 567-568; a.A. *Loukota*, SWI 2007, S. 12, 13, der zwischen Schenkung und Erbe keinen wesentlichen Unterschied erblicken kann, womit auch der Tod als „Maßnahme" des Steuerpflichtigen im Sinne des § 31 Abs. 2 öEStG anzusehen ist.

934 *Wassermeyer*, IStR 2007, S. 833, 834.

935 Vgl. *Baßler*, FR 2008, S. 851, 852.

936 *Gosch*, in: Kirchhof, EStG, § 17 Rn. 60; *Ebling*, in: Blümich, EStG, § 17 Rn. 325; gleiches gilt in Bezug auf § 6 Abs. 3 EStG, vgl. *Baßler*, FR 2008, S. 851, 852; vgl. zu § 34a Abs. 7 EStG *Ratschow*, in: Blümich, EStG, § 34a Rn. 77.

937 BFH, Urteil vom 20. 7. 2005 – X R 22/2, BStBl. II 2006, S. 457, 460; *Gratz*, in: Hermann/Heuer/Raupach, EStG, § 6 Rn. 1334, 1390; *Baßler*, FR 2008, S. 851, 852; *Fischer*, in: Kirchhof, EStG, § 6 Rn. 190; *Reiß*, in: Kirchhof, EStG, § 16 Rn. 87; *Korn/Strahl*, in: Korn, EStG, § 6 Rn. 474.2.

Ohnehin sollten für die Auslegung der Norm, die eine Regelung des Steuerrechts ist, die Aussagen der übrigen steuerrechtlichen Normen von größerem Gewicht sein. Dem Zivilrecht ist nämlich der Begriff „Erwerb von Todes wegen“ fremd, da der auf dem Tod des Erblassers beruhende Erwerb im BGB entweder als „Verfügung von Todes wegen“[938] oder „Zuwendung“[939] beschrieben wird. In den steuerrechtlichen Vorschriften wird der Begriff des „Erwerbs von Todes wegen“ weder im EStG[940] noch in der AO[941] verwendet, sondern nur im ErbStG,[942] so dass als einziger Orientierungspunkt für die Auslegung des Begriffs „Erwerb von Todes wegen“ § 3 ErbStG in Betracht kommt.[943] Obgleich in § 3 Nr. 2 GrEStG auch von einem „Grundstückserwerb von Todes wegen“ die Rede ist, so bezieht sich die Begriffswahl des Gesetzgebers in § 3 Nr. 2 GrEStG ausdrücklich auf den „Erwerb von Todes wegen“, wie er in § 3 ErbStG beschrieben ist.[944] Damit verbleibt als einziger Anknüpfungspunkt für die Auslegung des Merkmals „Erwerb von Todes wegen“ der Wortlaut von § 3 ErbStG. Mit der sprachlichen Anlehnung des § 6 Abs. 1 Satz 2 Nr. 1 Alt. 2 AStG an § 3 ErbStG würde sich die durch das SEStEG ausgelöste Erweiterung der Wegzugsbesteuerung nicht nur auf den typischen Erbanfall nach § 1922 BGB beschränken, sondern auch die übrigen durch § 3 ErbStG vorgesehenen Fälle des Erwerbs von Vermögen infolge eines Erbfalls umfassen,[945] die sehr wohl eine Übertragung voraussetzen und nicht lediglich ein Vonselbsterwerb sind.[946]

938 Vgl. §§ 83 Satz 1, 199 Abs. 3a, 332, 1937, 1944 Abs. 2, 1948 Abs. 1, 1951 Abs. 3, 2189, 2271, 2289, 2302 BGB.

939 Vgl. z.B. §§ 2050 Abs. 1, 2051, 2053, 2054, 2055, 2056 Abs. 1, 2057, 2065 Abs. 2, 2087 Abs. 1, 2279 Abs. 1 BGB; vgl. *Baßler*, FR 2008, S. 851, 854-855.

940 Ausnahme: § 35b EStG, der sich jedoch auf den „Erwerb von Todes wegen“ im Sinne des § 3 ErbStG bezieht; vgl. *Fischer*, in: Kirchhof, EStG, § 35b EStG Rn. 2.

941 Ausnahme: § 170 Abs. 5 Nr. 1 AO, der sich jedoch auf den „Erwerb von Todes wegen“ im Sinne des § 3 ErbStG bezieht; vgl. *Cöster*, in: Pahlke, AO, § 170 Rn. 45.

942 § 3 Abs. 1 ErbStG.

943 *Häck*, in: Haase, AStG, § 6 Rn. 83.

944 Vgl. auch *Franz*, in: Pahlke/Franz, GrEStG, § 3 Rn. 41, 43; *Meßbacher-Hönsch*, in: Boruttau, GrEStG, § 3 Rn. 103.

945 *Häck*, in: Haase, AStG, § 6 Rn. 83.

946 Vgl. z.B. das Vermächtnis, das nach § 3 Abs. 1 Nr. 1 ErbStG für Zwecke der Erbschaftsteuer als ein Erwerb von Todes wegen zu qualifizieren ist, zivilrechtlich jedoch eine Übereignung durch den Erben voraussetzt, vgl. *Schlichting*, in: MüKo, BGB, § 2174 Rn. 1.

2. Auslegung des Merkmals „Erwerb von Todes wegen“ im Sinne des § 3 ErbStG

Im bestehenden Steuerrecht bietet sich damit lediglich der Katalog des § 3 ErbStG als eine Orientierungshilfe bei der Auslegung des Merkmals „Erwerbs von Todes wegen“ an. Fraglich ist jedoch, ob eine an § 3 Abs. 1 ErbStG orientierte Auslegung von § 6 Abs. 1 Satz 2 Nr. 1 Alt. 2 AStG angesichts der unterschiedlichen Ebenen, auf denen laut der Rechtsprechung des BFH die Einkommensteuer und die Erbschaftsteuer ansetzen,[947] überhaupt möglich ist. Schließlich dienen die Erbschaftsteuer und die Einkommensteuer der Verwirklichung unterschiedlicher Ziele.[948] Im Gegensatz zur Erbschaftsteuer, die den Grundsätzen der Reinvermögenstheorie entspricht,[949] stellt die Einkommensteuer vorwiegend auf das Erwerbseinkommen ab.[950]

Eine Anlehnung der Auslegung der ertragsteuerrechtlichen Vorschrift des § 6 Abs. 1 Satz 2 Nr. 1 Alt. 2 AStG an die erbschaftsteuerrechtliche Norm des § 3 ErbStG entspricht jedoch der Einschätzung, dass die Erbschaftsteuer letztlich als eine „besondere Ausformung der Einkommensteuer“ erachtet werden kann.[951] Schließlich knüpfen beide Steuerarten an die erhöhte Leistungsfähigkeit des Steuerpflichtigen an, wobei der grundsätzliche Unterschied zwischen beiden Steuerarten darin besteht, dass die Erbschaftsteuer eine zufällig bedingte erhöhte Leistungsfähigkeit besteuert, während die Einkommensteuer eine auf der Marktteilnahme des Steuerpflichtigen beruhende Leistungsfähigkeitssteigerung belastet.[952]

Ein Beleg für das bestehende Näheverhältnis zwischen der Einkommensteuer und der Erbschaftsteuer kann auch in der Wiedereinführung des § 35 EStG a.F. durch den wortgleichen § 35b EStG erblickt werden.[953] Die Nähe der Erbschaftsteuer zur Einkommensteuer, zu der die Erbschaftsteuer in der Literatur gerückt wird, führt dazu, dass die Erbschaftsteuer zum Teil als eine weitere – „achte“[954] – Einkommensteuerart betrachtet wird.[955] Nunmehr stellt auch das

947 Vgl. dazu BFH, Urteil vom 22. 12. 1976 – II R 58/67, BStBl. II 1977, S. 420, 422; Urteil vom 26. 11. 1986 – II R 190/81, BStBl. II 1987, S. 175, 177.

948 *Schulte*, Erbschaftsteuer, Rn. 32.

949 *Meincke*, DStJG 22 (1999), S. 39, 40; *Tipke*, Die Steuerrechtsordnung II, S. 872.

950 *Lang*, in: Tipke/Lang, Steuerrecht, § 8 Rn. 30; *Birk*, Steuerrecht, Rn. 611.

951 *Crezelius*, DStJG 22 (1999), S. 73, 75; vgl. *Schulte*, Erbschaftsteuerrecht, Rn. 30.

952 *Löhle*, Verfassungsrechtliche Gestaltungsspielräume und –grenzen bei der Besteuerung von Erbschaften und Schenkungen, Diss., Tübingen 2001, S. 8; vgl. auch *Schanz*, FinArch. 18, S. 553, 672.

953 Vgl. zu § 35 EStG a.F. *Meincke*, in: Lang, FS für Tipke, S. 391, 397.

954 *Schulte*, Erbschaftsteuerrecht, Rn. 30.

BVerfG bei der Einordnung der Erbschaftsteuer zunehmend auf das Leistungsfähigkeitsprinzip ab[956] und erachtet damit die Erbschaftsteuer als eine „Leistungsfähigkeitsteuer“.[957]

Erbschaftsteuer und Einkommensteuer stehen sich daher nicht als völlig verschiedene Steuerarten gegenüber, deren Unterschiedlichkeit von einem derartigen Gewicht wäre, dass sich ein Rückgriff auf § 3 Abs. 1 ErbStG als Ausgangspunkt einer Auslegung des Merkmals „Erwerb von Todes wegen“ in § 6 Abs. 1 Satz 2 Nr. 1 Alt. 2 AStG verbieten würde. Damit ist § 3 ErbStG der Ausgangspunkt der Auslegung, so dass im Weiteren ermittelt werden muss, wie die verschiedenen von § 3 ErbStG genannten Tatbestände nach § 6 Abs. 1 Satz 2 Nr. 1 Alt. 1 AStG zu behandeln sind.

IV. Die verschiedenen Nachfolgekonstellationen

1. Der Erblasser wird von einem Alleinerben beerbt

Der Grundfall des § 6 Abs. 1 Satz 2 Nr. 1 Alt. 2 AStG bildet der Erwerb der Anteile auf Grund der gesetzlichen oder testamentarischen Gesamtrechtsnachfolge durch einen Erben, der im Inland nicht unbeschränkt steuerpflichtig ist. Wird das deutsche Besteuerungsrecht an den Anteilen beschränkt oder ausgeschlossen, löst der „Erwerb von Todes wegen“ durch den nicht unbeschränkt steuerpflichtigen Erben eine Besteuerung nach § 6 Abs. 1 Satz 2 Nr. 1 Alt. 2 AStG aus.

---

955 *Schneider*, DStR 1998, S. 1287, 1288; *Crezelius*, DStJG 17 (1994), S. 135, 187; *ders.*, in: Lang, FS für Tipke, S. 403, 406-407; *Meincke*, in: Lang, FS für Tipke, S. 391, 397; *Seer*, StuW 1997, S. 283, 284-285; *ders.*, FR 1999, S. 1280, 1288; vgl. *ders.*, GmbHR 2002, S. 873, 878; *Löhle*, Verfassungsrechtliche Gestaltungsspielräume und –grenzen bei der Besteuerung von Erbschaften und Schenkungen, Diss., Tübingen 2001, S. 8-9; *Fischer*, DB 2003, S. 9, 10; grundlegend zur Erbschaft als eine Form des Einkommens *Schanz*, FinArch. 13, S. 1, 23-24; *ders.*, FinArch. 18, S. 553, 672; vgl. *Ohmer*, Die Grundlagen der Einkommensteuer, Diss., Mannheim 1997, S. 346, der Schenkungen und Erbschaften als Einkommen ansieht; vgl. zur schweizerischen Erbschaft- und Schenkungsteuer *Reich*, ASA 62 (1994), S. 577, 583.

956 BVerfG, Beschluss vom 22. 6. 1995 – 2 BvR 552/91, BVerfGE 93, S. 165, 172; Beschluss vom 7. 11. 2006 – 1 BvL 10/02, BVerfGE 117, S. 1, 33, 52, 58, 61, 64-65, 69

957 *Crezelius*, ZEV 2009, S. 1, 3.

2. Der Erblasser wird von einer Erbengemeinschaft beerbt

Wesentlich komplexer als die Fälle der Alleinerbschaft sind diejenigen Sachverhalte gelagert, in denen der Erblasser von einer Mehrheit von Erben beerbt wird und einer dieser Erben nicht unbeschränkt steuerpflichtig ist. In diesen Fällen stellen sich in Bezug auf die Wegzugsteuer nach § 6 Abs. 1 Satz 2 Nr. 1 Alt. 2 AStG gleich mehrere Fragen. Die erste Frage betrifft die Höhe der Wegzugsteuer im Augenblick des Todes des Erblassers. Es muss nämlich bestimmt werden, ob der Tod des Erblassers die Wegzugsteuer in voller Höhe oder nur begrenzt auf die Anteile, die auf den nicht unbeschränkt steuerpflichtigen Erben entfallen, auslöst. Des Weiteren gilt es zu untersuchen, ob eine von der ursprünglichen Erbquote abweichende Erbauseinandersetzung als eine Schenkung im Sinne des § 6 Abs. 1 Satz 2 Nr. 1 Alt. 1 AStG oder als ein „Erwerb von Todes wegen" gemäß § 6 Abs. 1 Satz 2 Nr. 1 Alt. 2 AStG zu qualifizieren ist. Diese Frage ist von erheblicher Bedeutung für die Bestimmung desjenigen, der die Steuerlast zu tragen hat, und für Fälle der Begründung der unbeschränkten Steuerpflicht durch den Rechtsnachfolger, bei dem die Wegzugsteuer gemäß § 6 Abs. 3 Satz 3 AStG nur entfällt, wenn die Steuer nach § 6 Abs. 1 Satz 2 Nr. 1 Alt. 2 AStG entstanden ist.

a) Erbanfall

Tritt eine Mehrheit von Erben die Gesamtrechtsnachfolge des bisherigen Anteilseigners an, gehen die Anteile nach § 2032 Abs. 1 BGB zunächst in das Gesamthandeigentum der Erbengemeinschaft über.[958] Sofern alle Mitglieder der Erbengemeinschaft nicht unbeschränkt steuerpflichtig sind und das deutsche Besteuerungsrecht an dem Veräußerungsgewinn aus den Anteilen beschränkt oder ausgeschlossen ist, besteht zum Fall des Alleinerben kein Unterschied. Die Wegzugsteuer entsteht in diesem Fall in voller Höhe. Schwieriger gestaltet sich jedoch die Bestimmung der Höhe der Wegzugsteuer in denjenigen Fällen, bei denen nur ein Teil der Miterben nicht unbeschränkt steuerpflichtig ist. In diesem Fall besteht ein deutsches Sicherungsinteresse hinsichtlich des Besteuerungsrechts an den stillen Reserven lediglich an den Anteilen, die nach der Erbquote auf den nicht unbeschränkt steuerpflichtigen Miterben entfallen. Daher wird die Wegzugsbesteuerung durch § 6 Abs. 1 Satz 2 Nr.1 AStG im Falle einer Erbengemeinschaft, die sowohl aus unbeschränkt als auch aus nicht unbeschränkt

958 *Leipold*, Erbrecht, Rn. 721; vgl. zur Entstehung der Miterbengemeinschaft: *Frank/Helms*, Erbrecht, § 19 Rn. 1.

steuerpflichtigen Miterben besteht, nur in dem Umfang ausgelöst, wie die Anteile auf nicht unbeschränkt steuerpflichtige Miterben übergehen.[959]

Mit dem Erbanfall und dem damit verbundenen Übergang der Anteile auf die Erbengemeinschaft kann jedoch nicht ausgeschlossen werden, dass am Ende der Erbauseinandersetzung die Anteile auf einen unbeschränkt steuerpflichtigen Miterben übertragen werden, so dass es einer Besteuerung gar nicht bedürfte, wenn Erbanfall und Erbauseinandersetzung als ein einheitlicher Vorgang zu betrachten wären. Allerdings dürfen auch im Bereich der Wegzugsbesteuerung die allgemeinen einkommensteuerrechtlichen Grundsätze nicht ignoriert werden. Schließlich sind der Erbanfall bei der Erbengemeinschaft und die Erbauseinandersetzung durch die Mitglieder der Erbengemeinschaft getrennte Vorgänge, die einkommensteuerrechtlich eine jeweils eigene Betrachtung erfordern.[960]

Für eine getrennte Behandlung von Erbanfall und Erbauseinandersetzung spricht vor allem der andernfalls drohende Ausschluss des deutschen Steuerzugriffs auf die Wertsteigerungen, wenn die Erbengemeinschaft sich dazu entschließt, die Anteile zu veräußern.[961] Es würde eine Zuordnung der jeweiligen Veräußerungserlöse gemäß § 39 Abs. 2 Nr. 2 AO zu den Mitgliedern der Erbengemeinschaft erfolgen, wobei nur die unbeschränkt steuerpflichtigen Mitglieder der Erbengemeinschaft den Erlös nach § 17 Abs. 1 Satz 1 EStG versteuern müssten, während das nicht unbeschränkt steuerpflichtige Mitglied letztlich nicht mit einer Steuer nach § 17 Abs. 1 Satz 1 EStG belastet wäre.[962] Auf Grund seiner Ansässigkeit im Ausland würde die Besteuerung des nicht unbeschränkt Steuerpflichtigen bei Bestehen eines DBA nach Art. 13 Abs. 5 OECD-MA ausgeschlossen.[963] Selbst bei der Ansässigkeit des nicht unbeschränkt steuerpflichtigen Miterben in einem Nicht-DBA-Staat käme eine Besteuerung des Veräußerungsgewinns nach § 1 Abs. 4 i.V.m. § 49 Abs. 1 Nr. 2 Buchst. e i.V.m. § 17 EStG nur hinsichtlich der Anteile an inländischen Kapitalgesellschaften in Betracht.[964] Daher müssen auch für Zwecke der Besteuerung nach § 6 Abs. 1 Satz 2 Nr. 1 Alt. 2 AStG Erbanfall und Erbauseinandersetzung als zwei getrennte Vorgänge betrachtet werden, so dass die Wegzugsteuer im Zeitpunkt des To-

---

959 *Wassermeyer*, in: Flick/Wassermeyer/Baumhoff, AStG, § 6 Rn. 69; *Baßler*, FR 2008, S. 851, 857; *Krawitz/Kalbitzer*, in: Spindler, FS für Schaumburg, S. 835, 840.

960 BFH, Beschluss vom 5. 7. 1990 – GrS 2/89, BStBl. II 1990, S. 837, 841, 847; *Baßler*, FR 2008, S. 851, 857.

961 *Baßler*, FR 2008, S. 851, 856.

962 In Bezug auf Veräußerungen von Anteilen im Sinne des § 17 Abs. 1 Satz 1 EStG durch Gesamthandsgemeinschaften vgl. *Ebling*, in: Blümich, EStG, § 17 Rn. 276; *Weber-Grellet*, in: Schmidt, EStG, § 17 Rn. 55.

963 *Baßler*, FR 2008, S. 851, 857.

964 *Baßler*, FR 2008, S. 851, 857.

des des Erblassers nur in der Höhe entsteht, die der Erbquote der nicht unbeschränkt steuerpflichtigen Miterben entspricht. Die Steuer ist gegenüber der Erbengemeinschaft als Rechtsnachfolger des Erblassers, in dessen Person die Steuer entsteht, festzusetzen[965] und nach § 180 Abs. 1 Nr. 2a EStG einheitlich und gesondert festzustellen.[966]

b) Erbauseinandersetzung

Die steuerliche Behandlung der Erbauseinandersetzung nach § 6 AStG muss anhand der verschiedenen Varianten einer Erbauseinandersetzung untersucht werden. Im Mittelpunkt steht dabei die vollständige Übertragung der Anteile entweder auf einen nicht unbeschränkt steuerpflichtigen Miterben oder auf einen unbeschränkt steuerpflichtigen Miterben.

i) Unentgeltlicher Erwerb der gesamten Anteile durch einen nicht unbeschränkt steuerpflichtigen Miterben

Eine Erbauseinandersetzung, bei der die unbeschränkt steuerpflichtigen Miterben ihren Anteil an den Beteiligungen im Sinne des § 17 Abs. 1 Satz 1 EStG auf den nicht unbeschränkt steuerpflichtigen Miterben ohne Spitzenausgleich und damit unentgeltlich übertragen, stellt den Rechtsanwender vor die Frage, ob dieser Vorgang im Rahmen des § 6 Abs. 1 Satz 2 Nr. 1 AStG als eine Schenkung oder als ein „Erwerb von Todes wegen“ zu qualifizieren ist. Bevor der Erwerb der gesamten Anteile durch einen nicht unbeschränkt steuerpflichtigen Miterben näher bestimmt wird, muss grundsätzlich festgehalten werden, dass § 6 Abs. 1 Satz 2 Nr. 1 Alt. 2 AStG auf die Beteiligung, die dem übernehmenden Erben schon im Zeitpunkt des Erbfalles gemäß der Erbquote zusteht, anwendbar bleibt.[967] Die Frage, ob eine Schenkung oder ein „Erwerb von Todes wegen“ vorliegt, betrifft nur den Erwerbsvorgang von dem Anteil an der Beteiligung, der dem übernehmenden Miterben durch die anderen Miterben im Zuge der Erbauseinandersetzung übertragen wird. Die Bestimmung des Vorganges als Schenkung oder als „Erwerb von Todes wegen“ ist von praktischer Relevanz, da im Falle einer Schenkung die Steuer dem Zuwendenden gegenüber festzusetzen

965 Vgl. *Häck*, in Haase, AStG, § 6 Rn. 90.

966 Zur gesonderten Feststellung von Besteuerungsgrundlagen bei der Mehrheit von Erben vgl. BFH, Urteil vom 17. 10. 1991 – IV R 97/89, BStBl. II 1992, S. 392, 393; *Koenig*, in: Pahlke/Koenig, AO, § 180 Rn. 18; *Ratschow*, in: Klein, AO, § 180 Rn. 6; *Söhn*, in: Hübschmann/Hepp/Spitaler, AO, § 180 Rn. 266-271; *Brandis*, in: Tipke/Kruse, AO, § 180 Rn. 18, 26.

967 *Baßler*, FR 2008, S. 851, 857.

ist,[968] während im Falle eines „Erwerbs von Todes wegen“ eine Festsetzung, die in der Person des Erblassers entstehen würde, gegenüber der Erbengemeinschaft erfolgen muss. Außerdem betrifft die Bestimmung des Vorganges als Schenkung oder als „Erwerb von Todes wegen“ die Frage, ob der Übernehmende bei einer Rückkehr ins Inland von dem Entfallen der Steuer nach § 6 Abs. 3 Satz 3 AStG profitieren kann.[969] Denn der Rückkehrtatbestand des § 6 Abs. 3 Satz 3 AStG erlaubt keine Aufhebung der Steuer, wenn der Erwerb der übrigen Anteile infolge der Erbauseinandersetzung als ein unentgeltliches Rechtsgeschäft unter Lebenden zu qualifizieren ist.

(1) Differenzierung anhand einer Teilungsanordnung

Entscheidendes Kriterium für die Beantwortung der Frage, ob die Art und Weise der Erbauseinandersetzung als ein Fall der unentgeltlichen Übertragung oder als ein Fall des „Erwerbs von Todes wegen“ zu bewerten ist, soll nach der Auffassung von *Baßler* der Wille des Erblassers bezüglich der Erbauseinandersetzung sein. Danach ist das im Rahmen der Erbauseinandersetzung Erlangte als ein „Erwerb von Todes wegen“ zu qualifizieren, soweit der Wille des Erblassers entscheidend für die Art und Weise der Erbauseinandersetzung gewesen ist. Eine am Willen des Erblassers orientierte Erbauseinandersetzung soll nach der Ansicht *Baßlers* vorliegen, wenn der Wille des Erblassers in einer Teilungsanordnung nach § 2048 Satz 1 BGB zum Ausdruck gekommen ist. Da es sich bei der Erbauseinandersetzung entsprechend der Teilungsordnung lediglich um die dingliche Verwirklichung der vom Erblasser bereits zuvor festgelegten Verteilung des Vermögens handelt,[970] sei es sachgemäß, eine solche Aufteilung des Vermögens als einen „Erwerb von Todes wegen“ zu behandeln. Dagegen solle eine Schenkung nach § 6 Abs. 1 Satz 2 Nr. 1 Alt. 1 AStG vorliegen, wenn die Aufteilung des Vermögens nicht durch eine Teilungsanordnung bestimmt ist. Die Aufteilung des Vermögens erfolge dann nicht mehr nach dem Willen des Erblassers, der die Miterben zu gleichberechtigten Erben eingesetzt und mit einer entsprechenden Quote bedacht hat, sondern gemäß dem Willen der Erbengemeinschaft, deren Vorstellungen den Willen des Erblassers überdecke.[971]

---

968 *Wassermeyer*, in: Flick/Wassermeyer/Baumhoff, AStG, § 6 Rn. 69.

969 *Baßler*, FR 2008, S. 851, 857-858; *Häck*, in: Haase, AStG, § 6 Rn. 90.

970 *Baßler*, FR 2008, S. 851, 858.

971 *Baßler*, FR 2008, S. 851, 858.

(2) Qualifizierung der Erbauseinandersetzung als eine unentgeltliche Übertragung im Sinne des § 6 Abs. 1 Satz 2 Nr. 1 Alt. 1 AStG

Im Gegensatz zu der Differenzierung nach dem Vorliegen einer Teilungsanordnung will *Häck* jeden Fall der Erbauseinandersetzung, unabhängig davon, ob eine Teilungsanordnung vorliegt oder nicht, als einen Fall der unentgeltlichen Übertragung der Anteile unter Lebenden nach § 6 Abs. 1 Satz 2 Nr. 1 Alt. 1 AStG behandeln.[972] Diese Ansicht trägt dem Umstand Rechnung, dass die Erbengemeinschaft nach § 2042 Abs. 2 i.V.m. § 752 BGB die Anteile unentgeltlich auf den Miterben im Zuge der Erbauseinandersetzung übertragen habe.[973]

(3) Wirtschaftliches Eigentum auf Grund der Teilungsanordnung

Die Differenzierung anhand des Bestehens einer Teilungsordnung könnte gerechtfertigt sein, wenn die Teilungsanordnung für die steuerrechtliche Bewertung bewirkt, dass der Berechtigte dadurch bereits wirtschaftliches Eigentum an dem jeweiligen Wirtschaftsgut erlangt hat,[974] so dass der Miterbe die Anteile tatsächlich vom Erblasser im Rahmen eines „Erwerbs von Todes wegen" erhalten haben könnte. Der durch die Teilungsanordnung Begünstigte könnte nämlich bereits mit dem Erbfall als wirtschaftlicher Eigentümer nach § 39 Abs. 2 Nr. 1 AO hinsichtlich der gesamten Anteile anzusehen sein, da die Teilungsanordnung dem Begünstigten das Recht verleiht, die Bestimmungen der Anordnung auch gerichtlich gegen die anderen Miterben durchzusetzen.[975]

Zivilrechtlich müssen jedoch der Erbanfall nach §§ 1922 Abs. 1, 2032 Abs. 1 BGB und die Auseinandersetzung nach § 2042 i.V.m. § 752 BGB unterschieden werden. Es handelt sich hierbei um zwei zu trennende Vorgänge. Mit dem Erbanfall hat der Miterbe lediglich Gesamthandeigentum an dem Nachlass und damit an der Kapitalgesellschaftsbeteiligung des Erblassers erlangt. Alleineigentümer wird der Miterbe an den Anteilen auch bei Bestehen einer Teilungsanordnung zu seinen Gunsten erst infolge des dinglichen Vollzuges der Auseinandersetzung nach § 2042 i.V.m. § 752 BGB,[976] da die Teilungsanordnung selbst lediglich eine schuldrechtliche Wirkung hat.[977]

972 *Häck*, in: Haase, AStG, § 6 Rn. 90.

973 *Häck*, in: Haase, AStG, § 6 Rn. 90.

974 Vgl. *Flume*, DB 1990, S. 2390, 2391; *Knobbe-Keuk*, Bilanz- und Unternehmenssteuerrecht, S. 816-817; *Paus*, StB 2001, S. 2, 2.

975 *Paus*, StB 2001, S. 2, 2; vgl. *Tschichoflos*, Prütting/Wegen/Weinreich, BGB, § 2048 Rn. 27.

976 *Weidlich*, in: Palandt, BGB, vor § 2042 Rn. 1.

977 *Tschichoflos*, in: Prütting/Wegen/Weinreich, BGB, § 2042 Rn. 2; *Weidlich*, in: Palandt, BGB, § 2042 Rn. 7.

Mit der Teilungsanordnung wird auch keine Sondererbfolge an dem zugewandten Gegenstand geschaffen,[978] so dass sie auch den Wert der einzelnen Beteiligungen der Miterben und die Höhe der Erbteile nicht verändert.[979] Damit ist es dem Erblasser bei einer Mehrheit von Erben also grundsätzlich nicht möglich, gewisse Erben mit bestimmten Gegenständen durch eine Anordnung zu bedenken, der eine dingliche Wirkung zukommt.[980] Der Erblasser kann lediglich durch ein Vorausvermächtnis (§ 2050 BGB) oder durch eine Teilungsanordnung (§ 2048 BGB) eine solche Zuweisung treffen, wobei diese Zuweisungen nur in schuldrechtlicher Hinsicht wirken.[981] Mangels dinglicher Wirkung der Teilungsanordnung erwirbt der Berechtigte die ihm durch den Erblasser zugewandten Gegenstände daher nicht direkt vom Erblasser, sondern von der Erbengemeinschaft.[982] Wirtschaftliches Eigentum desjenigen, der durch die Teilungsanordnung bedacht worden ist, setzt aber voraus, dass dieser mit den Anteilen nach seinem Belieben verfahren kann.[983] Auf Grund des Gesamthandeigentums der Miterben ist jedoch das Einverständnis der übrigen Miterben erforderlich. Anhand dieses Erfordernisses wird aber deutlich, dass die übrigen Miterben zunächst ebenfalls wirtschaftliche Eigentümer geworden sind.[984]

Schließlich bleiben bis zur endgültigen Auseinandersetzung die auf Grund einer Teilungsanordnung einem bestimmten Miterben zugewiesenen Gegenstände Bestandteil des Nachlasses.[985] Da der Teilungsanordnung nur eine schuldrechtliche und nicht auch eine dingliche Wirkung zukommt,[986] können sich die Miterben letztlich über die Bestimmungen der Teilungsanordnung hinwegset-

---

978 KG, 1. ZS, Beschluss vom 13. 7. 1967 – 1 W 1328/67, OLGZ 67, S. 358, 361; *Schlüter*, Erbrecht, Rn. 706; *Tschichoflos*, in: Prütting/Wegen/Weinreich, BGB, § 2048 Rn. 8; *Weidlich*, in: Palandt, BGB, vor § 2048 Rn. 4.

979 BGH, Urteil vom 14. 3. 1984 – IVa ZR 87/82 – NJW 1985, S. 51, 52; *Tschichoflos*, in: Prütting/Wegen/Weinreich, BGB, § 2048 Rn. 8; *Weidlich*, in: Palandt, BGB, vor § 2048 Rn. 4.

980 *Gergen*, in: MüKo, Vor § 2032 Rn. 6; auf Grund der beschränkten Wirkweise der Teilungsanordnung lehnt der BFH wirtschaftliches Eigentum ab, BFH, Urteil vom 4. 5. 2000 – IV R 10/99, BStBl. II 2002, S. 850, 851.

981 *Gergen*, in: MüKo, Vor § 2032 Rn. 7.

982 Vgl. *Weidlich*, in: Palandt, BGB, vor § 2048 Rn. 4.

983 Vgl. *Koenig*, in: Pahlke/Koenig, AO, § 39 Rn. 17-18.

984 Vgl. *Fleischer*, DStR 1999, S. 972, 972; ebenfalls wirtschaftliches Eigentum auf Grund einer Teilungsanordnung ablehnend *Daragan/Zacher-Röder*, DStR 1999, S. 89, 91.

985 *Ann*, in: MüKo, BGB, § 2048 Rn. 9; vgl. OLG Neustadt, Beschluss vom 2. 2. 1960 – 2 W 151/59, MDR 1960, S. 497, 497; OLG Colmar, II. ZS, Beschluss vom 4. 10. 1904, OLGE 9, S. 398, 399.

986 *Ann*, in: MüKo, BGB, § 2048 Rn. 8.

zen, sofern sie zu einer einvernehmlichen Lösung kommen.[987] Zivilrechtlich ist es den Miterben somit durch ein einvernehmliches Übereinkommen möglich, die Erbauseinandersetzung ohne Berücksichtigung des Willens des Erblassers zu vereinbaren.[988] Diese sehr eingeschränkte Wirkweise der Teilungsanordnung im Zivilrecht spricht dagegen, den durch eine Teilungsanordnung begünstigten Miterben schon im Zeitpunkt des Erbanfalles als wirtschaftlichen Eigentümer sämtlicher Anteile zu behandeln und den Erwerb der Anteile dementsprechend als einen „Erwerb von Todes wegen" im Sinne des § 6 Abs. 1 Satz 2 Nr. 1 Alt. 2 AStG zu qualifizieren.

(4) Trennung von Erbanfall und Erbauseinandersetzung im Einkommensteuerrecht

Der BFH hat mittlerweile seine Einheitsthese, wonach Erbanfall und Erbauseinandersetzung als ein einheitlicher Vorgang zu bewerten sind, wenn nur ein Teil der Miterben den Gewerbebetrieb gegen Abfindung der anderen Miterben fortsetzte,[989] aufgegeben und behandelt nunmehr im Einklang mit dem Zivilrecht Erbanfall und Erbauseinandersetzung als zwei verschiedene und zu trennende Vorgänge.[990] Angesichts dieser Trennung von Erbanfall und Erbauseinandersetzung für einkommensteuerrechtliche Zwecke ist es sehr fraglich, ob eine Teilungsanordnung ein adäquates Abgrenzungsmerkmal ist.

Schließlich werden im Einkommensteuerrecht eine Teilungsanordnung und eine frei unter den Miterben vereinbarte Erbauseinandersetzung grundsätzlich

987 BFH, Urteil vom 4. 5. 2000 – IV R 10/99, BStBl. II 2002, S. 850, 851.

988 Vgl. *Tschichoflos*, in: Prütting/Wegen/Weinreich, BGB, § 2048 Rn. 10.

989 BFH, Urteil vom 7. 2. 1980 – IV R 178/76, BStBl. II 1980, S. 383, 384; Urteil vom 23. 7. 1980 – I R 43/77, BStBl. II 1981, S. 19, 20; Urteil vom 19. 5. 1983 – IV R 138/79, BStBl. II 1983, S. 380, 381; Urteil vom 6. 2. 1987 – III R 203/83, BStBl. II 1987, S. 423, 425; aus diesem Ansatz folgte für die einkommensteuerrechtliche Beurteilung, dass der Betrieb unmittelbar und unentgeltlich von dem Erblasser auf die Erben überging, so dass keine Anschaffungskosten bei ihnen anfielen und die Buchwerte nach § 7 EStDV a.F. fortzuführen waren, dazu *Preißer*, DStZ 1990, S. 330, 337; spiegelbildlich realisierten deshalb die weichenden Erben keinen zu versteuernden Veräußerungsgewinn im Zuge der Erbauseinandersetzung, dazu *Gänger*, in: Bordewin/Brandt, EStG, § 16 Rn. 268.

990 BFH, Urteil vom 9. 7. 1985 – IX R 49/83, BStBl. 1985 II, S. 722, 724 (für Privatvermögen); BFH, Beschluss vom 5. 7. 1990 – GrS 2/89, BStBl. II 1990, S. 837, 841, 847 (für Betriebsvermögen); *Gänger*, in: Bordewin/Brandt, EStG, § 16 Rn. 268; vgl. *Reiß*, in: Kirchhof, EStG, § 16 Rn. 95.

gleich behandelt.[991] Nur vereinzelt wird der Teilungsanordnung eine grundsätzliche Bedeutung beigemessen, die auch durch das Steuerrecht berücksichtigt werden muss.[992] Beispielsweise kann es bei dem Übergang eines Gewerbebetriebes auf eine Mehrheit von Erben zu einer rückwirkenden Zurechnung der laufenden gewerblichen Einkünfte kommen, wenn die Erbauseinandersetzung entsprechend der Teilungsanordnung durch die Miterben vollzogen wird.[993] Allerdings ist auch diese Entscheidung in der Literatur angesichts anderer bereits bestehender Instrumentarien wie das Vorausvermächtnis auf Kritik gestoßen.[994] Des Weiteren ist diese Rückbeziehung auf die Zurechnung der laufenden Einkünfte beschränkt und ändert nichts an der einkommensteuerrechtlichen Stellung der Miterben als Mitunternehmer ab dem Zeitpunkt des Todes des Erblassers.[995] Damit wird auch im Einkommensteuerrecht die Trennung von Erbanfall und Erbauseinandersetzung nachvollzogen.[996]

Die Bedeutung einer Teilungsanordnung im Ertragsteuerrecht ist also gering. Lediglich in Ausnahmefällen, die jedoch nicht verallgemeinerungsfähig sind, wird eine Teilungsanordnung berücksichtigt, wobei selbst in diesen Fällen die Teilungsanordnung nur eine rückwirkende Zurechnung von Einkünften, nicht jedoch von Wirtschaftsgütern, zulässt.

(5) Ergebnis

Der Erwerb der übrigen Anteile an der Beteiligung nach § 17 Abs. 1 Satz 1 EStG durch einen nicht unbeschränkt steuerpflichtigen Miterben im Rahmen einer Erbauseinandersetzung ist als ein unentgeltliches Rechtsgeschäft

---

991 BFH, Urteil vom 13. 12. 1990 – IV R 107/89, BStBl. II 1992, S. 510, 511; Urteil vom 15. 3. 1994 – IX R 84/89, BFH/NV 1994, S. 847, 848; Beschluss vom 4. 11. 1998 – IV B 136/98, BStBl. II 1999, S. 291, 292; Urteil vom 4. 5. 2000 – IV R 10/99, BStBl. II 2002, S. 850, 851; vgl. BMF vom 11. 1. 1993 – IV B 2 – S 2242 – 86/42, BStBl. I 1993, S. 62 Tz. 76; *Pohl*, Unternehmensnachfolge durch Teilungsanordnung und Sondererbfolge im Einkommensteuerrecht, Diss., Köln 1997, S. 93-94; *Schallmoser/Stuhrmann*, in: Blümich, EStG, § 16 Rn. 64; vgl. *Reiß*, in: Kirchhof, EStG, § 16 Rn. 97.

992 Vgl. *Flume*, DB 1990, S. 2390, 2391.

993 BFH, Urteil vom 4. 5. 2000 – IV R 10/99, BStBl. II 2002, S. 850, 852-853; BMF vom 14. 3. 2006, BStBl. I 2006, S. 253 Tz. 8; *Geissler*, in: Herrmann/Heuer/Raupach, EStG, § 16 Rn. 82.

994 Vgl. *Richter/Stangl*, BB 2000, S. 2390, 2390-2391; ebenfalls kritisch zum Urteil des BFH vom 4. 5. 2000 äußert sich *Geck*, DStR 2000, S. 1383, 1385-1386.

995 BMF vom 14. 3. 2006, BStBl. I 2006, S. 253 Tz. 3, 8; *Geissler*, in: Herrmann/Heuer/Raupach, EStG, § 16 Rn. 82; *Wacker*, in: Schmidt, EStG, § 16 Rn. 623.

996 *Schallmoser/Stuhrmann*, in: Blümich, EStG, § 16 Rn. 23.

unter Lebenden im Sinne des § 6 Abs. 1 Satz 2 Nr. 1 Alt. 1 AStG zu werten. Eine andere Bewertung folgt nicht aus einer Teilungsanordnung, die für die Auslegung von § 6 Abs. 1 Satz 2 Nr. 1 AStG unbeachtlich ist. Daher stellt auch der Erwerb der Anteile entsprechend der Teilungsanordnung eine Übertragung der Anteile durch ein unentgeltliches Rechtsgeschäft unter Lebenden dar.[997] Steuerpflichtige sind daher die übertragenden Miterben, denen gegenüber die Steuer festzusetzen ist.[998]

ii) Unentgeltlicher Erwerb der gesamten Anteile durch einen unbeschränkt steuerpflichtigen Miterben

Die Übertragung der Anteile auf einen unbeschränkt steuerpflichtigen Miterben im Rahmen der Erbauseinandersetzung führt zu einer Wiederverstrickung der stillen Reserven im Inland. Für eine Besteuerung des Vermögenszuwachses zur Sicherung des deutschen Besteuerungsrechts an den stillen Reserven besteht wegen der Wiederverstrickung der stillen Reserven kein Bedürfnis mehr. Es wäre daher konsequent, die Steuer wieder entfallen zu lassen. Ein Entfallen der Steuer bei der Wiederverstrickung der Anteile sieht § 6 Abs. 3 AStG vor. Der Gesetzgeber hat diese Vorschrift jedoch so unglücklich formuliert, dass ein Entfallen der Wegzugsteuer bei der vollständigen Wiederverstrickung der stillen Reserven im Rahmen einer Erbauseinandersetzung nicht Rechnung getragen wird. Hinsichtlich der Besteuerung nach § 6 Abs. 1 Satz 2 Nr. 1 Alt. 1 AStG sieht lediglich § 6 Abs. 3 Satz 3 AStG die Möglichkeit vor, die Steuer wieder entfallen zu lassen. Der Erlass der Steuer ist jedoch an die Bedingung gebunden, dass der Rechtsnachfolger des Steuerpflichtigen innerhalb von fünf Jahren unbeschränkt steuerpflichtig wird. Der unbeschränkt steuerpflichtige Miterbe, der die gesamten Anteile infolge der Erbauseinandersetzung von den anderen Miterben erwirbt, war jedoch zu keinem Zeitpunkt nicht unbeschränkt steuerpflichtig. Indem er nicht erst unbeschränkt steuerpflichtig im Sinne des § 6 Abs. 3 Satz 3 AStG werden kann, da er stets unbeschränkt steuerpflichtig war, kommt § 6 Abs. 3 Satz 3 AStG nicht zur Anwendung.

Bei einer wortlautgetreuen Auslegung von § 6 Abs. 3 Satz 3 AStG würde deshalb die Wegzugsteuer bestehen bleiben, obwohl die Steuer ihrem Sinn entsprechend überhaupt nicht mehr fortbestehen dürfte. Wenn jedoch die Wegzugsteuer nach § 6 Abs. 3 Satz 3 AStG entfällt, weil der Erbe wieder im Inland unbeschränkt steuerpflichtig wird, dann muss die Wegzugsteuer erst recht entfal-

997 Vgl. auch *Wassermeyer*, in: Flick/Wassermeyer/Baumhoff, AStG, § 6 Rn. 64, der die Erbauseinandersetzung allgemein als einen Fall des § 6 Abs. 1 Satz 2 Nr. 1 Alt. 1 AStG ansieht.

998 *Häck*, in: Haase, AStG, § 6 Rn. 90.

len, wenn der Erbe stets unbeschränkt steuerpflichtig gewesen ist.[999] Damit rechtfertigen weder der Zweck der Besteuerung noch die Systematik der Vorschrift ein Festhalten an der Steuer. Das Übersehen der Wiederverstrickung der stillen Reserven infolge einer Erbauseinandersetzung durch den Gesetzgeber darf nicht zu Lasten des Steuerpflichtigen erfolgen, sodass die Übertragung der Anteile im Rahmen der Erbauseinandersetzung auf einen unbeschränkt steuerpflichtigen Erben zu einem Entfallen der Wegzugsteuer in analoger Anwendung des § 6 Abs. 3 Satz 3 AStG führt.

iii) Die Rückkehr des übernehmenden nicht unbeschränkt steuerpflichtigen Miterben

Bei der unentgeltlichen Übertragung der übrigen Anteile auf einen nicht unbeschränkt steuerpflichtigen Miterben wurde festgestellt, dass hinsichtlich der Wegzugsbesteuerung zwischen dem Erbanfall und der Erbauseinandersetzung unterschieden werden muss. Während der Erbanfall die Wegzugsteuer nach § 6 Abs. 1 Satz 2 Nr. 1 Alt. 2 AStG im Hinblick auf die nach der Erbquote dem nicht unbeschränkt steuerpflichtigen Miterben zustehenden Anteile auslöst, führt die Übertragung der übrigen Anteile auf den nicht unbeschränkt steuerpflichtigen Miterben im Rahmen der Erbauseinandersetzung zu einer Besteuerung nach § 6 Abs. 1 Satz 2 Nr. 1 Alt. 1 AStG.[1000]

Mit der Begründung der unbeschränkten Steuerpflicht durch den Miterben entfällt der Rechtsgrund für die Wegzugsteuer, da die unbeschränkte Steuerpflicht eine Wiederverstrickung der stillen Reserven in den Anteilen nach § 17 Abs. 1 Satz 1 EStG bewirkt. Deshalb soll nach § 6 Abs. 3 Satz 3 AStG die Wegzugsteuer in entsprechender Anwendung von § 6 Abs. 3 Satz 1 AStG entfallen, wenn im Fall des „Erwerbs von Todes wegen" nach Absatz 1 Satz 2 Nr.1 der Rechtsnachfolger des Steuerpflichtigen innerhalb von fünf Jahren seit Entstehung des Steueranspruchs nach Absatz 1 unbeschränkt steuerpflichtig wird. Hinsichtlich des dem nicht unbeschränkt steuerpflichtigen Miterben schon im Erbfall auf Grund der Erbquote zustehenden Anteils ist dieser Miterbe sicherlich als Rechtsnachfolger des Steuerpflichtigen anzusehen. Daher muss die Wegzugsteuer, die nach § 6 Abs. 1 Satz 2 Nr. 1 Alt. 2 AStG in Bezug auf den Anteil des Erben an der Beteiligung, der seiner Erbquote entspricht, im Zeitpunkt der Begründung der unbeschränkten Steuerpflicht nach § 6 Abs. 3 Satz 3 AStG entfallen.[1001]

---

999 *Wassermeyer*, IStR 2007, S. 833, 836; *ders.*, in: Flick/Wassermeyer/Baumhoff, AStG, § 6 Rn. 164; *Baßler*, FR 2008, S. 851, 859; *Häck*, in: Haase, AStG, § 6 Rn. 88.

1000 *Häck*, in: Haase, AStG, § 6 Rn. 90.

1001 *Strunk/Kaminski*, in: Strunk/Kaminski/Köhler, AStG, § 6 Rn. 195.

Fraglich ist jedoch, ob die Wegzugsteuer, die erst im Rahmen der Erbauseinandersetzung nach § 6 Abs. 1 Satz 2 Nr. 1 Alt. 1 AStG entstanden ist, zum Zeitpunkt der Begründung der unbeschränkten Steuerpflicht nach § 6 Abs. 3 Satz 3 AStG entfällt. Danach ist allerdings erforderlich, dass die betreffende Person Rechtsnachfolger des Erblassers ist, da § 6 Abs. 3 Satz 3 AStG einen „Erwerb von Todes wegen" voraussetzt. Der Miterbe erwirbt jedoch die übrige Kapitalgesellschaftsbeteiligung, die ihm im Zeitpunkt des Erbfalls auf Grund der Erbquote nicht zugestanden hat, von der Erbengemeinschaft und nicht vom Erblasser,[1002] so dass dieser Erwerb als ein unentgeltliches Rechtsgeschäft unter Lebenden im Sinne des § 6 Abs. 1 Satz 2 Nr. 1 Alt. 1 AStG zu werten ist.[1003] Damit scheidet ein Entfallen der Steuer hinsichtlich der infolge der Erbauseinandersetzung erhaltenen Anteile nach § 6 Abs. 3 Satz 3 AStG aus. Abhilfe kann in dieser Situation nur noch § 6 Abs. 3 Satz 4 Nr. 2 AStG schaffen, wonach § 6 Abs. 3 Satz 1 AStG im Falle einer Stundung gemäß § 6 Abs. 5 AStG ohne die zeitliche Begrenzung gilt, wenn das Besteuerungsrecht der Bundesrepublik Deutschland hinsichtlich des Gewinns aus der Veräußerung der Anteile auf Grund eines anderen Ereignisses wieder begründet wird oder nicht mehr beschränkt ist.[1004] In allen übrigen Fällen, in denen es nicht zu einer Stundung der Steuer gekommen ist, bleibt die Wegzugsteuer jedoch bestehen.[1005]

c) Stundung der Steuer

Sofern die nicht unbeschränkt steuerpflichtigen Miterben die Voraussetzungen von § 6 Abs. 5 Satz 3 Nr. 1 AStG erfüllen, ist die Steuer zinslos zu stunden. In allen übrigen Fällen ist es angesichts der erheblichen Belastungen durch die Wegzugsteuer erwägenswert, die Steuer nach § 6 Abs. 4 AStG zu stunden.[1006]

1002 *Häck*, in: Haase, AStG, § 6 Rn. 90.

1003 A.A. *Baßler*, FR 2008, S. 851, 859, der unter Berufung auf § 6 Abs. 3 Satz 2 EStG in Bezug auf die Erbauseinandersetzung von einem sehr weiten Begriff des Rechtsnachfolgers ausgeht, so dass auch derjenige, der die übrigen Anteile erst im Rahmen der Erbauseinandersetzung erhalten hat, als Rechtsnachfolger des Erblassers anzusehen ist.

1004 Vgl. *Wassermeyer*, in: Flick/Wassermeyer/Baumhoff, AStG, § 6 Rn. 172; *Baßler*, FR 2008, S. 851, 859.

1005 Siehe zur Problematik des zu engenen Wortlautes von § 6 Abs. 3 Satz 3 AStG Kapitel 6 G. I..

1006 Vgl. *Baßler*, FR 2008, S. 851, 857, der die Steuer jedoch nach § 222 AO stunden will und auf § 6 Abs. 4 AStG nicht eingeht. Zwar bietet vordergründig eine Stundung nach § 222 AO gegenüber einer Stundung nach § 6 Abs. 4 AStG den Vorteil, dass sie nicht zwangsläufig an eine Sicherheitsleistung gebunden ist. Von einer Sicherheitsleistung soll jedoch nur in kurzen Zeiträumen, die in der Regel nicht drei Monate überschreiten, abgesehen werden, vgl. *Fritsch*, in: Pahlke/Koenig, AO, § 222 Rn. 49. Eine Stundung

Der Zufallscharakter der Erbengemeinschaft[1007] könnte es nämlich rechtfertigen, die Fälligkeit der Wegzugsteuer zeitlich hinauszuschieben. Der zufällige Charakter der Erbengemeinschaft führt letztendlich dazu, dass die Miterben sich regelmäßig nach kurzer Zeit wieder auseinandersetzen, womit die Erbengemeinschaft nicht nur eine zufällige Gemeinschaft, sondern auch noch von zeitlich sehr begrenzter Natur ist.[1008]

Eine Stundung nach § 6 Abs. 4 AStG setzt eine erhebliche Härte durch die Einziehung der Steuer voraus. Mit dem Merkmal der erheblichen Härte lehnt sich die Vorschrift an die Stundungsregelung in § 222 AO an,[1009] die hinsichtlich der Bestimmung der erheblichen Härte eine Unterscheidung zwischen persönlichen und sachlichen Stundungsgründen erfordert.[1010] Trotz fehlender Gewinnrealisierung bedeutet die sofortige Fälligstellung der Wegzugsteuer keine persönliche Härte im Sinne des § 222 Satz 1 AO für den Steuerschuldner, denn persönliche Stundungsgründe setzen eine von dem Steuerpflichtigen nicht verschuldete Notlage bzw. die Entstehung einer solchen Notlage wegen der Steuerfestsetzung und/oder Erhebung voraus.[1011] Eine persönliche Härte kann aber nicht angenommen werden, wenn der Steuerpflichtige auf einfachem Wege durch die Aufnahme eines Kredites oder durch die Verwertung der Wertpapiere in der Lage ist, die entstehende Steuer aus den frei werdenden Mitteln zu begleichen.[1012] Zur Begleichung der Wegzugsteuer dürfen daher die Finanzbehörden beim Fehlen liquider Mittel die Aufnahme eines Kredits oder die Verwertung der Anteile erwarten. Daher kann eine persönliche Härte im Sinne des § 222 AO bei dem Steuerschuldner auf Grund der sofortigen Fälligstellung der Wegzugsteuer nicht angenommen werden.[1013]

Die Fälligkeit der Wegzugsteuer könnte allerdings bei einer alsbaldigen Erbauseinandersetzung eine sachliche Härte darstellen.[1014] Im Gegensatz zu den

---

nach § 222 AO bietet gegenüber § 6 Abs. 4 AStG daher keine nennenswerte Vorteile, sondern verschlechtert letztlich die Situation der Miterben, da eine Stundung nach § 222 AO im Gegensatz zu einer Stundung nach § 6 Abs. 4 AStG im Ermessen der Finanzverwaltung steht; zum Ermessen bei § 222 AO vgl. *Rüsken*, in: Klein, AO, § 222 Rn. 46; zum fehlenden Ermessensspielraum in § 6 Abs. 4 AStG vgl. *Elicker*, in: Blümich, AStG, § 6 Rn. 82.

1007 Vgl. *Hoeren*, in: Schulze, BGB, § 2032 Rn. 2.

1008 Vgl. *Baßler*, FR 2008, S. 851, 857.

1009 Vgl. *Wassermeyer*, in: Flick/Wassermeyer/Baumhoff, AStG, § 6 Rn. 190.

1010 *Fritsch*, in: Pahlke/Koenig, AO, § 222 Rn. 24.

1011 BFH, Beschluss vom 27. 4. 2001 – XI S 8/01, BFH/NV 2001, S. 1362, 1363.

1012 BFH, Urteil vom 21. 8. 1973 – VIII R 8/68, BStBl. II 1974, S. 307, 308; *Fritsch*, in: Pahlke/Koenig, AO, § 222 Rn. 27.

1013 In Hinblick auf § 6 Abs. 4 AStG

1014 *Baßler*, FR 2008, S. 851, 857; *Häck*, in: Haase, AStG, § 6 Rn. 88.

persönlichen Stundungsgründen sind bei den sachlichen Stundungsgründen die persönlichen Verhältnisse des Steuerpflichtigen weitgehend unbeachtlich, so dass die sachlichen Stundungsgründe allein aus der Fälligkeit selbst und den Umständen, die die Fälligkeit zu einem bestimmten Zeitpunkt ausgelöst haben, folgen.[1015] Angesichts der nachteiligen steuerlichen Folgen bei einer Erbauseinandersetzung, bei der sämtliche Anteile auf den nicht unbeschränkt steuerpflichtigen Miterben übertragen werden, könnten sich die Miterben zu einer Übertragung der Anteile auf einen unbeschränkt steuerpflichtigen Erben entscheiden. In diesem Falle würde die Wegzugsteuer auf Grund der analogen Anwendung des § 6 Abs. 3 Satz 3 AStG als Folge des Erst-Recht-Schlusses wieder entfallen.[1016]

In Anbetracht dieses Erstattungsanspruchs könnte im Falle einer Mehrheit von Erben, bei denen mindestens ein Miterbe unbeschränkt steuerpflichtig ist, eine sachliche Härte in Hinblick auf eine Besteuerung nach § 6 Abs. 1 Satz 2 Nr. 1 Alt. 2 AStG aus dem Grundgedanken der Verrechungsstundung abgeleitet werden. Auch im Steuerrecht gilt das sich aus den Grundsätzen von Treu und Glauben ergebende Prinzip, wonach derjenige treuwidrig handelt, der fordert, was er sogleich zurückzugeben hat.[1017] Eine lediglich ungewisse oder unbestimmte Aussicht auf Erstattung erlaubt es dem Steuerschuldner zwar nicht, sich auf diesen Grundsatz von Treu und Glauben zu berufen.[1018] Wenn jedoch mit einer an Sicherheit grenzenden Wahrscheinlichkeit damit zu rechnen ist, dass der als Steuer zu zahlende Betrag schon in Kürze wieder erstattet werden muss, dann bedeutet die Erfüllung der Steuerschuld eine erhebliche Härte nach § 222 Satz 1 AO.[1019] Ein Erstattungsanspruch steht dem Herangezogenen mit an Si-

---

1015 *Janssen*, DStZ 1991, S. 77, 78; *Kruse*, in: Tipke/Kruse, AO, § 222 Rn. 26; *Fritsch*, in: Pahlke/Koenig, AO, § 222 Rn. 35.

1016 Siehe Kapitel 6 E. IV. 2. b) ii); *Baßler*, FR 2008, S. 851, 859; *Häck*, in: Haase, AStG, § 6 Rn. 88.

1017 BFH, Beschluss vom 21. 1. 1982 – VIII B 94/79, BStBl. II 1982, S. 307, 307; Urteil vom 6. 10. 1982 – I R 98/81, BStBl. II 1983, S. 397, 398; Beschluss vom 29. 11. 1984 – V B 44/84, BStBl. II 1985, S. 194, 196-197; Beschluss vom 5. 7. 1990 – I B 17/90, BFH/NV 1991, S. 146, 147; Urteil vom 24. 3. 1998 – I R 120/97, BStBl. II 1999, S. 3, 4; FG Hamburg, Urteil vom 22. 5. 1997 – II 22/95, EFG 1997, S. 1355, 1355; von *Groll*, in: Hübschmann/Hepp/Spitaler, AO, § 222 Rn. 181; *Kruse*, in: Tipke/Kruse, AO, § 222 Rn. 27; *Rüsken*, in: Klein, AO, § 222 Rn. 36; *Fritsch*, in: Pahlke/Koenig, AO, § 222 Rn. 37; *Grünberg*, in: Palandt, BGB, § 242 Rn. 52.

1018 BFH, Urteil vom 6. 10. 1982 – I R 98/81, BStBl. II 1983, S. 397, 398.

1019 BFH, Beschluss vom 21. 1. 1982 – VIII B 94/79, BStBl. II 1982, S. 307, 308-309; Urteil vom 7. 3. 1985 – IV R 161/81, BStBl. II 1985, S. 449, 451; Urteil vom 11. 10. 1989 – I R 149/85, BFH/NV 1991, S. 14, 15; Urteil vom 30. 5. 1990 – R 115/86, cherheit grenzender Wahrscheinlichkeit zu, wenn der Erstattungsanspruch dem Grunde und der Höhe nach belegt ist und er alsbald fällig wird.[1020] Schließlich muss der Gegenanspruch ein Anspruch gegen denselben Steuergläubiger sein.[1021]

Eine Erbauseinandersetzung mit dem Ergebnis, dass sämtliche Anteile im Sinne des § 17 Abs. 1 Satz 1 EStG auf einen unbeschränkt steuerpflichtigen Miterben übergehen, würde die im Zeitpunkt des Todes des Erblassers entstandene Steuer nach § 6 Abs. 3 Satz 3 AStG analog wieder entfallen lassen. Es handelt sich damit um einen Gegenanspruch des Steuerpflichtigen auf Grund desselben Steuertatbestandes. Zwar ist nicht gesichert, dass sich die Erben stets zu einer solchen Erbauseinandersetzung entschließen werden, angesichts der negativen steuerlichen Folgen ist eine Übertragung der Anteile auf einen unbeschränkt steuerpflichtigen Miterben aber keineswegs abwegig. Zumindest wenn eine Teilungsanordnung oder ein Vorausvermächtnis den Anspruch eines unbeschränkt steuerpflichtigen Miterben begründen, kann mit an Sicherheit grenzender Wahrscheinlichkeit von dem Bestehen des Erstattungsanspruchs ausgegangen werden. Im Übrigen rechtfertigt es die Natur der Erbengemeinschaft, die auf Auseinandersetzung angelegt ist und deren zeitliche Existenz daher sehr begrenzt ist, die Steuer nach § 6 Abs. 4 AStG zu stunden, sofern ein unbeschränkt steuerpflichtiger Miterbe an der Erbengemeinschaft beteiligt ist.[1022]

3. Fälle der Vor- und Nacherbschaft

Die Einsetzung des Erben erlaubt dem Erblasser nicht nur die Regelung der direkten Nachfolge. Das BGB eröffnet dem Erblasser auch die Möglichkeit, zu bestimmen, dass sein auf den Erben übergegangenes Vermögen auch über seinen Tod hinaus als Einheit Bestand hat, indem der Erblasser bereits zu Lebzeiten den weiteren Vermögensübergang durch die Einsetzung eines Nacherben bestimmen kann.[1023] Soweit nichts anderes durch den Erblasser bestimmt ist, tritt gemäß § 2106 Abs. 1 BGB mit dem Tode des Vorerben der Nacherbfall ein. Allerdings muss der Tod nicht zwingend der Auslöser der Nacherbschaft sein, da

---

BFH/NV 1990, S. 757, 758; Beschluss vom 5. 7. 1990 – I B 17/90, BFH/NV 1991, S. 146, 147.

1020 BFH, Urteil vom 6. 10. 1982 – I R 98/81, BStBl. II 1983, S. 397, 398; *Rüsken*, in: Klein, AO, § 222 Rn. 36.

1021 BFH, Beschluss vom 21. 1. 1982 – VIII B 94/79, BStBl. II 1982, S. 307, 309; *Janssen*, DStZ 1991, S. 77, 78.

1022 *Baßler*, FR 2008, S. 851, 857.

1023 *Leipold*, Erbrecht, Rn. 668; vgl. *Grunsky*, in: MüKo, BGB, § 2100 Rn. 2.

es dem Erblasser unbenommen ist, den Eintritt des Nacherbfalles auf Grund eines anderen Ereignisses als den Tod des Vorerben anzuordnen.[1024]

Die Bestimmung eines Nacherben bewirkt nicht, dass mit dem Tod des Erblassers eine Erbengemeinschaft zwischen Vorerben und Nacherben entsteht, da der Nacherbe zunächst nicht Erbe des Erblassers wird.[1025] Die Nacherbschaft beeinträchtigt grundsätzlich nicht die Stellung des Vorerben als wahren Erben des Erblassers, der Träger aller Rechte und Pflichten ist, die mit dem Nachlass verbunden sind.[1026] Beim Nacherbfall erbt der Nacherbe den Nachlass unmittelbar von dem Erblasser in der Form des Vonselbsterwerbs.[1027]

a) Vor- und Nacherben sind nicht unbeschränkt steuerpflichtig

i) Die verschiedenen Lösungsansätze

Der Eintritt des Vorerbfalles löst eine Besteuerung nach § 6 Abs. 1 Satz 2 Nr. 1 Alt. 2 AStG aus, wenn der Vorerbe nicht unbeschränkt steuerpflichtig ist. Sofern der Vorerbe die Voraussetzungen von § 6 Abs. 5 Satz 3 Nr. 1 AStG erfüllt, ist die Steuer zu stunden. Die Begründung der unbeschränkten Steuerpflicht innerhalb von fünf Jahren nach dem Tod des Erblassers lässt die Steuer nach § 6 Abs. 3 Satz 3 AStG wieder entfallen.

Als problematisch erweist sich die Behandlung des Nacherbenfalles, wenn auch der Nacherbe nicht unbeschränkt steuerpflichtig ist. Der Kern des Problems betrifft die Frage, im Verhältnis zu wem der Nacherbe die Anteile erwirbt. Als Möglichkeiten kommen ein „Erwerb von Todes wegen" vom Erblasser im Sinne des zivilrechtlichen Verständnisses oder ein Erwerb vom Vorerben in Betracht. Der Eintritt des Nacherbfalles würde nur bei einem zivilrechtlichen Verständnis eine Besteuerung nach § 6 Abs. 1 Satz 2 Nr. 1 Alt. 2 AStG auslösen. Um eine doppelte Besteuerung desselben Vorganges zu vermeiden, könnte der kurzzeitige Rückfall der Anteile ins Inland als ein dem § 6 Abs. 3 Satz 3 AStG entsprechender Rückkehrfall behandelt werden. Die Steuer würde in Bezug auf

1024 Vgl. *Grunsky*, in: MüKo, BGB, § 2106 Rn. 3; zur sog. Wiederverhereitungsklausel vgl. *Dippel*, AcP 177 (1977), S. 349, 353-354; *Leipold*, Erbrecht, Rn. 669; *Grunsky*, in: MüKo, BGB, § 2106 Rn. 1.

1025 *von Lübtow*, Erbrecht – 2. Halbband, S. 868; *Brox/Walker*, Erbrecht, Rn. 343; *Stürner*, in: Jauernig, BGB, § 2100 Rn. 1; *Litzenburger*, in: Bamberger/Roth, BGB, § 2100 Rn. 2; *Edenhofer*, in: Palandt, BGB, § 2100, Rn. 1.

1026 *von Lübtow*, Erbrecht – 2. Halbband, S. 869.

1027 BGH, Urteil vom 4. 7. 1962 – V ZR 14/61 – BGHZ 37, S. 319, 326; *von Lübtow*, Erbrecht – 2. Halbband, S. 907; *Schlüter*, Erbrecht, Rn. 727; *Schmidt*, in: Erman, BGB, § 2139 Rn. 1; *Grunsky*, in: MüKo, BGB, § 2100 Rn. 50, § 2139 Rn. 1; *Edenhofer*, in: Palandt, BGB, § 2139 Rn. 1, 4.

den Vorerben entfallen und müsste hinsichtlich des Nacherben mit dem Wert zum Zeitpunkt des Nacherbfalles festgesetzt werden.[1028] Diese Lösung hätte für den Nacherben den Vorteil, dass die Begründung der unbeschränkten Steuerpflicht nach § 6 Abs. 3 Satz 3 AStG zum Entfallen der Steuer führen würde, da der Nacherbe als Rechtsnachfolger des Steuerpflichtigen anzusehen wäre.

Die Annahme eines Erwerbs der Anteile vom dem Vorerben wiederum würde zu keiner Besteuerung nach § 6 Abs. 1 Satz 2 Nr. 1 Alt. 2 AStG führen, die Begründung der unbeschränkten Steuerpflicht durch den Nacherben würde aber auch nicht zum Entfallen der durch den Vorerben entrichteten Steuer führen. Dieses Ergebnis ist für den Nacherben wirtschaftlich betrachtet nachteilig, da der Vorerbe die Wegzugsteuer als außerordentliche Last gemäß § 2126 Satz 2 i.V.m. § 2124 Abs. 2 BGB aus der Erbschaft bestreiten kann. Eine außerordentliche Last des § 2126 Abs. 1 Satz 1 BGB zeichnet sich zwar regelmäßig dadurch aus, dass sie einmalig[1029] ist und von einem besonderen Ereignis herrührt,[1030] weshalb Steuern per se keine außerordentliche Last im Sinne des § 2126 Abs. 1 Satz 1 BGB darstellen.[1031] Einmalig anfallende Steuern sind jedoch als außergewöhnliche Belastungen zu qualifizieren,[1032] worunter auch die Einkommensteuer in Hinblick auf Fälle des § 16 EStG[1033] und § 17 EStG[1034] fällt. Da § 6 Abs. 1 Satz 2 Nr. 1 Alt. 2 AStG als Rechtsfolge eine Besteuerung des Vermögenszuwachses nach § 17 EStG vorsieht, muss auch die Wegzugsbesteuerung als eine außergewöhnliche Last betrachtet werden.[1035] Daher obläge es dem Nacherben, die Steuerlast der Wegzugsbesteuerung zu tragen, so dass letztlich der Nacherbe durch die Steuer wirtschaftlich belastet ist.

ii) Bewertung

Das Erbschaftsteuerrecht, an dessen Terminologie sich die Auslegung des § 6 Abs. 1 Satz 2 Nr. 1 Alt. 2 AStG orientieren soll, ist hinsichtlich der Bestimmung des Merkmals „Erwerb von Todes wegen“ grundsätzlich an das Zivilrecht ge-

1028 *Baßler*, FR 2008, S. 851, 860.

1029 BGH, Urteil vom 23. 3. 1956 – IV ZR 317/55 – NJW 1956, S. 1070; *Johansen*, WM 1970, S. 2, 6; de Leve, ZEV 2005, S. 16, 18.

1030 *Kummer*, in: Prütting/Wegen/Weinreich, BGB, § 2126 Rn. 12.

1031 *Grunsky*, in: MüKo, BGB, § 2126 Rn. 5 .

1032 *Grunsky*, in: MüKo, BGB, § 2126 Rn. 5.

1033 BGH, Urteil vom 10. 7. 1980 – Iva ZR 20/80 – NJW 1980, S. 2465, 2466; *Kummer*, in: Prütting/Wegen/Weinreich, BGB, § 2126 Rn. 13.

1034 BGH, Urteil vom 25. 3. 1968 – III ZR 12/68 – MDR 1968, S. 566, 566; *Kummer*, in: Prütting/Wegen/Weinreich, BGB, § 2126 Rn. 13.

1035 *Baßler*, FR 2008, S. 851, 860.

bunden ist.[1036] Im Zivilrecht erwirbt der Nacherbe wiederum unmittelbar vom Erblasser und nicht vom Vorerben,[1037] so dass dem durch die Regelung der Rechtsnachfolge zum Ausdruck gekommenen Willen des Erblassers auch bei der Wegzugsbesteuerung in der Weise Rechnung getragen werden könnte, dass der Erwerb der Anteile vom Erblasser erfolgt.[1038]

Das Erbschaftsteuerrecht weicht allerdings von dieser zivilrechtlichen Behandlung der Nacherbschaft als einem Direkterwerb des Nacherben von dem Erblasser[1039] in § 6 ErbStG ab. § 6 Abs. 2 Satz 1 ErbStG bestimmt nämlich, dass der Nacherbe von dem Vorerben erwirbt. Angesichts der engen Anlehnung an die erbschaftsteuerrechtliche Terminologie in § 6 Abs. 1 Satz 2 Nr. 1 Alt. 2 AStG könnte daher ein dem Zivilrecht widersprechender Übergang des Vermögens vom Vorerben auf den Nacherben auch in Bezug auf die zweite Alternative des Ersatztatbestandes angenommen werden.[1040]

Der Gesetzgeber scheint aber auch in § 6 ErbStG die zivilrechtliche Regelung nicht ganz außer Acht zu lassen, da er dem Nacherben in § 6 Abs. 2 Satz 2 ErbStG das Recht gewährt, bei der Versteuerung das Verhältnis zum Erblasser der Versteuerung zugrunde zu legen, sofern der Nacherbe einen solchen Antrag gestellt hat.[1041] Hinsichtlich einer auf das Erbschaftsteuerrecht gestützten Behandlung des Nacherbfalls als einen „Erwerb von Todes wegen" im Sinne des § 6 Abs. 1 Satz 2 Nr. 1Alt. 2 AStG von dem Vorerben stellt sich daher die Frage, welche Wirkung § 6 Abs. 2 Satz 2 ErbStG zukommen soll. Wenn der Norm nämlich ein weites Verständnis zugrunde zu legen wäre, könnte eine Behandlung des Nacherbfalls als ein „Erwerb von Todes wegen" vom Vorerben nicht auf § 6 ErbStG gestützt werden, da die Aussage des Satzes 1 durch ein weites Verständnis des Satzes 2 wieder relativiert würde. Ein restriktives Verständnis des Satzes 2 würde hingegen bedeuten, dass eine an der erbschaftsteuerrechtlichen Terminologie orientierte Auslegung von § 6 Abs. 1 Satz 2 Nr. 1 Alt. 2

1036 BFH, Urteil vom 22. 9. 1982 – II R 61/80, BStBl. II 1983, S. 179, 179; *Meincke*, StuW 1992, S. 186, 189-190; *Gebel*, BB 2000, S. 537, 537; *Jülicher*, DStR 2001, S. 769, 772; *Meincke*, ErbStG, Einf. Rn. 12; *Geck*, in: Kapp/Ebeling, ErbStG, § 1 Rn. 5-8; *Gebel*, in: Troll/Gebel/Jülicher, ErbStG, Einf. Rn. 29-32 ; vgl. zur Maßgeblichkeit des Zivilrechts für das Erbschaftsteuerrecht *Weinmann*, in: Moench/Weinmann, ErbStG, Einf. Rn. 74-75; dazu auch *Crezelius*, Erbschaftsteuer und Schenkungsteuer in zivilrechtlicher Sicht, Diss., Bielefeld 1979, S. 37-38; *ders.*, FR 2007, S. 613, 619-620.

1037 BGH, Urteil vom 31. 5. 1965 – III ZR 233/62 – BGHZ 44, S. 152, 153; *Grunsky*, in: MüKo, BGB, § 2139 Rn. 1; *Litzenburger*, in: Bamberger/Roth, BGB, § 2139 Rn..

1038 *Baßler*, FR 2008, S. 851, 860.

1039 Zum Erwerb des Nacherben vom Erblasser vgl. *Litzenburger*, in: Bamberger/Roth, BGB, § 2100 Rn. 2.

1040 Vgl. dazu *Baßler*, FR 2008, S. 851, 861.

1041 *Gebel*, in: Troll/Gebel/Jülicher, ErbStG, § 6 Rn. 2.

AStG unter Hinweis auf § 6 Abs. 2 Satz 1 ErbStG den Nacherbfall grundsätzlich als einen Erwerb vom Vorerben ansehen würde.

Ein Teil der Literatur entnimmt § 6 Abs. 2 Satz 2 ErbStG unter Hinweis auf den undifferenzierten Begriff „Versteuerung“ ein weites Verständnis. Daher seien alle relevanten Besteuerungsmerkmale im Verhältnis des Nacherben zum Vorerben der Versteuerung zugrunde zulegen. Mit § 6 Abs. 2 Satz 2 ErbStG bezwecke der Gesetzgeber dem von § 6 Abs. 2 Satz 1 ErbStG hervorgerufenen Systembruch zum übrigen Erbschaftsteuerrecht zu begegnen.[1042]

Eine restriktive Auslegung des § 6 Abs. 2 Satz 2 ErbStG legt allerdings der Wortlaut des § 6 Abs. 2 Satz 3 ErbStG nahe, wonach hinsichtlich der Steuerklasse eine getrennte Behandlung der Vermögensanfälle zu erfolgen hat, wenn neben dem Vermögen des Erblassers auch eigenes Vermögen des Vorerben auf den Nacherben übergeht.[1043] Dem Gesetz ist damit zu entnehmen, dass eine Trennung dieser Vermögensübergänge nur bezüglich der Steuerklasse erfolgen soll, während es sich im Übrigen um einen Erwerb vom Vorerben handelt.[1044] Deshalb ist der Anwendungsbereich von § 6 Abs. 2 Satz 2 ErbStG nur auf das Verwandtschaftsverhältnis und damit auf die Steuerklasse zu beschränken, so dass im Übrigen der Nacherbe auch im Rahmen des Satzes 2 vom Vorerben erwerben soll.[1045] Der Gesetzgeber geht damit im Rahmen der Erbschaftsteuer von einem Erwerb des Nacherben vom Vorerben aus. Diese Wertung muss auch bei der Auslegung von § 6 Abs. 1 Satz 2 Nr. 1 Alt. 2 AStG beachtet werden.

Die Einordnung des Nacherbfalls als ein Erwerb vom Vorerben ist auch dem Einkommensteuerrecht nicht fremd, da der Übergang eines Kommanditanteils des Vorerbens auf den Nacherben als eine unentgeltliche Übertragung im Sinne des § 6 Abs. 3 Satz 1 EStG vom Vorerben anzusehen ist.[1046] Das Einkommensteuerrecht erachtet damit die Vor- und Nacherbschaft als zwei unentgeltliche Übertragungen.[1047]

Diese Wertungen des Erbschaftsteuer- und Ertragsteuerrechts können im Rahmen des § 6 Abs. 1 Satz 2 Nr. 1 Alt. 2 AStG nicht allein auf Grund der für den Nacherben nachteiligen Rechtsfolgen in Hinblick auf § 6 Abs. 3 Satz 3

1042 *Noll*, DStR 2004, S. 257, 260; *Gebel*, in: Troll/Gebel/Jülicher, ErbStG, § 6 Rn. 2.

1043 *Meincke*, ErbStG, § 6 Rn. 15.

1044 *Meincke*, ErbStG, § 6 Rn. 15.

1045 RFH, Urteil vom 8. 7. 1937 – III e A 78/36, RStBl. 1937, S. 974, 974; Urteil vom 9. 3. 1939 – III e 4/39, RStBl. 1939, S. 726, 727; BFH, Urteil vom 2. 12. 1998 – II R 43/97, BStBl. II 1999, S. 235, 236; Beschluss vom 28. 2. 2007 – II B 82/06, BFH/NV 2007, S. 919, 920; Urteil vom 3. 11. 2010 – II R 65/09, DStR 2010, S. 2567, 2568-2569; *Moench*, DStR 1987, S. 139, 141; *Meincke*, ErbStG, § 6 Rn. 13.

1046 BFH, Urteil vom 11. 5. 1995 – IV R 44/93, BFHE 177, S. 466, 471.

1047 *Reiß*, in: Kirchhof, EStG, § 16 Rn. 89.

AStG ausgeblendet werden.[1048] In Bezug auf die Unanwendbarkeit des § 6 Abs. 3 Satz 3 AStG muss schließlich beachtet werden, dass der Vorerbe „Herr des Nachlasses" ist.[1049] Damit unterscheidet sich der Fall der Nacherbschaft aus einkommensteuerrechtlicher Sicht nur unwesentlich von einem Sachverhalt, in dem die Anteile auf einen nicht unbeschränkt steuerpflichtigen Vollerben übergehen, der sie wiederum einer nicht unbeschränkt steuerpflichtigen Person vererbt. In letzterem Fall kommt ein Entfallen der Steuer nach § 6 Abs. 3 Satz 3 AStG bei Begründung der unbeschränkten Steuerpflicht durch den Schlusserben ebenfalls nicht in Betracht. In Hinblick auf die Unanwendbarkeit von § 6 Abs. 3 Satz 3 AStG auf den Nacherben besteht daher kein Korrekturbedürfnis, wenn auch der Vorerbe nicht unbeschränkt steuerpflichtig gewesen ist.

Daher erwirbt der Nacherbe beim Eintritt des Nacherbfalls die Kapitalgesellschaftsbeteiligungen infolge eines „Erwerbs von Todes wegen" von dem Vorerben. Damit wird der Fall des § 6 Abs. 1 Satz 2 Nr. 1 Alt. 2 AStG nur von dem Vorerben erfüllt, so dass die Wegzugsteuer in der Person des Vorerben entsteht und nach § 45 AO auf den Nacherben übergeht.[1050] Dasselbe gilt auch, wenn der Nacherbfall nicht durch den Tod des Vorerben, sondern durch ein anderes Ereignis wie dem Eintritt der Bedingung der Wiederverheiratungsklausel ausgelöst wird.[1051]

b) Nur der Vorerbe ist nicht unbeschränkt steuerpflichtig

Die Vorerbschaft eines nicht unbeschränkt steuerpflichtigen Vorerben erfüllt die Voraussetzungen von § 6 Abs. 1 Satz 2 Nr. 1 Alt. 2 AStG, so dass der Vorgang einen „Erwerb von Todes wegen" darstellt. Wenn der Nacherbe unbeschränkt steuerpflichtig ist, kommt es mit dem Eintritt des Nacherbfalles zu einer Wiederverstrickung des Vermögenszuwachses, da der Nacherbe eine unbeschränkt steuerpflichtige Person ist. Dieser Fall der Wiederverstrickung, der unter Beachtung der ratio der Wegzugsbesteuerung zu einem Entfallen der Steuer führen müsste, ist in § 6 AStG jedoch nicht normiert.[1052] Entscheidend für die Sicherung des deutschen Steuerzugriffs ist jedoch die Verstrickung des Vermögenszuwachses im Inland und nicht die physische Rückkehr des Anteilseigners. Da-

1048 Zu den nachteiligen Folgen vgl. *Baßler*, FR 2008, S. 851, 861.

1049 BFH, Urteil vom 14. 6. 1988 – VIII R 252/82, BStBl. II 1988, S. 992, 994; *Avenarius*, in: Staudinger, BGB, § 2100 Rn. 49; Verfügungsbeschränkungen des Vorerben ergeben sich nur aus § 2113 BGB.

1050 A.A. *Baßler*, FR 2008, S. 851, 860, der einen „Erwerb von Todes wegen" vom Erblasser annimmt.

1051 Vgl. zu § 6 Abs. 2 ErbStG *Meincke*, ErbStG, § 6 Rn. 10.

1052 § 6 Abs. 3 Satz 3 AStG verlangt die Rückkehr des Rechtsnachfolgers.

her sollte § 6 Abs. 3 Satz 3 AStG erneut im Wege eines Erst-Recht-Schlusses analog angewendet werden, wenn die Anteile auf eine Person übergehen, die immer unbeschränkt steuerpflichtig war bzw. zumindest zum Zeitpunkt des Erwerbs der Anteile unbeschränkt steuerpflichtig ist.[1053]

4. Vermächtnis

Das Vermächtnis gewährt dem Erblasser die Möglichkeit, eine Person mit einem Teil seines Vermögens zu bedenken, ohne dass diese Person Erbe wird. Zivilrechtlich wird das Vermächtnis als eine Verfügung von Todes wegen definiert, „durch die der Erblasser dem Bedachten einen Anspruch auf eine Leistung gegen den beschwerten Erben oder Vermächtnisnehmer zuwendet“.[1054] Auf Grund des Vermächtnisses wird der Bedachte nicht mit dem Todesfall Eigentümer des vermachten Gegenstandes, sondern es steht ihm lediglich ein schuldrechtlicher Anspruch gegen den Erben oder die Erbengemeinschaft zu.[1055]

Hinsichtlich der Wegzugsbesteuerung bereitet der Erwerb der Anteile an einer Kapitalgesellschaft durch einen nicht unbeschränkt Steuerpflichtigen im Zuge der Erfüllung eines Vermächtnisses besondere Probleme. Das Vermächtnis wird nämlich auf unterschiedliche Weise im Erbschaftsteuerrecht einerseits und im Einkommensteuerrecht andererseits behandelt. Während das Vermächtnis im Einkommensteuerrecht als ein Durchgangserwerb angesehen wird,[1056] erachtet das Erbschaftsteuerrecht das Vermächtnis in seinem Katalog des § 3 Abs. 1 ErbStG als einen „Erwerb von Todes wegen“ und damit als einen Direkterwerb vom Erblasser. In Bezug auf § 6 Abs. 1 Satz 2 Nr. 1 Alt. 2 AStG stellt sich somit die Frage, ob der einkommensteuerrechtlichen Einordnung und damit der Qualifizierung des Erwerbs als eine Schenkung oder der erbschaftsteuerrechtlichen Einordnung und somit der Bestimmung des Vorgangs als einen „Erwerb von Todes wegen“ zu folgen ist.

a) Erbe und Vermächtnisnehmer im Ausland

Die unterschiedlichen Folgen der Qualifizierung eines Vermächtnisses als eine Schenkung oder als einen „Erwerb von Todes wegen“ können gravierend sein.[1057] Anhand eines in einem EU-Staat ansässigen Vermächtnisnehmers und

1053 *Baßler*, FR 2008, S. 851, 860.

1054 *Leipold*, in: MüKo, BGB, § 1939, Rn. 3.

1055 *Piltz*, DStR 1991, S. 1108, 1108; *Leipold*, in: MüKo, BGB, § 1939, Rn. 4.

1056 BFH, Urteil vom 21. 10. 1993 – IV R 42/93, BStBl. II 1994, S. 385, 387; Urteil vom 16. 5. 1995 – VIII R 18/93, BStBl. II 1995, S. 714, 715.

1057 Vgl. *Häck*, in: Haase, AStG, § 6 Rn. 86.

eines in einem Nicht-EU/EWR-Staat ansässigen Erben lassen sich die Konsequenzen veranschaulichen, die sich aus einer Auslegung der Merkmale des § 6 Abs. 1 Satz 2 Nr. 1 AStG im einkommensteuerrechtlichen Sinne ergeben würden.

Beispiel: Der im Inland lebende S ist zu 50 % an der A-GmbH beteiligt, die ihren Sitz und ihre Geschäftsleitung im Inland hat. Als Erben hat der S seinen in den USA lebenden Sohn E eingesetzt. Die Beteiligung an der A-GmbH vermacht der S seinem langjährigen Geschäftspartner G, der in Frankreich lebt.

Bei einem einkommensteuerrechtlichen Verständnis würde der Erbanfall bei dem Erben als ein „Erwerb von Todes wegen" zu qualifizieren sein und die Steuerpflicht des Erben nach § 6 Abs. 1 Satz 2 Nr. 1 Alt. 2 AStG begründen, während die anschließende Übertragung keinen steuerbaren Vorgang darstellen würde. Diese Qualifikation der Vorgänge hätte zur Folge, dass der eigentlich Bereicherte, der Vermächtnisnehmer, weder von einer Stundung der Steuer auf Grund seiner Ansässigkeit in einem EU- bzw. EWR-Staat noch von einem Entfallen der Steuer bei seiner Rückkehr profitieren könnte, da sowohl § 6 Abs. 5 Satz 3 Nr. 1 AStG als auch § 6 Abs. 3 Satz 3 AStG auf den Rechtsnachfolger des Steuerpflichtigen abstellen.[1058] Der Rechtsnachfolger des Steuerpflichtigen wäre aber bei der Annahme eines Durchgangserwerbs der Erbe und nicht der Vermächtnisnehmer, weshalb eine Stundung der Steuer auf Grund der Ansässigkeit des Vermächtnisnehmers in einem EU- bzw. EWR-Staat oder ein Entfallen der Steuer infolge der Begründung der unbeschränkten Steuerpflicht durch den Vermächtnisnehmer ausscheidet.

Eine Behandlung des Vermächtnisses im erbschaftsteuerrechtlichen Sinne hätte zur Folge, dass der Vermächtnisnehmer die Anteile vom Erblasser in einem „Erwerb von Todes wegen" erhalten würde. Die Steuer würde in der Person des Erblassers im Zeitpunkt der Erfüllung des Vermächtnisanspruchs entstehen. Der Vermächtnisnehmer käme infolgedessen sowohl in den Genuss von der Stundung der Steuer nach § 6 Abs. 5 Satz 3 Nr. 1 AStG als auch in den Genuss von deren Entfallen nach § 6 Abs. 3 Satz 3 AStG. Vor diesem Hintergrund ist der Vorgang als Durchgangserwerb im Sinne des EStG oder als Direkterwerb im Sinne des ErbStG für Zwecke der Besteuerung nach § 6 Abs. 1 Satz 2 Nr. 1 AStG zu bestimmen.

1058 *Hecht/Gallert*, BB 2009, S. 2396, 2397.

i) Der einkommensteuerrechtliche Ansatz übertragen auf § 6 Abs. 1 Satz 2 Nr. 1 AStG

Zwar ist der Erwerb der Anteile im Zuge der Erfüllung eines Vermächtnisses einkommensteuerrechtlich grundsätzlich als ein Durchgangserwerb vom Erben zu behandeln,[1059] eine andere Bewertung im Sinne eines Direkterwerbs des Vermächtnisnehmers vom Erblasser ist aber möglich, wenn der Vermächtnisnehmer auf Grund der Umstände des Einzelfalls bereits zum Zeitpunkt des Todes des Erblassers als wirtschaftlicher Eigentümer anzusehen ist.[1060] Diese Ausnahme von dem Grundsatz ist wiederum für die Auslegung von § 6 Abs. 1 Satz 2 Nr. 1 AStG von Bedeutung, da nach Art. 25 Abs. 1 EGBGB sich das anzuwendende Recht nach dem Erbrecht des Staates richtet, dem der Erblasser im Zeitpunkt seines Todes angehört. Nicht alle Rechtsordnungen folgen nämlich der Ausgestaltung des Vermächtnisses als einem bloß schuldrechtlichen Anspruch. Vielmehr kann die Einräumung eines Vermächtnisses in anderen Rechtsordnungen auch eine dingliche Wirkung haben, aus der sich wiederum das wirtschaftliche Eigentum des Vermächtnisnehmers schon im Zeitpunkt des Todes ergeben könnte.[1061] Eine konsequente Übertragung der einkommensteuerrechtlichen Wertung auf § 6 Abs. 1 Satz 2 Nr. 1 AStG hätte damit zur Folge, dass die Einordnung des Vorganges von der Wirkung des Vermächtnisses in der jeweiligen Rechtsordnung abhängig wäre.[1062]

Sowohl in Spanien[1063] als auch in Italien[1064] und in Frankreich ist das Vermächtnis als Vindikationslegat ausgestaltet, wobei in Frankreich sich die dingli-

---

1059 BFH, Urteil vom 7. 12. 1990 – X R 72/89, BStBl. II 1991, S. 350, 351; Urteil vom 24. 9. 1991 – VIII R 349/83, BStBl. II 1992, S. 330, 332; Urteil vom 17. 10. 1991 – IV R 97/89, BStBl. II 1992, S. 392, 396; Urteil vom 21. 10. 1993 – IV R 42/93, BStBl. II 1994, S. 385, 387; Urteil vom 16. 5. 1995 – VIII R 18/93, BStBl. II 1995, S. 714, 715; zur Aufgabe der Rechtsprechung zur Einheit von Erbfall und Erbauseinandersetzung vgl. BFH, Beschluss vom 5. 7. 1990 – GrS 2/89, BStBl. II 1990, S. 837, 841-843; *Wacker*, in: Schmidt, EStG, § 16 Rn. 668; *Ehmcke*, in: Blümich, EStG, § 6 Rn. 236; vgl. *Schallmoser/Stuhrmann*, in: Blümich, EStG, § 16 Rn. 51.

1060 BFH, Urteil vom 24. 9. 1991 – VIII R 349/83, BStBl. II 1992, S. 330, 332.

1061 Vgl. zur Verfügungsmöglichkeit als Merkmal des wirtschaftlichen Eigentums, *Koenig*, in: Koenig/Pahlke, AO, § 39 Rn. 17; *Brockmeyer/Ratschow*, in: Klein, AO, § 39 Rn. 14.

1062 *Baßler*, FR 2008, S. 851, 861.

1063 *Piltz*: in: Flick/Piltz, Der Internationale Erbfall, Rn. 899; vgl. aber *Hierneis*, in: Ferid/Firsching/Dörner/Hausmann, Internationales Erbrecht, Spanien, Grundzüge. D Rn. 101, der das spanische Vermächtnis grundätzlich als ein Damnationslegat beschreibt. Das spanische Vermächtnis sei nur als Vindikationslegat ausgestaltet, wenn eine bestimmte Sache Gegenstand des Vermächtnisses ist.

1064 *Cornelius*: in: Flick/Piltz, Der Internationale Erbfall, Rn. 618.

che Wirkung des Vermächtnisses bis zur Aushändigung nur auf den Beschwerten bezieht.[1065] Eine Angleichung dieser von der deutschen Rechtslage abweichenden Bewertung hat zwar zur Folge, dass das Vermächtnis bezüglich der in Deutschland belegenen beweglichen und unbeweglichen Sachen nur eine schuldrechtliche Wirkung hat.[1066] Die Übertragung der Anteile an einer Kapitalgesellschaft und die Wirkung dieser Übertragung richten sich jedoch gemäß dem Internationalen Privatrecht nach dem Gesellschaftsstatut.[1067] Auf Grund der dinglichen Wirkung des Vermächtnisses in den beschriebenen Ländern würde mit dem Eintritt des Todes des Erblassers der Vermächtnisnehmer unmittelbar im Rahmen eines Direkterwerbes die Anteile an der Kapitalgesellschaften erhalten, ohne dass ein Durcheingangserwerb erforderlich wäre.[1068] Die dingliche Wirkung des Vermächtnisses würde zugleich das wirtschaftliche Eigentum des Vermächtnisnehmers begründen,[1069] so dass in Abweichung von dem einkommensteuerrechtlichen Grundsatz ausnahmsweise ein Direkterwerb und damit ein „Erwerb von Todes wegen" der Anteile im Sinne der zweiten Alternative von § 6 Abs. 1 Satz 2 Nr. 1 AStG angenommen werden müsste.

Der einkommensteuerrechtliche Ansatz übertragen auf § 6 Abs. 1 Satz 2 Nr. 1 AStG verlangt daher eine Differenzierung hinsichtlich der Wirkung des Vermächtnisses in der jeweiligen Rechtsordnung. Der Vollzug eines Vermächtnisses wäre als ein „Erwerb von Todes wegen" im Sinne des § 6 Abs. 1 Satz 2 Nr. 1 Alt. 2 AStG zu qualifizieren sein, wenn dem Vermächtnis bereits eine dingliche Wirkung zukommt, wohingegen ein unentgeltliches Rechtsgeschäft unter Lebenden im Sinne der zweiten Alternative gegeben wäre, wenn das Vermächtnis nur schuldrechtlich wirkt.[1070]

1065 *Ferid*, in: Ferid/Firsching/Dörner/Hausmann, Internationales Erbrecht, Frankreich, Grundzüge. D Rn. 25; *Cornelius*: in: Flick/Piltz, Der Internationale Erbfall, Rn. 528; des Weiteren ist das Vermächtnis als Vindikationslegat in Belgien, Portugal und in den meisten Ländern Südamerikas ausgestaltet ist; *Wachter*: in: Flick/Piltz, Der Internationale Erbfall, Rn. 140 Fn. 109.

1066 BGH, Urteil vom 28. 9. 1994 – IV ZR 95/93 – NJW 1995, S. 58, 59; BayObLG, Beschluss vom 28. 11. 1974 (1.ZS), BReg. 1 Z 94/73, BayObLGZ 1974, S. 460, 466; *Birk*, ZEV 1995, S. 283, 285; *Dörner*, IPRax 1996, S. 26, 27; *Birk*, in: MüKo, EGBGB, Art. 25 Rn. 170.

1067 *Merkt*, ZIP 1994, S. 1417, 1419; *Kindler*, in: MüKo, Band 11, IntGesR, Rn. 611; *Weller*, Der Konzern 2008, S. 253, 254-255.

1068 *Baßler*, FR 2008, S. 851, 861-862.

1069 Vgl. *Koenig*, in: Koenig/Pahlke, AO, § 39 Rn. 17; *Brockmeyer/Ratschow*, in: Klein, AO, § 39 Rn. 14.

1070 Zu dieser Unterscheidung zwischen Damnationslegat und Vindikationslegat in Bezug auf § 6 Abs. 1 Satz 2 Nr. 1 AStG vgl. *Baßler*, FR 2008, S. 851, 861-862.

ii) Der erbschaftsteuerrechtliche Ansatz übertragen auf § 6 Abs. 1 Satz 2 Nr. 1 AStG

Im Gegensatz zu der einkommensteuerrechtlichen Beurteilung des Vermächtnisses gilt im Erbschaftsteuerrecht gemäß § 3 Abs. 1 Nr. 1 ErbStG das durch ein Vermächtnis Erworbene als ein „Erwerb von Todes wegen". Eine dem Erbschaftsteuerrecht folgende Auslegung des § 6 Abs. 1 Satz 2 Nr. 1 AStG hätte daher zur Folge, dass die Anordnung eines Vermächtnisses durch den Erblasser einen „Erwerb von Todes wegen", der in der Person des Erblassers verwirklicht wird, auslösen würde. Der Erwerb der Anteile infolge der Vollziehung eines Vermächtnisses würde damit einen Direkterwerb vom Erblasser darstellen, so dass die Erfüllung des Vermächtnisses durch den Erben nicht als ein unentgeltliches Rechtsgeschäft unter Lebenden nach § 6 Abs. 1 Satz 2 Nr. 1 Alt. 1 AStG qualifiziert werden kann.

iii) Bewertung

Durch das Vermächtnis räumt der Erblasser dem Vermächtnisnehmer eine Position ein, die ihm als Einzigem das Recht verleiht, die Anteile zu behalten, so dass die dingliche Übertragung lediglich der dingliche Vollzug des Willens des Erblassers ist.[1071] Dieser Wertung folgt auch das ErbStG in § 3 Abs. 1 Nr. 1 ErbStG, der ausdrücklich das auf Grund eines Vermächtnisses Erlangte als einen „Erwerb von Todes wegen" qualifiziert. Einerseits wurde § 6 Abs. 1 Satz 2 Nr. 1 AStG zwar als ein Entstrickungstatbestand ausgestaltet, so dass wegen dieses Entstrickungshintergrundes der Norm tatsächlich ein einkommensteuerrechtliches Verständnis zu Grunde zu legen sein könnte. Andererseits hat der Gesetzgeber aber im Wissen um den Entstrickungscharakter von § 6 Abs. 1 Satz 2 Nr. 1 AStG bei der Formulierung der Norm ganz bewusst einen erbschaftsteuerrechtlichen Begriff verwendet. Durch die Wahl dieses Wortlautes, der sonst weder im EStG noch im KStG verwendet wird, hat sich der Gesetzgeber bewusst der erbschaftsteuerrechtlichen Terminologie bedient. Wenn jedoch die Erbschaftsteuer als eine besondere Form der Einkommensteuer bezeichnet wird und der Gesetzgeber ein Merkmal des Erbschaftsteuerrechts in das Ertragsteuerrecht übernimmt, sollte dieses Merkmal auch in Bezug auf Vermächtnisfälle dem erbschaftsteuerrechtlichen Ansatz folgend ausgelegt werden.

Eine solche Auslegung steht auch nicht im Widerspruch mit der historischen Auslegung des Tatbestandes. Schließlich wurden Erbfälle von § 6 Abs. 3 Satz 1

1071 *Baßler*, FR 2008, S. 851, 861.

Nr. 1 AStG a.F. bislang nicht erfasst.[1072] Zwar sollte eine Schenkung auf den Todesfall, die nach § 3 Abs. 1 Nr. 2 ErbStG ein „Erwerb von Todes wegen“ ist, den Ersatztatbestand des § 6 Abs. 3 Satz 1 Nr. 1 AStG a.F. erfüllen, indem sie als eine Übertragung der Anteile durch ein unentgeltliches Rechtsgeschäft unter Lebenden anzusehen war.[1073] Insofern könnte die Auslegung zur alten Rechtslage auch eine im Bezug auf das Vermächtnis von § 3 Abs. 1 ErbStG abweichende Auslegung rechtfertigen. Durch die Neufassung des § 6 AStG im Zuge des SEStEG hat der Gesetzgeber jedoch mit dem Merkmal „Erwerb von Todes wegen“ einen erbschaftsteuerrechtlichen Terminus eingefügt, der eine derartige Auslegung nicht mehr zulässt.

Der einkommensteuerrechtlichen Betrachtung, die eine Differenzierung zwischen dinglich und schuldrechtlich wirkendem Vermächtnis erfordern würde, stehen auch Erwägungen der Praktikabilität entgegen, da zunächst ermittelt werden müsste, welches Recht Anwendung findet und welche Wirkung das Vermächtnis im Wohnsitzstaat des nicht unbeschränkt Steuerpflichtigen hat. Angesichts der Komplexität des Internationalen Erbrechts und der nicht selten mit fremdsprachigen Gesetzen verbundenen Verständnisschwierigkeiten ist dieser Aufwand der Finanzverwaltung unzumutbar. Schließlich handelt es sich nicht um die Auslegung ausländischer Steuervorschriften, um das Vorliegen einer Doppelbesteuerung zu ermitteln, sondern um Vorschriften des ausländischen Zivilrechts. Die Komplexität des Internationalen Erbrechts zeigt sich insbesondere am Beispiel von Kanada, wo in den englischsprachigen Provinzen das Common Law Anwendung findet, die französischsprachige Provinz Québec hingegen der französischen Rechtstradition folgt.[1074] Diese unterschiedlichen Ansätze haben auch Auswirkungen auf die Beurteilung von Vermächtnissen. Während in den kanadischen Common Law-Provinzen eine Unterscheidung zwischen Erbeinsetzung und Vermächtnis auf Grund des anzuwendenden Common Law kaum möglich ist, erkennt das Zivilrecht der Provinz Québec das Institut des Vermächtnisses an.[1075] Eine Differenzierung nach der Wirkweise des Vermächtnisses in dem jeweils anzuwendenden Recht würde die Finanzverwaltung somit vor erhebliche Anwendungsprobleme stellen.

Im Übrigen entspricht die Qualifizierung des Vermächtnisses als einen „Erwerb von Todes wegen“ im Sinne des § 6 Abs. 1 Satz 2 Nr. 1 Alt. 2 AStG dem mit der Wegzugsteuer verfolgten Zweck, das Besteuerungsrecht an den stillen

1072 Vgl. zur alten Rechtslage *Lipps*, Außensteuerrecht, Rn. 218, der die Vererbung als von § 6 Abs. 3 Nr. 1 AStG a.F. nicht erfasst ansieht.

1073 *Lempenau*, in: Brezing/Krabbe/Lempenau/Mössner/Runge, AStG, § 6 Rn. 24.

1074 *Dörner*, in: Staudinger, EGBGB, Anh. zu Art. 25 f EGBGB Rn. 380-385; *Cornelius*: in: Flick/Piltz, Der Internationale Erbfall, Rn. 648.

1075 *Cornelius*: in: Flick/Piltz, Der Internationale Erbfall, Rn. 666-667.

Reserven zu sichern. Denn für diesen Sicherungszweck kommt es nicht auf die Unterscheidung zwischen der dinglichen oder der schuldrechtlichen Wirkung eines Vermächtnisses an, sondern auf die tatsächliche Möglichkeit des Begünstigten, die Anteile zu nutzen.[1076] Selbst bei der Ausgestaltung des Vermächtnisses als ein Damnationslegat – wie im deutschen Zivilrecht – genießt der Bedachte bereits vor der dinglichen Übertragung auf Grund der Verpflichtungen des Beschwerten nach §§ 2182-2184 BGB einen beachtlichen Schutz.

iv) Ergebnis

Angesichts dieser Erwägungen ist es daher sachgerecht, Vermächtnisfälle im Rahmen des § 6 Abs. 1 Satz 2 Nr. 1 Alt. 2 AStG im Einklang mit der erbschaftsteuerrechtlichen Terminologie als „Erwerbe von Todes wegen" zu qualifizieren. Daher erwirbt für Zwecke der Besteuerung nach § 6 Abs. 1 Satz 2 Nr. 1 Alt. 2 AStG der Vermächtnisnehmer die Anteile unmittelbar vom Erblasser, so dass die in der Person des Erblassers entstandene Steuerschuld auf den Vermächtnisnehmer übergeht.

Zwar wird auch bei einem erbschaftsteuerrechtlichen Verständnis zunächst der Erbe den Tatbestand formal verwirklichen.[1077] Diese Wertung steht aber nicht im Widerspruch zu der Annahme, dass die spätere Erfüllung des Vermächtnisanspruchs auf Grund des erbschaftsteuerrechtlichen Verständnisses ebenfalls als ein „Erwerb von Todes wegen" zu qualifizieren ist. Der vermeintliche Konflikt einer doppelten Tatbestandsverwirklichung der zweiten Alternative sowohl durch den Erben als auch durch den Vermächtnisnehmer lässt sich dadurch lösen, dass es vor der Erfüllung des Vermächtnisanspruchs für eine juristische Sekunde zu einer Wiederverstrickung der stillen Reserven in analoger Anwendung des § 6 Abs. 3 Satz 3 AStG kommt, so dass die von dem Erben entrichtete Steuer wieder entfällt.[1078] Schließlich soll durch die Steuer nach § 6 Abs. 1 Satz 2 Nr. 1 AStG nur derjenige belastet sein, der zu einer dauerhaften Entstrickung der stillen Reserven beiträgt.[1079] Dieser Wertung trägt eine analoge Anwendung des § 6 Abs. 3 Satz 3 AStG Rechnung, indem sie den Erben, dessen Erbschaft mit dem Vermächtnisanspruch belastet ist, in dem Zeitpunkt wieder von der Steuer entlastet, in dem die in seiner Person begründeten Entstrickungslage wieder endet.

1076 *Baßler*, FR 2008, S. 851, 862.

1077 Vgl. *Häck*, in: Haase, AStG, § 6 Rn. 86.

1078 Vgl. dazu *Baßler*, FR 2008, S. 851, 860, der diese Konstruktion jedoch in Bezug auf das Verhältnis von Vor- und Nacherbfall anwendet.

1079 Vgl. *Hecht/Gallert*, BB 2009, S. 2396, 2397.

b) Erbe im Ausland und Vermächtnisnehmer im Inland

Wenn der Erbe nicht unbeschränkt steuerpflichtig ist und der Vermächtnisnehmer im Inland lebt, ist eine Besteuerung nach § 6 Abs. 1 Satz 2 Nr. 1 Alt. 2 AStG in Anbetracht der Wegzugsteuer überflüssig, da die stillen Reserven in Deutschland verstrickt bleiben, wenn der Vermächtnisnehmer seinen Anspruch geltend macht.[1080] Die in Bezug auf den Erben entstandene Steuer muss in analoger Anwendung des § 6 Abs. 3 Satz 3 AStG wieder entfallen, da es zu einer Wiederverstrickung der Anteile kommt.[1081]

5. Sonstige Fälle

a) Pflichtteilsverzicht gegen „Schenkung"

Die Qualifizierung des Erwerbs der Anteile durch einen nicht unbeschränkt Steuerpflichtigen im Zuge eines Pflichtteilsverzichts als eine Schenkung oder als einen „Erwerb von Todes wegen" ist erneut im Hinblick auf § 6 Abs. 3 Satz 3 AStG von Relevanz. Schließlich kommt der Erwerber der Anteile nur in den Genuss der Begünstigungsregelung von § 6 Abs. 3 Satz 3 AStG, wenn der Erwerb als ein „Erwerb von Todes wegen" zu qualifizieren ist.

Ein Pflichtteilsverzicht gegen Schenkungen zu Lebzeiten des Erblassers erfordert jedoch die Qualifizierung des Vorgangs als eine Übertragung der Anteile durch ein unentgeltliches Rechtsgeschäft unter Lebenden. An der Unentgeltlichkeit des Vorgangs ändert auch die für den Pflichtteilsverzicht gewährten Anteile nichts, da eine Abfindung für einen Pflichtteilsverzicht grundsätzlich die Unentgeltlichkeit des Vorgangs aus ertragsteuerrechtlicher Sicht nicht entfallen lässt.[1082] Spiegelbildlich zu dieser einkommensteuerrechtlichen Wertung ist ein „entgeltlicher Pflichtteilsverzicht" erbschaftsteuerrechtlich als eine Schenkung nach § 7 Abs. 1 Nr. 5 ErbStG zu qualifizieren.[1083] Zahlungen, die an den Pflicht-

1080 Vgl. *Hecht*, in: Mössner/Fuhrmann, AStG, § 6 Rn. 42.

1081 Vgl. *Strunk/Kaminski*, in: Strunk/Kaminski/Köhler, AStG, § 6 Rn. 199; vgl. den ähnlich gelagerten Fall der Übertragung der sämtlichen Anteile auf einen unbeschränkt steuerpflichtigen Miterben, siehe Kapitel 6 E. IV. 2. b) ii); vgl. dazu *Baßler*, FR 2008, S. 851, 859.

1082 BFH, Urteil vom 7. 4. 1992 – VIII R 59/89, BStBl. II 1992, S. 809, 811; Beschluss vom 16. 3. 2001 – IV B 96/00, BFH/NV 2001, S. 1113, 1114; Urteil vom 22. 1. 2002 – VIII R 46/00, BStBl. II 2002, S. 685, 687; Urteil vom 9. 2. 2010 – VIII R 43/06, MittBayNot 2010, S. 509, 509; *Felix*, KÖSDI 1991, S. 8513, 8514; *Baßler*, FR 2008, S. 851, 862; *Wacker*, in: Schmidt, EStG, § 16 Rn. 73.

1083 BFH, Urteil vom 23. 3. 1977 – II R 35/71, BStBl. II 1977, S. 730, 731; Urteil vom 25. 1. 2001 – II R 22/98, BStBl. II 2001, S. 456, 457-458; *Felix*, KÖSDI 1991, S. 8513, 8514; *Crezelius*, MittBayNot 2010, S. 509, 510.

teilsberechtigten noch zu Lebzeiten des Erblassers geleistet werden, sind als eine unentgeltliche Leistung zu bewerten, da der Pflichtteilsanspruch lediglich eine Erwerbschance darstellt.[1084] Sowohl die bürgerlich-rechtliche Bewertung dieses Vorgangs als einen Rechtserwerb unter Lebenden als auch die erbschaftsteuerrechtliche Einordnung dieses Sachverhalts als eine Schenkung sprechen dafür, den Vorgang als eine Übertragung der Anteile durch ein unentgeltliches Rechtsgeschäft im Hinblick auf § 6 Abs. 1 Satz 2 Nr. 1 AStG zu beurteilen. Für eine Qualifizierung eines Pflichtteilsverzichts gegen Schenkung als einen „Erwerb von Todes wegen" im Sinne der 2. Alternative besteht daher kein Raum.[1085]

Entsprechend dem Wortlaut des § 6 Abs. 3 Satz 3 AStG würde die Wegzugsteuer bei einer Rückkehr des Begünstigten innerhalb von fünf Jahren seit der Übertragung nicht entfallen, da die Privilegierung des § 6 Abs. 3 Satz 3 AStG demjenigen vorbehalten ist, der die Anteile im Wege des „Erwerbs von Todes wegen" erhalten hat.[1086]

b) Schenkung auf den Todesfall

Neben der Einsetzung einer Person als Erben oder der Einräumung eines Vermächtnisses eröffnet das Zivilrecht mit der Schenkung auf den Todesfall dem Erblasser eine weitere Möglichkeit, die Vermögensnachfolge zu regeln. Dementsprechend kann der unbeschränkt steuerpflichtige Anteilseigner eine nicht unbeschränkt steuerpflichtige Person mit Anteilen im Sinne des § 17 Abs. 1 Satz 1 EStG auch durch eine Schenkung auf den Todesfall im Sinne des § 2301 BGB bedenken, ohne dass die bedachte Person dadurch zur Gesamtrechtsnachfolgerin wird. Erneut gilt es vor dem Hintergrund des § 6 Abs. 3 Satz 3 AStG die Frage zu diskutieren, ob eine Schenkung als eine Übertragung durch ein unentgeltliches Rechtsgeschäft unter Lebenden oder als ein „Erwerb von Todes wegen" zu qualifizieren ist.

i) Zivilrechtliche Betrachtung

Bei einer Schenkung auf den Todesfall gemäß § 2301 Abs. 1 BGB handelt es sich nicht um ein eigenständiges zivilrechtliches Institut, sondern das Gesetz bestimmt lediglich, dass auf Fälle des Schenkungsversprechens von Todes wegen die Vorschriften über Verfügungen von Todes wegen Anwendung fin-

---

1084 BFH, Urteil vom 25. 1. 2001 – II R 22/98, BStBl. II 2001, S. 456, 457; *Crezelius*, MittBayNot 2010, S. 510, 510.

1085 *Baßler*, FR 2008, S. 851, 863.

1086 Siehe zur Problematik des zu engenen Wortlautes von § 6 Abs. 3 Satz 3 AStG Kapitel 6 G. I..

den.[1087] Nach § 2301 Abs. 2 BGB kommen wiederum die Vorschriften über Schenkungen unter Lebenden zur Anwendung, sofern der Schenker die Schenkung durch Leistung des zugewendeten Gegenstands vollzieht. Die Abgrenzung zwischen § 2301 Abs. 1 und Abs. 2 BGB erfolgt dabei anhand der Frage, wessen Vermögen durch die Schenkung geschmälert wird. Eine im Sinne des § 2301 Abs. 2 BGB vollzogene Schenkung unter Lebenden liegt danach vor, wenn eine sofortige und unmittelbare Minderung des Vermögens beim Erblasser eintritt.[1088] Muss jedoch der Erbe die Last des Versprechens tragen, ist ein Schenkungsversprechen von Todes wegen im Sinne des § 2301 Abs. 1 BGB gegeben.[1089]

In Bezug auf die Bestimmung der beiden Alternativen von § 6 Abs. 1 Satz 2 Nr. 1 AStG bei der Besteuerung des Vorganges könnte die zivilrechtliche Unterscheidung zwischen zu Lebzeiten vollzogener und nicht vollzogener Schenkung ein taugliches Abgrenzungsmerkmal sein, so dass ein Fall des § 2301 Abs. 1 BGB als ein „Erwerb von Todes wegen“ und ein Fall des § 2301 Abs. 2 BGB als eine Übertragung durch ein unentgeltliches Rechtsgeschäft unter Lebenden zu qualifizieren sein könnten.

ii) Erbschaftsteuerrechtliche Betrachtung

Erneut muss jedoch die erbschaftsteuerrechtliche Betrachtung des Sachverhalts in die Auslegung mit einbezogen werden, da der neue Ersatztatbestand sich sprachlich an dem Wortlaut des § 3 ErbStG orientiert. Gemäß § 3 Abs. 1 Nr. 2 ErbStG wird auch der Erwerb durch eine Schenkung auf den Todesfall nach § 2301 BGB zu den „Erwerben von Todes wegen“ gezählt. Da es im Falle des § 2301 Abs. 2 BGB zu einem Vollzug der Schenkung bereits zu Lebzeiten kommt, läge für die erbschaftsteuerrechtliche Bewertung des Vorgangs der Schluss nahe, ein vollzogenes Schenkungsversprechen auf den Todesfall als eine Zuwendung unter Lebenden nach §§ 7 Abs. 1 Nr. 1, 9 Abs. 1 Nr. 2 ErbStG zu bewerten.[1090]

Die von § 2301 BGB vorgenommene Unterscheidung zwischen einer vollzogenen Schenkung auf den Todesfall und einer noch nicht vollzogenen Schenkung auf den Todesfall lässt sich aber auf die Erbschaftsteuer nicht vorbehaltlos

1087 *Musielak*, in: MüKo, BGB, § 2301 Rn. 2.

1088 *Musielak*, in: MüKo, BGB, § 2301 Rn. 19; *Brox/Walker*, Erbrecht, Rn. 744.

1089 *Zehner*, AcP 153 (1954), S. 424, 443-444; *Reinicke*, NJW 1956, S. 1053, 1054; *Kipp/Coing*, Erbrecht, § 81 III 1c; *Deppenkemper*, in: Prütting/Wegen/Weinreich, BGB, § 2301 Rn. 10; *Musielak*, in: MüKo, BGB, § 2301 Rn. 19; *Leipold*, Erbrecht, Rn. 571; *Brox/Walker*, Erbrecht, Rn. 744.

1090 Vgl. *Meincke*, ErbStG, § 3 Rn. 57.

übertragen.[1091] Bei der Abgrenzung zwischen dem „Erwerb von Todes wegen“ im Sinne des § 3 Abs. 1 ErbStG und der „freigebigen Zuwendung“ nach § 7 ErbStG kommt der von § 7 Abs. 1 ErbStG vorausgesetzten Bedingung, dass die freigebige Zuwendung „unter Lebenden“ erfolgt, eine besondere Bedeutung zu. Aus dieser Voraussetzung des § 7 Abs. 1 ErbStG leiten nämlich Rechtsprechung und Literatur einen Vorrang des § 3 ErbStG gegenüber § 7 ErbStG bei Fällen der Schenkung auf den Todesfall ab.[1092] Des Weiteren spricht der uneingeschränkte Verweis in § 3 Abs. 1 Nr. 2 ErbStG auf den gesamten § 2301 BGB für einen Vorrang des § 3 ErbStG gegenüber dem § 7 ErbStG in Bezug auf Schenkungen auf den Todesfall. Im Gegensatz zu § 2301 BGB differenziert § 3 Abs. 1 Nr. 2 ErbStG nämlich nicht zwischen vollzogenen und nicht vollzogenen Schenkungen.[1093] Eine Ausnahme von dem Grundsatz, dass grundsätzlich alle Schenkungen auf den Todesfall nach § 3 Abs. 1 Nr. 2 ErbStG steuerbar sein sollen,[1094] gilt nach der Rechtsprechung nur, wenn die vollzogene Schenkung auf den Todesfall an die Bedingung geknüpft wird, dass der Bedachte den Zuwendenden überlebt. Da eine solche Verabredung regelmäßig eine auflösende Bedingung darstellt,[1095] soll sie erbschaftsteuerrechtlich als eine Zuwendung unter Lebenden nach § 7 ErbStG zu behandeln sein.[1096]

iii) Bewertung

Auf Grund der sprachlichen Nähe des § 6 Abs. 1 Satz 2 Nr. 1 Alt. 2 AStG zu § 3 Abs. 1 ErbStG empfiehlt sich auch für die Wegzugsbesteuerung eine der erbschaftsteuerrechtlichen Betrachtung entsprechende Bewertung.[1097] Wie die Erb-

1091 *Geck*, in: Kapp/Ebeling, ErbStG, § 3 Rn. 237.

1092 FG Hamburg, Urteil vom 29. 11. 2004 – III 257/02, EFG 2005, S. 793, 794; *Meincke*, ErbStG, § 3 Rn. 57.

1093 Vgl. zum uneingeschränkten Verweis auf § 2301 BGB *Gebel*, in: Troll/Gebel/Jülicher, ErbStG, § 3 Rn. 250.

1094 Ein Schenkungsversprechen auf den Todesfall ist nach der derzeitigen Rechtsprechung als ein „Erwerb von Todes wegen“ nach § 3 Abs. 1 Nr. 2 Satz 1 ErbStG zu qualifizieren, wenn eine nach bürgerlich-rechtlichen Maßstäben zu beurteilende Bereicherung gegeben ist und eine Übereinkunft der Beteiligten darüber erfolgt, dass die Zuwendung unentgeltlich ist; BFH, Urteil vom 5. 12. 1990 – II R 109/86, BStBl. II 1991, S. 181, 181; zustimmend FG Düsseldorf, Urteil vom 14. 6. 2006 – 4 K 7107/02, EFG 2006, S. 1447, 1447; *Meincke*, ErbStG, § 3 Rn. 60.

1095 BFH, Urteil vom 5. 12. 1990 – II R 109/86, BStBl. II 1991, S. 181, 182; *Kregel*, in: RGRK, BGB, § 2301 Rn. 13; *Gebel*, in: Troll/Gebel/Jülicher, ErbStG, § 3 Rn. 250; *Weidlich*, in: Palandt, BGB, § 2301 Rn. 11.

1096 *Moench*, in: Moench/Weinmann, ErbStG, § 3 Rn. 129.

1097 *Baßler*, FR 2008, S. 851, 863.

schaftsteuer unterscheidet auch § 6 Abs. 1 Satz 2 Nr. 1 AStG zwischen einer Übertragung als unentgeltliches Rechtsgeschäft unter Lebenden einerseits und einem „Erwerb von Todes wegen“ andererseits. Während in § 6 Abs. 1 Satz 2 Nr. 1 AStG und § 3 ErbStG der Erfolg des Erwerbsvorganges im Mittelpunkt steht, befasst sich die Regelung des § 2301 BGB lediglich mit dem Verlauf des Erwerbsvorgangs.[1098] Die Qualifikation des Erwerbsvorganges als eine Schenkung nach §§ 516ff. BGB oder als eine Verfügung von Todes wegen nach §§ 1922ff. BGB lässt daher für den Entstrickungstatbestand in § 6 Abs. 1 Satz 2 Nr. 1 AStG keine Rückschlüsse zu, da dieser nicht den Erwerbsvorgang, sondern den Erwerbserfolg betrifft.[1099]

Auch der zivilrechtliche Hintergrund von § 2301 Abs. 1 Satz 1 BGB erfordert keine dem Zivilrecht entsprechende Differenzierung im Steuerrecht. § 2301 Abs. 1 Satz 1 BGB soll nämlich der Umgehung erbrechtlicher Regelungen entgegenwirken.[1100] Eine solche zivilrechtliche Unterscheidung kann jedoch für die Frage, ob der Vorgang nach § 6 Abs. 1 Satz 2 Nr. 1 AStG als eine Übertragung durch ein unentgeltliches Rechtsgeschäft unter Lebenden oder als ein „Erwerb von Todes wegen“ zu qualifizieren ist, keine Bedeutung haben.[1101] Dementsprechend besteht auch im Rahmen der Wegzugsbesteuerung nach § 6 Abs. 1 Satz 2 Nr. 1 AStG kein Bedürfnis, zwischen den vollzogenen und noch nicht vollzogenen Schenkungen auf den Todesfall zu differenzieren.

iv) Ergebnis

In Anlehnung an die erbschaftsteuerrechtliche Auslegung müssen in Anbetracht dieser Überlegungen alle Fälle der Schenkung auf den Todesfall grundsätzlich als ein „Erwerb von Todes wegen“ behandelt werden. Die Steuerschuld entsteht gemäß § 6 Abs. 1 Satz 2 Nr. 1 Alt. 1 AStG in der Person des Erblassers und geht nach § 45 AO auf den Bedachten über. Indem der Bedachte als Rechtsnachfolger des Erblassers anzusehen ist, entfällt bei der Begründung der unbeschränkten Steuerpflich des Bedachten im Inland die Wegzugsteuer gemäß § 6 Abs. 3 Satz 3 AStG. Wenn jedoch eine vollzogene Schenkung auf den Todesfall unter der auflösenden Bedingung des Überlebens des Bedachten steht, ist dieser Fall entsprechend der erbschaftsteuerrechtlichen Bewertung als eine unentgeltliche Übertragung unter Lebenden nach § 6 Abs. 1 Satz 2 Nr. 1 Alt. 1 AStG zu be-

1098 *Baßler*, FR 2008, S. 851, 863; vgl. auch *Meincke*, ErbStG, § 3 Rn. 56 zum Verhältnis von § 3 Abs. 1 Nr. 2 ErbStG zu § 2301 BGB.

1099 *Baßler*, FR 2008, S. 851, 863.

1100 *Geck*, in: Kapp/Ebeling, ErbStG, § 3 Rn. 236.

1101 Vgl. zur Unbeachtlichkeit dieser zivilrechtlichen Problematik für das Erbschaftsteuerrecht *Meincke*, ErbStG, § 3 Rn. 56.

handeln,[1102] so dass der Bedachte bei der Begründung der unbeschränkten Steuerpflicht nicht in den Genuss des Wegfalls der Steuer nach § 6 Abs. 3 Satz 3 AStG kommt.[1103]

c) Auflage

Die Erfüllung einer Auflage, wonach der Erbe Anteile im Sinne des § 17 Abs. 1 Satz 1 EStG auf einen nicht unbeschränkt steuerpflichtigen übertragen soll, sind im Rahmen des § 6 Abs. 1 Satz 2 Nr. 1 AStG als ein „Erwerb von Todes wegen" zu behandeln. Zwar gilt der Erwerb infolge der Vollziehung einer Auflage nicht als ein „Erwerb von Todes wegen" im Sinne des § 3 Abs. 1 ErbStG, sondern dem Wortlaut des § 3 Abs. 2 Nr. 2 ErbStG zufolge lediglich als „vom Erblasser zugewendet". § 3 Abs. 2 ErbStG kommt aber die Funktion eines Ergänzungstatbestandes zu,[1104] so dass auch das durch eine Auflage Erlangte vom Erblasser erworben wird.[1105] Daher stellt die Auflage für erbschaftsteuerrechtliche Zwecke einen „Erwerb von Todes wegen" dar,[1106] so dass die erbschafsteuerrechtliche Bewertung der Auflage einem Rückgriff auf § 3 Abs. 2 Nr. 2 ErbStG bei der Auslegung von § 6 Abs. 1 Satz 2 Nr. 1 AStG nicht entgegensteht.

Im Übrigen muss auch die Behandlung der wirtschaftlich ähnlich gelagerten Nachfolgegestaltung durch ein Vermächtnis als ein „Erwerb von Todes wegen" Berücksichtigung finden.[1107] Zwar ist der durch eine Auflage Begünstigte im Gegensatz zum Vermächtnisnehmer nicht unmittelbar mit dem Erbfall auf Grund eines Anspruchs bereichert, sondern erst im Zuge der Vollziehung der Auflage.[1108] Der wirtschaftliche Unterschied zwischen dem Vermächtnis und der Auflage ist aber nicht erheblich. Die Auflage berechtigt freilich nicht den Bedachten, eine Forderung gegen den Erben geltend zu machen, der Vollziehungsberechtigte gleicht diesen zivilrechtlichen Nachteil wirtschaftlich jedoch wieder

---

1102 Zur erbschaftsteuerrechtlichen Bewertung dieser Fälle vgl. BFH, Urteil vom 5. 12. 1990 – II R 109/86, BStBl. II 1991, S. 181, 182; *Gebel*, in: Troll/Gebel/Jülicher, ErbStG, § 3 Rn. 250.

1103 Zur Problematik des zu engen Anwendungsbereichs von § 6 Abs. 3 Satz 3 AStG siehe Kapitel 6 G. I..

1104 *Gebel*, in: Troll/Gebel/Jülicher, ErbStG, § 3 Rn. 316.

1105 *Moench*, in: Moench/Weinmann, ErbStG, § 3 Rn. 204.

1106 Vgl. *Gebel*, in: Troll/Gebel/Jülicher, ErbStG, § 3 Rn. 316, 323.

1107 Vgl. *Baßler*, FR 2008, S. 851, 863.

1108 *Meincke*, ErbStG, § 3 Rn. 96.

aus.[1109] Durch den Vollziehungsberechtigten soll nämlich die „rechtliche Erzwingbarkeit der Auflage“ gewährleistet werden.[1110]

Damit ergibt sich sowohl aus der erbschaftsteuerrechtlichen als auch aus der wirtschaftlichen Betrachtung, dass ein Erwerb der Anteile infolge der Vollziehung einer Auflage durch einen nicht unbeschränkt Steuerpflichtigen als ein „Erwerb von Todes wegen“ nach § 6 Abs. 1 Satz 2 Nr. 1 Alt. 2 AStG zu behandeln ist. In der Person des Erblassers entsteht daher die Steuerschuld gemäß § 6 Abs. 1 Satz 2 Nr. 1 Alt. 1 AStG, die nach § 45 AO auf den Bedachten übergeht. Die Steuer entfällt wiederum nach § 6 Abs. 3 Satz 3 AStG, wenn der durch die Auflage Bedachte im Inland unbeschränkt steuerpflichtig wird.

d) Vorweggenommene Erbfolge

Bei der vorweggenommenen Erbfolge handelt es sich nicht um ein eigenständiges zivilrechtliches Institut, sondern im Regelfall um ein als eine Schenkung nach §§ 516 ff., 2301 Abs. 2 BGB ausgestaltetes Rechtsgeschäft,[1111] das häufig erbschaftsteuerrechtlich motiviert ist.[1112] Erbschaftsteuerrechtlich wird diese Form der Übertragung üblicherweise als eine unentgeltliche Zuwendung unter Lebenden und damit als eine Schenkung nach § 7 Abs. 1 Nr. 1 oder Nr. 2 ErbStG behandelt.[1113] Im Rahmen des § 6 Abs. 1 Satz 2 Nr. 1 AStG kann die vorweggenommene Erbfolge nur als eine Übertragung der Anteile durch ein unentgeltliches Rechtsgeschäft unter Lebenden behandelt werden, da der Vollzug zu Lebzeiten des Übertragenden eine andere Beurteilung ausschließt.

Die nicht selten mit der vorweggenommenen Erbfolge intendierte Absicherung der Versorgung des Vermögensübergebers durch Versorgungsleistungen oder Abstandszahlungen bewirkt erbschaftsteuerrechtlich, dass der Vorgang als eine gemischt-freigiebige Zuwendung zu qualifizieren ist.[1114] Eine solche Qualifizierung kann auch in § 6 Abs. 1 Satz 2 Nr. 1 AStG, der ausdrücklich zwischen ganz und teilweise unentgeltlichen Rechtsgeschäften differenziert, nachvollzogen werden.

1109 Vgl. zur wirtschaftlichen Gleichwertigkeit von Auflage und Vermächtnis *Baßler*, FR 2008, S. 861, 863; vgl. auch *Gebel*, in: Troll/Gebel/Jülicher, ErbStG, § 3 Rn. 323.

1110 *Schlichting*, in: MüKo, BGB, § 2194 Rn. 1.

1111 *Stürner*, in: Jauernig, BGB, vor § 2274 Rn. 3.

1112 *Reiff*, NJW 1992, S. 2857, 2857; vgl. zu erbschaftsteuerrechtlichen Vorteilen *Weinmann*, in: Moench/Weinmann, ErbStG, § 7 Rn. 3.

1113 *Meincke*, ErbStG, § 7 Rn. 3a.

1114 BFH, Urteil vom 2. 3. 2005 – II R 11/02, BStBl. II 2005, S. 532, 533; *Geck*, in: Kapp/Ebeling, ErbStG, § 7 Rn. 340.4; *Gebel*, in: Troll/Gebel/Jülicher, ErbStG, § 7 Rn. 232.

Es ist daher festzustellen, dass die vorweggenommene Erbfolge für Zwecke der Besteuerung nach § 6 Abs. 1 Satz 2 Nr. 1 AStG als eine Übertragung der Anteile durch ein ganz oder teilweise unentgeltliches Rechtsgeschäft unter Lebenden zu qualifizieren ist.[1115] Daher ist der Empfänger der Anteile auch der Steuerpflichtige des § 6 Abs. 1 Satz 2 Nr. 1 Alt. 1 AStG. Damit kommt ein Entfallen der Steuer nach § 6 Abs. 3 Satz 3 AStG bei der Begründung der unbeschränkten Steuerpflicht des Beschenkten nicht in Betracht, da der Beschenkte nicht der Rechtsnachfolger des Steuerpflichtigen, sondern er selbst der Steuerpflichtige ist.[1116]

e) Einkommensteuerrechtlich als Veräußerung zu wertende Vorgänge

Es wurde bereits festgestellt, dass bei der Qualifizierung von Sachverhalten als „Erwerbe von Todes wegen" eine Orientierung am Katalog des § 3 ErbStG notwendig ist, um eine systematische Auslegung dieses Merkmals zu gewährleisten. Dementsprechend könnte auch der Pflichtteilsverzicht gegen eine Sachabfindung in der Form von Anteilen im Sinne des § 17 Abs. 1 Satz 1 EStG als ein „Erwerb von Todes wegen" nach § 6 Abs. 1 Satz 1 Nr. 1 Alt. 2 AStG zu qualifizieren sein, da die Anteile gemäß § 3 Abs. 2 Nr. 4 ErbStG aus erbschaftsteuerrechtlicher Sicht als vom Erblasser zugewendet gelten. Eine solche Wertung könnte sich auch in Bezug auf die Übertragung des Nacherbenanwartschaftsrechts auf den Vorerben durch den Nacherben ergeben. Einkommensteuerrechtlich stellt jedoch der Pflichtteilsverzicht gegen Sachabfindung in der Form von Anteilen im Sinne des § 17 Abs. 1 Satz 1 EStG eine Veräußerung nach § 17 EStG dar.[1117] Ebenfalls als eine Veräußerung zu werten ist die Übertragung des Nacherbenanwartschaftsrechts durch den Nacherben auf den Vorerben.[1118]

Die Orientierung am Erbschaftsteuerrecht dient der Abgrenzung zwischen Sachverhalten, die als Übertragungen durch ein unentgeltliches Rechtsgeschäft unter Lebenden oder als „Erwerbe von Todes wegen" zu qualifizieren sind. Diese Orientierung kann jedoch nicht grundsätzliche Wertungen des Einkommensteuerrechts, die die Frage betreffen, ob der Vorgang als eine Veräußerung zu bewerten ist oder nicht, überdecken. Die Abgrenzung zwischen § 6 Abs. 1

1115 *Wassermeyer*, in: Flick/Wassermeyer/Baumhoff, AStG, § 6 Rn. 64.

1116 Zur Problematik des zu engen Anwendungsbereichs von § 6 Abs. 3 Satz 3 AStG siehe Kapitel 6 G. I..

1117 BFH, Urteil vom 16. 12. 2004 – III R 38/00, BStBl. II 2005, S. 554, 557; *Lohr/Görges*, DStR 2011, S. 1890, 1893.

1118 BFH, Urteil vom 14. 6. 1988 – VIII R 252/82, BStBl. II 1988, S. 992, 994, in dem Urteil wurde die Übertragung des Nacherbenanwartschaftsrechts als eine Veräußerung qualifiziert, ohne dass jedoch dadurch ein Einkünftetatbestand verwirklicht wurde.

Satz 2 Nr. 1 AStG und § 17 EStG kann nur anhand der einkommensteuerrechtlichen Dogmatik erfolgen, so dass der Pflichtteilsverzicht gegen Sachabfindung in der Form von Anteilen im Sinne des § 17 Abs. 1 Satz 1 EStG als eine Veräußerung nach § 17 EStG zu qualifizieren ist und § 6 Abs. 1 Satz 2 Nr. 1 AStG keine Anwendung findet.[1119] Dementsprechend kommen eine Stundung der Steuer nach § 6 Abs. 5 AStG oder ein Entfallen der Steuer bei der Begründung der unbeschränkten Steuerpflicht durch den Erwerber nach § 6 Abs. 3 Satz 3 AStG nicht in Betracht.

6. Ergebnis zur Behandlung der Nachfolgekonstellationen

Dem Merkmal „Erwerb von Todes wegen" in § 6 Abs. 1 Satz 2 Nr. 1 Alt. 2 AStG ist nach alledem ein erbschaftsteuerrechtliches Verständnis im Sinne des § 3 ErbStG zu Grunde zu legen. Diese Orientierung beschränkt sich jedoch nur auf die Abgrenzung zwischen dem Merkmal der Übertragung der Anteile durch unentgeltliches Rechtsgeschäft unter Lebenden und dem Merkmal des „Erwerbs von Todes" wegen. Die Bestimmung eines Vorganges als eine Veräußerung im Sinne des § 17 EStG kann diese Orientierung an § 3 ErbStG somit nicht überdecken.

F. Stundung der Steuer

I. Stundung nach § 6 Abs. 4 AStG

Eine Abmilderung der Belastung durch die Besteuerung nach § 6 Abs. 1 Satz 2 Nr. 1 AStG erlauben die Stundungsvorschriften des § 6 Abs. 4, 5 AStG. Dabei ist zwischen Sachverhalten mit einem EU- bzw. EWR-Bezug und Sachverhalten, die einen solchen Bezug nicht aufweisen, zu unterscheiden. Eine Stundung der Steuer ist in Fällen, in denen der Erwerber in einem Staat außerhalb des EU- bzw. EWR-Raums ansässig ist, nur unter den Voraussetzungen des § 6 Abs. 4 AStG möglich. Nach § 6 Abs. 4 Satz 1 AStG ist die Steuer gegen Sicherheitsleistung für höchstens fünf Jahre nur zu stunden, wenn die alsbaldige Einziehung mit erheblichen Härten für den Steuerpflichtigen verbunden wäre.[1120] Der gestundete Betrag muss gemäß § 234 AO verzinst werden.[1121]

1119 *Baßler*, FR 2008, S. 851, 854.

1120 Siehe Kapitel 1 C. V..

1121 BFH, Urteil vom 16. 10. 1991 - I R 145/90, BStBl. II 1992, S. 321.

II. Stundung nach § 6 Abs. 5 AStG

Im Gegensatz zur Stundung nach § 6 Abs. 4 AStG muss die Behörde die Steuer zinslos ohne das Erfordernis einer Sicherheitsleistung nach § 6 Abs. 5 Satz 3 Nr. 1 AStG stunden, wenn der Rechtsnachfolger des Steuerpflichtigen einer der deutschen unbeschränkten Einkommensteuerpflicht vergleichbaren Steuerpflicht in einem Mitgliedstaat der Europäischen Union oder einem Vertragsstaat des EWR-Abkommens unterliegt. Des Weiteren setzt eine zinslose im Sinne des § 6 Abs. 5 Satz 3 Nr. 1 AStG voraus, dass die Amtshilfe und die gegenseitige Unterstützung bei der Beitreibung der geschuldeten Steuer zwischen der Bundesrepublik Deutschland und diesem Staat gewährleistet sind. Zusätzlich zu dem Gesetzeswortlaut verlangt eine unionsrechtskonforme Auslegung der Vorschrift, dass eine zinslose Stundung im Sinne des § 6 Abs. 5 Satz 3 Nr. 1 AStG auch dann erfolgen muss, wenn der Steuerpflichtige in einem Drittstaat einer der deutschen unbeschränkten Einkommensteuerpflicht vergleichbaren Steuerpflicht unterliegt und die Amtshilfe und die gegenseitige Unterstützung bei der Beitreibung der geschuldeten Steuer zwischen der Bundesrepublik Deutschland und diesem Staat auf Grund eines der Art. 26, 27 OECD-MA entsprechenden Abkommens gewährleistet sind.[1122]

Sowohl Gesamtrechtsnachfolger als auch Einzelrechtsnachfolger werden von § 6 Abs. 5 Satz 3 Nr. 1 AStG erfasst.[1123] Steuerpflichtiger im Sinne des § 6 Abs. 5 Satz 3 Nr. 1 AStG ist der Schenker oder der Erblasser, während deren Rechtsnachfolger entweder der Beschenkte oder der Erbe ist.[1124]

Bei Bestehen einer Erbengemeinschaft müssen die verschiedenen Stundungsvoraussetzungen jeweils einzeln in Bezug auf jeden nicht unbeschränkt steuerpflichtigen Miterben ermittelt werden. Die Erbengemeinschaft ist somit transparent zu behandeln, so dass eine Stundung der Steuer bezüglich des Anteils eines nicht unbeschränkt steuerpflichtigen Miterben nur möglich ist, wenn dieser Miterbe in seiner Person sämtliche Stundungsvoraussetzungen von § 6 Abs. 5 Satz 3 Nr. 1 AStG erfüllt.[1125]

Im Falle der Übertragung der Anteile auf einen in einem EU- bzw. EWR-Mitgliedsstaat ansässigen Vermächtnisnehmer ergibt sich im Hinblick auf § 6 Abs. 5 Satz 3 Nr. 1 AStG das Problem, dass der Vermächtnisnehmer nicht im

---

1122 Siehe Kapitel 3.

1123 *Wassermeyer*, in: Flick/Wassermeyer/Baumhoff, AStG, § 6 Rn. 219.

1124 *Wassermeyer*, in: Flick/Wassermeyer/Baumhoff, AStG, § 6 Rn. 219; *Häck*, in: Haase, AStG, § 6 Rn. 196; *Strunk/Kaminski*, in: Strunk/Kaminski/Köhler, AStG, § 6 Rn. 258-259.

1125 *Wassermeyer*, in: Flick/Wassermeyer/Baumhoff, AStG, § 6 Rn. 220.

zivilrechtlichen Sinne der Rechtsnachfolger des Steuerpflichtigen ist.[1126] Die erbschaftsteuerrechtliche Auslegung des Merkmals „Erwerb von Todes wegen" in § 6 Abs. 1 Satz 2 Nr. 1 Alt. 2 AStG, wonach der Vermächtnisnehmer die Anteile direkt vom Erblasser erwirbt, muss aber auch in Bezug § 6 Abs. 5 Satz 3 Nr. 1 AStG berücksichtigt werden, um eine konsequente Auslegung der Norm zu garantieren. Deshalb ist entgegen dem zivilrechtlichen Verständnis der Vermächtnisnehmer der Rechtsnachfolger des Erblassers.

Im Übrigen bereiten die Bestimmung der Person des Rechtsnachfolgers sowie die Frage nach der Notwendigkeit der EU- bzw. EWR-Staatsangehörigkeit Schwierigkeiten bei der Auslegung der im Rahmen der Neufassung von § 6 AStG eingeführten Regelung, da sich das Gesetz zu diesen Aspekten nicht äußert.

1. Die Person des Rechtsnachfolgers

Steuerpflichtiger der nach § 6 Abs. 1 Satz 2 Nr. 1 AStG geschuldeten Steuer ist der Schenker oder der Erblasser, so dass der Rechtsnachfolger entweder der Beschenkte oder der Erbe ist.[1127] Die Stundung nach § 6 Abs. 5 Satz 3 Nr. 1 AStG ist nur möglich, wenn der Rechtsnachfolger des Steuerpflichtigen in einem EU- bzw. EWR-Staat einer deutschen Einkommensteuerpflicht vergleichbaren Steuerpflicht unterliegt. Indem der Gesetzgeber nur auf die Einkommensteuerpflicht abhebt, übersieht er, dass der Tatbestand des § 6 Abs. 1 Satz 2 Nr. 1 AStG auch erfüllt ist, wenn der Beschenkte oder der Erbe eine juristische Person ist. Daraus könnte geschlossen werden, dass für Körperschaften eine Stundung nicht in Betracht kommt. Die Voraussetzungen, dass der Rechtsnachfolger einer der deutschen unbeschränkten Einkommensteuerpflicht entsprechenden Steuerpflicht unterliegt, bezweckt aber keine Eingrenzung des Stundungstatbestandes auf natürliche Personen. § 6 Abs. 1 Satz 2 Nr. 1 AStG muss als Teil des komplizierten Systems von § 6 AStG gesehen werden. Am Anfang der Norm steht der Grundtatbestand des § 6 Abs. 1 Satz 1 AStG, der einen einfachen Wegzugstatbestand darstellt und nur durch eine natürliche Person erfüllt werden kann. § 6 Abs. 1 Satz 2 Nr. 1 AStG ergänzt den Grundtatbestand um die Besteuerung von grenzüberschreitenden Schenkungen und Erbfällen, der auch durch den Erwerb der

1126 Zu dieser Problematik vgl. *Hecht*, in: Mössner/Fuhrmann, AStG, § 6 Rn. 59, der allerdings im Gegensatz zu der hier vertretenen Ansicht den Erwerb der Anteile auf Grund eines Vermächtnisses als eine Übertragung als unentgeltliches Rechtsgeschäft nach § 6 Abs. 1 Satz 2 Nr. 1 Alt. 1 AStG qualifiziert.

1127 *Wassermeyer*, in: Flick/Wassermeyer/Baumhoff, AStG, § 6 Rn. 219; *Strunk/Kaminski*, in: Strunk/Kaminski/Köhler, AStG, § 6 Rn. 259.

Anteile durch juristische Personen erfüllt werden kann.[1128] § 6 Abs. 5 AStG korrespondiert zu diesem System, so dass die Stundungsregelung für sämtliche Steuerpflichtige des Besteuerungstatbestandes gilt, zu dem sie korrespondiert.

Für eine unionsrechtliche Notwendigkeit einer Unterscheidung zwischen einer juristischen und einer natürlichen Person bei der Frage, ob der Empfänger die Steuer zinslos stunden kann, gibt es keine Anhaltspunkte. Schließlich können sich sowohl natürliche als auch juristische Personen auf die Kapitalverkehrsfreiheit berufen.[1129] Die bestehende Regelungslücke für Kapitalgesellschaften muss daher durch eine analoge Anwendung des § 6 Abs. 5 Satz 3 Nr. 1 AStG auf Kapitalgesellschaften geschlossen werden, sofern die ausländische Steuer der deutschen Körperschaftsteuer entspricht.[1130]

2. EU- bzw. EWR-Staatsangehörigkeit als ungeschriebene Voraussetzung?

Anhand der Frage, ob der Rechtsnachfolger die EU- bzw. EWR-Staatsangehörigkeit besitzen muss, um die Stundung nach § 6 Abs. 5 Satz 3 Nr. 1 AStG in Anspruch nehmen zu können, lässt sich veranschaulichen, wie inkonsequent und willkürlich der Gesetzgeber die Wegzugsbesteuerung geregelt hat.[1131] Während eine EU- bzw. EWR-Staatsangehörigkeit eine entscheidende Voraussetzung für die Stundung der Steuer nach § 6 Abs. 5 Satz 1, 2 i.V.m. § 6 Abs. 1 Satz 1 AStG ist, spielt die Staatsangehörigkeit des Rechtsnachfolgers des Steuerpflichtigen im Falle des § 6 Abs. 1 Satz 2 Nr. 1 i.V.m. § 6 Abs. 1 Satz 2 Nr. 1 AStG überhaupt keine Rolle. Dies ist umso verwunderlicher,[1132] als § 6 Abs. 1 Satz 2 Nr. 1 AStG lediglich den Anwendungsbereich des § 6 Abs. 1 Satz 1 AStG ergänzt, ohne dass die Vorschrift einen anderen Zweck verfolgt.[1133] Vor diesem Hintergrund sind die unterschiedlichen Voraussetzungen für eine Stundung der Steuer nach § 6 Abs. 1 Satz 1 AStG einerseits und für eine Stundung der Steuer nach § 6 Abs. 1 Satz 2 Nr. 1 AStG andererseits nicht erklärlich. Allerdings verweist § 6 Abs. 5 Satz 3 HS 1 AStG auf § 6 Abs. 5 Satz 1, 2 AStG, so dass das Auslassen der Voraussetzung der EU- bzw. EWR-Staatsangehörigkeit lediglich als ein redaktionelles Versehen gewertet werden könnte und diese

1128 *Gropp*, in: Lademann, AStG, § 6 Rn. 43.

1129 *Ress/Ukrow*, in: Grabitz/Hilf/Nettesheim, Das Recht der Europäischen Union, Art. 63 AEUV Rn. 102.

1130 *Wassermeyer*, in: Flick/Wassermeyer/Baumhoff, AStG, § 6 Rn. 221; *Baßler*, FR 2008, S. 851, 853.

1131 Vgl. *Häck*, in: Haase, AStG, § 6 Rn. 196.

1132 Dazu *Wassermeyer*, in: Flick/Wassermeyer/Baumhoff, AStG, § 6 Rn. 219.

1133 Zum Zweck der Ersatztatbestände vgl. *Kraft*, in: ders., AStG, § 6 Rn. 340.

Voraussetzung daher auch für eine Stundung nach § 6 Abs. 5 Satz 3 Nr. 1 AStG erforderlich sein könnte.[1134]

Einem solchen Verständnis steht jedoch der Wortlaut von § 6 Abs. 5 Satz 3 Nr. 2 AStG entgegen, wonach für eine Stundung der Wegzugsteuer im Falle des Ersatztatbestandes von § 6 Abs. 1 Satz 2 Nr. 2 AStG die EU- oder EWR-Staatsangehörigkeit ausdrücklich erforderlich ist.[1135] Wenn das Merkmal der EU- oder EWR-Staatsangehörigkeit in einer der Alternativen des § 6 Abs. 5 Satz 3 AStG ausdrücklich gefordert wird, muss im Umkehrschluss aus dieser Regelung geschlossen werden, dass in allen anderen Alternativen die EU- oder EWR-Staatsangehörigkeit keine Voraussetzung für die Stundung ist.[1136] Angesichts des Wortlauts der Norm muss davon ausgegangen werden, dass der Rechtsnachfolger des Steuerpflichtigen im Falle des § 6 Abs. 1 Satz 2 Nr. 1 AStG auch ohne EU- oder EWR-Staatsangehörigkeit eine Stundung nach § 6 Abs. 5 Satz 3 Nr. 1 AStG in Anspruch nehmen kann, solange er in einem EU- oder EWR-Staat einer der deutschen unbeschränkten Steuerpflicht entsprechenden Steuerpflicht unterliegt.[1137] Aus systematischen Gründen und auf Grund des Wortlautes ist eine EU- oder EWR-Staatsangehörigkeit des Rechtsnachfolgers nicht erforderlich, um eine Stundung der Wegzugsteuer nach § 6 Abs. 5 Satz 3 Nr. 1 AStG zu erwirken.

3. Umzug des Erben von einem Drittstaat in den EU- bzw. EWR-Raum

Bei einem Rechtsnachfolger, der zum Zeitpunkt der Tatbestandsverwirklichung von § 6 Abs. 1 Satz 2 Nr. 1 AStG in einem Drittstaat ansässig ist und später in den EU- bzw. EWR-Raum verzieht, stellt sich im Hinblick auf § 6 Abs. 5 Satz 3 Nr. 1 AStG die Frage, ob der Erbe auch zum Zeitpunkt des Zuzuges in den EU- bzw. EWR-Raum in den Genuss der Stundung kommen kann.[1138] Zwar ist Deutschland grundsätzlich nicht verpflichtet, seinen durch die Sofortbesteuerung beim Wegzug in den Drittstaat gesicherten Besteuerungsanspruch wieder zu gefährden, um den Zuzug des Anteilseigners in den EU- bzw. EWR-Raum ent-

1134 *Kraft*, in: ders., AStG, § 6 Rn. 500.

1135 *Grotherr*, IWB 2007, Fach 3, Gruppe 1, S. 2153, 2165; *Lausterer*, in: Blumenberg/Schäfer, Das SEStEG, S. 233; *Häck*, in: Haase, AStG, § 6 Rn. 196.

1136 *Häck*, in: Haase, AStG, § 6 Rn. 196.

1137 *Grotherr*, IWB 2007, Fach 3, Gruppe 1, S. 2153, 2165; *Häck*, in: Haase, AStG, § 6 Rn. 196; *Strunk/Kaminski*, in: Strunk/Kaminski/Köhler, AStG, § 6 Rn. 257.

1138 *Schönfeld*, in: Flick/Wassermeyer/Baumhoff, AStG, § 6 Rn. 27.6; *Strunk/Kaminski*, in: Strunk/Kaminski/Köhler, AStG, § 6 Rn. 241.

sprechend steuerlich zu würdigen.[1139] Ein Festhalten an der Besteuerung nach § 6 Abs. 1 Satz 2 Nr. 1 AStG, ohne eine Stundung nach § 6 Abs. 5 Satz 3 Nr. 1 AStG in Erwägung zu ziehen, ist jedoch mit den Grundfreiheiten, insbesondere mit den Personenverkehrsfreiheiten, schwerlich vereinbar. Man denke nur an einen deutschen Arbeitnehmer, dem die Leitung der französischen Niederlassung seines Unternehmens in Aussicht gestellt wird, wenn er sich zunächst an einer anderen Stelle des Unternehmens in Neuseeland bewährt. Zwar erfolgt die Wahrnehmung der Arbeitnehmerfreizügigkeit im Verhältnis zu Frankreich nicht unmittelbar, der zwischenzeitige Aufenthalt in Neuseeland kann den Schutz durch die Arbeitnehmerfreizügigkeit jedoch nicht verdrängen.[1140]

Im Übrigen setzt der Wortlaut von § 6 Abs. 5 Satz 3 Nr. 1 AStG nicht die unmittelbare Niederlassung in einem EU- bzw. EWR-Mitgliedstaat zum Zeitpunkt der Verwirklichung des Besteuerungstatbestandes voraus.[1141] Vielmehr wird lediglich verlangt, dass der neue Anteilseigner nach der Tatbestandsverwirklichung einer der unbeschränkten Steuerpflicht entsprechenden Steuerpflicht in einem EU- bzw. EWR-Mitgliedstaat unterliegt. Ein unmittelbares Bestehen dieser Steuerpflicht wird somit nicht verlangt.

Letztendlich handelt es sich bei dieser Sachverhaltskonstellation um eine Übertragung der Anteile in einen anderen EU-Mitgliedstaat bzw. einen anderen EWR-Vertragsstaat.[1142] Daher führt der Zuzug eines Anteilseigners in einen EU- bzw. EWR-Mitgliedstaat zur Erstattung der Steuer[1143] oder zum Entfallen der Sicherheitsleistung, die er für eine Stundung der Steuer nach § 6 Abs. 4 AStG zu entrichten war.[1144] Der Anteilseigner kann daher ab der Zeit seiner Anwesenheit in einem EU- oder EWR-Mitgliedstaat in den Genuss der Stundung kommen, sofern er die Voraussetzungen des § 6 Abs. 5 AStG erfüllt.[1145] Deshalb ist die entrichtete Steuer oder die nach § 6 Abs. 4 AStG gewährte Sicherheitsleistung zu erstatten und die Steuer nach § 6 Abs. 5 Satz 3 Nr. 1 AStG zu stunden, wenn

---

1139 *Strunk/Kaminski*, in: Strunk/Kaminski/Köhler, AStG, § 6 Rn. 241.1.

1140 Vgl. *Wassermeyer*, IStR 2007, S. 833, 836.

1141 Zu der vergleichbaren Lage in Bezug auf § 6 Abs. 5 Satz 1 AStG bei einem Wegzug des Anteilseigners in einen Drittstaat und einem anschließenden Zuzug in den EU- bzw. EWR-Raum vgl. *Wassermeyer*, IStR 2007, S. 833, 836.

1142 Vgl. zu dieser Problematik in Bezug auf die typischen Wegzugsfälle *Schönfeld*, in: Flick/Wassermeyer/Baumhoff, AStG, § 6 Rn. 27.6.

1143 *Wassermeyer*, IStR 2007, S. 833, 836.

1144 Vgl. zur Berechtigung der Sicherheitsleistung in Bezug auf den Wegzug in Drittstaaten *Schönfeld*, in: Flick/Wassermeyer/Baumhoff, AStG, § 6 Rn. 27.5, 27.6.

1145 *Wassermeyer*, in: Flick/Wassermeyer/Baumhoff, AStG, § 6 Rn. 212, 216.

der Erbe von dem Drittstaat in einen EU-Mitgliedsstaat bzw. in einen EWR-Vertragsstaat verzieht.[1146]

G. Die Wiederverstrickung

I. Die Begründung der unbeschränkten Steuerpflicht des Rechtsnachfolgers

Die Wiederverstrickung der stillen Reserven honoriert der Gesetzgeber in der Weise, dass er nach § 6 Abs. 3 AStG die Steuer wieder entfallen lässt, sofern die Voraussetzungen der Vorschrift erfüllt sind. Eine genauere Untersuchung der Merkmale, an die die Vorschrift anknüpft, zeigt allerdings, dass der Gesetzgeber einen zu engen Ansatz gewählt hat.

1. Der zu enge Anwendungsbereich von § 6 Abs. 3 Satz 3 AStG

In Bezug auf „Erwerbe von Todes wegen“ lässt die Vorschrift die Steuer entfallen, wenn der Rechtsnachfolger des Steuerpflichtigen innerhalb von fünf Jahren seit Entstehung des Steueranspruchs unbeschränkt steuerpflichtig wird. Der Steuerpflichtige ist der Erblasser und der Rechtsnachfolger dementsprechend der nicht unbeschränkt steuerpflichtige Empfänger der Anteile.[1147] Hinsichtlich der Bestimmung des Rechtsnachfolgers ist das Verhältnis entscheidend, in dem der Tatbestand des § 6 Abs. 1 Satz 2 Nr. 1 Alt. 2 AStG erfüllt worden ist, so dass der Vermächtnisnehmer entgegen der zivilrechtlichen Wertung der Rechtsnachfolger des Steuerpflichtigen ist. Sofern die Anteile auf eine Erbengemeinschaft übergegangen sind, entfällt die Steuer nur in der Höhe, die der Erbquote des nicht unbeschränkt steuerpflichtigen Miterben entspricht.[1148] War die Steuer nach § 6 Abs. 5 AStG gestundet, gilt die Fünfjahresfrist nach § 6 Abs. 3 Satz 4 Nr. 1 AStG nicht.

Soweit der nicht unbeschränkt steuerpflichtige Anteilseigner die Beteiligung im Rahmen der Erbauseinandersetzung,[1149] als Pflichtteilsverzicht gegen Schenkung,[1150] infolge einer vollzogenen Schenkung auf den Todesfall mit Überlebensbedingung[1151] oder im Zuge der vorweggenommenen Erbfolge erworben

1146 Vgl. *Wassermeyer*, IStR 2007, S. 833, 836.

1147 *Häck*, in: Haase, AStG, § 6 Rn. 155.

1148 *Strunk/Kaminski*, in: Strunk/Kaminski/Köhler, AStG, § 6 Rn. 195.

1149 Siehe Kapitel 6 E. IV. 2. b) ii); vgl. *Häck*, in: Haase, AStG, § 6 Rn. 90.

1150 Siehe Kapitel 6 E. IV. 5. a); *Baßler*, FR 2008, S. 851, 863.

1151 Siehe Kapitel 6 E. IV. 5. b).

hat,[1152] ist die Rechtsnachfolge des Anteilseigners als eine Übertragung durch unentgeltliches Rechtsgeschäft unter Lebenden im Sinne des § 6 Abs. 1 Satz 2 Nr. 1 Alt. 1 AStG zu behandeln. In diesem Fall sieht § 6 Abs. 3 Satz 3 AStG jedoch kein Entfallen des Steueranspruchs vor.[1153] Unter Beachtung von Sinn und Zweck des § 6 AStG, der Sicherung des deutschen Steuerzugriffs auf den Vermögenszuwachs in den Anteilen,[1154] ist es unerklärlich, warum die Fälle der Schenkung nach § 6 Abs. 1 Satz 2 Nr. 1 Alt. 1 AStG nicht in § 6 Abs. 3 Satz 3 AStG erfasst worden sind. Angesichts der Tatsache, dass all diese Vermögensübergänge trotz ihrer Qualifizierung als unentgeltliches Rechtsgeschäft im Sinne des § 6 Abs. 1 Satz 2 Nr. 1 AStG auf einem Todesfall beruhen, wird die Unanwendbarkeit des § 6 Abs. 3 AStG in Schenkungsfällen immer unverständlicher. Ein wirtschaftlicher Unterschied besteht für den Erwerber der Anteile nicht.

Ein Festhalten an der Wegzugsteuer bei der Begründung der unbeschränkten Steuerpflicht des Rechtsnachfolgers im Inland ist unter Berücksichtigung des Zwecks von § 6 AStG nicht mehr gerechtfertigt, da der Vermögenszuwachs in den Anteilen mit der Rückkehr nach Deutschland wieder steuerverstrickt ist.[1155] Angesichts der erfolgenden Wiederverstrickung der stillen Reserven könnten daher der Sinn und Zweck des § 6 Abs. 3 Satz 3 AStG eine analoge Anwendung dieser Regelung auf sämtliche Fälle des § 6 Abs. 1 Satz 2 Nr. 1 Alt. 1 AStG erfordern.[1156]

2. Analoge Anwendung von § 6 Abs. 3 Satz 3 AStG

Im Steuerrecht ist die Methode der Analogie zur Ausfüllung sinnwidriger Gesetzeslücken grundsätzlich zulässig.[1157] Voraussetzung einer über den Wortlaut des Gesetzes hinausgehenden Auslegung im Sinne eines Analogieschlusses sind ein vergleichbarer Sachverhalt und eine planwidrige Gesetzeslücke.[1158] Durch § 6

1152 Siehe Kapitel 6 E. IV. 5. d); *Wassermeyer*, in: Flick/Wassermeyer/Baumhoff, AStG, § 6 Rn. 64.

1153 Vgl. *Strunk/Kaminski*, in: Strunk/Kaminski/Köhler, AStG, § 6 Rn. 200.

1154 *Höhn/Höring*, Das Steuerrecht international agierender Unternehmen, § 2 Rn. 178 (S. 59/60); *Schaumburg*, Internationales Steuerrecht, Rn. 5.381.

1155 *Häck*, in: Haase, AStG, § 6 Rn. 135.

1156 Eine teleologische Extension fordernd *Wassermeyer*, IStR 2007, S. 833, 837; ebenso *Häck*, in: Haase, AStG, § 6 Rn. 161.

1157 *Tipke*, in: Klein/Vogel, FS für von Wallis, S. 133, 147; vgl. *Fischer*, StuW 1995, S. 303, 309-311; *Lang*, in: Cagianut/Vallender, FS für Höhn, S. 159, 168-170; *Düren*, in: Tipke/Kruse, AO, § 4 Rn. 345-376; *Lang*, in: Tipke/Lang, Steuerrecht, § 5 Rn. 55.

1158 BFH, Urteil vom 24. 8. 2001 – VI R 83/99, BStBl. II 2002, S. 47, 49; Urteil vom 24. 4. 2002 – I R 25/01, BStBl. II 2002, S. 586, 588; Urteil vom 15. 7. 2004 – III R 19/03, BStBl. II 2005, S. 82, 84; Urteil vom 25. 7. 2007 – III R 55/02, BFH/NV 2007, S.

Abs. 3 Satz 3 AStG will der Gesetzgeber dem Umstand der Wiederverstrickung der in den Anteilen im Sinne des § 17 EStG entstandenen stillen Reserven Rechnung tragen, indem er die zuvor entstandene Wegzugsteuer entfallen lässt.[1159] Auf Grund der Wiederverstrickung ist die infolge des Erwerbs der Anteile durch einen nicht unbeschränkt Steuerpflichtigen entstandene Gefahr, das deutsche Besteuerungsrecht an dem Vermögenszuwachs in den Anteilen zu verlieren, gebannt.[1160] Das Anerkenntnis, dass keine Gefahr mehr für das deutsche Besteuerungsrecht am Vermögenszuwachs in den Anteilen im Sinne des § 17 Abs. 1 Satz 1 EStG besteht, ist der wesentliche Gedanke, der sich hinter der Norm des § 6 Abs. 3 Satz 3 AStG verbirgt. [1161]

In denjenigen Fällen, in denen die Rechtsnachfolge für Zwecke der Besteuerung nach § 6 Abs. 1 Satz 2 Nr. 1 AStG als eine Schenkung unter Lebenden zu qualifizieren ist, ist ein Entfallen der Wegzugsteuer nach § 6 Abs. 3 Satz 3 AStG ausgeschlossen, da der Wortlaut den Anwendungsbereich der Norm auf die Besteuerung wegen eines „Erwerbs von Todes wegen" beschränkt ist. Bei der Begründung der unbeschränkten Steuerpflicht des Rechtsnachfolgers im Inland besteht jedoch die anfängliche Gefahr, den Zugriff auf den Vermögenszuwachs durch die deutschen Steuerbehörden zu verlieren, nicht mehr, da die Anteile in Deutschland wiederverstrickt werden. Diese Situation entspricht wiederum dem Rechtsprinzip des § 6 Abs. 3 Satz 3 AStG, wonach die Wegzugsteuer entfallen soll, wenn der deutsche Steuerzugriff nicht mehr gefährdet ist.[1162] Gründe, die eine Ungleichbehandlung einer Besteuerung auf Grund eines unentgeltlichen Rechtsgeschäfts unter Lebenden und eine Besteuerung auf Grund eines „Erwerbs von Todes wegen" rechtfertigen, sind unter Berücksichtigung von Sinn und Zweck des Rückkehrtatbestandes nicht ersichtlich. Insbesondere ist nicht erklärlich, warum die Wegzugsteuer nach § 6 Abs. 1 Satz 2 Nr. 1 Alt. 1 AStG erhoben werden soll, wenn der zukünftige Anteilseigner bei einer Veräußerung der Anteile den daraus entstehenden Gewinn nach § 17 EStG zu versteuern hat.

Innerhalb des § 6 AStG kann die analoge Anwendung auf § 6 Abs. 3 Satz 4 Nr. 2 AStG gestützt werden. Der Wortlaut von § 6 Abs. 3 Satz 4 Nr. 2 AStG, wonach die Wiederbegründung des deutschen Besteuerungsrechts auf „Grund eines anderen Ereignisses" die Steuer entfallen lässt, erlaubt den Schluss, dass das Merkmal der Wiederbegründung des deutschen Besteuerungsrechts auf alle

2404, 2406; *Pahlke*, in: Pahlke/Koenig, AO, § 4 Rn. 116; zur planwidrigen Lücke vgl. *Larenz*, Methodenlehre, S. 373; vgl. *Röhl/Röhl*, Allgemeine Rechtslehre, S. 635, die auf eine vergleichbare Rechtslage („Ähnlichkeit", „Gleichbehandlung") abstellen.

1159 *Häck*, in: Haase, AStG, § 6 Rn. 135.

1160 Vgl. *Gropp*, in: Lademann, AStG, § 6 Rn. 64.

1161 Vgl. *Wassermeyer*, in: Flick/Wassermeyer/Baumhoff, AStG, § 6 Rn. 142.

1162 Vgl. *Kraft*, in: ders., AStG, § 6 Rn. 430.

anderen Fälle des § 6 Abs. 3 Satz 4 AStG übertragen werden kann.[1163] Wenn jedoch die Wiederbegründung des deutschen Besteuerungsrechts bei EU- bzw. EWR-Tatbeständen als kleinster gemeinsamer Nenner genügt, um die Wegzugsteuer wieder entfallen zu lassen, muss dies auf Grund gleichheitsrechtlicher Erwägungen auch für Tatbestände ohne EU- bzw. EWR-Bezug gelten. Hinsichtlich des Sicherungsinteresses des deutschen Steuerzugriffs auf die stillen Reserven besteht zwischen der Wiederverstrickung der stillen Reserven aus dem EU- bzw. EWR-Ausland einerseits und aus Drittstaaten andererseits kein Unterschied.[1164]

Es besteht daher in den Fällen, in denen der nicht unbeschränkt steuerpflichtige Anteilseigner die Beteiligung im Rahmen der Erbauseinandersetzung, als Pflichtteilsverzicht gegen Schenkung, infolge einer vollzogenen Schenkung auf den Todesfall mit Überlebensbedingung oder im Zuge der vorweggenommenen Erbfolge erworben hat, eine planwidrige Regelungslücke in einem zu § 6 Abs. 3 Satz 3 AStG gleich gelagerten Fall. Diese Regelungslücke muss durch einen Analogieschluss geschlossen werden, indem die Wiederbegründung der unbeschränkten Steuerpflicht durch die analoge Anwendung von § 6 Abs. 3 Satz 3 AStG auch zu einem Entfallen der Steuer führt, die im Rahmen der Erbauseinandersetzung nach § 6 Abs. 1 Satz 2 Nr. 1 Alt. 1 AStG entstanden ist.

II. Übertragung der Anteile auf unbeschränkt steuerpflichtige Personen

Hinsichtlich des Rückkehrtatbestandes nach § 6 Abs. 3 AStG schreibt *Wassermeyer* zutreffend, dass der Gesetzgeber den Wald vor lauter Bäumen nicht mehr sehe.[1165] Bei dem Entwurf des Rückkehrtatbestandes im Zusammenhang mit dem SEStEG hat der Gesetzgeber offensichtlich die Wirkungen seines Handelns nicht mehr überblickt, da die vom Rechtsvorgänger entrichtete Wegzugsteuer nur dann entfallen soll, wenn der Rechtsnachfolger des Erblassers als Steuerausländer nach Deutschland zurückkehrt. Wenn ein Anteilseigner im Sinne des § 17 Abs. 1 Satz 1 EStG bei seinem Wegzug den Tatbestand des § 6 Abs. 1 Satz 1 AStG erfüllt hat und im Ausland verstirbt, sieht § 6 Abs. 3 Satz 3 AStG keine Möglichkeit vor, die Steuer wieder entfallen zu lassen, wenn der Erbe des An-

1163 Vgl. *Häck*, in: Haase, AStG, § 6 Rn. 136, der diese Schlussfolgerung jedoch auf den gesamten § 6 Abs. 3 AStG bezieht.

1164 Vgl. die Verstrickungsregelung von § 17 Abs. 2 Satz 3 EStG, die eine Wertverknüpfung unabhängig von Frage gewährt, ob der Anteilseigner aus einem EU- oder einen EWR-Land zugezogen ist oder nicht.

1165 *Wassermeyer*, IStR 2007, S. 833, 836.

teilseigners unbeschränkt steuerpflichtig ist.[1166] In § 6 Abs. 3 Satz 3 AStG ist damit nicht der zu § 6 Abs. 1 Satz 2 Nr. 1 AStG umgekehrte Fall der Unternehmensnachfolge geregelt, bei der es zu einer Wiederverstrickung der Anteile kommt.[1167] Wenn jedoch die Begründung der unbeschränkten Steuerpflicht des Erben die Steuer nach § 6 Abs. 3 Satz 3 AStG entfallen lässt, muss die Steuer erst recht entfallen, wenn der Erbe seit dem Erwerb der Anteile unbeschränkt steuerpflichtig ist.[1168] Allerdings gilt auch in diesem Fall die Fünfjahresfrist des § 6 Abs. 3 Satz 3 AStG, so dass nur der Erbfall innerhalb von fünf Jahren seit der Verwirklichung der Wegzugsbesteuerung ein Entfallen der Steuer auslöst.

H. Doppelbesteuerung

Auf Grund der Veräußerung der Anteile durch den nicht unbeschränkt steuerpflichtigen Erwerber ist dieser hinsichtlich des Veräußerungsgewinns aus den Anteilen an inländischen Kapitalgesellschaften gemäß § 1 Abs. 4 i.V.m. § 49 Abs. 1 Nr. 2 Buchst. e EStG beschränkt steuerpflichtig. Die Besteuerung der Gewinnrealisierung durch den neuen Wohnsitzstaat kann unilateral nicht durch § 34c EStG ausgeglichen werden, da eine Vermeidung der Doppelbesteuerung nach § 34c EStG die unbeschränkte Steuerpflicht des Steuerpflichtigen voraussetzt. Der Erwerber der Anteile ist jedoch zum Zeitpunkt der Gewinnrealisierung in Deutschland lediglich beschränkt steuerpflichtig, so dass eine Vermeidung der Doppelbesteuerung nach § 34c EStG ausscheidet. Der Ausgleich der Doppelbesteuerung muss daher entweder unilateral durch den Wohnsitzstaat des Anteilseigners mittels einer dem § 34c EStG entsprechenden Vorschrift erfolgen. In Bezug auf die Berücksichtigung der angefallenen Wegzugsteuer sieht § 6 Abs. 1 S. 5 AStG für diesen Fall lediglich eine Erleichterung des Steuerpflichtigen in der Weise vor, dass der nach § 49 Abs. 1 Nr. 2 Buchst. e EStG anzusetzende Gewinn aus der Veräußerung dieser Anteile um den nach § 6 Abs. 1 AStG besteuerten Vermögenszuwachs zu kürzen ist.

Bei Bestehen eines DBA, das dem OECD-MA entspricht, steht dem Wohnsitzstaat nach Art. 13 Abs. 5 OECD-MA das Besteuerungsrecht an dem Veräußerungsgewinn aus den Anteilen zu. Damit erfolgt der Ausgleich der Doppelbesteuerung durch eine Freistellung der Einkünfte im Inland. Eine Berücksichtigung der im Inland angefallenen Wegzugsteuer durch den neuen Wohnsitzstaat im Wege einer Wertverknüpfung kommt auf Grund der bislang abgeschlossenen DBA nicht in Betracht, da die derzeitigen DBA keine Klauseln enthalten, die

1166 *Wassermeyer*, IStR 2007, S. 833, 836.

1167 *Häck*, in: Haase, AStG, § 6 Rn. 161.

1168 *Wassermeyer*, IStR 2007, S. 833, 836-837; *Häck*, in: Haase, AStG, § 6 Rn. 161.

eine Wertverknüpfung für die von § 6 Abs. S. 2 Nr. 1 AStG erfassten Fälle vorsehen.[1169] Deshalb verbleibt dem Steuerpflichtigen nur der Verweis auf das Verständigungsverfahren.

I. Kumulation von Erbschaftsteuer und Einkommensteuer

Die Erfüllung des § 6 Abs. 1 Satz 2 Nr. 1 AStG hat gleichzeitig die Auslösung der Erbschaftsteuer nach § 1 Abs. 1 Nr. 1 ErbStG zur Folge, da der Übertragende zuvor in Deutschland unbeschränkt steuerpflichtig gewesen sein muss und damit die Anforderungen des § 2 Abs. 1 Nr. 1 ErbStG erfüllt.[1170] Angesichts der Kumulation von Vermögenszuwachssteuer nach § 6 Abs. 1 Satz 2 Nr. 1 Alt. 2 AStG und Erbschaftsteuer nach § 1 ff. ErbStG kann es zu einer Doppelbelastung[1171] des Steuerpflichtigen kommen. Grundsätzlich stehen im deutschen Steuerrechtssystem die auf der Reinvermögenstheorie beruhende Erbschaftsteuer[1172] und die auf der Markteinkommenstheorie gründende Einkommensteuer[1173] nebeneinander und ergänzen gleichzeitig einander, so dass eine umfassende und lückenlose Besteuerung der Leistung steigernden Vorgänge gesichert ist und Überschneidungen beider Steuerarten grundsätzlich vermieden werden.[1174] Eine durch die Einkommensteuer und die Erbschaftsteuer entstehende Doppelbelastung steht allerdings nicht prinzipiell im Widerspruch zum Willen des Gesetzgebers.[1175] Indem die Bemessungsgrundlage für die im Wege des „Erwerbes von Todes wegen" übertragenen Anteile gemäß § 6 Abs. 1 Satz 4 AStG i.V.m. § 11 BewG anhand der Kurswerte zum Übertragungszeitpunkt ermittelt wird,

1169 Siehe zur ungenügenden Anpassung der DBA an die Besteuerung nach § 6 AStG Kapitel 5 C..

1170 *Stümper*, GmbHR 2007, S. 358, 360.

1171 Die Kumulation der Vermögenszuwachssteuer nach § 6 Abs. 1 Satz 2 Nr. 1 Alt. 2 AStG und Erbschaftsteuer nach § 3 ErbStG wird im Weiteren als Doppelbelastung bezeichnet, da der Steuerschuldner der Steuer nach § 6 Abs. 1 Satz 2 Nr. 1 Alt. 2 AStG der Erblasser und der Steuerschuldner der Erbschaftsteuer nach § 20 Abs. 1 ErbStG der Erbe ist; vgl. zum Begriff der Doppelbelastung, *Jacobs*, Internationale Unternehmensbesteuerung, S. 3.

1172 *Meincke*, DStJG 22 (1999), S. 39, 40; *Tipke*, Die Steuerrechtsordnung II, S. 872.

1173 *Ratschow*, in: Blümich, EStG, § 2 Rn. 35.

1174 *Mellinghof*, DStJG 22 (1999), S. 127, 136.

1175 BFH, Urteil vom 9. 9. 1988 – III R 191/84, BStBl. II 1989, S. 9, 11; Urteil vom 23. 2. 1994 – X R 123/92, BStBl. II 1994, S. 690, 693; Urteil vom 17. 2. 2010 – II R 23/09, BStBl. II 2010, S. 641, 643; BT-Drucks. 7/2180, S. 21; *Schallmoser*, in: Blümich, EStG, § 35b Rn. 1

kann es jedoch zu einer die Existenz bedrohenden Kumulation aus Erbschaft- oder Schenkungsteuer einerseits und Wegzugsbesteuerung andererseits kommen.[1176]

Eine Steuerermäßigung im Sinne von § 6 Abs. 3 Nr. 1 AStG a.F. bei Anfall von Erbschaft- oder Schenkungsteuer enthält die Neufassung des Ersatztatbestandes nicht mehr.[1177] Obgleich der Beschenkte die Erbschaftsteuer schuldete, erlaubte § 6 AStG a.F. eine Ermäßigung der Steuer, die an dem mittlerweile aufgehobenen § 35 EStG a.F. anknüpfte.[1178] Auf Grund des Wegfalles der Steuerermäßigung nach § 6 Abs. 3 Nr. 1 AStG a.F. könnte die Wegzugsbesteuerung nunmehr eine erdrosselnde Wirkung entfalten.[1179] Um eine erdrosselnde Wirkung der Kumulation von Erbschafsteuer und Einkommensteuer zu vermeiden, hat der Gesetzgeber im Einkommensteuerrecht durch § 35b EStG und im Erbschaftsteuerrecht durch § 10 ErbStG versucht, Abhilfe zu schaffen.[1180]

Nach § 35b Satz 1 EStG ist die tarifliche Einkommensteuer um einen nach § 35b Satz 2 EStG zu bestimmenden Prozentsatz zu ermäßigen, wenn bei der Ermittlung des Einkommens Einkünfte berücksichtigt worden sind, die im Veranlagungszeitraum oder in den vier vorangegangenen Veranlagungszeiträumen als „Erwerbe von Todes wegen" der Erbschaftsteuer unterlegen haben. Die Anwendbarkeit der Steuerermäßigung nach § 35b EStG setzt jedoch voraus, dass die Wegzugsteuer nicht bereits im Erbschaftsteuerrecht als eine Nachlassverbindlichkeit im Sinne des § 10 Abs. 5 ErbStG berücksichtigt worden ist. Schließlich besteht der Zweck des § 35b EStG in der Vermeidung von Unbilligkeiten, die sich auf Grund der Kumulation von Erbschaftsteuer und Einkommensteuer ergeben können und die nicht bereits im Erbschaftsteuerrecht berücksichtigt werden können.[1181] Daher kann eine Steuerermäßigung nach § 35b EStG nur erfolgen, wenn die Wegzugsteuer nicht als eine Nachlassverbindlichkeit im Sinne des § 10 Abs. 5 ErbStG zu qualifizieren ist.[1182]

1176 *Kraft*, in: ders., AStG, § 6 Rn. 346.

1177 *Gebhardt*, EStB 2007, S. 148, 149.

1178 *Stümper*, GmbHR 2007, S. 358, 360; vgl. *Elicker*, in: Blümich, AStG, § 6 Rn. 48.

1179 *Häck*, in: Haase, AStG, § 6 Rn. 73; vgl. *Kraft*, in: ders., AStG, § 6 Rn. 346.

1180 Vgl. zu § 35b EStG *Keß*, in: Kirchhof/Söhn/Mellinghoff, EStG, § 35b Rn. A1-A2; vgl. zu § 10 Abs. 5 ErbStG *Gebel*, in: Troll/Gebel/Jülicher, ErbStG, § 10 Rn. 140.

1181 Zu Sinn und Zweck von § 35b EStG vgl. *Drenseck*, in: Schmidt, EStG, § 35b Rn. 1; *Schallmoser*, in: Blümich, EStG, § 35 b Rn. 1.

1182 *Keß*, in: Kirchhof/Söhn/Mellinghoff, EStG, § 35b Rn. A64.

I. Die Wegzugsteuer als Nachlassverbindlichkeit

Die Wegzugsteuer nach § 6 Abs. 1 Satz 2 Nr. 1 Alt. 2 AStG entsteht zwar in der Person des Erblassers, wirtschaftlich bleibt jedoch der Erbe belastet, da nach § 45 AO die Steuerschulden des Erblassers auf ihn übergehen. Der Erbe ist wiederum auch Schuldner der Erbschaftsteuer hinsichtlich des Erwerbs der Anteile. Auf erbschaftsteuerrechtlicher Ebene könnte die Doppelbelastung des Erwerbers bzw. des Schenkers der Anteile bei der Ermittlung der Erbschaftsteuer durch § 10 Abs. 5 Nr. 1 ErbStG Berücksichtigung finden.[1183] Danach sind die vom Erblasser herrührenden Schulden von dem Erwerb als Nachlassverbindlichkeiten abzuziehen. Zu den von dem Erblasser herrührenden Schulden zählen auch dessen Steuerschulden, sofern sie rechtlich entstanden sind und für den Erben eine wirtschaftliche Last bedeuten.[1184] Die Belastung des vererbten Vermögens mit der Wegzugsteuer könnte daher die Erbschaftsteuer nach § 10 Abs. 5 Nr. 1 ErbStG mindern, sofern die Wegzugsteuer bis zum Stichtag wirtschaftlich entstanden ist und für den Erben eine wirtschaftliche Last darstellt.

1. Entstehung der Steuer

Auf Grund des Verweises auf § 17 EStG muss § 6 AStG als eine Norm des Einkommensteuerrechts erachtet werden,[1185] so dass für das rechtliche Entstehen der Steuer die Bestimmungen des EStG maßgebend sind. Hinsichtlich des rechtlichen Entstehens der Einkommensteuer stellt § 36 Abs. 1 EStG klar, dass die Einkommensteuer mit dem Ende des Veranlagungszeitraumes entsteht, soweit nichts anderes bestimmt ist. Eine ausdrückliche Regelung der Fälle, in denen die Steuerpflicht durch den Tod des Erblassers endet, findet sich im EStG nicht. Daraus ergibt sich im Hinblick auf die Berücksichtigungsfähigkeit der Wegzugsteuer als eine abzugsfähige Nachlassverbindlichkeit die Frage, ob die Wegzugsteuer in Abweichung zu der Grundregel des § 36 EStG nicht erst am Ende des Veranlagungszeitraumes, sondern bereits am Todestag des Erblassers, der der Stichtag für § 10 Abs. 5 Nr. 1 ErbStG ist, rechtlich entstanden ist.

1183 *Baßler*, FR 2008, S. 851, 852; *Hecht/Gallert*, BB 2009, S. 2396, 2397; *Häck*, in: Haase, AStG, § 6 Rn. 81; *Schaumburg*, Internationales Steuerrecht, Rn. 5.370.

1184 BFH, Urteil vom 24. 3. 1999 – II R 34/97, BFH/NV 1999, S. 1339, 1340; Urteil vom 14. 12. 2004 – II R 35/03, BFH/NV 2005, S. 1093, 1093; Urteil vom 14. 11. 2007 – II R 3/06, BFH/NV 2008, S. 574, 575; Urteil vom 17. 2. 2010 – II R 23/09, BStBl. II 2010, S. 641, 643; *Kämper/Milatz*, ZEV 2011, S. 70, 70.

1185 § 6 AStG ergänzt lediglich den Anwendungsbereich von § 17 AStG, vgl. *Elicker*, in: Blümich, AStG, § 6 Rn. 1.

a) Ansicht der Finanzverwaltung

Unstreitig ist, dass eine Festsetzung der Steuer zum Zeitpunkt des Erbfalles für die Abziehbarkeit der Steuer als Nachlassverbindlichkeit nach § 10 Abs. 5 Nr. 1 ErbStG nicht erforderlich ist.[1186] Umstritten ist allerdings der Zeitpunkt der Entstehung der Einkommensteuerschuld bei dem vorzeitigen Ende der Steuerpflicht vor Ablauf des Veranlagungszeitraumes. Als Zeitpunkt der Entstehung der Steuer kommt entweder der Eintritt des Todes[1187] oder der Ablauf des Veranlagungszeitraumes in Betracht.[1188] Letzterer Ansicht hat sich die Finanzverwaltung in ihrem koordinierten Länder-Erlass vom 18. 1. 2010 angeschlossen, wonach „Einkommensteuerschulden, aus dem Veranlagungszeitraum, in den der Todeszeitpunkt des Erblassers fällt, [...] erst mit Ablauf des Kalenderjahrs [entstehen].“[1189] Daraus folgt, dass die Einkommensteuerschulden, die erst im Todesjahr anfallen, nicht nach § 10 Abs. 5 Nr. 1 ErbStG abzugsfähig sind.[1190] Dieser Ansatz der Finanzverwaltung würde für die Berücksichtigung der Wegzugsbesteuerung nach § 6 Abs. 1 Satz 2 Nr. 1 Alt. 2 AStG bedeuten, dass die Steuer erst mit dem Ablauf des Kalenderjahres entstünde, in dem der Erblasser verstorben ist. Auf Grund der rechtlichen Entstehung der Wegzugsteuer erst am Ende des Veranlagungszeitraumes könnte der Erbe die Wegzugsteuer nicht als Nachlassverbindlichkeit nach § 10 Abs. 5 Nr. 1 ErbStG abziehen.

b) Die Rechtsprechung des BFH

Die Finanzverwaltung bezieht sich in dem koordinierten Länder-Erlass auf zwei Urteile des BFH.[1191] Die von der Finanzverwaltung gezogene Schlussfolgerung,

1186 FG Hamburg, Urteil vom 10. 10. 1990 – II 173/88, EFG 1991, S. 130, 131; *Högl*, in: Grüsching/Stenger, BewG/ErbStG, § 10 ErbStG Rn. 73.

1187 *Gebel*, BB 1999, S. 135, 136; *ders.*, in: Troll/Gebel/Jülicher, ErbStG, § 10 Rn. 140; *Geck*, in: Kapp/Ebeling, ErbStG, § 10 Rn. 82; vgl. *Brenner*, in: Kirchhof/Söhn/Mellinghoff, EStG, § 36 Rn. B7; unter Bezugnahme auf § 25 Abs. 2 EStG a.F. *Conradi*, in: Littmann/Bitz/Pust, EStG, § 36 Rn. 4; *Kämper/Milatz*, ZEV 2011, S. 70, 72, 73; *Stuhrmann*, in: Blümich, EStG, § 36 Rn. 8; a.A. jedoch *Ettlich*, in: Blümich, EStG, § 36 Rn. 74.

1188 *Seibel*, in: Hermann/Heuer/Raupach, EStG, § 36 Rn. 12; *Weinmann*, in: Moench/Weinmann, ErbStG, § 10 Rn. 54 ; *Ettlich*, in: Blümich, EStG, § 36 Rn. 74; zur Entstehung der Wegzugsteuer *Hecht*, in: Mössner/Fuhrmann, AStG, § 6 Rn. 16.

1189 FinMin. Baden-Württemberg, Erlass vom 18. 1. 2010 3 – 3810/28, Tz. 4, DStR 2010, S. 226.

1190 FinMin. Baden-Württemberg, Erlass vom 18. 1. 2010 3 – 3810/28, Tz. 4, DStR 2010, S. 226.

1191 FinMin. Baden-Württemberg, Erlass vom 18. 1. 2010 3 – 3810/28, Tz. 4, DStR 2010, S. 226.

dass für Zwecke des § 10 Abs. 5 Nr. 1 ErbStG Einkommensteuerschulden aus dem Todesjahr erst mit Ablauf des Veranlagungszeitraum entstehen, kann diesen Urteilen bei genauerer Untersuchung jedoch nicht entnommen werden, da diese Urteile sich gar nicht mit der rechtlichen Entstehung der Steuer befassen, sondern vorwiegend Sonderkonstellationen betreffen.[1192]

Die Rechtsprechung scheint vielmehr von der gegenteiligen Auffassung auszugehen. In einem Verfahren vor dem BFH[1193] machte ein Alleinerbe eine erhöhte Einkommensteuerschuld des Erblassers als eine Nachlassverbindlichkeit nach § 10 Abs. 5 Nr. 1 ErbStG geltend. Der Tod des Erblassers, der als Architekt freiberuflich tätig war, führte zu einer Betriebsaufgabe und damit zur Entnahme eines Grundstücks, das bislang zum Betrieb des Erblassers gehörte. Infolge einer fünf Jahre nach dem Tod des Erblassers durchgeführten Betriebsprüfung hatte sich herausgestellt, dass das Grundstück in dem Einkommensteuerbescheid des Todesjahres zu niedrig bewertet worden war. Daraufhin änderte das Finanzamt den Einkommensteuerbescheid und forderte von dem Erben eine Nachzahlung. Der Erbe betrachtete die Änderung des Einkommensteuerbescheids als ein rückwirkendes Ereignis nach § 175 Abs. 1 Satz 1 Nr. 1 AO in Bezug auf die Erbschaftsteuerfestsetzung, weshalb die Nachzahlung als Nachlassverbindlichkeit von dem steuerpflichtigen Erwerb abzuziehen sei. Der BFH folgte der Ansicht des Erben nicht, da § 175 Abs. 1 Satz 1 Nr. 1 AO verlangt, dass das rückwirkende Ereignis eintritt, nachdem der zu ändernde Steuerbescheid ergangen ist.[1194] Er stellte aber fest, dass die Einkommensteuerschuld im Todesjahr des Erblassers entstanden sei.[1195] Damit bestätigte der BFH das Urteil des FG Münster, das bereits festgestellt hatte, dass zu den Erblasserschulden die Schulden gehören, die „a) schon zu Lebzeiten des Erblassers entstanden waren, b) mit dem Erbfall entstehen […] [und] nach dem Erbfall entstehen, für die aber zu Lebzeiten des Erblassers der Grund gelegt war."[1196]

c) Bewertung

Bei der Bestimmung des Zeitpunkts der rechtlichen Entstehung der Steuerschuld darf nicht der Sinn des § 10 Abs. 5 ErbStG und das sich hinter dieser Norm verbergende Nettoprinzip[1197] übersehen werden. Das Wesen der Erbschaftsteuer als

1192 Vgl. dazu ausführlich *Kämper/Milatz*, ZEV 2011, S. 70, 70-71.

1193 BFH, Urteil vom 14. 12. 2004 – II R 35/03, BFH/NV 2005, S. 1093.

1194 BFH, Urteil vom 14. 12. 2004 – II R 35/03, BFH/NV 2005, S. 1093, 1093.

1195 BFH, Urteil vom 14. 12. 2004 – II R 35/03, BFH/NV 2005, S. 1093, 1093-1094.

1196 FG Münster, Urteil vom 15. 5. 2003 – 3 K 6841/00 Erb, EFG 2003, S. 1182, 1182.

1197 Zum Nettoprinzip in § 10 Abs. 5 ErbStG vgl. *Geck*, in: Kapp/Ebeling, ErbStG, § 10 Rn. 68; *Meincke*, ErbStG, § 10 Rn. 31.

einer Bereicherungsteuer,[1198] deren Rechtfertigung sich aus der gesteigerten Leistungsfähigkeit des Erben ergibt,[1199] verlangt es, dass Steuerschulden, die durch den Erblasser begründet wurden und durch die Beendigung seiner Steuerpflicht auf Grund seines Todes nunmehr anfallen, bei der Bemessung der Erbschaftsteuer berücksichtigt werden. Diesen Anforderungen entspricht auch der Wortlaut von § 10 Abs. 5 Nr. 1 ErbStG, wonach die von dem „Erblasser herrührenden Schulden" abzugsfähig sind.[1200] Die Wegzugsteuer nach § 6 Abs. 1 Satz 2 Nr. 1 Alt. 2 AStG rührt von dem Erblasser her, da er den Besteuerungstatbestand durch seinen Tod und durch die Regelung der Erbfolge in seiner Person in der letzten Sekunde seines Lebens verwirklicht. Diese Steuerschuld ist nach § 45 AO auf den Erben übergegangen, sodass der „Erwerb von Todes wegen" in Bezug auf die Kapitalgesellschaftsanteile für den Erben zugleich eine Belastung darstellt, die die Bereicherung schmälert. Insbesondere diese Erwerbsschmälerungen sollen bei der Ermittlung des steuerpflichtigen Erwerbs Berücksichtigung finden.[1201] Die Ausgestaltung der Erbschaftsteuer als eine Bereicherungsteuer kann dem Nettoprinzip daher nur entsprechen, wenn bei ihrer Ermittlung auch die Ertragsteuerschulden einbezogen werden, die auf Grund des Todesfalles überhaupt erst entstehen.

Auch aus der Aufhebung des § 25 Abs. 2 EStG a.F., wonach eine sofortige Veranlagung zu erfolgen hatte, wenn die Steuerpflicht nicht während des vollen Veranlagungszeitraumes bestand, kann entgegen einer anderen Ansicht nicht der Rückschluss gezogen werden, dass damit im EStG die einzige Regelung einer vorzeitigen Beendigung der Steuerpflicht weggefallen sei.[1202] Eine solche Schlussfolgerung ist nicht überzeugend, da § 25 EStG überhaupt nicht die Entstehung der Einkommensteuer regelt, sondern lediglich die Regelung der Veranlagung betrifft. Es handelt sich bei § 25 EStG nämlich um eine technische Regelung, aus der nicht geschlossen werden kann, zu welchem Zeitpunkt die Einkommensteuer entsteht.[1203] Daher hat sich auch mit dem Wegfall des Absatzes 2

1198 *Mellinghoff*, DStJG 22 (1999), S. 127, 135.

1199 *Schneider*, StuW 1979, S. 38, 39-40; *Klein-Blenkers*, Die Bedeutung subjektiver Merkmale im Erbschaftsteuer- und Schenkungsteuerrecht, Diss., Köln 1991, S. 82-85; *Meincke*, DStJG 22 (1999), S. 39, 40; *Crezelius*, DStJG 22 (1999), S. 73, 102-104; *Tipke*, Steuerrechtsordnung II, S. 872-873; *Seer*, in: Tipke/Lang, Steuerrecht, § 13 Rn. 102.

1200 *Kämper/Milatz*, ZEV 2011, S. 70, 72.

1201 Vgl. *Meincke*, ErbStG, § 10 Rn. 31.

1202 Vgl. FG Münster, Urteil vom 19. 4. 2007 – 3 K 2939/05 Erb, EFG 2007, S. 1457, 1457.

1203 *Geck*, in: Kapp/Ebeling, ErbStG, § 10 Rn. 82.

in § 25 EStG in Bezug auf das vorzeitige Entstehen der Einkommensteuer vor dem Ablauf des Veranlagungszeitraumes nichts geändert.[1204]

Wenn die Steuerpflicht vorzeitig vor Ablauf des Veranlagungszeitraumes endet, kann eine Veranlagung des Erblassers auch vorzeitig erfolgen. Aus dem Wegfall des § 25 Abs. 2 EStG, der eine vorzeitige Veranlagung ausdrücklich regelte, folgt nichts anderes, da eine vorzeitige Veranlagung „aus der Natur der Sache“[1205] möglich sein muss.[1206] Eine Veranlagung zur Einkommensteuer ist jedoch grundsätzlich nur möglich, wenn die Einkommensteuer bereits entstanden ist, so dass die Einkommensteuer vorzeitig entstanden sein muss.[1207]

Des Weiteren soll durch die Veranlagung des Erblassers erst am Ende des Veranlagungszeitraumes und nicht unmittelbar nach seinem Tode lediglich den Finanzämtern die Möglichkeit eingeräumt werden, die Veranlagung erst nach Ablauf des Veranlagungszeitraumes vorzunehmen.[1208] Außerdem widerspricht das Entstehen der Einkommensteuerschuld erst am Ende des Veranlagungszeitraumes dem Grundsatz, dass das Entstehen einer Steuerschuld die Steuerrechtsfähigkeit des Steuerpflichtigen voraussetzt. Die Einkommensteuerschuld eines Steuerpflichtigen kann schließlich nur entstehen, solange dieser steuerrechtsfähig ist.[1209] Mit dem Tode des Steuerpflichtigen endet jedoch dessen Steuerrechtsfähigkeit, weshalb auch eine Einkommensteuerschuld des verstorbenen Steuerpflichtigen nicht mehr nach dem Tode, sondern nur in der Sekunde seines Todes entstehen kann.[1210]

In Anbetracht all dieser Erwägungen entsteht deshalb die Einkommensteuerschuld bereits mit dem Todeszeitpunkt des Erblassers und nicht erst mit dem Ablauf des Veranlagungszeitraumes.

2. Wirtschaftliche Belastung

Keine Schwierigkeiten bereitet das Erfordernis der wirtschaftlichen Belastung.[1211] Eine wirtschaftliche Belastung scheidet lediglich aus, wenn eine objek-

---

1204 *Kämper/Milatz*, ZEV 2011, S. 70, 71; *Geck*, in: Kapp/Ebeling, ErbStG, § 10 Rn. 82; vgl. *Schuck*, in: Viskorf/Glier/Hübner/Knobel/Schuck, ErbStG, § 10 Rn. 67.

1205 *Seeger*, in: Schmidt, EStG, § 25 Rn. 16.

1206 So auch *Zimmermann*, in: Lademann, EStG, § 36 Rn. 18.

1207 *Brenner*, in: Kirchhof/Söhn/Mellinghoff, EStG, § 36 Rn. B7.

1208 *Geck*, in: Kapp/Ebeling, ErbStG, § 10 Rn. 82.

1209 Zur Steuerrechtsfähigkeit natürlicher Personen vgl. *Koenig*, in: Pahlke/Koenig, AO, § 33 Rn. 2, 4.

1210 *Stuhrmann*, in: Blümich, EStG, § 36 Rn. 8.

1211 Dazu *Meincke*, ErbStG, § 10 Rn. 32; *Weinmann*, in: Moench/Weinmann, ErbStG, § 10 Rn. 50a.

tive wirtschaftliche Betrachtung der Verhältnisse ergibt, dass der Gläubiger den Erblasser als Schuldner im Zeitpunkt seines Todes nicht mehr wegen seiner Steuerschuld in Anspruch nehmen würde.[1212] Die Wegzugsteuer ist jedoch eine Steuerschuld, die in der Person des Erblassers entsteht und von dessen Durchsetzung durch die deutsche Finanzverwaltung auszugehen ist, so dass das Merkmal der wirtschaftlichen Belastung erfüllt ist.

II. Ergebnis

Die Wegzugsteuer ist als eine vom Erblasser herrührende Schuld im Sinne des § 10 Abs. 5 Nr. 1 AStG zu qualifizieren. Daher ist sie als eine Nachlassverbindlichkeit von der festzusetzenden Erbschaftsteuerschuld abzuziehen. Indem die Wegzugsteuer als eine Nachlassverbindlichkeit im Sinne des § 10 Abs. 5 ErbStG bei der Ermittlung der Erbschaftsteuer zu berücksichtigen ist, scheidet eine Steuerermäßigung nach § 35b EStG aus.[1213]

1212 *Gebel*, BB 1999, S. 135, 138; vgl. auch *Gebel*, in: Troll/Gebel/Jülicher, ErbStG, § 10 Rn. 140; *Kämper/Milatz*, ZEV 2011, S. 70, 70.

1213 Vgl. jedoch *Kraft/Schmidt*, RIW 2011, S. 758, 759, die die Doppelbesteuerung durch Wegzugsteuer und Erbschaftsteuer nach § 35b EStG ausgleichen wollen. Dieser Ansatz ist konsequent, wenn man den Erben als Steuerpflichtigen des § 6 Abs. 1 Satz 2 Nr. 1 Alt. 2 AStG ansieht, da die Steuer in diesem Fall nicht als Nachlassverbindlichkeit im Sinne des § 10 Abs. 5 Nr. 1 ErbStG die Erbschaftsteuerschuld mindern kann.

Fazit

Mit der Sicherung des deutschen Besteuerungsrechts an den stillen Reserven in den Anteilen im Sinne des § 17 Abs. 1 Satz 1 EStG durch ihre Besteuerung nach § 6 Abs. 1 AStG zu dem Zeitpunkt, zu dem die Entstrickung der stillen Reserven droht, verfolgt der deutsche Gesetzgeber grundsätzlich ein legitimes Ziel. Die Umsetzung dieser Sicherung des deutschen Besteuerungsrechts ist dem deutschen Gesetzgeber bei der Formulierung des § 6 AStG nur teilweise geglückt. Verfassungs- und unionsrechtliche sowie systematische Bedenken verlangen auch nach der Neufassung des § 6 AStG durch das SEStEG nach einer Korrektur.

Indem eine Besteuerung dem Wortlaut von § 6 Abs. 1 Satz 1, 2 Nr. 1-3 AStG gemäß zu erfolgen hat, ohne dass es auf einen Ausschluss oder eine Beschränkung des deutschen Besteuerungsrechts ankommt, geht die Vorschrift weit über das eigentlich mit ihr bezweckte Sicherungsbedürfnis hinaus. Ein derartig umfassender Ansatz ist jedoch weder mit dem Grundgesetz noch mit der Systematik der Entstrickungstatbestände vereinbar. Eine Durchbrechung des Leistungsfähigkeitsprinzips, wie sie durch § 6 AStG erfolgt, ist verfassungsrechtlich nur gerechtfertigt, wenn sie als ultima ratio zur Sicherung des deutschen Besteuerungsrechts erforderlich ist. Eine Eingrenzung des Anwendungsbereichs von § 6 Abs. 1 Satz 1, 2 Nr. 1-3 AStG auf Sachverhalte, in denen das deutsche Besteuerungsrecht beschränkt oder ausgeschlossen wird, entspricht auch dem Geist des SEStEG, durch das die verschiedenen Entstrickungstatbestände systematisiert werden sollten. Daher verlangt eine am Verfassungsrecht und an der Systematik des Ertragsteuerrechts orientierte Auslegung eine Ergänzung des § 6 Abs. 1 Satz 1, 2 Nr. 1-3 AStG um das ungeschriebene Tatbestandsmerkmal der Beschränkung oder des Ausschlusses des deutschen Besteuerungsrechts, damit der Anwendungsbereich der Norm ihrem Sinn entsprechend auch nur auf Fälle der Entstrickung begrenzt bleibt. Spiegelbildlich zu diesem Ergebnis darf die Steuer nach § 6 Abs. 3 AStG nur entfallen, wenn das deutsche Besteuerungsrecht auch tatsächlich wieder auflebt. Des Weiteren muss es unter dem Gesichtspunkt der systematischen Auslegung der Norm auf der Rechtsfolgenseite bei der Gewinnermittlung zu einer Aufdeckung der stillen Lasten kommen, sofern der Steuerpflichtige an mehreren Kapitalgesellschaften beteiligt und eine Verrechnung der fiktiven Verluste aus den verlustträchtigen Anteilen mit dem Vermögenszuwachs aus den gewinnbringenden Anteilen möglich ist.

Die Ausrichtung der Neufassung von § 6 AStG an der Rechtsprechung des EuGH hat dem Gesetzgeber dazu bewogen, eine zinslose Stundung sowie eine zwischenzeitliche Wertminderung bei der späteren Veräußerung der Anteile vorzusehen. Diese Begünstigungsregelungen sind allerdings auf Sachverhalte beschränkt, die einen EU- bzw. einen EWR-Bezug aufweisen. Der Gesetzgeber hat dabei ignoriert, dass die Besteuerungstatbestände von § 6 Abs. 1 Satz 2 Nr. 1 und 3 AStG eine Beschränkung der Kapitalverkehrsfreiheit betreffen, die wiederum als einzige Grundfreiheit einen Drittstaatenbezug aufweist. Dem mit der erga-omnes-Wirkung der Kapitalverkehrsfreiheit verfolgten Zweck, der Steigerung der Attraktivität des Binnenmarktes für Investitionen, kann jedoch nur in ausreichender Weise Rechnung getragen werden, wenn Begünstigungsregelungen, die im Binnenmarkt gelten, auch auf den Kapitalverkehr im Verhältnis zu Drittstaaten Anwendung finden. Bei der Ausdehnung des Anwendungsbereichs der Stundungsregelung und der Verlustberücksichtigung muss allerdings beachtet werden, dass die nationale Finanzverwaltung bei der Durchsetzung ihrer Steueransprüche von Drittstaaten grundsätzlich nicht die gleiche Mithilfe einfordern kann, wie es ihr gegenüber den Finanzbehörden der EU-Mitgliedstaaten auf Grund der EG-Amtshilferichtlinie und der EG-Beitreibungsrichtlinie möglich ist. Deshalb verlangt eine unionsrechtskonforme Auslegung der Norm, dass die Begünstigungsregelungen von § 6 Abs. 5 und 6 AStG bei einer Besteuerung des Kapitalverkehrs mit Drittstaaten nach § 6 Abs. 1 Satz 2 Nr. 1 und 3 AStG nur zur Anwendung kommen müssen, wenn im Verhältnis zu den Drittstaaten eine dem Niveau der EG-Amtshilferichtlinie und der EG-Beitreibungsrichtlinie entsprechende Möglichkeit der Amtshilfe besteht. Ein ausreichendes Niveau der Zusammenarbeit ist als gegeben anzusehen, wenn das anzuwendende DBA Vorschriften enthält, die den Art. 26, 27 OECD-MA entsprechen, da deren Inhalt im Grunde dem Inhalt und der Wirkung der EG-Amtshilferichtlinie und der EG-Beitreibungsrichtlinie gleicht. Da dieses Niveau an Amts- und Beitreibungshilfe im Verhältnis zur Schweiz bislang nicht erreicht wird, können die Begünstigungsregelungen von § 6 Abs. 5, 6 AStG im Verhältnis zur Schweiz trotz des bestehenden Freizügigkeitsabkommens nicht angewendet werden.

Indem der Gesetzgeber durch die Besteuerung nach § 6 AStG versucht, den sich aus dem Abkommensrecht ergebenden Verlust des deutschen Besteuerungsrechts an dem Vermögenszuwachs zur Zeit der Ansässigkeit im Inland entgegenzuwirken, wird die Vereinbarkeit der Wegzugsbesteuerung mit dem Abkommensrecht immer wieder hinterfragt. § 6 AStG ist jedoch letztlich Ausdruck des Wohnsitzprinzips, da die Norm lediglich den Vermögenszuwachs in den Anteilen besteuert, der sich bis zu dem Zeitpunkt der Entstrickung gebildet hat. Auf Grund der fehlenden Beschränkung des Besteuerungsrechts des Wohnsitzstaates auf den Vermögenszuwachs, der in der Zeit der Ansässigkeit des Anteilseigners im Wohnsitzstaat entstanden ist, droht bei der tatsächlichen Veräußerung der Anteile eine Doppelbesteuerung hinsichtlich des Vermögenszuwachses, der sich bis zum Zeitpunkt der Verwirklichung des § 6 AStG gebildet hat.

Um eine solche Doppelbesteuerung zu vermeiden, ist der Gesetzgeber aufgefordert, bei dem Abschluss zukünftiger DBA auf der Einführung einer Wertverknüpfungsklausel zu bestehen. Dabei sollte der Gesetzgeber darauf achten, dass die Wertverknüpfungsklausel auf alle Besteuerungstatbestände des § 6 AStG Anwendung findet und nicht wie bisher lediglich auf den physischen Wegzug im Sinne des Grundtatbestandes beschränkt bleibt.

Einen Hauptstreitpunkt der Neufassung des § 6 AStG bildet der neue Ergänzungstatbestand des § 6 Abs. 1 Satz 2 Nr. 1 Alt. 2 AStG, wonach der „Erwerb von Todes wegen“ der Anteile durch einen nicht unbeschränkt Steuerpflichtigen nunmehr die Vermögenszuwachsbesteuerung auslöst. Der neue Besteuerungstatbestand bereitet sowohl hinsichtlich der Bestimmung des Steuerpflichtigen als auch im Hinblick auf die Abgrenzung zu den übrigen Besteuerungstatbeständen nach § 6 Abs. 1 Satz 2 AStG Schwierigkeiten. Als Steuerpflichtiger wurde aus systematischen Gründen und auf Grund des Wortlautes der übrigen Norm der Erblasser ermittelt. Für die Bestimmung von Rechtsnachfolgegestaltungen als „Erwerbe von Todes wegen“ ist eine Orientierung an dem Katalog des § 3 ErbStG geboten, so dass ein Vorgang, der nach dem Erbschaftsteuerrecht als ein „Erwerb von Todes wegen“ zu qualifizieren ist, auch nach § 6 AStG als ein „Erwerb von Todes wegen“ angesehen werden muss. Diese Grundregel steht jedoch unter dem Vorbehalt, dass das Ertragsteuerrecht den Vorgang nicht bereits als Veräußerung im Sinne des § 17 EStG qualifiziert hat.

Die Untersuchung der Nachfolgegestaltungen hat ergeben, dass der Gesetzgeber auf der Rechtsfolgenseite zahlreiche Konstellationen nicht bedacht hat, bei denen ein Entfallen nach dem Sinn und Zweck der Norm in gleicher Weise berechtigt ist, wie im Falle des § 6 Abs. 3 Satz 3 AStG. Aus gleichheitsrechtlichen und systematischen Erwägungen muss die Steuer daher entfallen, wenn der Beschenkte wieder unbeschränkt steuerpflichtig wird. Dasselbe muss gelten, wenn der Anteilseigner bei seinem Wegzug einer Besteuerung nach § 6 AStG unterlegen hat und nach seinem Tode im Ausland durch einen unbeschränkt Steuerpflichtigen beerbt wird. Sofern der Erbe der Erbschaftsteuer unterliegt, stellt die Steuer nach § 6 Abs. 1 Satz 2 Nr. 1 Alt. 2 AStG eine nach § 10 Abs. 5 Nr. 1 ErbStG abzugsfähige Nachlassverbindlichkeit dar, weshalb die Verwirklichung der Besteuerung nach § 6 Abs. 1 Satz 2 Nr. 1 Alt. 2 AStG die Höhe des zu besteuernden Erwerbes mindert.

Abschließend ist festzustellen, dass der Gesetzgeber es durch die Neufassung des § 6 AStG versäumt hat, die Wegzugsbesteuerung in einer Weise zu regeln, die dem Wesen einer Entstrickungsnorm gerecht wird und den Anforderungen des Unionsrechts entspricht. Durch eine Auslegung, die sich konsequent an dem Grundgedanken der Entstrickung orientiert, ist es jedoch möglich, adäquate Ergebnisse zu finden. Es obliegt daher der Finanzverwaltung und der

Rechtsprechung, durch eine entsprechende Auslegung die Norm selbst zu systematisieren.

Literaturverzeichnis

Arlt, Bernhard, Die Anknüpfung der Vermögenszuwachsbesteuerung an die Beendigung der unbeschränkten Einkommensteuerpflicht nach § 1 Abs. 1 EStG – Probleme bei „Drittstaatsfällen" durch Einbeziehung von wesentlichen Beteiligungen an ausländischen Kapitalgesellschaften, IStR 2008, S. 216-220.

Arndt, Hans-Wolfgang, Gleichheit im Steuerrecht, NVwZ 1988, S. 787-794.

Avenarius, Martin, J. von Staudingers Kommentar zum Bürgerlichen Gesetzbuch mit Einführungsgesetz und Nebengesetzen – Buch 5 – Erbrecht – §§ 2064-2196 (Testament 1), Berlin 2003.

Bamberger, Heinz Georg / Roth, Herbert, Beck'scher Online-Kommentar zum Bürgerlichen Gesetzbuch, Stand: 21. 11. 2011, Edition: 21.

Baranowski, Karl-Heinz, Besteuerung von Auslandsbeziehungen, 2. Auflage, Herne/Berlin 1996.

Baßler, Johannes, Die Bedeutung des § 6 AStG bei der Planung der Unternehmensnachfolge, FR 2008, S. 851-864.

Beck'sches Steuer- und Bilanzrechtslexikon, München 2011.

Beiser, Reinhold, in: Michael Lang / Heinz Jirousek (Hrsg.), Praxis des Internationalen Steuerrechts – Festschrift für Helmut Loukota zum 65. Geburtstag, Wien 2005, S. 15-44.

Bellstedt, Christoph, Wohnsitzverlegung eines GmbH-Gesellschafters ins Ausland – ein Beitrag zum Außensteuergesetz, GmbHR 1973, S. 126-133.

Benecke, Andreas, Entstrickung und Verstrickung bei Wirtschaftsgütern des Betriebsvermögens – Verhältnis zu den Gewinnkorrekturvorschriften und Auswirkungen auf die Betriebsstättenbesteuerung, NWB 2007, Fach 3, S. 14733-14756.

Benecke, Andreas / Schnitger, Arne, Neuregelung des UmwStG und der Entstrickungsnormen durch das SEStEG, IStR 2006, S. 765-779.

Benesch, Sebastian, Das Freizügigkeitsabkommen zwischen der Schweiz und der Europäischen Gemeinschaft, Diss., Gießen 2006.

Berberich, Andreas, Europarechtliche Kapitalverkehrsfreiheit und deutsches Erbschaftsteuerrecht – Die Auswirkungen der Kapitalverkehrsfreiheit auf grenzüberschreitende Erbschaften und Schenkungen unter besonderer Berücksichtigung der Doppelbesteuerungsproblematik, Diss., Jena 2008.

Beul, Carsten René, Auswirkungen des Freizügigkeitsabkommens mit der Schweiz – Teil 1: Die Reichweite der Grundfreiheiten des EG-Vertrages im Verhältnis zur Schweiz, SAM 2006, S. 125-129.

Bieber, Torsten, Die Verfassungsmäßigkeit der Einschränkung des steuerrechtlichen Verlustausgleichs und Verlustabzugs – eine verfassungsrechtlich-systematische Untersuchung unter besonderen Berücksichtigung des Steuerentlastungsgesetzes 1999/2000/2002, Diss., Bonn 2006.

Birk, Dieter, Das Leistungsfähigkeitsprinzip als Maßstab der Steuernormen, Köln 1983.

ders., Wegzugsbesteuerung und Europarecht, in: Paul Kirchhof / Wolfgang Jakob / Albert Beermann (Hrsg.), Steuerrechtsprechung – Steuergesetz – Steuerreform – Festschrift für Klaus Offerhaus zum 65. Geburtstag, Köln 1999, S. 163-175.

ders., Steuerrecht, 14. Auflage, Heidelberg 2011.

Birk, Rolf, Ausländische Vermächtnisse im deutschen Sachenrecht, ZEV 1995, S. 283-285.

Bischoff, Kai / Kotyrba, Marc H., Wohnsitzverlegung in die Schweiz – Steuerfolgen und Steuerplanung, BB 2002, S. 382-389.

Bitter, Georg u.a., Scholz – Kommentar zum GmbH-Gesetz, 10. Auflage, Köln 2010.

Blumenberg, Jens / Schäfer, Karl P. (Hrsg.), Das SEStEG – Steuer- und gesellschaftsrechtliche Erläuterungen und Gestaltungshinweise, München 2007.

Blümich, Einkommensteuergesetz – Körperschaftsteuergesetz – Gewerbesteuergesetz, Bernd Heuermann, Peter Brandis (Hsg.), München, Stand: 114. Ergänzungslieferung (Februar 2012).

Böcking, Hans-Joachim / Dreisbach, Marius / Gros, Marius, Der fair value als Wertmaßstab im Handelsbilanzrecht und den IFRS – eine Diskussion vor dem Hintergrund des Referentenentwurfs des BilMoG, Der Konzern 2008, S. 207-214.

Boidman, Nathan / Gartner, Gary J., Canda – U.S. Tax Practice – A Cross-Border View, Tax Management International Journal 1999, S. 143-151.

de Bont,Guido, Taxation and the Free Movement of Capital and Payments, EC Tax Review 1995, S. 136-142.

Bordewin, Arno / Brandt, Jürgen / Bode, Walter, Kommentar zum Einkommensteuergesetz, Heidelberg, Stand: 326. Ergänzungslieferung (Dezember 2011).

Braun, Leander, Besteuerung des Vermögenszuwachses wesentlicher Beteiligungen beim Wohnsitzwechsel ins Ausland, DB 1982, S. 2111-2112.

Brezing, Klaus / Krabbe, Helmut / Lempenau, Gerhard / Mössner, Jörg / Runge, Berndt, Außensteuerrecht – Kommentar, Herne/Berlin 1991.

Brinkmann, Jan, Der Einfluß des Europäischen Rechts auf die Unternehmensbesteuerung, Diss., Konstanz 1996.

De Broe, Luc, The tax treatment of transfer of residence by individuals - Introduction, in: IFA, Cahiers de droit fiscal international, Volume LXXXVIIb (2002), S. 19-78.

Bron, Jan Frederik, Das van Hilten-Urteil des EuGH und die (Un-)Anwendbarkeit der Wegzugsbesteuerung im Verhältnis zu Drittstaaten, IStR 2006, S. 296-302.

ders., Ertragsteuerliche Praxisfragen aus der Wegzugsberatung, IWB 2009, Fach 3, Gruppe 2, S. 1413-1424.

Bron, Jan F. / Seidel, Karsten, Mögliche Inlandsbesteuerung aufgrund der Abschaffung der Besteuerung nach dem Aufwand (Pauschalbesteuerung) in der Schweiz – Zugleich Überlegungen zum Verhältnis der Nebentatbestände zum Grundtatbestand des § 6 AStG, IStR 2009, S. 312-315.

Brox, Hans / Walker, Wolf-Dietrich, Erbrecht, 24. Auflage, Köln 2010.

Brünink, Jan-Hendrik, Das Verhältnis der Normen des Außensteuergesetzes zu den Doppelbesteuerungsabkommen – Eine systematische Darstellung der wichtigsten Konkurrenzprobleme unter besonderer Berücksichtigung der Hinzurechnungsbesteuerung für Zwischeneinkünfte mit Kapitalanlagecharakter, Diss., München 1997.

Bundgaard, Jakob / Koerver Schmidt, Peter, Tax treaties and tax avoidance: application of anti-avoidance provisions – Denmark – Summary and conclusions, in: IFA, Cahiers de droit fiscal international, Volume XCVa (2010), S. 261-279.

Burmester, Gabriele, Zur Systematik internationaler Minderbesteuerung und ihrer Vermeidung, in: Gabriele Burmester / Dieter Endres, Außensteuerrecht – Doppelbesteuerungsabkommen und EU-Recht im Spannungsverhältnis, Festschrift für Helmut Debatin, München 1997, S. 58-79.

Calliess, Christian / Ruffert, Matthias, EUV/AEUV – Das Verfassungsrecht der Europäischen Union mit Europäischer Grundrechtecharta, 4. Auflage, München 2011.

Clark, Braedon / Pouletty, Mathieu, Lasteyrie du Saillant Decision and Denmark's Exit Tax Regime, Tax Planning International European Union Focus, Heft 5/2004, S. 13-16.

Cordewener, Axel, Europäische Grundfreiheiten und nationales Steuerrecht – „Konvergenz" des Gemeinschaftsrechts und „Kohärenz" der direkten Steuern in der Rechtsprechung des EuGH, Diss., Bonn 2001.

ders., Deutsche Unternehmensbesteuerung und europäische Grundfreiheiten – Grundzüge des materiellen und formellen Rechtsschutzsystems der EG, DStR 2004, S. 6-15.

Creifelds, Carl, Rechtswörterbuch, 20. Auflage, München 2011.

Crezelius, Georg, Erbschaftsteuer und Schenkungsteuer in zivilrechtlicher Sicht, Diss., Bielefeld 1979.

ders., Sicherung der Unternehmensnachfolge und Besteuerung, in: Franz Wassermeyer (Hrsg.), Grundfragen der Unternehmensbesteuerung, DStJG 17 (1994), Köln, S. 135-187.

ders., Erbschaftsteuerrecht und Erbschaftsteuerpolitik, in: Joachim Lang (Hrsg.), Die Steuerrechtsordnung in der Diskussion – Festschrift für Klaus Tipke, Köln 1995, S. 403-418.

ders., Verhältnis der Erbschaftsteuer zur Einkommen- und Körperschaftsteuer, in: Dieter Birk (Hrsg.), Steuern auf Erbschaft und Vermögen, DStJG 22 (1999), Köln, S. 73-126.

ders., Die Entwicklung des Erbschaftsteuerrechts in den letzten 100 Jahren, FR 2007, S. 613-624.

ders., Unternehmenserbrecht – Erbrecht, Gesellschaftsrecht, Steuerrecht, 2. Auflage, München 2008.

ders., Das neue Erbschaft- und Schenkungsteuerrecht im Rechtssystem, ZEV 2009, S. 1-6.

ders., Anmerkung zu BFH, Urteil vom 9. 2. 2010, VIII R 43/06, MittBayNot 2010, S. 510-511.

Däinghaus, Gaby / Reichel, Michael, Erbauseinandersetzung in einkommensteuerrechtlicher Hinsicht, DStZ 1998, S. 34-43.

Daragan, Hanspeter, Darf Deutschland im Verhältnis zu Liechtenstein die Kapitalverkehrsfreiheit nach Art. 40 EWRA wegen fehlender Auskunftspflicht beschränken?, IStR 2011, S. 584-587.

Daragan, Hanspeter / Zacher-Röder, Hannelore, Qualifizierte Nachfolge und Sonderbetriebsvermögen, DStR 1999, S. 89-92.

Dautzenberg, Norbert, Die Wegzugsteuer des § 6 AStG im Lichte des EG-Rechts, BB 1997, S. 180-185.

ders., Anmerkung zu BFH, Beschluss vom 17. 12. 1997 – I B 108/97, FR 1998, S. 491-492.

ders., Anmerkung zu BFH, Beschluss vom 17. 12. 1997 – I B 108/97, IStR 1998, S. 305-307.

ders., Die Kapitalverkehrsfreiheit des EG-Vertrages, der Steuerrechtvorbehalt des Art. 73d EGV und die Folgen für die Besteuerung, RIW 1998, S. 537-544.

ders., Die Bedeutung des EG-Vertrages für die Erbschaftsteuer, EWS 1998, S. 86-93.

ders., Kommentar zu EuGH, Urteil vom 11. 12. 2003 – Rs. C-364/01; Erben von H. Barbier gegen Inspecteur van de Belastingdienst Particulieren/Ondernemingen buitenland te Heerlen, EWS 2004, S. 129-131.

Dautzenberg, Norbert / Brüggemann, Alexander, EG-Vertrag und deutsche Erbschaftsteuer – Überlegungen zum deutschen Erbschaftsteuergesetz, insbesondere zum Betriebsvermögensfreibetrag, BB 1997, S. 123-133.

Debatin, Helmut, Leitsätze für ein Gesetz zur Wahrung der steuerlichen Gleichmäßigkeit bei Auslandsbeziehungen und zur Verbesserung der steuerlichen Wettbewerbslage bei Auslandsinvestitionen, DStZ 1971, S. 89-102

ders., Die sogenannte Steuerentstrickung und ihre Folgen, BB 1990, S. 826-829.

Debatin, Helmut / Wassermeyer, Franz, Doppelbesteuerung – Kommentar, München, Stand: 115. Ergänzungslieferung (Oktober 2011).

Dippel, Karlhans, Auslegung von Wiederverheiratungsklauseln, AcP 177 (1977), S. 349-370.

Ditz, Xavier, Aufgabe der finalen Entnahmetheorie – Analyse des BFH-Urteils vom 17.7.2008 und seiner Konsequenzen, IStR 2009, 115-121.

Djanani, Christiana / Brähler, Gernot, Internationales Steuerrecht, 4. Auflage, Wiesbaden 2008.

Dolzer, Rudolf / Kahl, Wolfgang / Waldhoff, Christian / Graßhof, Karin (Hrsg.), Bonner Kommentar zum Grundgesetz, Heidelberg 2010.

Dorn, Herbert, Das Recht der internationalen Doppelbesteuerung, VJSchr. f. Steuer- und Finanzrecht, 1927, S. 189-249.

Dörner, Heinrich, Keine dingliche Wirkung ausländischer Vindikationslegate im Inland, IPRax 1996, S. 26-28.

ders., J. von Staudingers Kommentar zum Bürgerlichen Gesetzbuch mit Einführungsgesetz und Nebengesetzen – Einführungsgesetz zum Bürgerlichen Gesetzbuche/IPR, Art. 25, 26 EGBGB; Anhang zu Art. 25 und 26 EGBGB: Ausländische Rechte, Berlin 2007.

Dörr, Ingmar, Die Europarechtswidrigkeit der Besteuerung von „schwarzen Fonds" gem. § 18 Abs. 3 AuslInvestmG, FR 2009, S. 555-568.

Dötsch, Ewald / Jost, Werner F. / Pung, Alexandra / Witt, Georg, Die Körperschaftsteuer – Kommentar zum Körperschaftsteuergesetz, Umwandlungssteuergesetz zu den einkommensteuerrechtlichen Vorschriften der Anteilseignerbesteuerung, Stuttgart, Stand: 73. Ergänzungslieferung (Dezember 2011).

Dötsch, Ewald / Pung, Alexander, Steuersenkungsgesetz: Die Änderungen bei der Körperschaftsteuer und bei der Anteilseignerbesteuerung, DB 2000, Beilage 10.

Dyer, Geoffrey J. R. / Yager, James, Income taxation of emigrants and immigrants under domestic law, in: IFA, Cahiers de droit fiscal international, Volume LXXXVIIb (2002), S. 191-208.

Eicker, Klaus / Obser, Ralph, Die Kapitalverkehrsfreiheit bekommt Konturen – zugleich Anmerkungen zu den Schlussanträgen in den Rechtssachen Weidert und Paulus, Manninen und Lenz, IStR 2004, S. 443-446.

Endres, Dieter / Jacob, Friedhelm / Gohr, Marion / Klein, Martin, DBA Deutschland/USA – Doppelbesteuerungsabkommen, München 2009.

Erle, Bernd / Sauter, Thomas, Körperschaftsteuergesetz – Die Besteuerung der Kapitalgesellschaft und ihrer Anteilseigner, 3. Auflage, Heidelberg, 2010.

Ettinger, Jochen, Anmerkung zu FG Münschen, Beschluss vom 3. 8. 2006 – 11 V 500/06, IStR 2006, S. 747.

Ettinger, Jochen / Eberl, Tobias, Die deutsche Wegzugsbesteuerung nach der EuGH-Rechtsprechung und wesentliche Gestaltungsmöglichkeiten im Zusammenhang mit einem Wegzug ins Ausland, GmbHR 2005, S. 152-159.

Ettinger, Jochen / Hergeth, Armin, Geänderte deutsche Wegzugsbesteuerung: Besonderheiten beim Wegzug in die Schweiz, PIStB 2007, S. 185-189.

Eyles, Uwe, Das Niederlassungsrecht der Kapitalgesellschaften in der Europäischen Gemeinschaft, 1. Auflage, Baden-Baden 1990.

Faltlhauser, Kurt, Kritische Anmerkungen zur Rechtsprechung des Europäischen Gerichtshofs im Bereich der Unternehmensbesteuerung, in: Paul Kirchhof / Otto Graf Lambsdorff / Andreas Pinkwart (Hrsg.), Festschrift für Hermann Otto Solms, Berlin 2005, S. 153-166.

Felix, Günther, Keine Gewinnrealisierung bei Erbverzicht gegen Abfindung mit Mitunternehmeranteil, KÖSDI 1991, S. 8513-8515.

Ferid, Murad / Firsching, Karl / Dörner, Heinrich / Hausmann, Rainer, Internationales Erbrecht, München, Stand: 83. Ergänzungslieferung (Oktober 2011).

Fischer, Michael, Zur Reformbedürftigkeit des Erbschaftsteuerrechts, DB 2003, S. 9-15.

Fischer, Peter, Überlegungen zur Lückenhaftigkeit des Steuergesetzes, StuW 1995, S. 303-312.

Fischer, Peter / Meßbacher-Hönsch, Christine / Loose, Matthias / Viskorf, Hermann-Ulrich, Boruttau – Grunderwerbsteuergesetz – Kommentar, 17. Auflage, München 2011.

Fleischer, Ottmar, Nochmals: Qualifizierte Nachfolge und Sonderbetriebsvermögen – Anmerkung zu Daragan – Zacher-Röder, DStR 1999, 89 -, DStR 1999, S. 972.

Flick, Heinz, Vereinbarkeit des Steuerfluchtgesetzes mit Doppelbesteuerungsabkommen, BB 1971, S. 250-251.

Flick, Hans / Kempermann, Michael / Wassermeyer, Franz / Wingert, Karl Dieter, Kommentar zum Doppelbesteuerungsabkommen Deutschland-Schweiz, Köln, Stand: 35. Ergänzungslieferung (November 2011).

Flick, Hans / Piltz, Detlev J., Der Internationale Erbfall, 2. Auflage, München 2008.

Flume, Werner, Die Nachfolge von Todes wegen in ein Vermögen mit Betriebsvermögen und die Einkommensteuer bei der Übernahme von Ausgleichsverpflichtungen durch den Nachfolger in ein Einzelunternehmen oder die Beteiligung an einer Personengesellschaft – Anmerkung zu den beiden Beschlüssen des Großen Senats des BFH vom 5. 7. 1990, DB 1990, S. 2390-2393.

Förster, Guido, SEStEG: Rechtsänderungen im EStG, DB 2007, S. 72-80.

Frank, Rainer / Helms, Tobias, Erbrecht, 5. Auflage, München 2010.

Franke, Michael, Dient § 6 AStG nur der Klarstellung oder füllt er eine gesetzliche Lücke aus?, FR 1974, S. 33-35.

Freitag, Robert, Mitgliedstaatliche Beschränkungen des Kapitalverkehrs und Europäisches Gemeinschaftsrecht, EWS 1997, S. 186-195.

Frenz, Walter, Handbuch Europarecht – Band 1 – Europäische Grundfreiheiten, Berlin 2004.

Friedenberger, Martin, Die Rolle der Finanzverwaltung bei der Vertreibung, Verfolgung und Vernichtung der deutschen Juden, in: Martin Friedenberger / Klaus-Dieter Gössel / Eberhard Schönknecht (Hrsg.), Die Reichsfinanzverwaltung im Nationalsozialismus, Bremen 2002, S. 10-24.

Frotscher, Gerrit, Kommentar zum Einkommensteuergesetz, Freiburg, Stand: 166. Ergänzungslieferung (November 2011).

Gebel, Dieter, Steuerminderung durch Steuerschulden – Abzug rückständiger Steuern als Nachlaßverbindlichkeiten, BB 1999, S. 135-143.

ders., Wirtschaftliches Eigentum im Erbschaft- und Schenkungsteuerrecht, BB 2000, S. 537-542.

Gebhardt, Thomas, Neuregelung der Wegzugsbesteuerung – Änderungen des § 6 AStG nach dem SEStEG, EStB 2007, S. 148-150.

Geck, Reinhard, Rückwirkung der Erbauseinandersetzung bei einfacher Nachfolgeklausel, DStR 2000, S. 1383-1386.

Geiger, Rudolf / Khan, Daniel-Erasmus / Kotzur, Markus, EUV/AEUV – Vertrag über die Europäische Union und Vertrag über die Arbeitsweise der Europäischen Union – Kommentar, 5. Auflage, München 2010.

Germelmann, Claas Friedrich, Konkurrenz von Grundfreiheiten und Missbrauch von Gemeinschaftsrecht – Zum Verhältnis von Kapitalverkehrs- und Niederlassungsfreiheit in der neueren Rechtsprechung, EuZW 2008, S. 596-600.

Glöckner, Jochen, Grundverkehrsbeschränkungen und Europarecht – Zugleich ein Beitrag zum Anwendungsbereich der Kapitalverkehrsfreiheit, EuR 2000, S. 592-622.

Gosch, Dietmar, Vielerlei Gleichheiten – Das Steuerrecht im Spannungsfeld von bilateralen, supranationalen und verfassungsrechtlichen Anforderungen, DStR 2007, S. 1553-1561.

ders., Keine Steuerentstrickung bei Überführung von Wirtschaftsgütern in eine ausländische Betriebsstätte, BFH-PR 2008, S. 499-501.

Götsche, Max, Wohnsitzverlagerung natürlicher Personen ins Ausland – Einkommensteuerliche Konsequenzen und Gestaltungsmöglichkeiten, Neuwied 1997.

Götzenberger, Anton-Rudolf, Die neue Steuer-Amtshilfe nach dem DBA-Schweiz, BB 2011, S. 1954-1957.

Grabitz, Eberhard / Hilf, Meinhard / Nettesheim, Martin, Das Recht der Europäischen Union, München, Stand: 44. Ergänzungslieferung – Mai 2011.

von der Groeben, Hans / Schwarze, Jürgen, Kommentar zum Vertrag über die Europäische Union und zur Gründung der Europäischen Gemeinschaft, 6. Auflage, Baden-Baden 2003.

Groh, Manfred, Erben als „Durchgangsunternehmer" – Anmerkungen zu den BFH-Urteilen vom 24. 9. 1991 VIII R 349/83 und 29. 10. 1991 VIII R 51/84, DB 1992, S. 1312-1317.

Grotherr, Siegfried, Neuerungen der Wegzugsbesteuerung (§ 6 AStG) durch das SEStEG, IWB 2007, Fach 3, Gruppe 1, S. 2153-2174.

Haase, Florian, Internationales und Europäisches Steuerrecht, 2. Auflage, Heidelberg 2009.

ders., Außensteuergesetz/Doppelbesteuerungsabkommen, Heidelberg 2009.

Habersack, Mathias, Münchener Kommentar zum Bürgerlichen Gesetzbuch – Band 5 – §§ 705 – 853 – Partnerschaftsgesellschaftsgesetz – Produkthaftungsgesetz, 5. Auflage, München 2009.

Häck, Nils, Zur Anwendung des § 6 Abs. 1 AStG im Verhältnis zur Schweiz, IStR 2011, S. 521-527.

ders., Stundung der Vermögenszuwachssteuer (§ 6 AStG) bei Wegzug in die Schweiz, IStR 2011, S. 797-800.

Haferkamp, Ute, Die Kapitalverkehrsfreiheit im System der Grundfreiheiten des EG-Vertrages, Diss., Bonn 2002.

Hahn, Hartmut, Von Spartanern und Athenern – zum Beschluss des BFH vom 17. 12. 1997 zur Vereinbarkeit des § 6 AStG mit dem EGV, zu seinen Kritikern und zugleich ein Beitrag zur Dogmatik der Grundfreiheiten des EGV, DStZ 2000, S. 14-25.

Hahn, Hartmut, Gemeinschaftsrecht und Recht der direkten Steuern – Teil II, DStZ 2005, S. 469-481.

Haritz, Detlef / Menner, Stefan (Hrsg.), Umwandlungssteuergesetz – Kommentar, 3. Auflage, München 2010.

Haslehner, Werner C., Die Anwendung von EG-Grundfreiheiten im Verhältnis zur Schweiz, SWI 2007, S. 221-229.

ders., Das Konkurrenzverhältnis der Europäischen Grundfreiheiten in der Rechtsprechung des EuGH zu den direkten Steuern, IStR 2008, S. 565-575.

Hecht, Stephen / Gallert, Jan, Ungeklärte Rechtsfragen der Wegzugsbesteuerung gemäß § 6 AStG, BB 2009, S. 2396-2398.

Hellwig, Peter, Die Verlustberücksichtigung bei Auslandsbeziehungen – Kleine Auswahl aus vielfältigem Angebot, StbJb 1976/77, S. 427-454.

Hensel, Christian, Neues deutsch-ungarisches Doppelbesteuerungsabkommen, WiRO 2012, S. 5-7.

Herbst, Christian / Brehm, Mark, Tax Information Exchange Agreement Model – Informationsaustausch mit Steueroasen, IWB 2005, Fach 10, Gruppe 2, S. 1853-1864.

Herrmann, Carl / Heuer, Gerhard / Raupach, Arndt, Einkommen- und Körperschaftsteuergesetz – Kommentar, Köln, Stand: 248. Ergänzungslieferung (November 2011).

Herzig, Norbert / Dautzenberg, Norbert, Die Einwirkungen des EG-Rechts auf das deutsche Unternehmenssteuerrecht, DB 1997, S. 8-17.

Hey, Johanna, Spezialgesetzliche Missbrauchsgesetzgebung – aus steuersystematischer, verfassungs- und europarechtlicher Sicht, StuW 2008, S. 167-183.

dies., Nationale Missbrauchsvorschriften im Spannungsfeld von DBA- und EU-Recht, in: Jürgen Lüdicke (Hrsg.), Wo steht das deutsche Internationale Steuerrecht?, Forum der Internationalen Besteuerung 35, Köln 2009, S. 137-169.

dies., Erbschaftsteuer: Europa und der Rest der Welt – Zur Europarechtskonformität des ErbStG n.F. insbesondere im Hinblick auf Drittstaatensachverhalte, DStR 2011, S. 1149-1157.

Hils, Frank, Die Behandlung des Sonderbetriebsvermögens im Erbfall – Gesellschafsrechtliche Gestaltungsvarianten der Vererbung von Anteilen an Personengesellschaften und ihre einkommensteuerrechtlichen Konsequenzen für das Sonderbetriebsvermögen, Diss., Würzburg 2004.

Hindelang, Steffen, The Free Movement of Capital and Foreign Direct Investment, Diss., Tübingen 2008.

ders., Gestufte Freiheitsverbürgung? Art. 63 Abs. 1 AEUV (Ex-Art. 56 Abs. 1 EG) im Drittstaatenkontext, IStR 2010, S. 443-448.

Hinny, Pascal, in: Lüdicke, Jürgen, Europarecht – Ende der nationalen Steuersouveränität, Forum der Internationalen Besteuerung 31, Köln 2006, S. 45-81.

von Hippel, Thomas, Fremdnützige Vermögenstransfers – ein Anwendungsfall der Kapitalverkehrsfreiheit, EuZW 2005, S. 7-10.

Höhn, Nicole / Höring, Johannes, Das Steuerrecht international agierender Unternehmen – Grenzüberschreitende Steuerplanung, 1. Auflage, Wiesbaden 2010.

Honrath, Alexander, Umfang und Grenzen der Freiheit des Kapitalverkehrs, Diss., Saarbrücken 1996.

Höppner, Horst-Dietrich, Deutsche steuerliche Mißbrauchsvorschriften und das Gemeinschaftsrecht - § 42 AO und § 50d Abs. 1a EStG aus EG-rechtlicher Sicht, in: Gottfried Breuninger / Welf Müller / Elisabeth Strobl-Haarmann, Steuerrecht und Europäische Integration – Festschrift für Albert J. Rädler zum 65. Geburtstag, München 1999, S. 305-341.

Horschitz, Harald / Groß, Walter / Schnur, Peter, Bewertungsrecht, Erbschaftsteuer, Grundsteuer, 17. Auflage, Stuttgart 2010.

Hruschka, Franz, Die Ent- und Verstrickung stiller Reserven nach dem SEStEG, StuB 2006, S. 584-590.

Hübschmann, Walter / Hepp, Ernst / Spitaler, Armin, Abgabenordnung/Finanzgerichtsordnung – Kommentar, Köln, Stand: 215 Ergänzungslieferung (Dezember 2011).

Ipsen, Knut, Völkerrecht, 5. Auflage, München 2004.

Ismer, Roland / Rust, Ekkehart, Ist § 6 AStG noch zu halten? – Die Wegzugsbesteuerung auf dem Prüfstand des Gemeinschaftsrechts nach der Entscheidung de Lasteyrie du Saillant, EWS 2004, S. 207-217.

Ismer, Roland / Sailer, Norbert, Der neue Art. 27 OECD-MA: Amtshilfe bei der Beitreibung und Sicherung von Steueransprüchen, IStR 2003, S. 622-631.

Jacob, Friedhelm, Verlustberücksichtigung im Rahmen der Wegzugsbesteuerung gemäß § 6 AStG, SAM 2009, S. 130-135.

Jacobs, Otto H., Internationale Unternehmensbesteuerung, 7. Auflage, München 2011.

Jakob, Wolfgang, Einkommensteuer, 4. Auflage, München 2008.

Jansen, Lothar / Weidmann, Matthias, Treaty Overriding und Verfassungsrecht – Beurteilung der verfassungsrechtlichen Zulässigkeit von Treaty Overrides am Beispiel des § 50d EStG, IStR 2010, S. 596-605.

Janssen, Bernhard, Die Stundung von Steuern – unter besonderer Berücksichtigung der BFH-Rechtsprechung der 80er Jahre, DStZ 1991, S. 77-80.

Jarass, Hans / Pieroth, Bodo, Grundgesetz für die Bundesrepublik Deutschland – Kommentar, 11. Auflage, München 2011.

Jauernig, Othmar, Bürgerliches Gesetzbuch mit Allgemeinen Gleichbehandlungsgesetz – Kommentar, 14. Auflage, München 2011.

Johannsen, Kurt, Die Rechtsprechung des Bundesgerichtshofs auf dem Gebiete des Erbrechts – 4. Teil: Einsetzung eines Nacherben, WM 1970, S. 2-9.

Johannsen, Kurt Herbert / Kregel, Wilhelm, Das Bürgerliche Gesetzbuch – mit besonderer Berücksichtigung der Rechtsprechung des Reichsgerichts und des Bundesgerichtshofes – Kommentar herausgegeben von den Mitgliedern des Bundesgerichtshofs – RGRK – Band V, 2. Teil, 12. Auflage, Berlin 1975.

Juillard, Patrick, Lecture critique des Articles 73 B, 73 C et 73 D du Traité de Communauté Européenne, in: Albrecht Weber (Hrsg.), Währung und Wirtschaft – Das Geld im Recht – Festschrift für Prof. Dr. Hugo J. Hahn zum 70. Geburtstag, Baden-Baden 1997, S. 177-190.

Jülicher, Marc, Der Erwerb von betrieblichem Vermögen im Wege „vorweggenommener Erbfolge" – Neudefinition des Anwendungsbereichs des § 13a ErbStG beim Erwerb unter Lebenden durch das BFH-Urteil vom 25. 1. 2001, II R 52/98?, DStR 2001, S. 769-775.

Jüptner, Roland, Leistungsfähigkeit und Veranlassung – Ein ideen- und verfassungskritischer Beitrag zum Leistungsfähigkeitsprinzip und dessen Bedeutung für einen generalisierenden einkommensteuerlichen Verpflichtungsgrund, insbesondere am Beispiel der Veranlassung, Heidelberg 1989.

Kaass, Jan, Europäische Grundfreiheiten und deutsche Erbschaftsteuer – Zur erbschaftsteuerlichen Behandlung grenzüberschreitender Sachverhalte, Diss., Hamburg 2000.

Kahle, Holger / Franke, Verona, Überführung von Wirtschaftsgütern in ausländische Betriebsstätten, IStR 2009, S. 406-411.

Kahill-Wolff, Bettina / Mosters, Robert, Das Abkommen über die Freizügigkeit EG – Schweiz, EuZW 2001, S. 5-10.

Kaiser, Joseph H., Die „Wegzugssteuer" – Verfassungsrechtliche und europarechtliche Beurteilung des § 6 Außensteuergesetz, BB 1991, S. 2052-2059.

Kämper, Andrea / Milatz, Jürgen E., Erbschaftsteuerliche Berücksichtigung von Einkommensteuerzahlungen im Todesjahr als Nachlassverbindlichkeit i.S. des § 10 Abs. 5 Nr. 1 ErbStG, ZEV 2011, S. 70-73.

Kanzler, Hans-Joachim, Problematik der steuerlichen Behandlung von Veräußerungsgewinnen, FR 2000, S. 1245-1255.

Kapp, Reinhard / Ebeling, Jürgen, Erbschaft- und Schenkungsteuergesetz – Kommentar, Köln, Stand: 58. Ergänzungslieferung (Dezember 2011).

Keller, Annekathrin, Die Fortentwicklung der Wegzugsbesteuerung nach § 6 AStG, Diss., Erlangen-Nürnberg 2006.

Kemmerer, Martin, Kapitalverkehrsfreiheit und Drittstaaten, Diss., Frankfurt am Main 2009.

Kempermann, Michael, Anmerkung zu BFH, Beschluss vom 17. 12. 1997 – I B 108/97, FR 1998, S. 490.

Kempka, Bettina, Gewinnrealisierung bei der Überführung von Wirtschaftsgütern zwischen Stammhaus und Betriebsstätte – Eine Analyse der systemkonformen steuerlichen Behandlung stiller Reserven, Frankfurt a. M. 1995.

Kessler, Wolfgang / Eicker, Klaus / Obser, Ralph, Die Gesellschafter-Fremdfinanzierung im Lichte der Kapitalverkehrsfreiheit, IStR 2004, S. 325-329.

dies., Die Schweiz und das Europäische Steuerrecht – Der Einfluss des Europäischen Gemeinschaftsrechts auf das Recht der direkten Steuern im Verhältnis zu Drittstaaten am Beispiel der Schweiz, IStR 2005, S. 658-669.

Kessler, Wolfgang / Huck, Friederike, Grenzüberschreitender Transfer von Betriebsvermögen – die Verlagerung von Einzelwirtschaftsgütern, Betriebsstätten und Betrieben ins Ausland, StuW 2005, S. 193-215.

Keuk, Brigitte, Zur Entnahme im geltenden und künftigen Recht, DB 1973, 890-896.

Kimms, Frank, Die Kapitalverkehrsfreiheit im Recht der europäischen Union, Diss., Berlin 1996.

Kinzl, Ulrich-Peter / Georg, Diethard, Wegzugsbesteuerung – Abhilfe durch Schreiben des BMF vom 8. Juni 2005?, IStR 2005, S. 450-453.

Kipp, Theodor / Coing, Helmut, Erbrecht, 14. Auflage, Tübingen 1990.

Kirchhof, Paul, Der verfassungsrechtliche Auftrag zur Besteuerung nach finanzieller Leistungsfähigkeit, StuW 1985, S. 319-329.

ders., Einkommensteuergesetz – Kompaktkommentar, 10. Auflage, Köln 2011.

Kirchhof, Paul / Söhn, Hartmut / Mellinghoff, Rudolf, Einkommensteuergesetz – Kommentar, Köln, Stand: 225. Ergänzungslieferung (Dezember 2011).

Kirscht, Ute, Versicherungskartellrecht: Problemfelder im Lichte der Europäisierung, Karlsruhe 2003.

Klein, Franz, Abgabenordnung – einschließlich Steuerstrafrecht, 10. Auflage, München 2009.

Klein-Blenkers, Friedrich, Die Bedeutung subjektiver Merkmale im Erbschaftsteuer- und Schenkungsteuerrecht, Diss., Köln 1991.

Kleinedam, Hans-Jochen, Zur veranlassungsorientierten Steuerentstrickung bei grenzüberschreitenden Vorgängen im Unternehmensbereich, IStR 2000, S. 577-580.

Kleinert, Jens / Probst, Peter, Endgültiges Aus für steuerliche Wegzugsbeschränkungen bei natürlichen und juristischen Personen, DB 2004, S. 673-675.

Kleinheisterkamp, Thomas, Französische Wegzugsteuer EG-rechtswidrig: Folgen für die deutsche Besteuerungspraxis, PISTB 2004, S. 82-90.

Kluge, Volker, Außensteuergesetz und Doppelbesteuerungsabkommen, RIW/AWD 1972, S. 411-416.

ders., Das Internationale Steuerrecht, 4. Auflage, München 2000.

Knies, Jörg, Die Wegzugsbesteuerung von „Horten“ bis „de Lasteyrie du Saillant“, PISTB 2004, S. 256-260.

Knobbe-Keuk, Brigitte, Bilanz- und Unternehmenssteuerrecht, 9. Auflage, Köln 1993.

Köbler, Gerhard, Juristisches Wörterbuch, 11. Auflage, München 2002.

Koch, Dirk, Bilanzierung und Gewinnrealisierung bei Einbringung einer 100%igen Beteiligung in eine ausländische Betriebsstätte, BB 2008, S. 2450-2452.

Kokott, Juliane, Die Schweiz und Europa – unter besonderer Berücksichtigung der Personenfreizügigkeit, in: Hans-Joachim Cremer / Thomas Giegerich / Dagmar Richter / Andreas Zimmermann, Tradition und Weltoffenheit – Festschrift für Helmut Steinberger, Berlin 2002, S. 771-804.

Korn, Klaus / Carlé, Dieter / Stahl, Rudolf / Stahl, Martin, Einkommensteuergesetz – Kommentar, Bonn, Stand: 63. Ergänzungslieferung (Dezember 2011).

Korn, Klaus / Strahl, Martin, Steuerliche Hinweise zum Jahresende 2009, KÖSDI 2009, S. 16717-16747.

Körner, Andreas, Europarecht und Wegzugsbesteuerung – das EuGH-Urteil „de Lasteyrie du Saillant", IStR 2004, S. 424-432.

ders., Ent- und Verstrickung, IStR 2009, S. 741-750.

Krabbe, Helmut, Anmerkung zu BFH, Urteil vom 26.1.1977, VIII R 109/75, BStBl II 1977, 283, BB 1977, S. 431-432.

Kraft, Gerhard, Außensteuergesetz, München 2009.

Kraft, Gerhard / Müller, Marcus, Schlussfolgerungen aus der EuGH-Entscheidung zur französischen Wegzugbesteuerung (Saillant) für die internationale Steuerberatungspraxis aus deutscher Sicht, RIW 2004, S. 366-371.

Kraft, Gerhard / Schmidt, Sebastian, Die Wegzugsbesteuerung im kritischen Spiegel jüngerer Entwicklungen, RIW 2011, S. 758-765.

Kramer, Jörg-Dietrich, Gewinnabgrenzung und Gewinnermittlung bei Verbringung von Wirtschaftsgütern zwischen Betriebsstätten im Internationalen Steuerrecht, StuW 1991, S. 151-164.

Krawitz, Norbert / Kalbitzer, Jens, Die Übernahme des beizulegenden Zeitwertes von zu Handelszwecken erworbenen Finanzinstrumenten in die Steuerbilanz, in: Ute Schmiel / Volker Breithecker, Steuerliche Gewinnermittlung nach dem Bilanzrechtsmodernisierungsgesetz, Berlin 2008, S. 149-171.

dies., Der internationale Erb- und Schenkungsfall als Auslöser der Wegzugsbesteuerung, in: Wolfgang Spindler (Hrsg.), Steuerzentrierte Rechtsberatung, Festschrift für Harald Schaumburg zum 65. Geburtstag, Köln 2009, S. 835-855.

Kube, Hanno, EuGH-Rechtsprechung zum direkten Steuerrecht – Stand und Perspektiven, Zentrum für Europäisches Wirtschaftsrecht – Vorträge und Berichte, Nr. 171, Bonn 2009.

Kühnen, Sabine, Anmerkung zu FG Düsseldorf, Urteil vom 14. November 2007 9 K 1270/04 E, EFG 2008, S. 363-364.

Kupsch, Peter / Schulte-Krumpen, Kathrin, Zur Problematik der Gewinnabgrenzung von Betriebsstätten bei Transfer von Wirtschaftsgütern, in: Gernot Brähler / Christian Lösel (Hrsg.), Deutsches und internationales Steuerrecht – Gegenwart und Zukunft, Festschrift für Christiana Djanani zum 60. Geburtstag, Wiesbaden 2008, S. 455-493.

Lademann, Fritz, Kommentar zum Einkommensteuergesetz, Stuttgart, Stand: 184. Ergänzungslieferung (November 2011).

Landsittel, Ralph / Haug, André, Die verfassungsrechtliche Absenkung der wesentlichen Beteiligung an Kapitalgesellschaften nach § 17 Abs. 1 EStG 1999, BB 1999, S. 2218-2223.

Lang, Joachim, Familienbesteuerung – Tendenzwende der Verfassungsrechtsprechung durch Urt. des Bundesverfassungsgerichts vom 3. 11. 1982 und zur Reform der Familienbesteuerung, StuW 1983, S. 103-125.

ders., Die Bemessungsgrundlage der Einkommensteuer – Rechtssystematische Grundlagen steuerlicher Leistungsfähigkeit im deutschen Einkommensteuerrecht, Köln 1988.

ders., Die Ausfüllung von Lücken in Steuergesetzen, in: Francis Cagianut / Klaus A. Vallender, Steuerrecht – ausgewählte Probleme am Ende des 20.

Jahrhunderts, Festschrift zum 65. Geburtstag von Prof. Ernst Höhn, Bern/Stuttgart/Wien 1995, S. 159-188.

Lang, Michael, Entwicklungstendenzen in der Abkommenspolitik Deutschlands, der Schweiz und Österreichs, IStR 1996, S. 201-208.

ders., Zeitliche Zurechnung bei der DBA-Anwendung, SWI 1999, S. 282-289.

ders., Die gemeinschaftsrechtlichen Rahmenbedingungen für „Exit Taxes“ im Lichte der Schlussanträge von GA Kokott in der Rechtssache N., SWI 2006, S. 213-226.

ders., Zweifelsfragen der Wegzugsbesteuerung, SWI 2006, S. 565-673.

Lang, Michael / Lüdicke, Jürgen / Reich, Markus, Beteiligungen im Privatvermögen: Die Besteuerung des Wegzugs aus Österreich und Deutschland in die Schweiz – Teil I, IStR 2008, S. 673-679.

dies., Beteiligungen im Privatvermögen: Die Besteuerung des Wegzugs aus Österreich und Deutschland in die Schweiz – Teil II, IStR 2008, S. 709-719.

Larenz, Karl, Methodenlehre der Rechtswissenschaft, 6. Auflage, Berlin 1991.

Lasars, Wolfgang, Internationale Zusammenarbeit wider der Steuervermeidung, IStR 2006, S. 566-567.

Laule, Gerhard, Auswirkungen der EuGH-Rechtsprechung auf deutsche Steuervorschriften, IFSt-Schrift 407, Bonn 2003.

Lausterer, Martin, X und Y: Neues zu den Grundfreiheiten des EG-Vertrages, IStR 2003, S. 19-22.

ders., Die deutsche Wegzugsbesteuerung nach dem EuGH-Urteil de Lasteyrie du Saillant, DStZ 2004, S. 299-304.

ders., Die Wegzugsbesteuerung nach dem Regierungsentwurf des SEStEG, BB 2006, BB-Special 8 zu Heft 44, S. 80-87.

Lehner, Moris, Begrenzung der nationalen Besteuerungsgewalt durch die Grundfreiheiten und Diskriminierungsverbote des EG-Vertrages, in: Jürgen Pelka (Hrsg.), Europa- und verfassungsrechtliche Grenzen der Unternehmensbesteuerung, DStJG 23 (2000), Köln, S. 263-285.

Leipold, Dieter, Erbrecht – Lehrbuch mit Fällen und Kontrollfragen, 18. Auflage, Tübingen 2010.

Lenz, Carl Otto / Borchardt, Klaus-Dieter (Hrsg.), EU- und EG-Vertrag, 5. Auflage, Köln 2010.

de Leve, Holger, Aufwendungen des Vorerben – Erstattungspflicht des Nacherben?, ZEV 2005, S. 16-19.

Levedag, Christian, Koordinierungskonzepte der EU-Kommission zur Vereinheitlichung der Wegzugsbesteuerung und der Behandlung grenzüberschreitender Verluste in der EU, GmbHR 2007, S. R 38.

Libbach, Hans, Die Wegzugsbesteuerung gemäß § 6 AStG – Eine Analyse der deutschen Wegzugsbesteuerung, Saarbrücken 2010.

Lipps, Wolfgang, Außensteuerrecht – Grundriß für Studium und Praxis, 3. Auflage, Baden-Baden 1997.

van Lishaut, Ingo, Europarechtliche Perspektive des Umwandlungssteuerrechts sowie der Wegzugsbesteuerung, FR 2004, S. 1301-1307.

Littmann, Eberhard / Bitz, Horst / Meincke, Jens Peter, Das Einkommensteuerrecht – Kommentar zum Einkommensteuergesetz, 14. Auflage, Stuttgart 1985.

Löhle, Annette, Verfassungsrechtliche Gestaltungsspielräume und –grenzen bei der Besteuerung von Erbschaften und Schenkungen, Diss., Tübingen 2001.

Lohr, Jörg-Andreas / Görges, Alexandra, Die Behandlung des Pflichtteils in der Einkommensteuer – Überblick und Gestaltungsempfehlungen, DStR 2011, S. 1890-1895.

Loukota, Helmut, Wegzugsbesteuerung und EAS 2741, SWI 2007, S. 12-16.

Loukota, Walter, Verbot der Betriebsstättendiskriminierung – DBA-Recht versus EG-Recht, in: Michael Lang / Heinz Jirousek (Hrsg.), Praxis des Internationalen Steuerrechts – Festschrift für Helmut Loukota zum 65. Geburtstag, Wien 2005, S. 329-347.

Lübke, Julia, Der Erwerb von Gesellschaftsanteilen zwischen Kapitalverkehrs- und Niederlassungsfreiheit, Diss., Heidelberg 2006.

von Lübtow, Ulrich, Erbrecht – 2. Halbband, Berlin 1971.

Lüdicke, Jürgen, Überlegungen zur deutschen DBA-Politik, Hamburg 2008.

Lühn, Michael, Weiterentwicklung des handelsrechtlichen Einzelabschlusses, StuB 2007, S. 928-934.

Lutter, Marcus / Hommelhoff, Peter, GmbH-Gesetz – Kommentar, 17. Auflage, Köln 2009.

von Mangoldt, Hermann / Klein, Friedrich / Starck, Christian, Kommentar zum Grundgesetz, Band 1: Präambel, Artikel 1 bis 19, 6. Auflage, München 2010.

Märkle, Rudi, Rückwirkende Zurechnung laufender Einkünfte aus dem Nachlaßvermögen bei zeitnaher Erbauseinandersetzung oder Sachvermächtniserfüllung?, DStR 1993, S. 506-507.

ders., Probleme der Erbauseinandersetzung bei im Nachlass befindlichen Personengesellschaften, DStR 1993, S. 1616 – 1620.

ders., Strategien zur Vermeidung der Zwangsentnahme von Sonderbetriebsvermögen bei qualifizierter Nachfolge, FR 1997, S. 135-146.

Meilicke, Wienand, Hindernislauf zum gesetzlichen Richter – Plädoyer für die Vollendung des Rechtsstaates im europäischen Gemeinschaftsrecht, BB 2000, S. 17-24.

Meincke, Jens Peter, Bundesverfassungsgericht zum Verhältnis von Steuerrecht und Zivilrecht, StuW 1992, S. 186-190.

ders., Zur Abstimmung von Einkommensteuer und Erbschaftsteuer, in: Joachim Lang (Hrsg.), Die Steuerrechtsordnung in der Diskussion – Festschrift für Klaus Tipke, Köln 1995, S. 391-401.

ders., Rechtfertigung der Erbschaft- und Schenkungsteuer, in: Dieter Birk (Hrsg.), Steuern auf Erbschaft und Vermögen, DStJG 22 (1999), Köln, S. 39-58.

ders., Erbschaft- und Schenkungsteuergesetz – Kommentar, 15. Auflage, München 2009.

Mellinghoff, Rudolf, Das Verhältnis der Erbschaftsteuer zur Einkommen- und Körperschaftsteuer, in: Dieter Birk (Hrsg.), Steuern auf Erbschaft und Vermögen, DStJG 22 (1999), Köln, S. 127-163.

Mennel, Annemarie / Förster, Jutta (Hrsg.), Steuern in Europa, Amerika und Asien, Stand: 87. Lieferung November 2011.

Merkt, Hanno, Vertragsform beim Kauf von Anteilen an einer ausländischen Gesellschaft, ZIP 1994, S. 1417-1425.

Mersmann, Wolfgang, Internationale Doppelbesteuerung, in: Wilhelm Gerloff / Fritz Neumark (Hrsg.), Handbuch der Finanzwissenschaft (Band 4), Tübingen 1965, S. 89-135.

Mitschke, Wolfgang, Ertragsteuerliche Behandlung der Erbengemeinschaft und ihrer Auseinandersetzung, FR 1993, S. 149-154.

ders., Anwendung der Kapitalverkehrsfreiheit nach Art. 56 EGV in sog. „Drittstaatenfällen“ – Zugleich zu BFH v. 26.11.2008 – I R 7/08, FR 2009, 761 = IStR 2009, 244, FR 2009, S. 898-902.

ders., Nochmals: Aufgabe der „finalen Entnahmetheorie“ – Nachlese zum BFH-Urteil – I R 77/06, FR 2008, 1149, FR 2009, S. 326-331.

ders., Entstrickung und Verstrickung – BFH I R 77/06 und § 4 Abs. 1 Satz 3 EStG – Kurze Erwiderung auf Körner, IStR 2009, 741ff., IStR 2010, S. 95-97.

Moench, Dietmar, Erbschaftsteuer-Belastung und Erbschaftsteuer-Ersparnis in der „Otto-Normal-Familie", DStR 1987, S. 139-144.

Moench, Dietmar / Albrecht, Gerd, Erbschaftsteuer, 2. Auflage, München 2009.

Moench, Dietmar / Weinmann, Norbert, Kommentar zum Erbschaft- und Schenkungsteuergesetz, Freiburg i. Br., Stand: 58. Ergänzungslieferung (September 2011).

Mössner, Jörg-Manfred, Die Methoden zur Vermeidung der Doppelbesteuerung – Vorzüge, Nachteile, aktuelle Probleme, in: Klaus Vogel (Hrsg.), Grundfragen des Internationalen Steuerrechts, DStJG 8 (1985), Köln, S. 135-169.

Mössner, Jörg-Manfred / Fuhrmann, Sven (Hrsg.), Außensteuergesetz – Kommentar, 2. Auflage, Herne 2010.

Mössner, Jörg Manfred et al., Steuerrecht international tätiger Unternehmen, 3. Auflage, Köln 2005.

Mühlehner, Johann, Zur Anwendbarkeit der Kapitalverkehrsfreiheit auf Portfolioinvestitionen in Drittstaaten, SWI 2008, S. 102-104.

Müller, Johannes C.W., Kapitalverkehrsfreiheit in der Europäischen Union, Diss., Erlangen-Nürnberg 1999.

Müller, Nadine, Die Wegzugsbesteuerung des § 6 Abs. 1 AStG vor dem Hintergrund der Niederlassungsfreiheit des Art. 43 EG-Vertrag, ZSteu 2004, S. 78-83.

Müller-Etienne, Daniel, Die Europarechtswidrigkeit des Erbschaftsteuerrechts, Diss., Hamburg 2002.

Musil, Andreas, Kapitaltransfer ins Ausland durch Steuerinländer zwischen materiellem Steuerrecht und Steuerverwaltungsrecht, SteuerStud 2008, S. 76-80.

ders., Rechtsprechungswende des EuGH bei den Ertragsteuern? – Eine Analyse aktueller Leitentscheidungen des EuGH, DB 2009, S. 1037-1043.

Musil, Andreas / Fähling, Lars, Neue Entwicklungen bei den europarechtlichen Rechtfertigungsgründen im Bereich des Ertragsteuerrechts, DStR 2010, S. 1501-1505.

Müssener, Ingo, Besteuerung von Veräußerungsgewinnen in anderen Staaten, in: Harald Schaumburg / Detlev J.Piltz (Hrsg.), Veräußerungsgewinne im Internationalen Steuerrecht, Köln 2004, S. 121-178.

Nagler, Jürgen / Kleinert, Jens, Wegzugsteuer tot, BMF in Not!, GmbHR 2005, S. R 281 – R 282.

Niemeier, Gerhard / Schlierenkämper, Klaus-Peter / Schnitter, Georg / Wendt, Wilhelm, Einkommensteuer, 22. Aufl., Achim 2009.

Noll, Bernd, Aktuelles Beratungs-Know-how Erbschaftsteuerrecht, DStR 2004, S. 257-261.

Oesterhelt, Stefan, Bedeutung der Kapitalverkehrsfreiheit für die Schweiz – Erkenntnisse aus kürzlich ergangenen Urteilen des EuGH zu Art. 56 EG-Vertrag, Der Schweizer Treuhänder 2008, S. 256-265.

Ohler, Christoph, Die Kapitalverkehrsfreiheit und ihre Schranken, WM 1996, S. 1801-1808.

ders., Europäische Kapital- und Zahlungsverkehrsfreiheit – Kommentar zu den Artikeln 56 bis 60 EGV, der Geldwäscherichtlinie und Überweisungsrichtlinie, Berlin 2002.

Ohmer, Michael, Die Grundlagen der Einkommensteuer, Diss., Mannheim 1997.

Ostertun, Dietrich / Reimer, Ekkehart, Wegzugsbesteuerung – Wegzugsberatung – Zivilrecht-Steuerrecht-Soziale Sicherung, München 2007.

Pahlke, Armin / Franz, Willy, Grunderwerbsteuergesetz – Kommentar, 4. Auflage, München, 2010.

Pahlke, Armin / Koenig, Ulrich, Abgabenordnung – Kommentar, §§ 1 bis 368, 2. Auflage, München 2009.

Palandt, Bürgerliches Gesetzbuch, 71. Auflage, München 2012.

Paus, Bernhard, Bedeutung der Teilungsanordnungen/Vermächtnisnießbrauch an Betriebsgrundstücken, StB 2001, S. 2-4.

Peters, Faustina G. F. / Roelofsen, Aart, Tax treaties and tax avoidance: application of anti-avoidance provisions – Netherlands – Summary and conclusions, in: IFA, Cahiers de droit fiscal international, Volume XCVa (2010), S. 551-574.

Piltz, Detlev, Das Vermächtnis als Instrument der Nachfolgeplanung, DStR 1991, S. 1108-1110.

Pohl, Dirk, Unternehmensnachfolge durch Teilungsanordnung und Sondererbfolge im Einkommensteuerrecht, Diss., Köln 1997.

ders., Zuzug und Wegzug – Aktuelle Entwicklungen im Ertragsteuerrcht, IStR 2001, S. 460-464.

ders., Generalthema II: Die steuerliche Behandlung des Wohnsitzwechsels natürlicher Personen, IStR 2002, S. 541-544.

Preißer, Michael, Erbauseinandersetzung über Betriebsvermögen und die Sieben-Wochen-Lücke, DStZ 1990, S. 330-341.

Prinz, Ulrich, Gesetzgeberische Wirkungen um Grundsätze der Betriebsstättenbesteuerung, DB 2009, 807-812.

Prütting, Hanns / Wegen, Gerhard / Weinreich, Gerd, BGB – Kommentar, 6. Auflage, Luchterhand, Köln 2011.

Quack, Engelbert, Überlegungen zum Steuerfall Sachs, DStR 1976, S. 69-70.

van Raad, Kees, The Impact of the EC Treaty's Fundamental Freedoms Provisions on EU Member States' Taxation in Border-crossing Situations – Current State of Affairs, EC Tax Review 1995, S. 190-201.

Rädler, Albert / Raupach, Arndt, Deutsche Steuern bei Auslandsbeziehungen, München/Berlin 1966.

Rebmann, Kurt / Rixecker, Roland / Säcker, Franz Jürgen, Münchener Kommentar zum Bürgerlichen Gesetzbuch – Band 9 - §§ 1922-2385 - §§ 27-35 BeurkG, 5. Auflage, München 2010.

Rehfeld, Lars, Die Vereinbarkeit des Außensteuergesetzes mit den Grundfreiheiten des EG-Vertrags, Diss., Bochum 2007.

Rehm, Helmut / Nagler, Jürgen, Ist § 8a KStG a.F. weltweit nicht mehr anwendbar? Folgen des Lasertec-Beschlusses des FG Baden-Württemberg vom 14. 10. 2004, IStR 2005, S. 261-267.

Reich, Markus, Gedanken zur Umsetzung des Steuerharmonisierungsgesetzes, ASA 62 (1994), S. 577-618.

Reiff, Peter, Vorweggenommene Erbfolge und Pflichtteilsergänzung, NJW 1992, S. 2857-2865.

Reimer, Ekkehart, Die Auswirkungen der Grundfreiheiten auf das Ertragsteuerrecht der Bundesrepublik Deutschland – Eine Bestandsaufnahme, in: Moris Lehner (Hrsg.), Grundfreiheiten im Steuerrecht der EU-Staaten, Münchener Schriften zum Internationalen Steuerrecht, Heft 23, München 2000, S. 38-101.

Reinicke, G. und D., Lebensversicherung und Nachlassgläubiger, NJW 1956, S. 1053-1055.

Richter, Andreas / Escher, Jens, Deutsche Wegzugsbesteuerung bei natürlichen Personen nach dem SEStEG im Lichte der EuGH-Rechtsprechung, FR 2007, S. 674-683.

Ritter, Wolfgang, Internationale Steuerauskunft in rechtstaatlicher Hinsicht, DStZ 1974, S. 267-276.

ders., Zur Frage der Bewährung des Außensteuergesetzes aus der Sicht der betroffenen Wirtschaft, in: Klaus Vogel / Maarten J. Ellis et al., Steueroasen und Außensteuergesetze, München 1981, S. 75-82.

Richter, Wolfgang / Stangl, Markus, Zurechnung von Unternehmensgewinnen vor Auseinandersetzung an den durch Teilungsanordnung begünstigten Übernehmer, BB 2000, S. 2390-2393.

Rödder, Thomas, Deutsche Unternehmensbesteuerung im Visier des EuGH, in: Rudolf Gocke / Dietmar Gosch / Michael Lang (Hrsg.), Körperschaftsteuer – Internationales Steuerrecht – Doppelbesteuerung, Festschrift für Franz Wassermeyer zum 65. Geburtstag, München 2005, S. 163-177.

Rödder, Thomas / Schumacher, Andreas, Das kommende SEStEG – Teil I: Die geplanten Änderungen des EStG, KStG und AStG – Der Regierungsentwurf eines Gesetzes über steuerliche Begleitmaßnahmen zur Einführung der Europäischen Gesellschaft und zur Änderung weiterer steuerrechtlicher Vorschriften, DStR 2006, S. 1481-1493.

dies., Das SEStEG – Überblick über die endgültige Fassung und die Änderungen gegenüber dem Regierungsentwurf, DStR 2007, S. 369-377.

Rohde, Andreas, Freier Kapitalverkehr in der Europäischen Gemeinschaft, Diss., Passau 1999.

Röhl, Klaus F. / Röhl, Hans Christian, Allgemeine Rechtslehre – Ein Lehrbuch, 3. Auflage, München 2008.

Roser, Frank, Überführung von Wirtschaftsgütern ins Ausland – eine Grundsatzentscheidung mit vielen Fragen, DStR 2008, S. 2389-2397.

Ruban, Reinhild, Erbauseinandersetzung über Betriebsvermögen nach dem Beschluß des Großen Senats vom 5. 7. 1990, DStR 1991, S. 65-70.

Rubechi, Guillaume, Frankreich: Reform der Vermögensbesteuerung, IStR 2011, S. 909-913.

Runge, Berndt / Ebling, Klaus / Baranowski, Karl-Heinz, Die Anwendung des Außensteuergesetzes, Heidelberg 1974.

Rüthers, Bernd / Fischer, Christian / Birk, Axel, Rechtstheorie – Begriff, Geltung und Anwendung des Rechts, 6. Auflage, München 2011.

Sachs, Michael, Grundgesetz – Kommentar, 6. Auflage, München 2011.

Salditt, Franz, Steuerlast und Wanderlust – Grundsatzprobleme der Wegzugsbesteuerung nach dem Entwurf des Außensteuergesetzes und nach dem revidierten Abkommen mit der Schweiz, StuW 1972, S. 12-34.

ders., Außensteuergesetz und Doppelbesteuerungsabkommen, RIW/AWD 1972, S. 573-575.

Saß, Gert, Zur Rechtsprechung des EuGH und einigen Folgerungen für das deutsche Steuerrecht, FR 1998, S. 1-9.

Schanz, Georg, Der Einkommensbegriff und die Einkommensteuergesetze, FinArch. 13, S. 1-87.

ders., Studien zur Geschichte und Theorie der Erbschaftsteuer, FinArch. 18, S. 553-695.

Schaumburg, Harald, Das Leistungsfähigkeitsprinzip im internationalen Steuerrecht, in: Joachim Lang (Hrsg.), Die Steuerrechtsordnung in der Diskussion – Festschrift für Klaus Tipke, Köln 1995, S. 125-151.

ders., Systemdefizite im internationalen Steuerrecht, StuW 2000, S. 369-377.

ders., Der Wegzug von Unternehmen, in: Rudolf Gocke / Dietmar Gosch / Michael Lang (Hrsg.), Körperschaftsteuer – Internationales Steuerrecht – Doppelbesteuerung, Festschrift für Franz Wassermeyer zum 65. Geburtstag, München 2005, S. 411-436.

ders., Das neue Umwandlungssteuerrecht (SEStEG) – Überblick, in: Karina Grundmann / Klaus-Dieter Drüen, Jahrbuch der Fachanwälte für Steuerrecht 2006/2007, Herne/Berlin 2007,S. 98-104.

ders., Internationales Steuerrecht, 3. Auflage, Köln 2011.

Schaumburg, Heide / Schaumburg, Harald, Steuerliche Leistungsfähigkeit und europäische Grundfreiheiten im Internationalen Steuerrecht, StuW 2005, S. 306-316.

Scherer, Stephan, Steuerrechtliche Haftungsrisiken im Erbrecht, NJW 2012, S. 204-206.

Schemmel, Lothar, Zur Aufnahme des Leistungsfähigkeitsprinzips und anderer Grenzen für den Steuerstaat in das Grundgesetz, StuW 1995, S. 39-57.

Schindler, Clemens Philipp, Hughes de Lasteyrie du Saillant als Ende der (deutschen) Wegzugsbesteuerung? IStR 2004, S. 300-310.

Schlüter, Wilfried, Erbrecht, 16. Auflage, München 2007.

Schmidt, Ludwig, Einkommensteuergesetz – Kommentar, 30. Auflage, München 2011.

Schmidt, Richard / von Busekist, Konstantin / Drescher, Tanja, Rechtsentwicklungen von Anteilen an Kapitalgesellschaften gem. § 17 EStG, FR 2007, S. 1-17.

Schmidt, Wolfgang / Peter, Markus / Förmli, Rolf, Übersiedlung eines inländischen GmbH-Gesellschafters in die Schweiz – Steuerfolgen und Überlegungen zur Optimierung des „Exits" aus Deutschland, IStR 2004, S. 433-442.

Schmitt, Joachim / Hörtnagl, Robert / Stratz, Rolf-Christian, Umwandlungsgesetz - Umwandlungssteuergesetz, 5. Auflage, München 2009.

Schneider, Dieter, Zur Rechtfertigung von Erbschaft- und Vermögensteuer, StuW 1979, S. 38-42.

ders., Killerviren steuerlicher Gerechtigkeit in Reformvorschlägen zur Unternehmensbesteuerung – Ein Diskussionsbeitrag, DStR 1998, S. 1287-1293.

Schneider, Norbert / Oepen, Wolfgang, Finale Entnahme, Sicherstellung stiller Reserven und Entstrickung, FR 2009, S. 22-29.

dies., Nichtanwendungserlass zum BFH-Urteil zur (u.a.) Aufgabe der finalen Entnahmetheorie, FR 2009, S. 660-662.

Schneider, Uwe H., Sollten Leistungsfähigkeitsprinzip und Steuergrenzen in die Verfassung aufgenommen werden? – Plädoyer, StuW 1994, S. 58.

Schnitger, Arne, Verstoß der Wegzugsbesteuerung (§ 6 AStG) und weiterer Entstrickungsnormen des deutschen Ertragsteuerrechts gegen die Grundfreiheiten des EG-Vertrags – Auswirkungen der Rs. Lasteyrie du Saillant auf den deutschen Rechtskreis, BB 2004, S. 804-813.

ders., Die Kapitalverkehrsfreiheit im Verhältnis zu Drittstaaten – Vorabentscheidungen in den Rs. van Hilten, Fidium Finanz AG und Lasertec, IStR 2005, S. 493-504.

Schnittker, Helder / Lemaitre, Claus, Steuersubjektqualität ausländischer Personen- und Kapitalgesellschaften anhand des Rechtstypenvergleichs: Welche Vergleichskriterien sind heranzuziehen?, GmbHR 2003, S. 1314-1320.

Schön, Wolfgang, Europäische Kapitalverkehrsfreiheit und nationales Steuerrecht, in: Wolfgang Schön (Hrsg.), Gedächtnisschrift für Brigitte Knobbe-Keuk, Köln 1997, S. 743-777.

ders., Hinzurechnungsbesteuerung und Europäisches Gemeinschaftsrecht, DB 2001, S. 940-947.

ders., Der Kapitalverkehr mit Drittstaaten und das internationale Steuerrecht, in: Rudolf Gocke / Dietmar Gosch / Michael Lang (Hrsg.), Körperschaftsteuer Internationales Steuerrecht Doppelbesteuerung – Festschrift für Franz Wassermeyer zum 65. Geburtstag, München 2005, S. 489-521.

ders., Besteuerung im Binnenmarkt – die Rechtsprechung des EuGH zu den direkten Steuern, IStR 2004, S. 289-300.

Schönfeld, Jens, EuGH konkretisiert Anwendung der Kapitalverkehrsfreiheit im Verhältnis zu Drittstaaten: Mögliche Konsequenzen und offene Fragen aus steuerlicher Sicht, DB 2007, S. 80-82.

ders., Auskunftserteilung in Steuersachen als (neue) einfachgesetzliche Voraussetzung für die Inanspruchnahme der EG-Grundfreiheiten – Zweifelsfragen zur Auslegung von § 8 Abs. 2 Satz 2 AStG und § 15 Abs. 6 Nr. 2 AStG, DB 2008, S. 2217-2221.

ders., Anmerkung zu BFH, Urteil vom 25. 8. 2009 – I R 88, 89/07 (FG Düsseldorf 14. 11. 2007 9 K 1270/04 E) IStR 2008, 633 und 0 K 1274/04 E, BeckRS 2007, 26025184, IStR 2009, S. 902-904.

ders., Entstrickung über die Grenze aus Sicht des § 4 Abs. 1 Satz 3 EStG anhand von Fallbeispielen – Zugleich Besprechung der jüngsten BFH-

Rechtsprechung zur Aufgabe der „Theorie der finalen Entnahme“ sowie zur „finalen Betriebsaufgabe“, IStR 2010, S. 133-138.

ders., Aktuelle Entwicklungen im Verhältnis von § 1 AStG und EU-Recht anhand von Fallbeispielen, IStR 2011, S. 219-226.

Schönherr, Frank / Lemaitre, Claus, Der Entwurf des SEStEG: Geplante Änderungen im Einkommen-, Körperschaft- und Gewerbesteuergesetz, GmbHR 2006, S. 561-569.

Schraufl, Martin, Steuerliche Risiken, die Sie beim Wegzug in ein Nicht-EWR-Land kennen sollten!, PIStB 2007, S. 122-126.

Schreiber, René / Jaun, Roger, EuGH-Urteil zur Wegzugsbesteuerung – eine Chance für die Schweiz?, Der Schweizer Treuhänder 2004, S. 769-776.

Schulte, Wilfried, Die geplante Absenkung der Beteiligungsgrenze des § 17 EStG im System des Einkommensteuerrechts, DB 2000, S. 1043-1047.

Schulte, Wilfried, Erbschaftsteuerrecht, C.F. Müller, Heidelberg 2010.

Schulze, Reiner, Bürgerliches Gesetzbuch – Kommentar, 7. Auflage, Baden-Baden 2012.

Schüppen, Matthias / Sanna, Thomas, Probleme beim Abschied von der wesentlichen Beteiligung, BB 2001, S. 2397-2407.

Schuppert, Gunnar Folke, Verfassungsrechtliche Prüfungsmaßstäbe bei der verfassungsgerichtlichen Überprüfung von Steuergesetzen, in: Walther Fürst / Roman Herzog / Dieter C. Umbach, Festschrift für Wolfgang Zeidler, Berlin 1987, S. 691-715.

Schwartz, Tobias / Tippelhofer, Martina, Informationsaustausch in Steuersachen mit der Schweiz, IStR 2011, S. 249-255.

Schwenke, Michael, Die Kapitalverkehrsfreiheit im Wandel? – Eine erste Analyse neuer Entwicklungen in der Rechtsprechung des EuGH, IStR 2006, S. 748-754.

ders., Europarechtliche Vorgaben und deren Umsetzung durch das SEStEG, DStZ 2007, S. 235-247.

Sedemund, Jan, Die mittelbare Drittwirkung der Grundfreiheiten für in Drittstaaten ansässige Unternehmen nach den EuGH-Urteilen Fidium Finanz AG und Cadbury Schweppes, BB 2006, S. 2781-2786.

Seer, Roman, Die neue Erbschaft- und Schenkungsteuer auf dem verfassungsrechtlichen Prüfstand, StuW 1997, S. 283-298.

ders., Der sog. Halbteilungsgrundsatz als verfassungsrechtliche Belastungsobergrenze der Besteuerung, FR 1999, S. 1280-1291.

ders., Erbschaft- und Schenkungsteuergesetz nun erneut auf dem Prüfstand des BVerfG! Der Vorlagebeschluß des II. Senats des BFH vom 22. 5. 2002 – II R 61/99, GmbHR 2002, 917, GmbHR 2002, S. 873-880.

Seibold, Sabine, Neuere Entwicklungen auf dem Gebiet der deutschen Steuerabkommen, IStR 1998, S. 649-657.

Seidel, Martin, Recht und Verfassung des Kapitalmarktes als Grundlage der Währungsunion, in: Albrecht Randelzhofer / Rupert Scholz / Dieter Wilke, Gedächtnisschrift für Eberhard Grabitz, München 1995, S. 763-776.

Smits, René, Freedom of payments and capital movements under EMU, in: Albrecht Weber (Hrsg.), Währung und Wirtschaft – Das Geld im Recht – Festschrift für Prof. Dr. Hugo J. Hahn zum 70. Geburtstag, Baden-Baden 1997, S. 245-264.

Söffing, Andreas / Bron, Jan, Die Wegzugsbesteuerung im Verhältnis zur Schweiz unter Berücksichtigung des Freizügigkeitsabkommens, RIW 2009, S. 358-365.

Söffing, Günter, Erbauseinandersetzung in einkommensteuerrechtlicher Sicht (Teil II), DB 1991, S. 828-838.

ders., Die ertragsteuerrechtliche Beurteilung der Erbauseinandersetzung im unternehmerischen Bereich, DStR 1991, S. 201-206.

Sonnenberger, Hans Jürgen, Münchener Kommentar zum Bürgerlichen Gesetzbuch – Band 11 – Internationales Privatrecht – Internationales Wirtschaftsrecht – Einführungsgesetz zum Bürgerlichen Gesetzbuche (Art. 25-248), 5. Auflage, München 2010.

Spitaler, Armin, Das Doppelbesteuerungsabkommen bei den direkten Steuern, 2. Auflage, Abdruck der 1. Auflage, Köln 1967.

Stadler, Rainer / Elser, Thomas, Der Regierungsentwurf des SEStEG: Einführung eines allgemeinen Entstrickungs- und Verstrickungstatbestandes und andere Änderungen des EStG, BB-Special 8/2006, S. 18-25.

Stahl, Kristina, Free Movement of capital between Member States and third countries, EC Tax Review 2004, S. 47-56.

Staringer, Claus, Veräußerungsgewinne nach dem neuen DBA Österreich-Deutschland, in: Wolfgang Gassner / Michael Lang / Eduard Lechner (Hrsg.), Das neue Doppelbesteuerungsabkommen Österreich-Deutschland – Der Entwurf im Lichte der österreichischen und deutschen Abkommenspraxis, Wien 1999, S. 97-116.

Stern, Klaus, Das Staatsrecht der Bundesrepublik Deutschland, Band II, Staatsorgane, Staatsfunktionen, Finanz- und Haushaltsverfassung, Notstandsverfassung, München 1980.

Streinz, Rudolf , Der „effet utile“ in der Rechtsprechung des Gerichtshofs der Europäischen Gemeinschaften, in: Ole Due / Marcus Lutter / Jürgen Schwarze (Hrsg.), Festschrift für Everling, Band II, Baden-Baden 1995, S. 1491-1510.

ders., Vertrag über die Europäische Union und Vertrag über die Arbeitsweise der Europäischen Union, 2. Auflage, München 2012.

Strunk, Günther / Kaminski, Bert / Köhler, Stefan, Außensteuergesetz – Doppelbesteuerungsabkommen, Bonn, Stand: 27. Ergänzungslieferung (Dezember 2011).

Stümper, Franz-Peter, Wegzugsbesteuerung durch Tod wesentlich beteiligter Gesellschafter, GmbHR 2007, S. 358-360.

Telkamp, Heinz-Jürgen, Der Außensteuergesetz-Entwurf – Kritische Stellungnahme zum Gesetzentwurf der Bundesregierung über die Besteuerung bei Auslandsbeziehungen (Außensteuergesetz), StuW 1972, S. 97-114.

Thömmes, Ottmar, Anmerkung zu den Schlussanträgen des Generalanwalts Jean Mischo v. 13. 3. 2003 in der Rs. C-9/02 Hughes de Lasteyrie du Saillant gegen Ministère de l'Économie, des Finances et de l'Industrie, IWB 2003, Fach 11a, S. 649-658.

ders., Anmerkung zu dem EuGH-Urt. vom 11. 3. 2004 – Rs. C-9/02 Hughes de Lasteyrie du Saillant gegen Ministère de l'Économie, des Finances et de l'Industrie, IWB 2004, Fach 11a, S. 754-756.

Tipke, Klaus, Über teleologische Auslegung, Lückenfeststellung und Lückenausfüllung, in: Franz Klein / Klaus Vogel (Hrsg.), Der Bundesfinanzhof und seine Rechtsprechung – Grundfragen – Grundlagen, Festschrift für Hugo von Wallis zum 75. Geburtstag am 12. April 1985, Bonn 1985, S. 133-150.

ders., Sollten Leistungsfähigkeitsprinzip und Steuergrenzen in die Verfassung aufgenommen werden? – Stellungnahme, StuW 1994, S. 58-62.

ders., Die Steuerrechtsordnung, Band I, 2. Auflage, Köln 2000.

ders., Die Steuerrechtsordnung, Band II, 2. Auflage, Köln 2003.

Tipke, Klaus / Kruse, Heinrich Wilhelm, Kommentar zur Abgabenordnung und Finanzgerichtsordnung, Köln, Stand: 127. Ergänzungslieferung (November 2011).

Tipke, Klaus / Lang, Joachim, Steuerrecht, 20. Auflage, Köln 2010.

Tippelhofer, Martina / Lohmann, Adrian, Niederlassungsfreiheit vs. Kapitalverkehrsfreiheit: Analyse der jüngeren Rechtsprechung des EuGH zu den direkten Steuern – Zugleich Anmerkung zum EuGH-Urteil in der Rechtssache Burda (C-284/06), IStR 2008, S. 857-864.

Töben, Thomas / Reckwardt, Sören, Entstrickung und Verstrickung privater Anteile an Kapitalgesellschaften, FR 2007, S. 159-172.

Toifl, Gerald, Die Wegzugsbesteuerung - § 31 Abs. 2 Z 2 EStG, Diss., Wien 1996.

Troll, Max / Gebel, Dieter / Jülicher, Marc, Erbschaft- und Schenkungsteuergesetz – Kommentar, München, Stand: 42. Ergänzungslieferung (Juli 2011).

Tumpel, Michael, EWR-Diskriminierung und direkte Steuern, ecolex 1992, S. 655-659.

ders., Wegzugsbesteuerung für Beteiligungen im Sinne des § 31 EStG, SWI 1992, S. 67-74.

Uelner, Adalbert, Betriebsvermögen – Privatvermögen, Steuerkongreßreport 1980, S. 47-68.

Ulmer, Peter / Habersack, Mathias / Winter, Martin, Gesetz betreffend die Gesellschaften mit beschränkter Haftung – Großkommentar, Tübingen 2008.

Viskorf, Hermann-Ulrich / Glier, Josef / Hübner, Heinrich / Knobel, Wolfgang / Schuck, Stephan, Erbschaftsteuer- und Schenkungsteuergesetz, Bewertungsgesetz (Auszug) – Kommentar, 3. Auflage, Herne/Berlin 2009.

Vogel, Horst, Aktuelle Fragen des Außensteuerrechts, insbesondere des „Steueroasengesetzes" unter Berücksichtigung des neuen Doppelbesteuerungsabkommens mit der Schweiz, BB 1971, S. 1185-1192.

ders., Schwerpunkte des Außensteuerreformgesetzes in Verbindung mit dem neuen deutsch-schweizerischen Doppelbesteuerungsabkommen, DB 1972, S. 1402-1411.

Vogel, Klaus, Bemerkungen zur Gewinnverwirklichung und Gewinnberichtigung im deutschen Außensteuerrecht, StuW 1974, S. 193-203.

ders., Der Verlust des Rechtsgedankens im Steuerrecht als Herausforderung an das Verfassungsrecht, in: Karl Heinrich Friauf (Hrsg.), Steuerrecht und Verfassungsrecht, DStJG 12 (1989), Köln, S. 123-144.

ders., Internationales Steuerrecht, DStZ 1997, S. 269-281.

ders., Völkerrechtliche Verträge und innerstaatliche Gesetzgebung – Eine neue Entscheidung des BVerfG hat Bedeutung auch für die Beurteilung des treaty override, IStR 2005, S. 29-30.

Vogel, Klaus / Lehner, Moris, Doppelbesteuerungsabkommen der Bundesrepublik Deutschland auf dem Gebiet der Steuern vom Einkommen und Vermögen – Kommentar auf der Grundlage der Musterabkommen, 5. Auflage, München 2008.

Vogel, Thorsten / Cortez, Benjamin, AStG im Konflikt mit dem Europarecht, RIW 2011, S. 532-542.

Wagner, Jürgen / Plüss, Adrian, Neue Entwicklungen im schweizerischen Wirtschafts- und Steuerrecht, RIW 2009, S. 190-196.

Wassermeyer, Franz, Elf Jahre Außensteuergesetz, RIW 1984, S. 461-466.

ders., 25 Jahre Außensteuergesetz, in: Franz Klein / Hans Peter Stihl / Franz Wassermeyer (Hrsg.), zusammen mit Detlev J. Piltz und Harald Schaumburg, Unternehmen Steuern - Festschrift für Hans Flick zum 70. Geburtstag, Köln 1997, S. 1057-1071.

ders., Die Fortentwicklung der Besteuerung von Auslandsbeziehungen – Anmerkungen zu den derzeitigen Überlegungen zur Reform des Außensteuerrechts, IStR 2001, S. 113-117.

ders., Steuerliche Konsequenzen aus dem EuGH-Urteil „Hughes de Lasteyrie du Saillant“, GmbHR 2004, S. 613-618.

ders., Die Wegzugsbesteuerung als Problem der Steuerreform, in: Paul Kirchhof / Otto Graf Lambsdorff / Andreas Pinkwart (Hrsg.), Festschrift für Hermann Otto Solms, Berlin 2005, S. 173-182.

ders., Die Denkfehler des Gesetzgebers in § 6 AStG-Entwurf, DB 2006, S. 1390-1392.

ders., Konzeptionelle Mängel des § 6 AStG, in: Günther Strunk / Franz Wassermeyer / Bert Kaminski (Hrsg.), Unternehmensteuerrecht und Internationales Steuerrecht - Gedächtnisschrift für Dirk Krüger, Bonn 2006, S. 287-304.

ders., Verliert Deutschland im Fall der Überführung von Wirtschaftsgütern in eine ausländische Betriebsstätte das Besteuerungsrecht?, DB 2006, S. 1176-1180.

ders., Merkwürdigkeiten bei der Wegzugsbesteuerung, IStR 2007, S. 833-837.

ders., Wegzugsbesteuerung in Deutschland, EuZW 2007, S. 1.

ders., Entstrickung versus Veräußerung und Nutzungsüberlassung steuerrechtlich gesehen, IStR 2008, S. 176-180.

ders., Verfassungsmäßigkeit der Wegzugsteuer – Anmerkung zu BFH, Beschluss vom 23. 9. 2008 – I B 92/08 (FG Münschen), NJW 2010, S. 112.

Wassermeyer, Franz / Baumhoff, Hubertus / Schönfeld, Jens, Außensteuerrecht, Köln, Stand: 67. Lieferung, August 2011.

Weber, Stefan, Kapitalverkehr und Kapitalmärkte im Vertrag über die Europäische Union, EuZW 1992, S. 561-566.

Weber-Grellet, Heinrich, Feststellung subjektiver Tatbestandsmerkmale im Besteuerungsverfahren, DStZ 2007, Beihefter zu Heft 39, S. 40-48.

ders., Neu-Justierung der EuGH-Rechtsprechung, DStR 2009, S. 1229-1236.

ders., § 17 EStG bei Einbringung, Umwandlung, Wegzug und Zuzug, DB 2009, S. 304-307.

van Weeghel, Stef, Tax treaties and tax avoidance: application of anti-avoidance provisions – Summary and conclusions, in: IFA, Cahiers de droit fiscal international, Volume XCVa (2010), S. 19-55.

Weigell, Jörg, Geltung der Niederlassungsfreiheit auch im Verhältnis zur Schweiz, IStR 2006, S. 190-195.

ders., Steuerliche Voraussetzungen und Folgen des Wohnsitzwechsels von Deutschland in die Schweiz, in: Jörg Weigell / Jürg Brand / Frantisek Safarik, Investitions- und Steuerstandort Schweiz, München 2007, S. 129-180.

Weizman, Leif, Departure Taxation – Treaty Override? – Extraterritorial Tax Law?, ET 1994, S. 73-85.

Weller, Marc-Philippe, Die Übertragung von GmbH-Gesellschaftsanteilen im Ausland: Auswirkungen von MoMiG und Schweizer GmbH-Reform, Der Konzern 2008, S. 253-260.

Wenz, Martin / Wünsche, Sybille, Anmerkung zu EuGH, Urteil vom 28. 10. 2010 – C-72/09 Établissements Rimbaud SA, IStR 2010, S. 845-846.

Werner, Jürgen, Systemgerechte Entstrickung im Steuerrecht – Entwurf einer abgestuften Rechtsfolgenkonzeption für das deutsche steuerliche Entstrickungssystem vor dem Hintergrund von Grundgesetz, EG-Vertrag und völkerrechtlichen Abkommen am Beispiel von § 6 AStG, Diss., Bonn 2010.

Werra, Matthias / Teiche, Andreas, Das SEStBeglG aus der Sicht international tätiger Unternehmen, DB 2006, S. 1455-1462.

Westermann, Harm Peter / Grunewald, Babara / Maier-Reimer, Georg, (Hrsg.), Erman – Bürgerliches Gesetzbuch – Handkommentar, 2. Band, 13. Auflage, Köln 2011.

Widmer, Max, Das deutsch-schweizerische Doppelbesteuerungsabkommen vom 11. August 1971, StuW 1972, S. 1-11.

Wieland, Joachim, Der Europäische Gerichtshof als Steuergesetzgeber, in: Charlotte Gaitandes / Stefan Kadelbach / Gil Carlos Rodriguez Iglesias, Europa und seine Verfassung - Festschrift für Manfred Zuleeg zum siebzigsten Geburtstag, Baden-Baden 2005, S. 492-504.

Wilke, Kay-Michael, Die Wegzugsbesteuerung nach § 6 AStG – alter Wein in neuen, aber rissigen Schläuchen, PISTB 2007, S. 108-114.

ders., Steuervergünstigung darf Bestehen eines Amts- und Rechtshilfeabkommens voraussetzen, PISTB 2011, S. 59-61.

Wissenschaftlicher Beirat von Ernst & Young, Die Systematik der sog. Entstrickungsbesteuerung – Eine kritische Gesamtbetrachtung anhand von praktischen Einzelfällen, DB 2010, S. 1776-1789.

Wittlinger, Jürgen, SEStEG: Die Änderungen in der Praxis, LSW, Heft 3/2007, Gruppe 19, S. 51-68.

Wöhrle, Winfried / Schelle, Diether / Gross, Ekkehard, Außensteuergesetz – Kommentar, Stuttgart, Stand: 28. Ergänzungslieferung (Juli 2011).

Wolff-Diepenbrock, Johannes, Zur Entstehungsgeschichte und Systematik des § 17 des Einkommensteuergesetzes, in: Paul Kirchhof / Klaus Offerhaus / Horst Schöberle (Hrsg.), Steuerrecht – Verfassungsrecht – Finanzpolitik – Festschrift für Franz Klein, Köln 1994, S. 875-887.

Wunderlich, Nina, Anmerkung zu EuGH, Urteil vom 18. 12. 2007 – C -101/05 (Skatteverket/A), EuZW 2008, S. 122-124.

Wunderlich, Nina / Blaschke, Christoph, Die Gewährleistung der Kapitalverkehrsfreiheit in Bezug auf Drittstaaten – Neuere Entwicklungen in der Rechtsprechung des EuGH, IStR 2008, S. 754-762.

Zehner, Günter, Versicherungssumme und Nachlaßinteressenten, AcP 153 (1954), S. 424-454.

Zimmermann, Reimar / Hottmann, Jürgen / Kiebele, Sabrina / Schaeberle, Jürgen / Völkel, Dieter, Die Personengesellschaft im Steuerrecht, 10. Auflage, Achim 2009.

Zorn, Nikolaus, Nochmals: Kapitalverkehrsfreiheit für Drittstaatendividenden – Eine Reaktion auf den Beitrag von Dietmar Völker in IStR 2009, 705ff., IStR 2010, S. 190-195.

Zuleeg, Manfred, Die Grundfreiheiten des Gemeinsamen Markts im Wandel, in: Ole Due / Marcus Lutter / Jürgen Schwarze (Hrsg.), Festschrift für Everling, Band II, Baden-Baden 1995, S. 1717-1727.

Abkürzungsverzeichnis

a.A.	andere/r Ansicht
AcP	Archiv für die civilistische Praxis
a.F.	alter Fassung
Abl.	Amtsblatt
Abs.	Absatz
AEUV	Vertrag über die Arbeitsweise der Europäischen Union
Alt.	Alternative
AO	Abgabenordnung
Art.	Artikel
AStG	Außensteuergesetz
ASA	Archiv für Schweizerisches Abgaberecht
BB	Betriebs-Berater (Zeitschrift)
Bd.	Band
BeckEuRS	Beck-EU-Rechtsprechung
BeckRS	Beck-Rechtsprechung
BewG	Bewertungsgesetz
BFH	Bundesfinanzhof
BFHE	Sammlung der Entscheidungen des Bundesfinanzhofs
BFH-PR	BFH-Richter kommentieren für die Praxis (Zeitschrift)
BGB	Bürgerliches Gesetzbuch
BGBl.	Bundesgesetzblatt
BGH	Bundesgerichtshof
BGHZ	Entscheidungen des Bundesgerichtshofs in Zivilsachen
BMF	Bundesministerium der Finanzen
BR-Drucks.	Bundesrats-Drucksache
BStBl.	Bundessteuerblatt

BSG	Bundessozialgericht
BT-Drucks.	Bundestags-Drucksache
Buchst.	Buchstabe
BVerfG	Bundesverfassungsgericht
BVerfGE	Bundesverfassungsgerichtsentscheidung
bzw.	beziehungsweise
d.h.	das heißt
DB	Der Betrieb (Zeitschrift)
DBA	Doppelbesteuerungsabkommen
ders.	derselbe
dies.	dieselbe/n
Diss.	Dissertation
DStJG	Deutsche Steuerjuristische Gesellschaft e.V.
DStR	Deutsches Steuerrecht (Zeitschrift)
DStZ	Deutsche Steuer-Zeitung (Zeitschrift)
ecolex	Zeitschrift für Wirtschaftsrecht (Zeitschrift)
EFG	Entscheidungen der Finanzgerichte
EG	Europäische Gemeinschaft
EGV	Vertrag über die Europäische Gemeinschaft
Einl.	Einleitung
ErbStG	Erbschaftsteuer- und Schenkungsteuergesetz
EStB	Der Ertragsteuerberater (Zeitschrift)
EStG	Einkommensteuergesetz
ET	European Taxation (Zeitschrift)
et al.	et alii
EU	Europäische Union
EuR	Europarecht (Zeitschrift)

EuZW	Europäische Zeitschrift für Wirtschaftsrecht (Zeitschrift)
EWG	Europäische Wirtschaftsgemeinschaft
EWGV	Vertrag über die Europäische Wirtschaftsgemeinschaft
EWR	Europäischer Wirtschaftsraum
EWS	Europäisches Wirtschafts- und Steuerrecht (Zeitschrift)
f.	folgende/r [Seite/Paragraph]
ff.	folgende [Seiten/ Paragraphen]
FG	Finanzgericht
FinArch	Finanzarchiv
Fn.	Fußnote
FR	Finanz-Rundschau (Zeitschrift)
FZA	Freizügigkeitsabkommen
GA	Generalanwältin / Generalanwalt
GG	Grundgesetz
GmbHG	Gesetz betreffend die Gesellschaft mit beschränkter Haftung
GmbHR	GmbH-Rundschau (Zeitschrift)
GrS	Großer Senat
h.M.	herrschende Meinung
Hrsg.	Herausgeber
HS	Halbsatz
i.V.m.	in Verbindung mit
IFA	International Fiscal Association
IFSt	Institut „Finanzen und Steuern“ e.V.
IPRax	Praxis des Internationalen Privat- und Verfahrensrechts

IStR	Internationales Steuerrecht (Zeitschrift)
IWB	Internationale Wirtschafts-Briefe (Zeitschrift)
Kap.	Kapitel
KÖSDI	Kölner Steuerdialog
KStG	Körperschaftsteuergesetz
LSW	Lexikon des Steuer- und Wirtschaftsrechts
MDR	Monatsschrift für deutsches Recht
MittBayNot	Mitteilungen des Bayerischen Notarvereins, der Notarkasse und der Notarkammer Bayern
MüKo	Münchener Kommentar
n.F.	neue Fassung
NJW	Neue Juristische Wochenschrift (Zeitschrift)
Nr.	Nummer
NVwZ	Neue Zeitschrift für Verwaltungsrecht
NWB	Neue Juristische Wirtschaftsbriefe (Zeitschrift)
OECD	Organisation für wirtschaftliche Zusammenarbeit und Entwicklung
OECD-MA	OECD-Musterabkommen 2010 zur Vermeidung der Doppelbesteuerung auf dem Gebiet der Steuern vom Einkommen und vom Vermögen
öEStG	österreichisches Einkommensteuergesetz
OLGE	Entscheidungen der Oberlandesgerichte auf dem Gebiete des Zivilrechts
OLGZ	Entscheidungssammlung der Oberlandesgerichte in Zivilsachen
PIStB	Praxis Internationalen Steuerberatung (Zeitschrift)

RIW	Recht der internationalen Wirtschaft (Zeitschrift)
RIW/AWD	Recht der internationalen Wirtschaft/Außenwirtschaftsdienst (Zeitschrift)
RL	Richtlinie
Rn.	Randnummer
Rs.	Rechtssache
S.	Seite
SAM	Steueranwaltsmagazin (Zeitschrift)
Slg.	Sammlung der Rechtsprechung des Europäischen Gerichtshofs und des Gerichts erster Instanz
sog.	sogenannte/r/s
StB	Der Steuerberater (Zeitschrift)
StBJb	Steuerberater-Jahrbuch
SEStEG	Gesetz über steuerliche Begleitmaßnahmen zur Einführung der Europäischen Gesellschaft und zur Änderung weiterer steuerrechtlicher Vorschriften
SteuerStud	Steuer + Studium
StuB	Steuern und Bilanzen (Zeitschrift)
StuW	Steuern und Wirtschaft (Zeitschrift)
SWI	Steuern und Wirtschaft International
Tz.	Textziffer
UmwStG	Umwandlungssteuergesetz
UN-MA	Musterabkommen der UN zur Vermeidung der Doppelbesteuerung zwischen Industriestaaten und Entwicklungsländern (2001)
vgl.	vergleiche

VJSchr. f. Steuer- und Finanzrecht	Vierteljahresschrift für Steuer und Finanzrecht
VZ	Veranlagungszeitraum
WiRO	Wirtschaft und Recht in Osteuropa
WÜRV	Wiener Übereinkommen über das Recht der Verträge
WM	Zeitschrift für Wirtschafts- und Bankrecht
z.B.	zum Beispiel
ZEV	Zeitschrift für Erbrecht und Vermögensnachfolge (Zeitschrift)
ZIP	Zeitschrift für Wirtschaftsrecht (Zeitschrift)
ZSteu	Zeitschrift für Steuern und Recht

Trierer Studien zum Internationalen Steuerrecht

Herausgegeben von Gabriele Burmester

Band 1 Steffen Alexander Lindenthal: Mitwirkungspflichten des Steuerpflichtigen und Folgen ihrer Verletzung. Unter besonderer Berücksichtigung der Dokumentationspflichten bei Verrechnungspreisen. 2006.

Band 2 Svenja Kaufer: Grenzüberschreitende Organschaft kraft Gemeinschaftsrecht. Übernimmt Österreich für Deutschland eine Vorreiterrolle? 2006.

Band 3 Antje Hagena: Die Behandlung von Personengesellschaften in den Doppelbesteuerungsabkommen der Bundesrepublik Deutschland mit den Staaten Mittel- und Südamerikas. 2007.

Band 4 Marie-Theres Rämer: Besteuerung aktienbasierter Vergütungen in Deutschland und im Vereinigten Königreich. 2007.

Band 5 Thorsten Hilger: Besteuerung der internationalen Seeschifffahrt. 2007.

Band 6 Claudia Neitz: Die Besteuerung internationaler Gemeinschaftsunternehmen. 2008.

Band 7 Felix Magnus Kessens: Die Besteuerung der grenzüberschreitenden Überführung von Wirtschaftsgütern. 2009.

Band 8 Rike Claudia Henkes-Wabro: Gewinnabgrenzung bei Bankbetriebstätten im Internationalen Steuerrecht. 2009

Band 9 Markus München: Die Zinsschranke – eine verfassungs-, europa- und abkommensrechtliche Würdigung. 2010.

Band 10 Olaf Thießen: Dreiecksverhältnisse im Internationalen Steuerrecht unter Beteiligung doppelt ansässiger Kapitalgesellschaften. 2010.

Band 11 Sascha Kaiser: Der französische REIT. Analyse des französischen SIIC-Regimes unter Berücksichtigung der Besteuerung deutscher und französischer Investoren. 2012.

Band 12 David Karl Mattern: Die Grenzgängerbesteuerung im Doppelsteuerungsabkommen zwischen Deutschland und der Schweiz. 2012.

Band 13 Stephan Hoyer: Unternehmensnachfolge und Wegzugsbesteuerung. 2013.

www.peterlang.de